Hartmut Walz · Einfach genial entscheiden in Geld- und Finanzfragen

Einfach genial entscheiden in Geld- und Finanzfragen

Schließlich ist es Ihr Geld!

Prof. Dr. Hartmut Walz

2. Auflage

Haufe Group
Freiburg · München · Stuttgart

Bibliographische Information der Deutschen Nationalbibliothek
Die Deutsche Nationalbibliothek verzeichnet diese Publikation in der Deutschen Nationalbibliographie; detaillierte bibliographische Daten sind im Internet über http://www.dnb.dnb.de abrufbar.

ISBN: 978-3-648-11099-7 Bestell-Nr. 10168-0002

Prof. Dr. Hartmut Walz
Einfach genial entscheiden in Geld- und Finanzfragen
2. Auflage 2018

www.haufe.de
info@haufe.de
Produktmanagement: Anne Rathgeber

Lektorat: Gabriele Vogt
Satz: Agentur: Satz & Zeichen, Karin Lochmann, Buckenhof
Umschlag: RED GmbH, Krailing
Druck: BELTZ Bad Langensalza GmbH, Bad Langensalza

Inhalt

Für Anne,

ohne die so vieles in meinem Leben

nicht vollendet worden wäre

– auch dieses Buch

Vorwort

Geldanlage und finanzielle Vorsorge sind in der heutigen Zeit überhaupt nicht einfach!

Fast alle Ratgeberbücher zum Thema Geldanlage behaupten im Vorwort, dass Geldanlageentscheidungen und finanzielle Vorsorge „eigentlich“ ganz einfach seien.
Im späteren Verlauf zeigt sich dann entweder, dass diese These nicht stimmt und der durchschnittliche Leser das Thema doch als sehr komplex und unverständlich empfindet. Oder die Sachverhalte werden arg simplifiziert und künstlich zu einfach dargestellt – womit sie dann allerdings nicht mehr der Realität gerecht werden. Darauf bezogene Tipps, Erkenntnisse usw. können folglich nicht viel wert sein. Zum Vergleich: Natürlich kann man Tolstois 1.500-Seiten-Roman „Krieg und Frieden“ in ein paar Worten zusammenfassen: „Es ist was über Russland!“ Die Frage ist nur, ob man damit die relevanten Informationen erhält oder ob dies eher eine Desinformation darstellt.

Das vorliegende Buch wagt den Spagat zwischen zumutbarer Detailorientierung und erforderlicher Vereinfachung, ganz nach dem Motto von Albert Einstein: **Man muss die Dinge so einfach wie möglich machen. Aber nicht einfacher.**

Die nachstehende Abbildung zeigt die erforderliche Abwägung zwischen Vollständigkeit und Vereinfachung und wie dies im vorliegenden Buch gelöst wurde. Sie sehen, wo Sie dieses Buch einordnen können. Sie finden hier wichtige Grundlagen und Strategien zum Thema Entscheiden in Fragen der Geldanlage und Altersvorsorge. Der steile dunkelgrüne Anstieg der Kurve in der Abbildung kennzeichnet somit ein gutes Verhältnis zwischen Aufwand und Informationsmenge zu Ihrem Nutzen, welchen Ihnen das so gewonnene Wissen des Buchinhaltes bringt.

Es lohnt sich jedoch meist, auch noch ein wenig mehr in die Tiefe zu gehen (mittelgrüner Bereich), was anhand der Kästen „Für den tiefer gehend interessierten Leser“ möglich ist. Viele detailinteressierte Leser werden zusätzlichen Nutzen aus den dort vorhandenen konkreten Informationen ziehen.

Auf diesem Detaillierungsniveau bewegt sich dieses Buch und lässt dabei bewusst viele richtige und interessante Hintergründe und Einzelaspekte weg, die den Profi noch zusätzlich interessieren könnten. Ausgewählte Literaturhinweise erfüllen dessen Bedürfnis nach vollumfänglicher Information.

Mit Absicht verzichtet wird auf ein Zuviel an Information, den orangefarbenen Teil der Funktion, der keinen Mehrwert bietet und z. T. eher verwirrt oder zu Informationsüberlastung führt.

Was Sie in diesem Buch nicht finden und wovor ich ausdrücklich mit dem rot gekennzeichneten Teil der Kurve warnen möchte, sind sogenannte **Advertorials**, denen der Leser täglich in Zeitschriften, Tagespresse oder beim Surfen im Internet begegnet. Allzu oft werden dort von Anbietern interessengesteuerte Informationen verbreitet und falsche Ängste geschürt. Solche „Des-Informationen" können gelinde gesagt als „Medienrauschen", oder unschön, aber zutreffender als „Finanzpornographie" bezeichnet werden. Oftmals werden hier versteckt Produkte im redaktionellen Teil angepriesen – sodass eigentlich „*Dies ist eine Anzeige*" darüberstehen müsste.

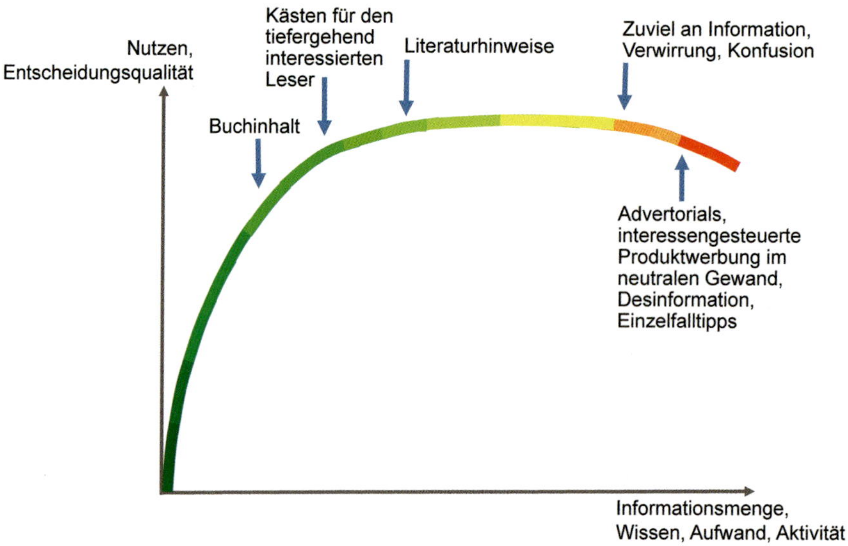

Abb.: Abnehmender Grenznutzen von Detailinformationen

Was dieses Buch bietet und was es vermeidet:

Dieses Buch wird Ihnen helfen,

- ein klares und realistisches Bild der aktuellen Bedingungen von Sparen und Vorsorgen zu geben. Beispielsweise werden Phänomene wie Niedrig- oder Nullzinspolitik, Geldillusion, Diversifikation und Durchschnittskosteneffekt erläutert und die – oftmals nicht direkt erkennbaren – Auswirkungen auf unterschiedliche Anlagemöglichkeiten aufgezeigt.
- eine Übersicht über mögliche und empfehlenswerte Anlagemöglichkeiten zu erhalten (ich werde zwischen Anlageklassen und Anlagevehikeln unterscheiden).
- zu erkennen, welche Produkte und Institutionen Ihnen im aktuellen Umfeld auf keinen Fall einen Mehrwert bieten können.
- bewährte und einfach umsetzbare Strategien für Ihre langfristige Anlage und Vorsorge zu finden.
- überteuerte und intransparente Anlageangebote zu identifizieren und zu meiden.
- das Beste aus Ihren bestehenden Vorsorgeprodukten zu machen und mit „Altlasten“ bestmöglich zu verfahren.

Insgesamt wird Ihnen dieses Buch helfen, bessere Anlage- und Vorsorgeentscheidungen zu treffen.

Das Buch soll nicht

- eine grundlegende Auseinandersetzung mit unserem Geld- und Finanzsystem darstellen, da es für diese Diskussion bereits eine Vielzahl geeigneter Bücher gibt.
- Prognosen über die Entwicklung der Kapitalmärkte oder einzelner Anlageformen anstellen (das überlasse ich lieber den Wahrsagern).
- eine „Abrechnung“ oder ein Verriss der Finanzdienstleistungsbranche sein.
- emotional und polemisierend gegen Institutionen oder Vermittler und Finanzprodukteverkäufer (früher Berater genannt) argumentieren.

Vorwort zur zweiten Auflage

In den anderthalb Jahren zwischen der ersten und zweiten Auflage hat sich zwar viel, allerdings wenig Relevantes ereignet. Die Situationsanalyse zu Beginn des Buches wurde aktualisiert. Einige Veränderungen in Gesetzen und Verordnungen wurden berücksichtigt, insbesondere MiFID II und IDD. Zudem wurden alle relevanten Daten und Zeitreihen auf den aktuellen Stand gebracht. Das Zuschnappen der Zinsfalle wurde weiter veranschaulicht. Die Kapitel über Honorarberatung (B.4), Netto-Policen (D.8) sowie Digitale Währungen (D.9) wurden komplett überarbeitet.

Ich danke meinen aufmerksamen Leserinnen und Lesern für eine Vielzahl konstruktiver Detailverbesserungen und Ergänzungsvorschläge. Nicht jede Idee für Erweiterungen und zusätzliche Vertiefungen konnte umgesetzt werden, da das Buch ja auch leicht lesbar bleiben soll.
Durch meinen regelmäßig erscheinenden Finanzblog kann ich zusätzlich auf aktuelle Entwicklungen zeitnah eingehen. Den Link zum Hartmut Walz Finanzblog finden Sie unten.

Viel Erfolg und Spaß wünscht herzlich

Ihr
Hartmut Walz

Kontaktdaten:
Prof. Dr. Hartmut Walz
Geldentscheidungen@hartmutwalz.de

www.schließlich-ist-es-Ihr-Geld.de
Internetseite zum Buch, mit Arbeitshilfen

www.hartmutwalz.de/Finanzblog
Hartmut Walz Finanzblog
neutrale und unabhängige Informationen,
wissenschaftlich fundiert und unterhaltsam,
kostenfrei, werbefrei – einfach anmelden

Prolog –
Der große Unbekannte in der Sprechstunde

Viele unserer Studierenden arbeiten parallel zum Studium und es ist nicht verwunderlich, dass bei einem Studiengang „Finanzdienstleistungen“ ein Teil der Studierenden eine Bank- oder Versicherungslehre absolviert hat und nun, nebenberuflich oder in Teilzeit, in der Finanzdienstleistungsbranche arbeitet. So auch jener Student, den ich an einem sonnigen Montagnachmittag zur Sprechstunde in meinem Dienstzimmer an der Hochschule empfange. Selbstbewusst und mit guter Laune tritt er ein und nimmt Platz.

Auf meine Frage, wie es denn so geht, antwortet er strahlend, dass es besser nicht sein könne und er mit dem Schreiben von Verträgen kaum hinterherkomme. Er ist für ein namhaftes Versicherungsunternehmen tätig und vertreibt insbesondere Rentenversicherungen, aber auch Riester- und Rürup-Produkte. Ich zeige mich verwundert und verweise auf aktuelle Berichte in der Fachpresse, die über die z. T. existenzbedrohliche Lage europäischer Versicherungsunternehmen aufgrund der Niedrig- bzw. Nullzinspolitik berichten.

Der Studierende kennt diese Berichte nicht – er kommt ohnehin nicht zum Zeitunglesen. Vielleicht ist er gerade deshalb nach eigenen Angaben so „tiefenentspannt“? Seine Gesellschaft könne zwar gesetzlich auch nur den Garantiezins von 1,25 % versprechen[1], sagt er. Sie habe aber im abgelaufenen Jahr eine Gesamtverzinsung von 3,1 % erzielt und das sei doch der Hammer und ein unschlagbares Verkaufsargument gegenüber verängstigten Kunden, oder? Wo könne ein risikoscheuer Kunde denn heute noch 3,1 % Rendite erzielen?

Ich schaue den Studierenden (gelernter Versicherungskaufmann und mitten in einem betriebswirtschaftlichen Studium) prüfend an, um festzustellen, ob er mit mir scherzen möchte oder aber wirklich glaubt, was er da sagt. Einen kurzen Moment zögere ich, diesem jungen Mann seine gute Laune zu verderben. Und dann frage ich ihn doch:

---

1 Zum 1. Januar 2017 hat das Bundesfinanzministerium den Garantiezins auf 0,9 % gesenkt.

Ob er denn wisse, worauf sich die 3,1 % Gesamtverzinsung beziehe?

Zunächst versteht er die Frage nicht, zu selbstverständlich und klar scheint ihm die Antwort. Nach mehrmaligem Nachhaken spricht er jedoch die Selbstverständlichkeit aus: „Na, 3,1 % auf den vom Kunden eingezahlten Beitrag – das ist doch klar."

Nein, muss ich leider antworten – das ist weder klar noch richtig. Denn von diesem Beitrag zieht die Versicherungsgesellschaft zunächst noch verschiedene Kostenpositionen ab, nämlich Vertriebskosten, Verwaltungskosten, fixe Verwaltungskosten, Risikokosten und „sonstige Kosten". Und nur auf den verbleibenden Geldbetrag – vom Fachmann „Sparbeitrag" genannt – wird dann der Garantiezins von 1,25 % sowie, im vorliegenden Fall, die Gesamtverzinsung von 3,1 % bezogen.

Konkret und in Zahlen: Von monatlich 100 Euro, die ein Kunde einbezahlt, können für die obigen Kostenpositionen durchaus 20 Euro oder 30 Euro oder mehr in Abzug gebracht werden, sodass z. B. lediglich 70 Euro Sparbeitrag übrigbleiben. Nur auf diese 70 Euro wird dann der Garantiezins bzw. die Gesamtverzinsung bezogen.

Sie werden schnell erkennen, dass Sie bei dieser Faktenlage viele Jahre benötigen, um überhaupt wieder Ihr eingesetztes Kapital von monatlich 100 Euro zurückzuerhalten. Von einer positiven Verzinsung ganz zu schweigen.

Das ist betrüblich. Und es bleibt betrüblich: Bis Sie nämlich tatsächlich wieder auf die 100 Euro kommen, ist die Kaufkraft Ihres Geldes mit Sicherheit gesunken (Stichwort: Inflation), sodass Sie **real** noch immer tief im Verlust stecken. Ach ja: Und Steuern zahlen Sie trotzdem ...

Zurück zu den Kosten: Der Versicherungskunde hat leider kein Recht, die Höhe der Abzugspositionen zu erfahren, er kann diese bestenfalls nachträglich grob abschätzen.

Rendite auf unbekannten Nenner

Kurzum: Versicherungsverkäufer werben den Kunden mit einer scheinbar hohen Rendite **auf einen unbekannten Nenner** und profitieren vom Missverständnis, dass diese Rendite auf die eingezahlten Beiträge des Versicherungsnehmers berechnet würde. Eine Kennziffer für diesen Sachverhalt gibt es auch. Sie heißt **Beitragsrendite** und ist bei der ganz überwiegenden Zahl aktuell abgeschlossener Versicherungsverträge mit Sparcharakter **negativ**.

Das alles wusste mein Studierender offenbar nicht. Und zwar, obwohl er bereits seit vier Jahren „Verträge schrieb" und regelmäßig an „zertifizierten Produktschulungen" teilgenommen hatte. Es soll hier offen bleiben, ob der Studierende seine Verkaufsargumentation änderte, die Branche wechselte oder alles beim Alten beließ. Jedenfalls war er recht blass, als er mein Dienstzimmer verließ.

Überbringer schlechter Botschaften

Für diesen Studierenden war ich der Überbringer schlechter Botschaften. Das bin ich grundsätzlich ungern. Wichtiger als mein persönliches Wohlgefühl ist für mich jedoch, dass Sie gut informiert sind, d. h., die wesentlichen Fakten und Zusammenhänge kennen und einigermaßen auf Augenhöhe mit Ihrem Gegenüber argumentieren können. Oder sogar die Fähigkeit und das Selbstvertrauen gewinnen, viele Ihrer Anlage- und Vorsorgeentscheidungen alleine zu treffen und selbstständig umzusetzen.

Die Chancen hierfür sind äußerst günstig, denn nach der Lektüre dieses Buches wissen Sie mit Sicherheit erheblich mehr als der durchschnittliche Finanzproduktverkäufer.

Vor diesem Hintergrund fällt es dem Autor leicht, Ihnen eine Rendite von mehreren hunderttausend bis einer Million Prozent zu versprechen. Das klingt unseriös? Nun, wenn man den Kaufpreis dieses Buches auf 20 Euro rundet, dann entspräche bereits eine Ersparnis von 40.000 Euro einer Rendite von 200.000 Prozent und eine Ersparnis von 200.000 Euro entspräche bereits einer Million Prozent. Das ist nicht unrealistisch – vor allem, wenn Sie diese Beträge über die Zeitachse der nächsten Jahre oder Jahrzehnte betrachten. Allein schon ein einziger optimierter Vorsorgevertrag kann gegenüber einem schlechten eine Differenz von über 100.000 Euro in der Ablaufleistung bedeuten. Der durchschnittliche deutsche Sparer hat aber mehrere.

Freilich bringt Ihnen allein der Kauf des Buches noch nichts – solange Sie nicht damit arbeiten.

Kein Ertrag ohne Energie

Es wird nicht immer alles angenehm und auch nicht immer lustig sein, was Sie auf den folgenden Seiten erfahren. Vielleicht rütteln ein paar der Informationen gehörig an den Grundfesten Ihrer bisherigen Vorstellung von Geldanlage und finanzieller Vorsorge. Vielleicht wollen Sie das ein oder andere gar nicht genauer wissen – zu schön und beruhigend war Ihre Vorstellung bisher.

Aber allein, dass Sie dieses Buch in Händen halten, zeigt: Sie möchten nicht die Augen verschließen. Sie möchten sehen und verstehen und, auch wenn nicht gleich genial, so doch besser entscheiden in Geld- und Finanzfragen als viele Ihrer Mitmenschen. Für sich. Und für Ihre Familie ...

Dieses Buch wird Ihnen dabei helfen

Ich habe mein Bestes gegeben, klar, anschaulich und einfach zu erklären – ohne es jedoch zu simpel zu machen. Das würde Ihnen nichts nützen. Auch wäre gelegentliches Mitrechnen, also ein Taschenrechner in Reichweite, nicht schlecht. Nicht zuletzt habe ich diesem Buch ein ausführliches Glossar angehängt – hier können Sie alle möglichen Begriffe rund um Geld, Finanzen und Vorsorge nachschauen.

Vorab möchte ich Sie an dieser Stelle schon einmal mit dem Begriff des **LeO** vertraut machen. Dieses Akronym steht in der Finanzbranche für „**Leicht erreichbares Opfer**" und bezeichnet Menschen, die einerseits über Sparfähigkeit und Sparwillen verfügen, aber andererseits über wenig Wissen und gesundes Misstrauen. Unseriöse und egoistische Finanzdienstleister (und die soll es ja geben) leben bestens von LeOs.

Ich wünsche Ihnen zu Ihrer Sparfähigkeit und Ihrem Sparwillen jede Menge Erkenntnis und Aufgeklärtheit.

Seien Sie kein LeO!

Übrigens:

Ich biete **Anti-LeO-Trainings** für unterschiedliche Zielgruppen an, z. B. für

- Freiberufler und Ärzte
- Lehrer und sonstige Multiplikatoren
- Azubis und Studierende
- Belegschaften im Rahmen betrieblicher Bildungsmaßnahmen
- und natürlich auch für FPVs, die zukünftig ihre Brötchen anständig verdienen wollen.

Mit all diesen Zielgruppen und in unterschiedlichen Formaten habe ich in den letzten Jahren viele gute Erfahrungen gesammelt.

Sprechen Sie mich einfach an.
Schließlich ist es Ihr Geld ☺

Teil A – Situationsanalyse und Rahmenbedingungen

1 Man kann nur mit den Mädels tanzen, die da sind

Situationsanalyse und Umfeldbedingungen für Geldentscheidungen

Was Sie in diesem Kapitel erfahren:

- In diesem Kapitel erhalten Sie ein umfassendes Bild von den Rahmenbedingungen, unter denen Geldanlage- und Vorsorgeentscheidungen aktuell zu treffen sind.
- Wir schauen genauer auf die relevanten Entwicklungen, sowohl seitens der Finanzmärkte als auch der Politik.
- Schlagworte und handelnde Personen werden Ihnen aus den Medien der letzten Zeit geläufig sein – auch wenn uns allen vieles davon nicht gefällt. Doch wir können weder die Umstände, die Handlung noch die Beteiligten ändern. Es ist die Welt, in der wir leben. (Deshalb ist es wichtig, sich diese genau anzusehen – und das Beste aus den Umständen zu machen.)
- Im nächsten Kapitel schauen wir dann, was wir daraus machen.

Würde ein z. B. im Jahr 2007 in Tiefschlaf gelegtes „Dornröschen" im Jahr 2018 wieder aufwachen, so würde es sicherlich die Welt nicht mehr verstehen. In den wenigen Jahren wurde insbesondere durch die Geldpolitik der Zentralbanken an einigen Grundfesten gerüttelt, die über viele Jahrzehnte – z. T. Jahrhunderte – als unumstößlich galten. Ein paar Schlaglichter mit Fakten, die man „Dornröschen" gaaaanz langsam erklären muss:

- Die Summe der globalen Staatsschulden hat sich nach der Finanzkrise von 2007-2009 weiter und mit wachsender Geschwindigkeit erhöht und liegt Anfang 2018 klar über dem Dreifachen des Weltbruttosozialprodukts. Beispiel USA: Alleine in den acht Jahren der Präsidentschaft von Barack Obama, nämlich 2009 bis 2017, hat die Last der nordamerikanischen Staatsschulden um einen höheren Betrag zugenommen als in den 233 Jahren seit Gründung der Vereinigten Staaten (nämlich den Jahren 1776–2009). Und im Jahr 2018 senkt der aktuelle Präsident Donald Trump die Steuern und finanziert die Lücke – Dornröschen errät es sofort – **durch noch höhere neue Staatsschulden.**

- Sowohl in den USA als auch in Japan und Europa wird das Konzept des **schuldenbasierten Wachstums** verfolgt. Kreditfinanzierte Investitionen aber auch kreditfinanzierter Konsum sollen das Wachstum ankurbeln. Als Folge könnten die Volkswirtschaften – so die Hoffnung – aus den Schulden herauswachsen. Dornröschen fragt ungläubig: **„Können wir uns alle gegenseitig reich shoppen?"** Ob ein schuldenbasiertes Wachstum langfristig funktionieren kann, darf bezweifelt werden.

  Denn seit dem Börsenkrach von 1987 reagieren die Zentralbanken auf Wirtschaftskrisen stets mit Zinssenkungen und versorgen die Märkte jeweils mit enormer zusätzlicher Liquidität. So beispielsweise

  - bei der Asienkrise 1997/1998,
  - beim Zusammenbruch des systemrelevanten Hedgefonds LTCM 1998,
  - bei der Russlandkrise 1998,
  - bei der sogenannten Dotcom-Blase 2000,
  - natürlich nach den Terroranschlägen vom 11. September 2001,
  - nach der sogenannten Subprime-Krise ab dem Jahr 2007 und
  - in der Folge der Europäischen Staatsschuldenkrise ab 2010.

  Das Muster war und ist immer das gleiche: Zinssenkungen und Zusatzliquidität in der akuten Bedrohungssituation und leichte Zinserhöhungen nach Auslaufen der schlimmsten Krisenphase – jedoch nicht mehr auf das Niveau vor der Krise. Also ein Auf und Ab der Zinsen mit klarer Tendenz nach unten. Nun sind wir sehr dicht an der Nullgrenze angelangt und in den Jahren 2015 bis 2018 weisen beispielsweise viele Staatsanleihen der Bundesrepublik Deutschland bis hin zu Laufzeiten von 5 bis 8 Jahren negative Renditen auf. Dornröschen mit großen Augen: **„Negativzinsen – was ist denn das?"** – Seit 2015 bis zur Veröffentlichung dieser Auflage (2018) bezahlen Kreditinstitute für Guthaben bei der EZB einen Negativzins (auch Strafzins genannt).

- Die Negativzinsen sind vereinzelt selbst beim Privaten angelangt, der auf kurzfristige Bankeinlagen einen **Zinsabzug** (negative Rendite) erhält. Häufig wird der transparente Ausweis negativer Zinsen allerdings vermieden – durch Einführung neuer Gebühren ergibt sich im Ergebnis jedoch auch eine Negativrendite.

- Gleichzeitig werben Anbieter von **Krediten mit Minuszinsen**. Heißt also, dass der Kreditnehmer zusätzliches Geld dafür erhält, dass er sich Geld leiht. Dornröschen verdreht die Augen: **„Verkehrte Welt!“**

Hart, aber wahr

„Billiger als heute war Geld seit 5.000 Jahren nicht." – Wissenschaftler der Bank von England haben die Zinssätze seit dem Jahr 3000 vor Christus untersucht und fanden heraus, dass das derzeitige Zinsniveau mit hoher Wahrscheinlichkeit das niedrigste der vergangenen 5.000 Jahre ist.

- Gleichzeitig kauft die Europäischen Zentralbank (Stand 2018) unverändert Anleihen in hohen Volumina auf und erhöht damit noch weiter die Geldmenge. Diese Vorgehensweise ist unter dem Fachausdruck „Quantitative Easing“ bekannt.
- Das Dilemma der EZB: Erhöht sie die Geldmenge immer weiter, so wird die Gefahr einer Blasenbildung immer größer, z. B. an den Aktien- und Immobilienmärkten. Sammelt sie das Geld allmählich wieder ein, so kann es passieren, dass die wirtschaftlich schwächeren Länder der Eurozone in eine Rezession und Depression rutschen (siehe Ketchup-Theorie der Geldpolitik, S. 23).
- Ein (zu) hoher Teil aller globalen Anleihen weist einen **negativen Effektivzins** auf. Die liegt daran, dass die Zentralbanken hohe Volumina der Anleihen erworben und damit die Preise = Kurs nach oben getrieben haben. Gemäß der Regel: „Je höher der Anleihekurs, desto niedriger – bei gegebenem Kupon – der Effektivzins“ ergeben sich Minizinsen, Nullzinsen oder sogar Negativzinsen. Die Umlaufrendite festverzinslicher Wertpapiere – seit Jahrzehnten eine zentrale volkswirtschaftliche Referenzgröße – wurde im Mai 2016 erstmalig negativ, schwankte dann um die Nulllinie und ist zwischenzeitlich geringfügig positiv. Bei dieser Information fällt Dornröschen sofort wieder in Ohnmacht.
- Die Finanzmärkte sind aktuell weit davon entfernt, noch „Märkte“ zu sein. Die **Manipulation von Angebot und Nachfrage durch die Zentralbanken** ist derart dominant, dass makroökonomische Zusammenhänge außer Kraft gesetzt werden. Viele Marktbeobachter sprechen von einer Preisblase der Anleihen und erwarten den bevorstehenden Crash bei den Anleihemärkten – mit dann folgenden Ausstrahlungseffekten auf die Aktienmärkte.

Hart, aber wahr –
ein paar ausgewählte Zitate zu den aktuellen Umfeldbedingungen[2]

Mario Draghi, Präsident der EZB:
„Die Sparer müssen ihr Geld nicht nur auf dem Sparbuch anlegen, sondern haben auch andere Möglichkeiten."

John Cryan, ehemaliger Vorstandsvorsitzender der Deutschen Bank:
„Wir haben viel zu viel Cash – erlauben Sie uns also bitte, Ihnen etwas davon zu leihen."

Larry Fink, Vorstandsvorsitzender des weltgrößten Vermögensverwalters BlackRock:
„Negative Zinsen bestrafen die Sparer auf der Welt ganz erheblich."

Warren Buffett:
„Wir wären besser dran, wenn wir das Geld unter eine Matratze stecken würden."

Jamie Dimon, CEO der Investmentbank JP-Morgan über Negativzinsen:
„Das wird eine Reihe ungewollter Konsequenzen nach sich ziehen, die wir nicht verstehen."

Sergio Ermotti, Vorstandsvorsitzender der schweizerischen UBS:
„Die aktuellen Bedingungen könnten das Potenzial für künftige Systemrisiken schaffen."

Gerhard Fiand, Vorstandsvorsitzender der Landessparkasse:
„Altgediente Volkswirte können ihre Lehrbücher verbrennen, in denen noch der Zins als Lenkungsinstrument beschrieben wird. Den hat Herr Draghi abgeschafft."

Sahra Wagenknecht, Fraktionsvorsitzende der Linken im Bundestag:
„Wir haben (…) durch die Niedrigzinsen eine faktische Enteignung der Sparer. Negativzinsen, das wäre eine Vermögenssteuer für kleine Leute."

Hans-Olaf Henkel, ehemaliger Präsident des BDI:
„Kein Bürger kann solchen Negativzinsen entgehen, wenn es kein Bargeld mehr gibt."

- Ein völlig frustrierter Rentenhändler beklagte im persönlichen Gespräch mit mir, dass die Marktausschläge immer wilder würden. Die Zunahme der **Marktausschläge** könnte auch daran liegen, dass Banken kaum noch Eigenbestände haben, womit sie früher starken Marktungleichgewichten entgegenwirken konnten.
- Die Politik der Zentralbanken hat auch negative Auswirkungen auf den Markt für **Unternehmensanleihen**. Renditen und Bonitätsanforderungen sinken, da die

[2] „Gewichtige Worte zu Negativzinsen" in handelsblatt.com am 28.04.2016: http://bit.ly/2bPwo5j.

Anleger regelrecht verzweifelt nach Anlagemöglichkeiten ohne Negativzins suchen. Ein Händler sagt wortwörtlich: „Die Leute nehmen derzeit alles, was sie kriegen können!" Die sehr ungleiche Machtverteilung zwischen Schuldnern und Anlegern führt dazu, dass Kreditbedingungen, bei denen Gläubiger kaum Rechte haben, seit 2015 wieder stark wachsen. Diese Tendenz hat sich bis 2018 noch weiter verstärkt – die Marktmacht der Schuldner und der Liquiditätsdruck der Investoren führen zu hohen Risikoübernahmen bei geringen Risikoprämien. Marktbeobachter warnen vor einem Crash auf dem Nischenmarkt der Hochzinsanleihen (Anleihen minderer Bonität) (genauer siehe Kapitel B.7, „Schiefe Wetten, Risikozuschläge sind keine Zinsen").

- Die disziplinierende Wirkung von Risikozuschlägen für Schulden von schlechterer Qualität (= **Bonitätsspread**) wird durch die Aufkäufe der Zentralbanken völlig außer Kraft gesetzt – mit extrem verzerrenden Auswirkungen und manipulierten Renditen. „Eigentlich" müssten Schuldner (egal ob privat oder staatlich) bei schlechterer Bonität einen Risikoaufschlag bezahlen. Kauft die EZB jedoch diese Wertpapiere auf, so steigt aufgrund dieser „künstlichen Nachfrage" der Kurs derart, dass gleichzeitig die Rendite sinkt. Damit wird die eigentlich durch den Markt erfolgende Bewertung des Risikos außer Kraft gesetzt. So ganz nebenbei konnten auf diese Weise auch viele Banken und Versicherungen ihre Bestände an „faulen" Anleihen zu attraktiven Preisen an die EZB weitergeben. Hat nun die EZB Griechenland gerettet oder vielmehr die Banken und Versicherer, die die Griechenland-Anleihen in ihren Bilanzen hatten?
- Gleichzeitig schafft die EZB den **500-Euro-Schein** ab, da dieser angeblich auch von Kriminellen verwendet worden sei. Die Produktion neuer 500-Euro-Noten wurde bereits 2014 eingestellt. Zum Jahresende 2018 wird auch die Ausgabe des 500-Euro Scheins durch die Zentralbanken beendet – jedoch behalten bereits im Umlauf befindliche Scheine nach aktuellem Stand unbegrenzt ihren Wert. Die Abschaffung von Rasierklingen, Küchenmessern, Beilen und Stricken erfolgt jedoch nicht, was bei Dornröschen den Verdacht auslöst, dass die Abschaffung des 500-Euro-Scheins nur der Anfang eines Bargeldverbotes sei. Bereits Stand 2018 hat die Diskussion um den 500-Euro-Schein-dazu geführt, dass dessen Verwendung und Akzeptanz im Euroraum erheblich vermindert wurde.
- Die niedrigen Zinsen und das Misstrauen gegenüber den Währungen lenken das Geld in Sachvermögen und blähen dort die Preise auf (**Asset Inflation**). Zumindest regional kommt es zu einer Immobilien-Blase, für Kunst werden Jahr für Jahr neue Höchstpreise bezahlt. Auch hier sehen Fachleute eine große Gefahr der Blasenbildung.
- Anlageberater und Gurus gingen dazu über, den Anlegern zur **Flucht in Sachwerte** zu raten. Zum Beispiel empfahlen sie, bis zu 3 % der Ersparnisse in Whisky anzulegen. Der bekannte Fondsmanager Zulauf resümiert: „Wir leben in einer

Scheinwelt mit vielen faulen Assets." Na ja, damit die nicht auf den Magen schlagen, hilft Dornröschen vielleicht ein kräftiger Schluck Whisky.

- Für den typischen deutschen Sparer, der sein Geld auf Spar-, Termin- oder Geldmarktkonten anlegt, führt die Nullzinspolitik der EZB zu **Ertragsverlusten** in Milliardenhöhe. Dem stehen **Zinsersparnisse** bei Konsum- oder Immobilienkrediten der Privaten von ca. einem guten Drittel der Verluste gegenüber.
- Der Chefredakteur von Focus–Money, *Frank Pöpsel*, rechnet den Verlust durch die Nullzinspolitik auf den deutschen Durchschnittshaushalt um und kommt auf ca. 4.400 Euro pro Haushalt und Jahr. Seine These: Eine Steuererhöhung in gleichem Umfang würde einen „mittleren Volksaufstand" auslösen. Die **schleichende Enteignung** der Sparer würde jedoch klaglos hingenommen.
- Der Nullzins auf Spar- und Termineinlagen bei gleichzeitig geringer, offiziell berichteter Inflation, aber höherer gefühlter Inflation und klar erkennbarer „Asset-Inflation" öffnet vielen Anlegern die Augen dafür, dass sie **rückwärts sparen**. Auch hier kommt es wieder zu einem paradoxen Zusammenhang. Der Realzins (Zinsertrag minus Inflationsrate) war schon in früheren Jahren oft negativ – insbesondere wenn man den Realzins nach Steuern zugrunde legt. Da die Mehrzahl der Anleger sich jedoch von der **Geldillusion** (die Zahlen auf dem Konto wurden ja jährlich größer) blenden ließ, wurde das Problem meist nicht erkannt. Zwei Prozent Zins auf dem Sparbuch bei drei Prozent Inflationsrate waren noch schlechter als null Prozent Zinsen bei einem Prozent Inflationsrate (nämlich wegen der Steuerlast auf den nominellen Zinsertrag, Kapitel A.2 zur Geldillusion). Der ehemalige Bundesfinanzminister Schäuble machte dazu eine sehr interessante, wenn auch doppeldeutige Aussage, als er in der Öffentlichkeit sagte, ihm seien höhere Zinsen lieber als niedrige. Und wörtlich: „Drei Prozent Zins bei drei Prozent Inflation ist nicht dasselbe wie null Prozent Zins bei null Prozent Inflation[3]." Heißt das, dass der Staat bedauert, dass die Bürger nun nicht mehr der Geldillusion erliegen?
- Das **Schattenbankensystem** (das sind am Kapitalmarkt tätige Institute wie z. B. Geldmarktfonds, Hedgefonds und ETF-Anbieter wie z. B. Blackrock, die nicht der Bankenaufsicht unterliegen) wächst unverändert weiter. Auch wenn das Wort „Schattenbanken" bei den meisten Menschen sofort negative Gefühle auslöst, darf man nicht vergessen, dass Schattenbanken absolut legal sind und von den Gesetzgebern der wichtigsten Staaten ganz bewusst nicht der Bankenaufsicht und Regulierung unterworfen werden. Ob dies jedoch gesamtwirtschaftlich sinnvoll ist, darf bezweifelt werden. Denn schon die Subprime-Krise der Jahre 2007 bis

---

[3] Bundesfinanzminister Wolfgang Schäuble (CDU) auf einer Veranstaltung der Stiftung Marktwirtschaft im April 2016: Ihm seien höhere Zinsen lieber als niedrige. Sein Augenmerk gelte den vom fehlenden Zins ausgehenden Fehlanreizen für private Vorsorge.

2009 ging zunächst nicht von regulierten Kreditinstituten, sondern von unregulierten Schattenbanken aus.

- Bemerkenswert auch ein Gespräch mit einem hochrangigen Mitarbeiter der Deutschen Bundesbank am Rande einer Konferenz. Er berichtet von der **Ketchup-Theorie der Geldpolitik**. Die geht so: Ein Teenager möchte seine Pommes mit Ketchup veredeln. Dazu drückt er die Plastiktube stärker und stärker. Zunächst passiert gar nichts. Plötzlich aber schießt viel zu viel Ketchup auf den Teller. Dummerweise bekommt man das überschüssige Ketchup nun nicht mehr in die Tube zurück ... Aussage des Bundesbank-Mitarbeiters: Das Verteilen von billigem Geld hat schon immer funktioniert – nur das Rückführen eben leider nicht. Folge war stets eine **starke Inflation.**
- Noch schnell ein Szenenwechsel: China gilt unumstritten als die wichtigste asiatische Wirtschaftsmacht und hat in den letzten Jahren ein fulminantes Wirtschaftswachstum hingelegt. Gleichwohl erweist sich die Aktienhausse der letzten Jahre als extrem stark kreditgetrieben und damit höchst fragil. Das **hohe Volumen schuldenfinanzierter Aktien- und Immobilieninvestitionen der Chinesen** wird als eine mögliche Ursache eines Crashs mit weltweiten Folgen gesehen. Na, da sollten die Zinsen doch besser nicht steigen (und die Aktienkurse und Immobilienpreise bitte nicht sinken).

Jammern nützt aber nichts.
Man kann nur mit den Mädels tanzen, die da sind.

Man kann also ohne jegliche Übertreibung feststellen, dass sowohl in Deutschland und Europa als auch global eine sehr besondere und vor allem noch nie dagewesene Ausgangssituation für Geld- und Anlageentscheidungen vorliegt. Es fehlen Erfahrungswerte.

Der private Anleger kann diese Umfeldbedingungen nur beobachten und sich ihnen anpassen. Er kann eben nur unter den Bedingungen entscheiden und investieren, die durch Politik, Zentralbanken und Marktreaktionen vorgegeben sind.

Also gilt es, das Beste aus einer Anlagewelt zu machen, die durch Nullzinspolitik, „vagabundierende Liquidität", hohe Unsicherheiten und Kursschwankungen sowie einen teilweise irrationalen Run in (exotische) Sachwerte gekennzeichnet ist.

Konstruktive Schlussfolgerungen, wie man das Beste aus dieser Situation macht und mit den anwesenden Mädels noch eine „flotte Sohle aufs Parkett" legt, lesen Sie im nachfolgenden Kapitel.

Was nun?

Ist das die ideale Portfoliostruktur für Pessimisten und Katastrophenpropheten?

Abb.: Die ideale Portfoliostruktur für Pessimisten und Katastrophenpropheten – Wasser, Trockennahrung und Atomschutzdecke ...?

Oder vertrauen wir einfach **Mister Euro**? *Mario Draghi* sagte am 26. Juli 2012 die denkwürdigen Worte: „But there is another message I want to tell you. Within our mandate, the ECB is ready to do **whatever it takes** to preserve the Euro. And believe me, it will be enough."

Die entscheidende Passage der Whatever-it-takes-Rede des Mario Draghi am 26. Juli 2012 auf der Global Investment Conference in London.
Weblink: https://www.youtube.com/watch?v=tB2CM2ngpQg

Weder das eine noch das andere!

Ich möchte weder schlechte Stimmung verbreiten, noch mich zu sehr auf andere verlassen. Deshalb lassen Sie uns im nächsten Kapitel konkret schauen, was Sie im Null- bzw. Niedrigzinsumfeld gestalten können, damit Sie sowohl gut leben als auch gut schlafen werden.

Ganz nach dem Motto:
„Wenn das Leben dir eins geigt, zieh die Tanzschuh´ an."

Auf geht´s, mit den Mädels, die da sind – sprich: mit den Umständen, wie wir sie eben nicht ändern können.

2 Unter Null

Über Zinsfallen, Minuszinsen und die Welt der Rentenwerte

Was Sie in diesem Kapitel erfahren:

- Warum mit Sparbuch, Bundesanleihen & Co. kein Blumentopf mehr zu gewinnen sein wird und die Assetklasse „Rentenpapiere" auf längere Zeit völlig unattraktiv bleibt.
- Wie risikolose Rendite schleichend zu renditelosem Risiko wird.
- Wo das Phänomen der Besteuerung inflationärer Scheingewinne droht.
- Was es mit Kursgewinnen bei Festverzinslichen auf sich hat.
- Warum das böse Erwachen noch kommen wird – Achtung, Zinsfalle!
- Dass es auch bei Rentenpapieren die Generation „50plus" gibt.

Vorab: Wenn im Folgenden von **Rentenpapieren, Rentenwerten und Rentenmärkten** usw. die Rede ist, ist damit nicht die Altersrente für Rentner gemeint. Vielmehr sind mit Rentenwerten oder Rentenpapieren (der Fachmann spricht auch von „Fixed Income") alle **festverzinslichen Titel** gemeint. Während im englischsprachigen Raum der Sammelbegriff „Bond" alle Erscheinungsformen umfasst, gibt es hierzulande eine Reihe von unterschiedlichen Bezeichnungen (Anleihe, Schuldverschreibung, Obligation), die im Folgenden mit der Sammelbezeichnung Rentenpapier bzw. Rentenwert zusammengefasst werden.

Erst im Laufe der letzten Jahre sind die immer weiter fallenden Zinssätze ins Bewusstsein der privaten Anleger gerückt und zwar

- sowohl bei den unterschiedlichen Formen des Einlagensparens (Festgelder, Tagesgelder, Termingelder, Spareinlagen)
- als auch bei **Rentenwerten**, deren wohl bekanntestes Beispiel die **Bundesanleihe** ist, weil sie als besonders sicher gilt.

Jedoch sinken die Zinsen nicht erst seit wenigen Jahren. Tatsächlich zeigen die weltweiten Rentenmärkte (also die Märkte insbesondere für festverzinsliche Wertpapiere wie Staatsanleihen) bereits seit ca. 30 Jahren einen klaren Abwärtstrend. Diesem globalen Trend stehen nur wenige regionale Ausnahmen (z. B. Rentenpapiere in Währungen von Ländern mit großem Wachstum und/oder hoher Inflationsrate) sowie kürzere gegenläufige Phasen entgegen. Beispielsweise ist die Rendite zehnjähriger amerikanischer Staatsanleihen von 15,2 % im Jahre 1981 auf lediglich 2,8 % im Jahre 2018 gefallen. Und die **Umlaufrendite** deutscher Wertpapiere (das ist eine Durchschnittsrendite verschiedener Anleihen) sank im gleichen Zeitraum von 11,2 % auf 0,5 %. Zwar waren die Zinsen in den Jahren 2016 und 2017 noch geringfügig niedriger, jedoch kann Stand 2018 von einer echten Zinswende nicht die Rede sein. Zur Interpretation der aktuellen Entwicklung können Sie gerne im kosten- und werbefreien Hartmut Walz Finanzblog (hartmutwalz.de/Finanzblog) nachlesen.

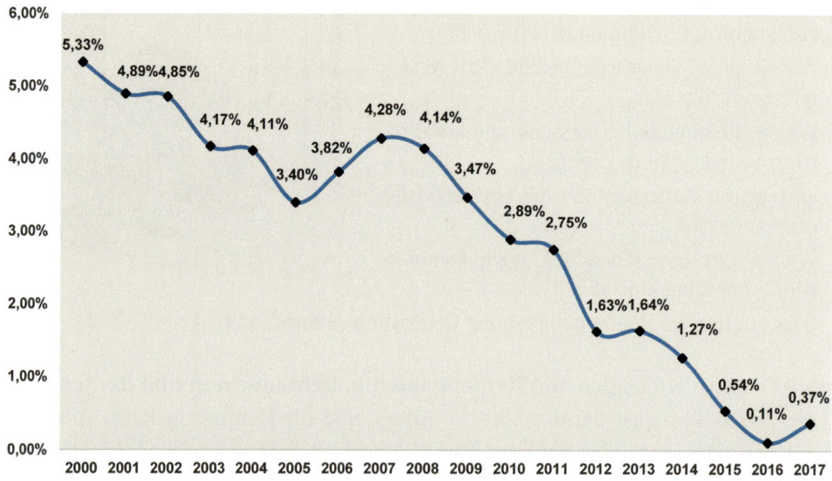

Abb.: Entwicklung der Rendite zehnjähriger Bundesanleihen in Deutschland seit dem Jahr 2000

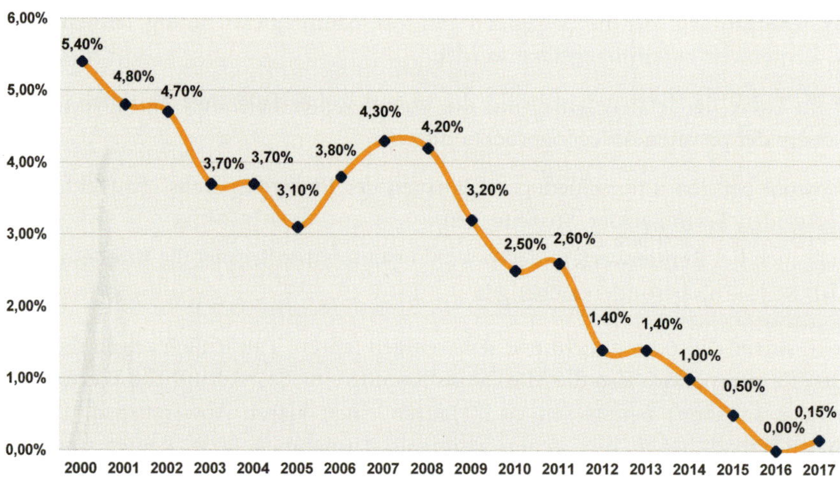

Abb.: Entwicklung der Umlaufrendite festverzinslicher Wertpapiere in Deutschland seit dem Jahr 2000

Auswirkungen für Einlagensparer

Für Einlagensparer bleibt diese schleichende Entwicklung ohne jegliche gegenläufige Kurseffekte, da die Sparer bei Auflösung ihrer Anlage stets den Nominalwert ihrer Einlage zurückerhalten, d. h. keinerlei Kursrisiken oder -chancen unterliegen.

Was also das Einlagensparen angeht, ist dem Rückgang der nominellen Verzinsung lediglich die Entwicklung der Inflationsrate entgegenzuhalten. Orientiert man sich an der offiziell publizierten Inflationsrate (Preisentwicklung der Lebenshaltungskosten) und blendet das Phänomen der Asset Inflation aus, so ergibt sich das folgende, differenziertere Bild:

Zwar liegt die **Real**verzinsung aktuell bei minus einem Prozent oder geringfügig negativ. Jedoch war sie auch in früheren Jahren phasenweise bereits sehr gering. Dies wurde den meisten Anlegern nur nicht bewusst, da sie sich an **nominellen** Zahlen orientierten, also dem reinen zahlenmäßigen Zuwachs z. B. auf dem Sparbuch ohne Berücksichtigung von Inflation – und somit der **Geldillusion** unterlagen.

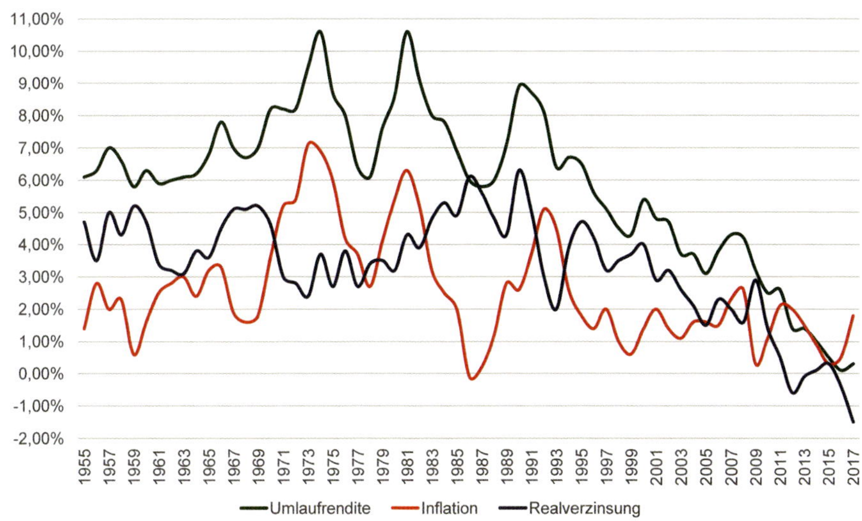

Abb.: Entwicklung von Umlaufrendite, Inflation und Realverzinsung im Zeitablauf

Phänomen der Besteuerung inflationärer Scheingewinne

Bezieht man noch die **Steuerlast auf die nominelle Verzinsung** mit ein, wird erkennbar, dass festverzinsliche Anlagen trotz höherer Nominalzinssätze gerade in Phasen stärkerer Inflation eine schlechte Wahl waren. Dies gibt die nachfolgende Tabelle beispielhaft wieder.

Beispiel für ein Jahr, in dem diese Konstellation vorlag	1973	1976	1987	2000	2010	2012	2014	2017
								Alle Werte in Prozent
Nominelle Rendite	9,50	8,00	5,80	5,40	2,50	1,40	1,00	0,30
Inflationsrate	7,10	4,20	0,20	1,40	1,10	2,00	0,90	1,70
Ergebnis **vor** KESt und Inflation	109,5	108	105,8	105,4	102,5	101,4	101	100,15
Steuerlast auf Nominalzins	2,66	2,24	1,62	1,51	0,70	0,39	0,28	0,04
Ergebnis **nach** KESt aber **vor** Inflation	106,84	105,76	104,18	103,89	101,80	101,01	100,72	100,11
Ergebnis **nach** KESt und **nach** Inflation	99,76	101,50	103,97	102,45	100,69	99,03	99,82	98,43
Realverzinsung **nach** Steuern	-0,24	1,50	3,97	2,45	0,69	-0,97	-0,18	-1,46

Anmerkung: Als Nominelle Rendite wurden die offiziellen Daten der Umlaufrendite der Deutschen Bundesbank zugrunde gelegt. Die Realverzinsung nach Steuern wurde der besseren Vergleichbarkeit halber durchgängig mit den aktuell gültigen KESt[4]-Steuersatz plus Soli und Kirchensteuer (gerundet auf 28 %) berechnet. Tatsächlich wurden vor 2009 die Kapitalerträge mit dem individuellen Steuersatz belastet. Und noch früher haben Deutsche ihre Kapitaleinkünfte häufig überhaupt nicht versteuert, denn sowohl die diesbezügliche Moral als auch die Kontrollen ließen sehr zu wünschen übrig ...

Interpretation der Tabelle:

Rot: Im Jahr 1973 wird die fatale Wirkung der Nominalbesteuerung deutlich. Die Steuerlast auf den Nominalertrag übersteigt mit 2,66 % geringfügig den nach Inflation verbleibenden Realzins, sodass sich trotz der spektakulären Nominalverzinsung von 9,5 % ein kleiner realer Verlust in Höhe von -0,24 % einstellt. Das ist Geldillusion pur!

Grün: Ein erfolgreiches Jahr für Sparer. Die geringe Inflationsrate führt dazu, dass die Besteuerung nur zu 0,2 % auf inflationäre Scheingewinne trifft. Da bleiben selbst nach Steuern noch fast 4 % Rendite übrig. Solche Jahre gab es aber nur selten.

[4] Kapitalertragsteuer (Abgeltungsteuer auf vereinnahmte Kapitaleinkünfte).

Gelb: Interessant auch die Entwicklung seit dem Jahr 2010. Der Verlauf zeigt deutlich das Ineinanderwirken der drei Treibergrößen Nominalzins, Inflationsrate und Besteuerung, wobei nur die Steuerquote mit 28 % konstant blieb. Die Fakten widersprechen krass der öffentlichen Wahrnehmung. So war der Verlust der Sparer in 2014 trotz gesunkener Zinsen geringer als in 2012 – ganz einfach weil der Preisauftrieb und damit die Besteuerung inflationärer Scheingewinne geringer waren. Das Jahr 2017 markiert jedoch – ganz wie von den Bürgern wahrgenommen – einen vorläufigen Tiefpunkt der Realverzinsung nach Steuern.

Hart, aber wahr

Die Anlageklasse „Rentenpapiere" wurde und wird von den meisten Privatanlegern zu gut eingeschätzt, da sie dem Phänomen der Geldillusion unterliegen. Das Dumme ist, dass die Anleger zwar glauben, Inflation verstanden zu haben, gleichwohl unterschätzen sie regelmäßig die **kumulierte Wirkung von Inflation.**

Die weltweit vorherrschende Nominalwertbesteuerung führt zu einer zusätzlichen Attraktivitätsverschlechterung aller Einlagen und Rentenpapiere, da der erlittene Inflationsschaden nicht bei der Berechnung der Steuerlast einbezogen wird **(Phänomen der Besteuerung inflationärer Scheingewinne).**

Für Anleger in handelbaren Rentenwerten (z. B. Bundesanleihen) sieht die Sache jedoch ganz anders aus.

Während Sparer auf Einlagenkonten lediglich einen Zinsertrag, niemals jedoch Kursgewinne oder Kursverluste haben, setzt sich die Rendite bei festverzinslichen **börsenfähigen** Wertpapieren stets aus dem Zinseffekt einerseits und dem Kurseffekt[5] andererseits zusammen, es sei denn, der Sparer würde das Rentenpapier bis zur Endfälligkeit halten.

Es gilt also folgende einfache Gleichung:

Performance des Rentenpapiers =
laufende Verzinsung + Kursgewinne – Kursverluste

Wie der Name „festverzinslich" bereits sagt, ist der Zinssatz (= die Kuponzahlung) dieser Wertpapiere über die Laufzeit festgeschrieben, d. h. von der Entwicklung der Zinshöhe am Kapitalmarkt unabhängig.

---

[5] Auf den Fall festverzinslicher Wertpapiere, die nicht börsengehandelt sind, wird hier nicht eingegangen. Ökonomisch gibt es keinerlei Unterschied, nur ist der Anleger eines nicht handelbaren Rentenpapiers (z. B. eines Bank- oder Sparkassenbriefes) faktisch noch schlechter gestellt, da er die Anlage während der Laufzeit nicht oder nur mit zusätzlichen Transaktionskosten liquidieren kann. Am Laufzeitende tritt ohnehin kein Kurseffekt mehr auf, da in jedem Fall der Nominalwert des Wertpapiers zurückgezahlt wird.

Beispielsweise konnte ein Investor im Jahr 2001 eine zehnjährige Bundesanleihe im Nominalwert von 100 Euro mit garantierten jährlichen Kuponzahlungen von 4,75 % erwerben. Die 4,75 % Kupon der Bundesanleihe entsprachen zu diesem Zeitpunkt der marktüblichen Rendite. Daher lag der Kurs dieses Wertpapiers sehr dicht bei 100 %, sodass die minimale Abweichung zu 100 vernachlässigt werden kann.
Im Ergebnis hat der Investor also im Jahr 2001 den Betrag von 100 Euro angelegt, erhält jährlich 4,75 Euro Zinsen und im Jahr 2011 zusätzlich seine 100 Euro zurück. Die nachfolgende Tabelle zeigt den Zahlungsstrom nochmals in der Übersicht.

2001	2002	2003	2004	2005	2006	2007	2008	2009	2010	2011
-100	+4,75	+4,75	+4,75	+4,75	+4,75	+4,75	+4,75	+4,75	+4,75	+104,75

Dieser fest vereinbarte Zahlungsstrom ist nun umso attraktiver, je niedriger sich das Zinsniveau am Kapitalmarkt entwickelt, und umgekehrt.

Wer rechnen kann, ist klar im Vorteil

Ein Gedankenexperiment: Würde am Tag nach dem Kauf das Zinsniveau am Kapitalmarkt aufgrund sehr schlechter Nachrichten um einen Prozentpunkt auf 3,75 % sinken, so hat der Investor ein gutes Schnäppchen gemacht. Er erhält nämlich nach wie vor zehn Jahre lang 4,75 % Verzinsung, während sein Nachbar, der einen Tag später anlegt, nur noch 3,75 % Verzinsung erhält.

Es ist naheliegend, dass der Investor seinen zehnjährigen 4,75-Prozenter nun mit einem schönen Gewinn weiterverkaufen könnte. Dieser Gewinn wird überschlägig bei knapp 10 % liegen, denn die Bundesanleihe wird ja zehn Jahre lang eine Mehrrendite von 1 % gegenüber der Marktrendite aufweisen. Würde die Zinssteigerung erst vier Jahre später eintreten, wäre der Kursgewinn geringer, da die Mehrverzinsung zum Markt sich nur noch auf die verbleibenden sechs Jahre beziehen würde.

Ergebnis:

- Sinkende Marktzinsen führen zu Kursgewinnen bei den bereits umlaufenden Festverzinslichen.
- Steigende Marktzinsen führen zu Kursverlusten bei den bereits umlaufenden Festverzinslichen
- Die Wirkung von Veränderungen der Marktzinssätze ist umso stärker, je höher die jeweilige Restlaufzeit des Rentenpapiers noch ist.

Hierdurch wird verständlich, dass für Anleger – insbesondere langfristig orientierte Anleger – das kontinuierliche Absinken der Kapitalmarktzinsen zu zwei gegensätzlichen Effekten führte.

Negativ: Bei der Neuanlage (Kauf) fälliger Rentenwerte ließ sich nur noch ein geringerer Zinssatz erzielen. Das ist das Beispiel des Nachbarn von oben.

Positiv: Beim Verkauf von noch nicht fälligen Rentenwerten ergab sich regelmäßig ein Kursgewinn. Und wer nicht verkaufte, der konnte sich beim Blick auf sein Depot über die (oftmals unbeabsichtigten) Bewertungsgewinne freuen. Gerade in den Jahren der stark expansiven EZB-Politik war der warme Regen durch diese Kurseffekte sehr stark. So haben im Jahr 2014 Anleger, die in Festverzinslichen investiert waren, alleine durch die **zinsinduzierten Kursgewinne** eine Performance erzielt, die den DAX geschlagen hat.

Beispiel:

Zum Zeitpunkt des Erscheinens der ersten Auflage im Sommer 2016 wies eine 6,25 % Bundesanleihe (ISIN DE0001134922), die noch bis 2024 läuft, einen Kurs von ca. 150 % aus. Damals habe ich vorgerechnet, dass sich Anleger dafür, dass sie bis 2024 Kuponzahlungen von 6,25 Euro pro 100 Euro erhalten werden, einen sicheren Kursverlust von ca. 50 Euro, nämlich von 150 auf den Nennwert von 100 hinzunehmen müssten.

Zwar könnte ein Besitzer der Anleihe den hohen Kurs nutzen und die Anleihe zu 150 % Kurs verkaufen. Er müsste dann aber sein Geld erwartungsgemäß bis 2024 für 0 % anlegen, womit er am Ende beim gleichen Ergebnis wäre. Die 50 % „sicherer" Kursverlust binnen acht Jahren sind offenbar der „gerechte" Gegenwert dafür, dass man in einer Nullzinswelt acht Jahre einen Kupon von 6,25 % erhält.

Nur anderthalb Jahre später, nämlich im Februar 2018, notiert diese Anleihe bei 135 % des Nennwertes, d. h., hat bereits 15 Prozentpunkte, also ziemlich genau 10 % ihres Wertes verloren.

Ich unterdrücke den Reflex des „Hab ich es nicht gesagt" und schreibe nur: Na, wenn das kein gutes Beispiel für die Zinsfalle ist!

Hart, aber wahr

Preisfrage: Wie kann es sein, dass langfristige Rentenwerte, so z. B. deutsche Bundesanleihen, gekauft werden, obwohl sie eine garantiert negative Rendite bis zur Endfälligkeit (z. B. rund -0,5 %) aufweisen? Verhalten sich die Investoren nicht sehr unklug? Nein, denn es gibt zwei mögliche Erwartungen, auf die sich die Investoren trotz negativem Zins bis zur Fälligkeit stützen.

1. Es könnten ausländische Investoren sein, die auf eine Aufwertung des Euros gegenüber ihrer eigenen Währung spekulieren.
2. Es könnten Investoren sein, welche die Rentenwerte nicht bis zur Endfälligkeit, sondern vielleicht nur für kurze Zeit halten wollen und auf Kursgewinne hoffen. Diese Kursgewinne treten unweigerlich ein, wenn die ohnehin schon negativen Renditen noch weiter absinken, also z. B. von -0,5 auf -0,6 %.

Und zu guter Letzt: Auch ausländische Notenbanken, für welche die Aufwertung ihrer Währungen gegenüber dem Euro ein Dorn im Auge ist, stellen interessierte Käufer dar. So hat die Eidgenössische Zentralbank in den letzten Jahren wiederholt erhebliche Teile von neu aufgelegten Bundesanleihen mit negativer Rendite erworben. Dies ganz einfach, um den Kurs des Schweizer Frankens gegenüber dem Euro zu senken. Denn zum Erwerb deutscher Bundesanleihen benötigt man Euro und die beschaffte sich die Eidgenössische Zentralbank, indem sie Euro gegen SFR ankaufte ...

Die folgende Darstellung mit der Aufteilung von Absolutwerten der Gesamtperformance des deutschen Rentenindex zeigt Folgendes: Über lange Zeiträume hinweg veränderte sich durch die sinkenden Zinsen am Kapitalmarkt das **Verhältnis** von erhaltenen Zinszahlungen (Kuponzahlungen) zu Kursgewinnen der Rentenpapiere. Dies wird anhand verschiedener Halteperioden sichtbar. **Während der Zinsanteil** (gelbe Balken) **über die Zeit immer weniger zur Gesamtperformance** (grüner Balken) **der Rentenwerte beitrug, stieg der Kursanteil** (blaue Balken)**.** Durch einen kleinen Zinsanstieg im Jahr 2015 kam es zu marginalen Kursgewinnen. Im Jahr 2016 wurde mit Null- und Negativzinsen ein vorläufiger Tiefstand erreicht. Selbst der geringe Zinsanstieg des Jahres 2017 führte jedoch bereits die Gesamtrendite kräftig ins Minus.

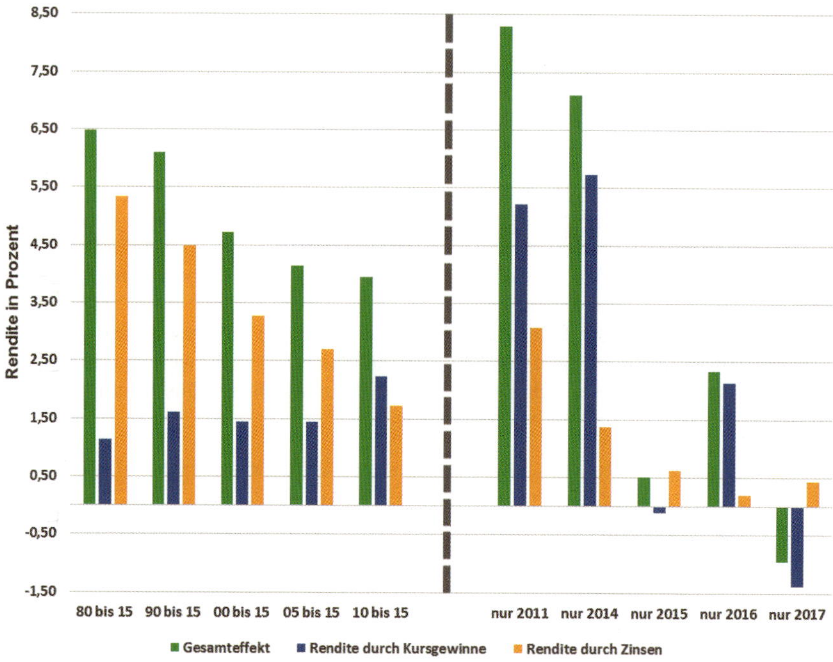

Abb.: Die Zinsfalle ist zugeschnappt, die Zeiten hoher Kursgewinne sind vorbei

Die nächste Darstellung stellt die Daten von oben nochmals als relative Werte dar. Die Gesamtperformance eines jeden Betrachtungszeitraums wurde dabei als 100 % definiert (im Verlustjahr 2017 entsprechend als minus 100 %). In allen dargestellten Betrachtungszeiträumen bis zum Jahr 2014 zeigen sich sehr deutlich steigende Kursanteile bei sinkenden Zinsanteilen. **Achtung:** Kursgewinne und Zinserträge ergänzen sich hier stets auf insgesamt 100 %, d. h., die Balken sehen auch dann schön aus, wenn der Gesamtertrag kleiner wird. Nur können die 100 % mal knapp 6 % sein – mit einer Zinsrendite von immerhin noch knapp 4,5 % (z. B. für die Jahre 1990–2015). Die 100 % können aber auch nur 0,51 % sein wie im Jahr 2015. Besonders bemerkenswert sind die Jahre 2015 und 2017, welche bereits die Wirkung der **Zinsfalle** zeigen. Die unbefriedigende Gesamtrendite von 0,51 % im Jahr 2015 und das negative Gesamtergebnis in 2017 ergeben sich jeweils aus unbefriedigend kleiner Zinsrendite abzüglich eines zusätzlichen Kursverlustes. Hier wird deutlich, was passieren würde, wenn das Zinsniveau in den nächsten Jahren stärker steigen sollte.

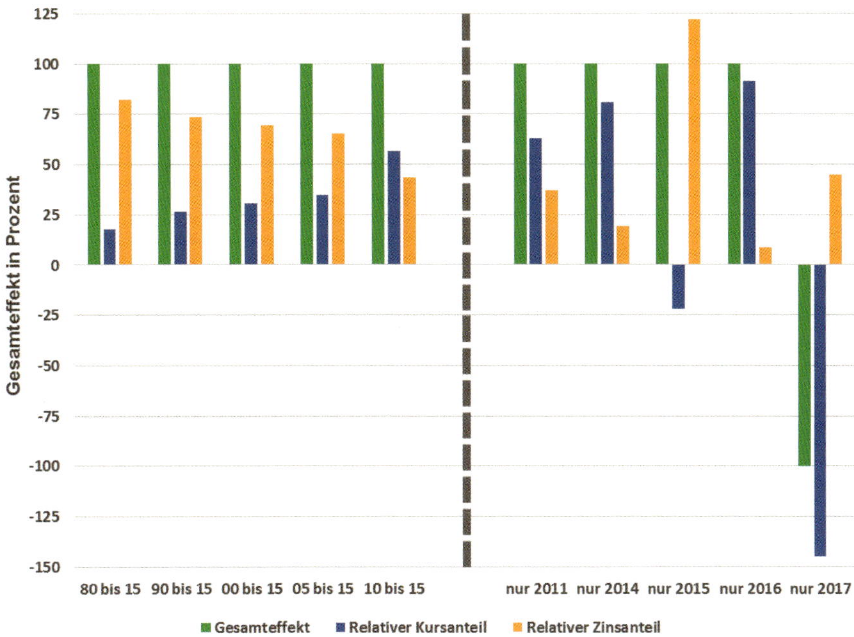

Abb.: Gesamterfolg von Festzinsanlagen und seine Zerlegung in Kurs- und Zinsanteile

Kurzum:

In den letzten Jahren haben die Kursgewinne festverzinslicher Wertpapiere die Anleger über die sinkende Verzinsung bei Neuanlagen „hinweggetröstet". Der Gesamteffekt erschien vielen Investoren gar nicht so schlimm. Aber das böse Erwachen stellt sich allmählich ein. Bereits im Jahr 2015 war die Party vorbei. Nach dem Zinstief von

2016 sind kaum weitere Kursgewinne, dafür aber heftige Kursverluste möglich, falls die Zinsen steigen. **In den nächsten Jahren wird sicher der Kater kommen und zwar entweder wegen dauerhaft niedriger Marktzinsen (unattraktiv) oder wegen Kursverluste infolge steigender Marktzinsen (ebenso unattraktiv). Das ist die Zinsfalle in Reinform.**

Viele Mischfonds, die neben Aktien auch Rentenpapiere in ihrem Portfolio haben, schnitten aufgrund der in den letzten Jahren sinkenden Zinsen auch ganz ordentlich ab. Ihr Gesamtergebnis wurde aber durch die Kursgewinne der Rentenwerte „geschönt".

Jedoch – wenn man Wunder ausschließt – ist das vorbei!

Denn – und das ist eine wichtige, wenn auch bittere Erkenntnis: Nach wie vor liegen die Effektivzinssätze der meisten Rentenpapiere guter Bonität bei um die Null **oder unter Null**.

Wie ein Blick auf die Zinsstrukturkurve (vgl. die Abbildung in Kapitel A3) zeigt, werden erst ab einer Restlaufzeit von ca. sieben bis acht Jahren **minimale** Positivzinsen erzielt. Für Bundesanleihen **dreißig**jähriger Restlaufzeit beträgt die Rendite ca. 1,4 % und für die österreichische Bundesanleihe bei **fünfzig**jähriger Laufzeit knapp 1,7 %. (Kurze Überlegung: Was machen Sie in dreißig bzw. fünfzig Jahren ...? So lange laufen diese Anleihen. Mit diesen Zinssätzen ...)

Diese Fakten lassen tief blicken, wenn man bedenkt, dass die durchschnittliche Inflationsrate in Deutschland zwischen dem Zweiten Weltkrieg und der Einführung des Euro bei knapp 3 % lag und in allen anderen Euroländern sogar erheblich höher war.

Nennenswerte Kursgewinne bei Rentenwerten werden über einige – wahrscheinlich sogar viele – Jahre ausgeschlossen sein, denn hierfür müssten die Zinsen am Kapitalmarkt noch weiter sinken. Dies erscheint jedoch angesichts bereits leicht negativer Renditen kaum noch möglich. Bei noch niedrigeren Zinsen würde es sich nämlich eher lohnen, Bargeld abzuheben und in einem Safe zu verwahren, um zumindest die Null zu sichern.

Negativzinsen von z. B. minus 2 % oder minus 2,5 % sind daher nur denkbar, wenn gleichzeitig ein **Bargeldverbot** durchgeführt wird, um dieses Ausweichverhalten zu unterbinden. Ein europaweites Bargeldverbot erscheint aber – zumindest kurzfristig – nicht durchsetzbar. Mittel- bis langfristig bleibt die Entwicklung freilich zu beobachten.

Hart, aber wahr

Bargeld ist gedruckte Freiheit. Mit der **Abschaffung des Bargelds** wären sämtliche Finanztransaktionen transparent – deren Steuerung und Überwachung ohne Weiteres möglich. Dies ist ein mehr als unangenehmer Gedanke. Die Bekämpfung krimineller Geschäfte durch den Staat in allen Ehren, und auch dass Bargeld unhygienisch oder dessen Vorhaltung zu teuer sei – letztendlich alles vorgeschoben. Hier geht es vielmehr um **informationelle Selbstbestimmung, bürgerliche Freiheit und Alternativen zum staatlichen Zwangsgeldsystem**. Mit der teilweisen Einführung von Obergrenzen für Bargeldzahlungen in Europa ist bereits ein beunruhigender Schritt getan. Lassen Sie uns wachsam sein und für unser Bargeld kämpfen!

Die großen Währungen stecken weltweit in der sogenannten Zinsfalle

Mit dem Begriff „**Zinsfalle**" ist gemeint, dass Anleger auf absehbare Zeit mit verzinslichen Geldanlagen keinen positiven realen Ertrag mehr generieren werden.

Unrichtige Definition von Zinsfalle

Falsch ist hingegen die in den Medien häufig genannte Interpretation der Zinsfalle, dass *viele* oder *alle* Assetklassen keine positive Rendite mehr erwarten ließen. Der Begriff „Zinsfalle" ist jedoch eindeutig auf die beiden Assetklassen „Einlagen" sowie „Rentenwerte" beschränkt.

Von der Ertraglosigkeit dieser beiden Anlageklassen sind allerdings indirekt auch alle Anlage***vehikel*** betroffen, die ihrerseits in Einlagen, Kredite oder festverzinsliche Wertpapiere investieren, also z. B. Bausparverträge, Lebens- und Rentenversicherungen, Geldmarkt- und Rentenfonds.

Nicht unbedingt zur Renditelosigkeit verdammt sind aber beispielsweise die sachwertgebundenen Assetklassen Immobilien, Aktien und auch Edelmetalle/Rohstoffe. Diese Anlageklassen werden zwar auch durch die Zinsfalle indirekt durch das Ausweichverhalten vieler Anleger beeinflusst (die Nachfrage steigt), wodurch sachwertgebundene Assetklassen zunächst attraktiver werden, mithin im Wert steigen. Das Phänomen Asset Inflation stellt somit eine **„Nebenwirkung" der Zinsfalle** dar.

Die Folgen der Zinsfalle sind bei den Formen des Einlagesparens mit Zinssätzen um die Null bei gleichzeitiger Nominalbesteuerung und einer – wenn auch derzeit geringen Inflationsrate – unmittelbar einleuchtend. Bei raschen und nachhaltigen Zinssteigerungen, die jedoch makroökonomisch sehr unwahrscheinlich sind, würden Einleger aber „aus der Zinsfalle krabbeln". Den Inhabern von Rentenwerten würden hingegen auf absehbare Zeit selbst Zinssteigerungen nicht helfen, da höhere Zinsen bei einer Wiederanlage des Geldes durch Kursverluste bei den bereits umlaufenden Rentenpapieren aufgezehrt werden.

Nachfolgende Berechnungen auf Basis von vier am Kapitalmarkt erhältlichen und bei Privatanlegern beliebten Bundesanleihen unterschiedlicher Laufzeiten zeigen die Wirkung der Zinsfalle sehr anschaulich.

	Internationale Wertpapier-Kennnummer = ISIN	Endfälligkeit	Restlaufzeit Stand 2016 (gerundet)	Höhe der laufenden Zinszahlung = Kupon	Kurs Mitte 2016	Rendite bis Endfälligkeit
blau	DE0001135440	2021	5 Jahre	3,25 %	119 %	-0,49 %
rot	DE0001102390	2026	10 Jahre	0,50 %	104 %	-0,10 %
grau	DE0001135275	2037	21 Jahre	4,00 %	165 %	0,67 %
gelb	DE0001102341	2046	30 Jahre	2,50 %	148 %	0,72 %

Und so lesen Sie die nachfolgende Abbildung: Der jeweilige Anschaffungspreis der vier Bundesanleihen wird auf 100 % indexiert.
Mit anderen Worten: Die hundert Prozent entsprechen dem vollen Kapitaleinsatz, den Sie investieren würden. Die auf den vier Linien ablesbaren Prozentwerte besagen, wie hoch der Marktpreis wäre, wenn es zu der auf der Horizontalen angenommenen Zinssteigerung kommen würde. Zinssenkungen wurden nicht dargestellt – oder glauben Sie an **minus** 2, 3, 4 ... % Rendite?

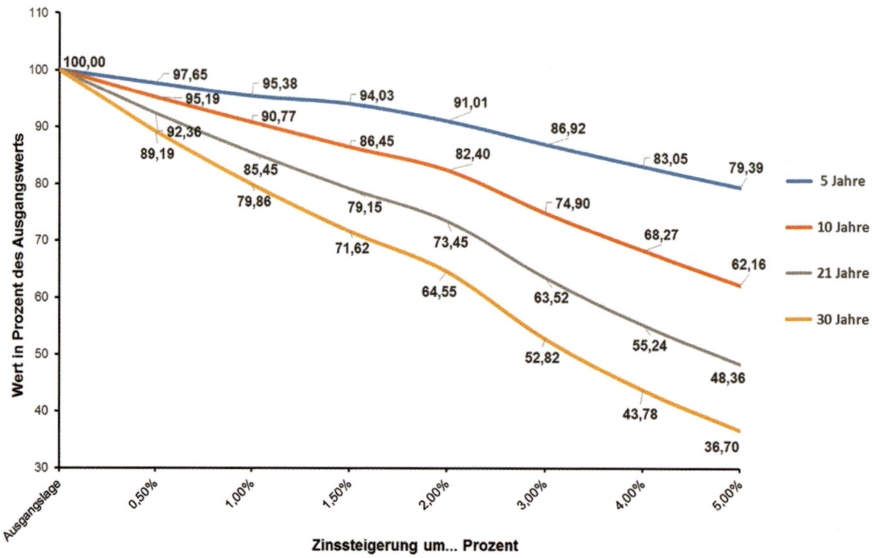

Abb.: Auswirkungen von Zinssteigerungen auf den Kurswert ausgewählter Bundesanleihen

Ein Lesebeispiel: Eine **Zinssteigerung von einem Prozentpunkt** würde bei der „roten“ zehnjährigen Anlage einen Kursverlust von 9,23 % ergeben, d. h., von 100 investierten Euro blieben lediglich 90,77 Euro übrig. Die „gelbe“ dreißigjährige Anleihe würde bei einer gleichstarken Zinssteigerung pro 100 investierten Euro nur noch 79,86 Euro erbringen, d. h., hier wären über 20 Euro oder 20 % verloren.

Unerfreulich, aber glasklar

Die Schlussfolgerungen des obigen Rechenexempels sind unerfreulich, aber glasklar: Die mit Rentenwerten aktuell erzielbaren Renditen sind höchst unbefriedigend, da sie bis zu Laufzeiten von knapp 10 Jahren sogar negativ werden. Also könnte man versucht sein, in längere Laufzeiten zu investieren. Jedoch sind auch dort die erzielbaren jährlichen Renditen sehr mager, d. h., die Effektivzinssätze steigen nur geringfügig an. Die sogenannten **Laufzeitprämien** sind also minimal. Gleichzeitig steigen mit längeren Laufzeiten die Kursrisiken für den Fall steigender Kapitalmarktzinsen stark an.

Noch ein Lesebeispiel aus der obigen Graphik: Ein **Zinsanstieg um 2 Prozentpunkte** würde bei der „blauen“ fünfjährigen Bundesanleihe zu einem Kursverlust von ca. 9 %, d. h. auf 91,01 % des Ursprungswertes führen. Wer wegen der kleinen Laufzeitprämie die dreißigjährige Bundesanleihe wählte, erleidet beim gleichen Zinsanstieg jedoch einen Kursverlust von ca. 35 %, d. h. auf nur noch 64,55 % des Ursprungswertes. Natürlich muss er diesen Kursverlust nicht realisieren. Dies führt aber dazu, dass er für 30 Jahre eine Schlechterverzinsung von zwei Prozentpunkten in Kauf nimmt.

Die Zinsfalle mit anderen Worten:
Wenn die Zinsen so **niedrig bleiben** wie derzeit, erhält der Anleger in Rentenpapiere eine negative bis minimal positive Rendite.
Steigen sie jedoch, so erleidet der Anleger hierdurch **Kursverluste**, die umso höher sind,

- je stärker die Zinsen steigen und
- je länger die Restlaufzeit seiner Rentenpapiere ist.

Aus dieser Falle gibt es scheinbar kein Entrinnen. **Es sei denn**, man macht es wie der Autor, der schon seit Jahren keine Rentenwerte mehr besitzt, denn es gibt ja noch andere Assetklassen …

Für den tiefer gehend interessierten Leser

Das Wort ***„Generation 50plus"*** bekommt eine ganz neue Bedeutung ...

Wenn Sie nach der Lektüre der drohenden Kursver-***lust***-e nun eine unbändige ***Lust*** auf längerlaufende Rentenwerte bekommen haben, können Sie sich bei den nachfolgenden Alternativen bedienen. Viel Spaß, nur zu – der Autor wird Ihnen keine Konkurrenz beim Kaufen machen ...

Land	**Emittent**	**Laufzeit in Jahren**	**Kupon**
Österreich	Regierung	100	2,10 %
Spanien	Regierung	50	3,50 %
Belgien	Regierung	50	2,15 %
Belgien	Regierung	100	2,30 %
Frankreich	Regierung	50	1,75 %
Irland	Regierung	100	2,50 %
Brasilien	Petrobras (Ölkonzern schlechter Bonität)	100	6,85 %
Mexiko	Regierung	100	4,00 %
Kanada	Regierung	50	2,75 %
Frankreich	Electricite de France (EDF)	100	6,00 %

Zentrale Ergebnisse

- Die weltweiten Rentenmärkte zeigen seit Jahrzehnten einen Abwärtstrend. Stand Mitte 2018 liegen die Effektivzinssätze der meisten Rentenpapiere guter Bonität bei um die Null oder unter Null.
- Das in allen wichtigen Währungen derzeit vorhandene Niedrigzinsniveau ist noch nie dagewesen, insofern fehlen auch praktische Erfahrungen im Umgang damit.
- Während der Zinsanteil über die Zeit immer weniger zur Gesamtperformance der Rentenwerte beitrug, stieg der Kursanteil. Aber auch dies wird auf viele Jahre vorbei sein, denn hierfür müssten die Zinsen am Kapitalmarkt noch weiter sinken.
- Von den steigenden Kursen festverzinslicher Wertpapiere profitierten alle rentenorientierten Anlagestrategien und auch Mischfonds; die Orientierung an ihren historischen Performancedaten führt zu überzogenen Erwartungen und zur Unterschätzung der Risiken.
- Noch weiter ins Minus sinkende Zinsen sind unwahrscheinlich. Damit die Menschen diesen Negativzinsen nicht durch Horten von Bargeld ausweichen, müsste ein Bargeldverbot verhängt werden. Dies wird aber wohl auf absehbare Zeit nicht durchsetzbar sein.
- Mit „Zinsfalle" ist gemeint, dass Anleger auf absehbare Zeit mit verzinslichen Geldanlagen keinen positiven realen Ertrag mehr generieren werden. Selbst wenn die Zinsen steigen, würden Kursverluste auf Rentenpapiere den Vorteil besserer Wiederanlagemöglichkeiten zunichtemachen.

- Während frühere Zinssteigerungen von einem bereits höheren Ausgangszins ausgingen, sodass Kursverluste durch Kuponzahlungen ausgeglichen werden konnten, ist dies heute bei niedriger laufender Verzinsung nicht mehr möglich. Der Kursverlust schlägt also voll durch. So etwas gab es bisher noch nie!
- Davon sind indirekt auch alle Anlagevehikel betroffen, die ihrerseits in Einlagen, Kredite oder festverzinsliche Wertpapiere investieren, also z. B. Bausparverträge, Lebens- und Rentenversicherungen, Geldmarkt- und Rentenfonds. Risikolose Rendite kehrt sich in renditeloses Risiko.
- Sachwertgebundene Assetklassen wie Immobilien, Aktien, Edelmetalle/Rohstoffe nehmen vor diesem Hintergrund an Attraktivität zu. Das Phänomen Asset Inflation stellt eine solche „Nebenwirkung" der Zinsfalle dar.

Konkrete Handlungsempfehlungen

- Alle Anlagevehikel, die ihrerseits in Einlagen, Kredite oder festverzinsliche Wertpapiere investieren, sind unvorteilhaft. Meiden Sie also Bausparverträge, Lebens- und Rentenversicherungen, festverzinsliche Wertpapiere und Rentenfonds.
- Die Suche nach Investments, die überhaupt noch eine Rendite erbringen, steht an (vgl. Kapitel A.4).
- Ziehen Sie verstärkt sachwertgebundene Assetklassen, wie Immobilien, Aktien, Edelmetalle/Rohstoffe in Erwägung. Dazu in den jeweiligen Kapiteln mehr.
- Aufgrund des Phänomens der Besteuerung inflationärer Scheingewinne sind sachwertgebundene Assetklassen auch dann attraktiv, wenn sie geringere Renditen abwerfen als inflationsgefährdetes Geldvermögen. Konkret: 2,5 % Mietrendite auf eine Wohnimmobilie kann erheblich attraktiver sein als 4 % Zinsertrag auf Geldvermögen.

Quellennachweis und weiterführende Literatur:

Brückner, M.: Achtung! Bargeldverbot! Auf dem Weg zum gläsernen Kontosklaven, Rottenburg a. N., 2. Auflage 2016

Häring, N.: Die Abschaffung des Bargelds und die Folgen: Der Weg in die totale Kontrolle, Köln 2016

Horstmann, U./Mann, G.: Bargeldverbot. Alles, was Sie über die kommende Bargeldabschaffung wissen müssen, München, 6. Auflage 2016

Sauren, E.: Die Zinsfalle: Die neue Bedrohung für konservative Anleger – Gefahren für das Portfolio erkennen und vermeiden, München 2015

Walz, H.: Einfach genial entscheiden, Freiburg, 2. Auflage 2015

Weitmayr, H.: 100 Jahre Nullzins, in: Institutional Money, Heft 03/2017, S. 142–150

3 Regenschirme sind in der Dürre besonders preiswert

Die Zinsstrukturkurve erlaubt einen Blick in die Zukunft

Was Sie in diesem Kapitel erfahren:

- Wie das Phänomen „Zinsen" in alle Anlageklassen hineinwirkt.
- Warum der Zinssatz – je nach Laufzeit – höchst unterschiedlich sein kann.
- Was die Zinsstrukturkurve über die Zukunftserwartung der Marktteilnehmer aussagt.
- Welche Bedeutung „normale" und „inverse" Zinsstrukturkurven haben.
- Wie die Zentralbanken die Zinsstrukturkurve manipulieren.
- Und warum die aktuelle Zinsstrukturkurve in keinem Lehrbuch vorkommt und bis vor wenigen Monaten als „undenkbar" galt ...
- Welche Schlussfolgerungen Sie daraus ziehen und wie Sie darauf reagieren sollten.

Aufgrund der spektakulären Berichterstattung über Renditelosigkeit oder sogar Negativrenditen von Anleihen und die aktuelle Zentralbankpolitik ist das Interesse der breiten Öffentlichkeit an den Zinsen gestiegen. Es lohnt sich eine etwas tiefer gehende Analyse der Zinsentwicklung – und zwar sowohl im Zeitablauf als auch hinsichtlich unterschiedlicher Anlagedauern bzw. Laufzeiten.

Zum Verständnis der Zinsstrukturkurve

Die Zinsstrukturkurve zeigt die **Marktrendite, die sich zwischen Anbietern und Nachfragern von Kapital ergibt, in Abhängigkeit von der jeweiligen Laufzeit**. Mit anderen Worten: Wie teuer ist die Überlassung von Fremdkapital je nach der Überlassungsdauer? Hierbei orientiert man sich an der möglichst besten Bonität, da man wirklich Zinsen und nicht etwa Bonitätsprämien (im Sinne von Versicherungsgebühren für das Ausfallrisiko) messen möchte (vgl. Kapital B.7: Risikozuschläge sind keine Zinsen).

Die nachfolgende, vereinfachte Abbildung zeigt dabei typische Erscheinungsformen von Zinsstrukturkurven. Die beiden roten Funktionen zeigen sogenannte **normale Zinsstrukturkurven**, einmal ein wenig steiler, einmal ein wenig flacher. Wie Sie sich sicher schon gedacht haben, kommt die Bezeichnung „normal“ davon, dass diese Art von Zinsstrukturkurven historisch gesehen bei allen Weltwährungen am häufigsten vorkam. Typisch an normalen Kurven ist, dass der Zinssatz bei länger werdender Überlassungsdauer des Kapitals zunächst stärker und dann weniger stark ansteigt.

Am „kurzen“ Ende (kurze Überlassungsdauer) stehen sogenannte Tageszinsen oder Geldmarktzinsen. Tatsächlich verleihen sich Banken gegenseitig Gelder für nur einen Tag oder von einem Tag zum nächsten mit täglicher Verlängerungsmöglichkeit. Steigt nun die Überlassungsdauer, so erwarten die Kreditgeber eine sogenannte **Laufzeitprämie**, also eine Mehrverzinsung, ganz einfach dafür, dass sie sich länger binden müssen. Diese Laufzeitprämie sinkt mit wachsender Laufzeit, d. h., zwischen zwei und drei Jahren ist sie größer als zwischen 12 und 13 Jahren.

Am sogenannten „langen Ende“ (lange Überlassungsdauer) läuft die Zinsstrukturkurve nahezu waagrecht aus. Die normale Kurve kann steiler und flacher werden (Rotation) – wenn sie extrem flach wird und keinerlei Steigung mehr aufweist, wird sie auch als *flache Zinsstrukturkurve* bezeichnet (blaue Funktion). Die normale Kurve kann sich jedoch auch bei unveränderter Steilheit nach oben oder unten verschieben (Parallelverschiebung).

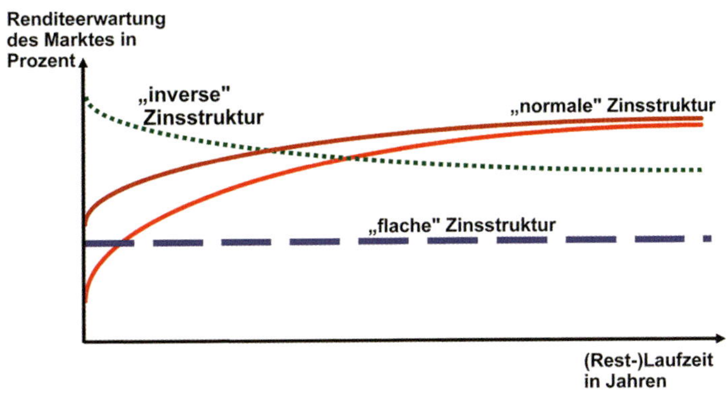

Abb.: Überblick Erscheinungsformen von Zinsstrukturkurven

Ein selten auftretender Fall ist die **inverse Zinsstrukturkurve** (grüne Funktion). Hier war die Rotation so stark, dass die Laufzeitprämie negativ wird, d. h. ein Schuldner den längerfristigen Kredit billiger erhält als den kurzfristigen.

Die Zinsstrukturkurve lesen und interpretieren

Ohne allzu sehr in die Details zu gehen, kann man an der Höhe der Zinssätze und insbesondere der Steilheit der Zinsstrukturkurve sehr interessante und weitreichende Schlussfolgerungen ziehen.

Ein einfacher Merksatz lautet: Das lange Ende zeigt die wahrscheinliche Zukunft an.
Also: Sind die Zinsen am langen Ende (rechts) hoch und/oder ist die Zinsstruktur steil, so erwartet die Summe aller Marktteilnehmer für die Zukunft stabile oder steigende Zinsen – vielleicht auch in Verbindung mit Inflation.

Kurzum: Je steiler die Zinsstrukturkurve, desto eher werden hohe/steigende Zinsen erwartet. Je flacher die Zinsstrukturkurve, desto stärker werden niedrige/sinkende Zinsen erwartet.

Und wenn die Zinsstrukturkurve invers ist, dann ist die Erwartung sinkender Zinsen bei vielen Kreditgebern so stark, dass sie bereits heute Zinsabschläge für länger laufende Kredite akzeptieren, nur um eine längere Festschreibung zu erhalten. Umgekehrt: Kreditnehmer akzeptieren längere Laufzeiten nur zu günstigeren Zinsen, da sie bei kürzeren Laufzeiten eine spätere Anschlussfinanzierung bei noch niedrigerem Niveau erhoffen.

Kurzum: Eine inverse Zinsstrukturkurve zeigt, dass der Markt starke Zinssenkungen erwartet.

Mit diesem Hintergrundwissen können Sie ausgewählte historische Zinsstrukturen interpretieren und die aktuelle Situation einordnen.

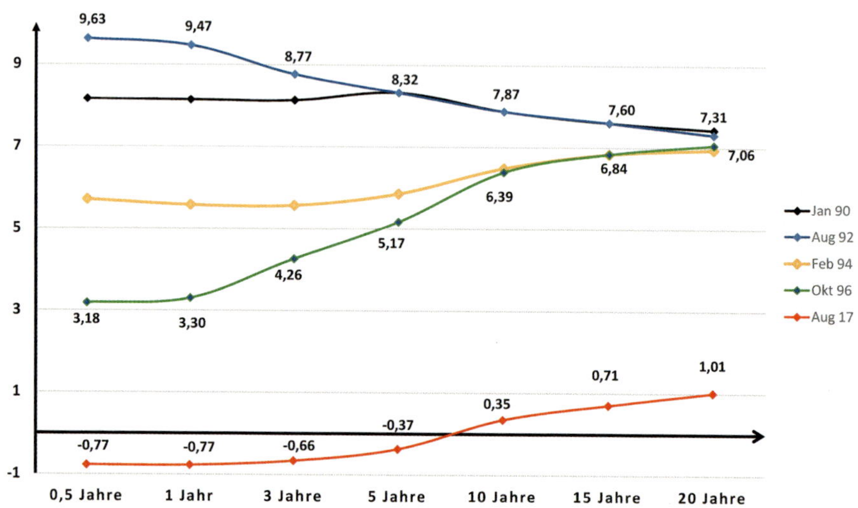

Abb.: Zinsstrukturkurven mit konkreten Daten

Die Funktionen beruhen auf den historischen Echtdaten des jeweils in der Legende angegebenen Zeitpunktes. Leseprobe: Im Oktober 1996 (grüne Funktion) rentierten einjährige Anleihen mit 3,3 %, während fünfjährige bereits 5,17 % erbrachten.

Die **blaue und schwarze** Funktion zeigen unterschiedlich starke inverse Verläufe, die nach dem Beitritt der neuen Bundesländer und der Umstellung der Ost-Mark auf Deutsche Mark zum Kurs von 1 zu 1 erfolgte. Der befürchtete Inflationsschub trieb die kurzfristigen Zinsen, jedoch zeigten die relativ niedrigeren Werte, dass dieser Effekt nicht von langer Dauer sein würde. Und exakt so kam es dann auch.

Die **gelbe und grüne** Funktion zeigen normale Zinsstrukturkurven, wobei die grüne mit ihrem starken Anstieg im kurzfristigen Bereich das typischste Beispiel darstellt.

Völlig aus dem historischen Rahmen fällt die **rote** Zinsstrukturkurve, die den Stand im Jahr 2017 widerspiegelt. Auffällig ist nicht nur der Start mit einer Minusverzinsung bis zur Laufzeit von zehn Jahren, sondern auch der sehr flache Anstieg, der zu gerade einmal 1,01 % Renditeforderung für zwanzigjährige Zinsfestschreibungen führt.

So sieht derzeit die Zinsstrukturkurve aus.
Diese Zinsen bietet der Markt.

Natürlich ist die Zukunft ungewiss, aber offenbar erwarten Millionen von Marktteilnehmern (und zwar nicht nur Marktteilnehmer der Eurozone, sondern weltweit) für etliche Jahre keine oder nur minimal steigende Zinsen. Und man sollte sich gut überlegen, ob man gegen diese Marktmeinung antreten oder wetten möchte.

Besonders bemerkenswert ist, dass die Prognoseunsicherheit „eigentlich" zu positiven Laufzeitprämien führen müsste, nach dem Motto: „Wenn ich mich unsicher fühle, dann lege ich mich doch nicht ohne Not und ohne hohe Anreize unnötig lange fest." Die 1,01 % Rendite für zwanzig Jahre (!) enthält diese Laufzeitprämie aber bereits.

Zinsstrukturkurve für börsennotierte Bundeswertpapiere auf der Webseite der Deutschen Bundesbank
Weblink: http://bit.ly/2bk3OeK

Hart, aber wahr

Die Anfang 2018 vorliegende Zinsstrukturkurve zeigt an, dass nach menschlichem Ermessen auch weiterhin eine Phase niedriger Zinssätze zu erwarten ist. Dabei beeindruckt die Flachheit des Verlaufes bis hin zu zwanzig Jahren noch stärker als negative Zinssätze im kurzfristigen Bereich. Dies wird von führenden Makroökonomen auch als „neue Normalität" (new normal) bezeichnet.

Noch nie dagewesen – aber nicht unmöglich

Eine solche Zinsstrukturkurve hat es vor 2015 noch nie gegeben. Ihr Zustandekommen lässt sich nur auf die Politik der EZB, insbesondere den massiven Ankauf von Anleihen durch neu geschaffenes Zentralbankgeld (= Quantitative Easing), zurückführen. Früher haben Zentralbanken traditionell insbesondere das kurze Ende der Zinsstrukturkurve beeinflusst – durch Quantitative Easing nun aber auch das lange Ende. Man kann beim Rentenmarkt aufgrund solch massiver Eingriffe eigentlich **nicht mehr von einem Markt im klassischen Sinne** sprechen.

Für den tiefer gehend interessierten Leser

Führen gesättigte Märkte und reife Volkswirtschaften zu niedrigen oder negativen Zinsen? Und warum gibt es überhaupt Zinsen?

Die Volkswirtschaftslehre geht dieser Frage seit langem nach und hat verschiedene mögliche Antworten entwickelt. Die häufigste und anerkannteste basiert auf dem verhaltenswissenschaftlichen Ansatz der **„ökonomischen Zeitpräferenz".**

Klingt kompliziert, ist aber sehr naheliegend. Hätten Sie lieber eine Belohnung bzw. etwas Positives heute oder in zehn Jahren? Oder: Macht Ihnen die Wurzelbehandlung heute Nachmittag oder in 40 Jahren mehr Sorge? Die Antwort: Je näher ein Ereignis an der Gegenwart ist, desto schwerer bewerten wir sein Gewicht – im Positiven wie im Negativen.

Zinsen sind also eine direkte Folge der positiven **Zeitpräferenzrate** der Bevölkerung. 5 % Zinsen p. a. besagen, dass die Bürger im Durchschnitt 100 Euro heute für genauso wertvoll halten wie 105 Euro in einem Jahr, weil sie lieber früher konsumieren bzw. sich etwas Gutes tun als später.

Warum könnten wir einer langen Phase geringer oder sogar negativer Zinsen entgegensehen?

In „reifen", also hoch entwickelten bzw. gesättigten Volkswirtschaften (mature economies) besitzen viele Menschen bereits ein hohes Konsumniveau und haben keine dringlichen Bedürfnisse. Gleichzeitig sorgen sie sich um ihren Wohlstand in der Zukunft (egal, ob berechtigt oder unberechtigt). Folglich könnten sie bereit sein, Konsum bzw. Kaufkraft auch dann in die Zukunft zu verschieben, wenn es hierfür keine Prämie, also keinen positiven Zins mehr gibt.

Solche Menschen hätten eine **negative Zeitpräferenz**, d. h., sie wären z. B. bereit, auf 100 Euro heute zu verzichten, wenn sie dafür in der Zukunft eine Kaufkraft von unter 100 Euro bekämen. Insofern wäre es – so der Gedanke führender Makroökonomen – nur folgerichtig, dass das Zinsniveau **in gesättigten Volkswirtschaften** sinkt oder sogar negativ wird.

Diese interessante Überlegung sollten Sie kennen – jedoch nur als eine mögliche Option (the new normal), die keineswegs zwangsläufig eintreten muss. **Es kann alles passieren – auch das Gegenteil.**

Auswirkungen der Zinsstrukturkurve auf Ihre Anlage- und Finanzierungsentscheidungen

Die Renditen der Zinsstrukturkurve beziehen sich auf Schuldner bester Bonität (= Benchmark-Schuldner), geben jedoch darüber hinaus eine Orientierung für unterschiedliche Anlage- und Kreditzinssätze. Auf den Punkt gebracht: Zinsstruktursatz, ergänzt um Bonitätszuschlag, ergänzt um Zu- oder Abschläge für die Marktmacht (der Institutionelle hat mehr [Verhandlungs-]Macht als der „kleine" Private) ergibt den relevanten Anlage- oder Kreditzins. Damit ist nun die Verbindung hergestellt zwischen der Zinsstrukturkurve und den Produkt-Zinssätzen, die Sie als privater Kunde vorfinden (z. B. Hypothekenzinsen, Tagesgeldzinsen).
Beispiel: Die aktuell niedrigen Zinssätze von Bundesanleihen und der flache Anstieg der Zinsstrukturkurve wirken sich auch auf alle zinstragenden Anlagen (also alle Anleihen, Sparbriefe und sonstige Rentenwerte) aus. Vergleichen Sie dazu Kapitel A.1, „Unter Null".

Im Folgenden sollen daher nur noch die Auswirkungen auf Kredite – insbesondere private Immobilienkredite – und auf die z. B. bei Immobilienbesitzern bestehende Sorge vor steigenden Finanzierungszinssätzen eingegangen werden. Soweit Private aktuell **Immobilienkredite** aufnehmen wollen, fällt ihnen die Entscheidung für längere Zinsfestschreibungszeiten i. d. R. leicht, da die Laufzeitprämien, also die Zuschläge für längere Festschreibung, so niedrig wie noch nie sind.

Ein konkretes Beispiel

Ein Immobilienkäufer erhält ein Darlehen mit fünfjähriger Zinsfestschreibung für 1 % p. a. effektiv. Für eine zehnjährige Zinsfestschreibung bezahlt er 1,2 % p. a. effektiv und bei 15-jähriger Festschreibung lautet der Effektivzinssatz 1,45 % p. a.

Die geringen Laufzeitprämien sind unmittelbar erkennbar, jedoch darf nicht übersehen werden, dass z. B. beim Übergang von fünf auf zehn Jahre Zinsfestschreibung die Mehrverzinsung von 0,2 % nicht erst ab dem sechsten Jahr, sondern bereits auch für die ersten fünf Jahre zu bezahlen ist. Daher wäre es falsch, wenn der Entscheider davon ausgeht, dass er besser heute bereits die zehnjährige Laufzeit wählt, wenn er einen Anstieg des Zinsniveaus auf über 1,2 % im Jahr Fünf erwartet.

Die Forward-Zinsen erleichtern die Entscheidung

Aus der Differenz der Effektivzinssätze von Darlehen unterschiedlicher Laufzeit kann man unschwer den „fairen Forward-Zins" errechnen, wie nachfolgendes Beispiel zeigt.

Stellen Sie sich folgende Situation vor: Sie wünschen einen Kredit mit einer Vorlaufzeit von fünf Jahren und einer Laufzeit von dann zehn Jahren, also beginnend Ende des Jahres Fünf und auslaufend zu Ende des Jahres Fünfzehn. Im Angebot sind ein sofort beginnendes Darlehen mit fünfjähriger Laufzeit (Zinssatz: 1,00 % p. a.) und ein fünfzehnjähriges Darlehen (Zinssatz 1,45 % p. a.). Sie nehmen das fünfzehnjährige Darlehen zu 1,45 % und verleihen das Geld für die ersten fünf Jahre, in denen Sie es ja nicht benötigen, einfach an einen Dritten zu 1 % weiter[6].

Schon haben Sie im Endeffekt den gewünschten Zahlungsstrom eines zinssicheren Darlehens vom sechsten bis zum fünfzehnten Jahr. Finanzmathematisch korrekt berechnet kostet Sie dieses Darlehen nun 1,71 % Zinsen – was Sie unschwer anhand der auf meiner Homepage kostenlos zur Verfügung gestellten EXCEL-Tabelle ganz exakt nachrechnen können. Überschlägig, d. h. ohne Zinseszinseffekt, kommen Sie auf 1,675 %, die Sie wie folgt errechnen:

Sie multiplizieren Ihren Zinsnachteil 1,45 % minus 1 %, also 0,45 % für die ersten fünf Jahre (5 x 0,45 %), und erhalten 2,25 %. Diesen Zinsnachteil verteilen Sie dann auf die folgenden zehn Jahre Laufzeit (2,25 / 10 = 0,225 %). Addieren Sie die 0,225 % Zinsnachteil zu den jährlichen Effektivzinsen des fünfzehnjährigen Darlehens von 1,45 %, kommen Sie auf 1,675 %. Da wir bei dieser vereinfachten Rechnung den Zinseszinseffekt nicht berücksichtigt haben, liegen wir leicht unter dem exakten Wert von 1,71 %. Dies ist also der sich ergebende Zinssatz für ein zehnjähriges Darlehen mit fünf Jahren Vorlaufzeit.

Die nachstehende Gegenüberstellung zeigt die entscheidungsrelevanten **Break-Even-Zinssätze**, die folgende Varianten gegeneinander rechnet:

Alternative	Effektivzins 5 Jahre	Effektivzins 10 Jahre	Effektivzins 15 Jahre
Kredite mit sofortigem Beginn = klassische Immobiliendarlehen	1,00 %	1,20 %	1,45 %
Forward-Zins	5 gegen 10 Jahre = 1,41 %		
Forward-Zins		10 gegen 15 Jahre = 2,03 %	
Forward-Zins	5 gegen 15 Jahre = 1,71 %		

Ergebnis:
Die sogenannten Forward-Zinssätze oder Forward Rates stellen eine wertvolle Entscheidungshilfe für Sie dar. Nur wenn Sie erwarten, dass der künftige Marktzins über den Forward-Zins steigt, sollten Sie sich für die längere Zinsbindung entscheiden,

[6] Das Bonitätsrisiko der Geldweitergabe wird hier bewusst ignoriert, aber Sie werden gleich sehen, dass es eine elegante Möglichkeit gibt, bei der es auch ohne die Weitergabe des Geldes für die ersten fünf Jahre geht.

ansonsten wäre es günstiger, die kürzere Zinsbindung zu wählen und nach deren Ende einen Anschlusskredit zu vereinbaren.

Angebote zu Forward Rates macht Ihnen jede Bank oder Sparkasse – besonders ausgewiesen sind hier die bekannten **Immobilienfinanzierer**. Und: Sie finden einen **transparenten Marktüberblick mit tagesaktuellen Konditionen** für Vorlaufzeiten bis zu 66 Monaten im Internet, d. h., Sie müssen nicht unbedingt selbst rechnen (Sie können es aber, um abzusichern, dass die Angebote o. k. sind)[7].

Das hilfreiche Bild: In der Dürre sind die Regenschirme billig

Selten haben Sie Forward Darlehen so preiswert erhalten wie derzeit.

Einerseits könnte dies die Schlussfolgerung nahelegen, dass Sie sich z. B. beim Auslaufen einer Altfinanzierung in fünf Jahren bereits heute den Anschlusszins sichern sollten, um sich gegen einen möglichen Zinsanstieg innerhalb der nächsten fünf Jahre zu wappnen. Diese Überlegung ist zweifelsfrei vertretbar.

Andererseits sind aber die Flachheit der Zinsstrukturkurve und die sich daraus ableitbaren historisch günstigen Forward-Zinssätze ganz klare Indizien dafür, dass die Wahrscheinlichkeit für stärkere Zinserhöhungen von der Summe der Marktteilnehmer als sehr gering eingeschätzt wird.

Hart, aber wahr

Das Bild mit den Regenschirmen in der Dürre passt bestens: Wenn die Sonne scheint, der Himmel strahlend blau und keine Wolke bis zum Horizont erkennbar ist, dann kann man Regenschirme extrem billig leihen. Diese Situation liegt aktuell vor. Wenn sich allmählich Wolken bilden, werden die Preise anziehen; wenn es in der Nachbarschaft schon regnet, sind Regenschirme kaum noch erhältlich. Und wenn es schließlich stürmt, blitzt und donnert, müssen Sie befürchten, dass der Verleiher seine Regenschirme einsammelt, damit diese nicht beschädigt werden!

[7] Natürlich hat der Autor diesen Check auch mehrfach schon selbst gemacht und bei den großen Anbietern noch niemals eine Differenz gefunden. Die Transparenz ist in diesem Bereich so gut, dass Sie wohl kaum übervorteilt werden.

Zentrale Ergebnisse

- Die Zinsstrukturkurve zeigt eine weit in die Zukunft reichende Markteinschätzung im Hinblick auf das erwartbare Zinsniveau.
- Die „Steilheit" der Zinsstrukturkurve, also die Höhe der Laufzeitprämien, besitzt eine hohe Indikatorfunktion.
- Aus den Zinsstrukturdaten lassen sich „faire" Zinssätze für in der Zukunft beginnende Darlehen berechnen. Diese werden auch Forward-Zinssätze genannt.
- Es gibt einen transparenten Markt für Forward-Darlehen, im Internet finden Sie tagesaktuelle Konditionen hierfür.
- Liegen die Forward-Zinsen nur wenig über dem aktuellen Zinsniveau, so erwartet der Markt keine Zinssteigerungen (und umgekehrt).
- Das Wissen über die Zinsstrukturkurve gemeinsam mit dem Verständnis der Zinsfalle qualifiziert Sie für viele einfach geniale Anlageentscheidungen und vermeidet eine Menge von Fehlern.

Konkrete Handlungsempfehlungen

- Konkreter Handlungs- oder Entscheidungsbedarf ergibt sich möglicherweise, wenn Sie entweder eine in den nächsten Jahren auslaufende Finanzierung verlängern müssen oder aber ein sehr konkretes zukünftiges Finanzierungsvorhaben planen.
- Die Gegenüberstellung der Forward-Zinssätze mit Ihren Erwartungen und Befürchtungen gestattet Ihnen eine Entscheidung über möglichen Handlungsbedarf.
- Ob Sie zukünftigen Finanzierungs- oder Anschlussfinanzierungsbedarf bereits heute gegen steigende Zinsen absichern, hängt von Ihrer Risikoneigung und Ihrer Risikotragfähigkeit ab.
- Wenn das Finanzierungsvolumen für Ihre Verhältnisse erheblich/großvolumig ist, sollten Sie absichern, selbst wenn Sie die Eintrittswahrscheinlichkeit nur als gering einschätzen.

Quellennachweis und weiterführende Literatur:

Götte, R.: Das 1 x 1 der Zinsen, Anleihen & Co., Stuttgart 2013

Walz, H./Weber, T.: Der Zinsstrukturkurveneffekt, in: WISt, Heft 3, 1989, Seite 133–137

(Gratisdownload: www.schließlich-ist-es-Ihr-Geld.de/Arbeitshilfen)

4 In der Ruhe liegt die Kraft

Lösungen und Perspektiven im Umgang mit der Zinsfalle

Was Sie in diesem Kapitel erfahren:

- Warum die überwiegende Mehrzahl der Empfehlungen zur Umgehung der Zinsfalle leider ganz einfach falsch oder eine Mogelpackung ist.
- Warum es empfehlenswert ist, sich für die persönliche Liquiditätsreserve mit Minimalzinsen abzufinden, anstatt sich bei Lockvogelangeboten zu ermüden oder unkalkulierbare Risiken einzugehen.
- Warum Cash – ebenso wie Gold – auch bei Renditelosigkeit eine wichtige Funktion hat.
- Wie man den persönlichen Schaden aus der Zinsfalle begrenzt und sich den Kopf freihält.
- Dass es nur zwei Wege zur Erzielung etwas höherer Renditen gibt – die zwar nicht neu sind, aber zumindest selektiv bedenkenswert.
- Was Risikoprämien und Illiquiditätsprämien sind und wie man sie nutzen kann.
- Warum es gerade bei diesem Thema nichts bringt, Dingen hinterherzulaufen, und Herr Draghi eben nicht Recht hat.

Nach dem Verständnis der Zinsfalle sowie der Zinsstrukturkurve sollen im Folgenden Möglichkeiten vorgestellt werden, das Beste aus den gegebenen Umständen zu machen.

Fachzeitschriften und Wirtschaftspresse bieten angesichts der Rahmenbedingungen eine Fülle von – leider oft als äußerst fragwürdig zu bewertenden – Anlageempfehlungen: Viele tun so, als ob sie einen einfachen Weg aus der Zinsfalle weisen könnten. Ein paar markige Werbeaussagen der aktuellen Tagespresse sollen dies zeigen:

- „Das Leben ist zu kurz, um auf steigende Zinsen zu warten."
- „Verdienen Sie 4,8 % bis 7,5 % mit Festgeldanlagen in nachhaltigen grünen Investments."
- „Ihr Geld schmilzt!"
- „Sparen Sie noch oder investieren Sie schon?"
- „Make your capital sweat." („Lassen Sie Ihr Kapital schwitzen.")
- „Aber sicher investiere ich. In eine Sachwert-Anlage mit garantierten 3,8 % Ausschüttung."

Allen oben genannten Zitaten folgten Angebote, die eine Scheinlösung darstellten oder schlichtweg unwahre oder nicht belastbare Behauptungen machten. Nur einem gefundenen Zitat kann der Autor voll zustimmen. Es lautet:

- „Die Kombination von null Zinsen und null Ahnung ist ein schlimmes Gemisch."

Die Versprechen einer einfachen Lösung (guter Zins bei geringem Risiko) erweisen sich ausnahmslos als Trugschluss, zumal es nur wenige nennenswerte **innovative** Anlagealternativen gibt. Es bleiben also nicht viele Dinge, die ein Anleger nicht auch schon zu Zeiten höherer Kapitalmarktzinsen hätte tun können.

Abb.: Die Flucht vor einem Risiko kann direkt ins nächste Risiko führen

Das nebenstehende Bild symbolisiert exakt die Situation vieler Anleger: Das Gnu ist vor einem Löwen ins Wasser geflüchtet und wird dort schon freudig von einem Krokodil erwartet.

Eine „Nebenwirkung" der aktuellen Niedrigzinspolitik ist das Auftauchen einer Vielzahl von Scheinlösungen und Scheininnovationen, die unvorteilhaft sind, weil sie

- Äpfel mit Birnen vergleichen, indem sie
    - risikolose mit risikobehafteten Anlagen bzw.
    - liquide mit illiquiden Anlagen gleichsetzen;
- Risiken verschweigen oder verdecken;
- zusätzliche, z. T. nicht direkt ersichtliche Kosten auslösen, welche die erhoffte Mehrverzinsung schnell zu einer Minderverzinsung machen.

Ein Werbebeispiel verdeutlicht das Dilemma. Die in einer groß angelegten Öffentlichkeitskampagne mit dem Motto „Ihr Geld schmilzt" beworbene ***„Lösung"*** einer bekannten Kapitalanlagegesellschaft hat folgende Schönheitsfehler: Sie vergleicht den Nullzins einer kurzfristigen, risikolosen Geldanlage mit der erhofften (aber unsicheren) Rendite einer längerfristigen, risikobehafteten Geldanlage (das ist das Apfel-Birnen-Problem). Und sie lenkt von Kosten (auch fixen Kosten) ab, die sich erst bei einer längerfristigen Anlagedauer wieder amortisieren können. Also exakt der Fall mit dem Gnu (wie es viel besser geht, lesen Sie weiter unten).

Lockvogelangebote mit „sicheren Zinsen“ sind durchweg nicht belastbar.

Eindeutig nicht empfehlenswert ist es, den vielen Lockvogelangeboten hinterherzulaufen, die (scheinbar) attraktive Zinssätze für **Tages- oder Termingelder** bieten, diese jedoch entweder

- zeitlich und/oder betragsmäßig einschränken (z. B. maximal für 4 Monate und 20.000 Euro),
- an den Übertrag von Depots oder andere Geschäftsverbindungen knüpfen oder
- an den gleichzeitigen Erwerb von provisionsintensiven Anlageprodukten (meist aktive Investmentfonds) binden – sodass die Provisionskosten regelmäßig den Zinsertrag übersteigen.

Selbst wenn mit der höherverzinslichen Anlage nicht direkt andere Abschlüsse verknüpft sind, rät der Autor davon ab, durch befristete und betragsmäßig limitierte Angebote zum Zinshopper zu werden. Die Verbraucherschützer *Keßler* und *Lutzmann*[8] haben bereits im Jahr 2008 diese Masche systematisch entlarvt.

Die nachfolgende Tabelle greift vier aus der Tagespresse und dem Internet gesammelte Angebote unterschiedlicher Banken für Tages- oder Termingelder auf, die „tolle Zinsen ohne Risiko“ versprechen. Die ersten drei sind im Ergebnis marginal, das vierte ist nicht risikolos und eine Beleidigung für jeden intelligenten Kunden.

Beispiel[9]	Versprochener Zins p. a.	Maximalbetrag in Euro	Maximaldauer	Zusätzliche kostenwirksame Bedingung	Mehrertrag nach 28 % KESt
A	1,5 %	50.000	2 Monate	keine	90,00 Euro
B	1,2 %	25.000	6 Monate	keine	108,00 Euro
C	0,9 %	60.000	4 Monate	keine	129,60 Euro
D	2,0 %	unbegrenzt	6 Monate	gleich hohes Investment in Fondsprodukt mit 5 % Ausgabeaufschlag	Mehrertrag = 1,0 % gegen Kosten 5 %

Mit etwas Abstand betrachtet denken Sie vielleicht: „Das macht doch keiner, so einfältig kann man doch gar nicht sein.“ Aber dem ist nicht so, denn mit Speck fängt man Mäuse. So mancher Anleger schaut in Zeiten der Niedrig- und Minuszinsen auf die ach so verlockenden 1,2 % p. a.: „Immerhin gibt es da noch was.“ Schauen wir

[8] *Keßler, U./Lutzmann, P./Krisp, P.*: Die Masche mit den Sternchen – Bankangebote unter der Lupe, Mühlheim 2008.

[9] Annahmen: Alle Beispiele sind gegen „Null“ gerechnet, d. h., es wurde unterstellt, dass das Geld ansonsten ohne jeglichen Zinsertrag auf einem anderen Konto „geparkt“ würde.

mal, was es gibt: Hat der Anleger sagen wir 10.000 Euro, die er für spontanen Geldbedarf liquide halten möchte, kann er sie im Beispiel B für 6 Monate zu 1,2 % p. a. anlegen. Das macht in den 6 Monaten zusammen 43,20 Euro – also pro Monat 7,20 Euro. Ob sich dafür Mühe und Aufwand für das Zinshopping alle 6 Monate lohnen?

Für den tiefer gehend interessierten Leser

Mittlerweile gibt es diverse **Internetplattformen** (Betreiber z. B. weltsparen.de, savedo.de, zinspilot.de), welche über ein Verrechnungskonto bei einer deutschen Bank die Anlage von **Festgeld und vereinzelt von Tagesgeld bei Partnerbanken im Ausland** anbieten. Die Zinsangebote liegen zumeist über den derzeit in Deutschland üblichen. Wenn die Anlage in Euro erfolgt, besteht kein Wechselkursrisiko. Nur für EU-Partnerbanken gelten die EU-Mindestanforderungen an die nationale Einlagensicherung (Einlagensicherungsfonds). Wie Service und Unterstützung durch die Internetplattformen im besonderen Fall (z. B. bei Insolvenz der ausländischen Bank oder vorzeitiger Kündigung der Festgeldvereinbarung) letztlich erfolgen, muss die Erfahrung zeigen.

Hart, aber wahr

Dem Satz: „Das Leben ist zu kurz, um auf steigende Zinsen zu warten", möchte der Autor entgegenhalten: Das Leben ist auch zu kurz, um alle paar Monate wegen ein paar Euro steuerpflichtigem Mehrertrag die Bankverbindung zu wechseln, neue Konten zu eröffnen, seine Daten an das neue Bankinstitut zu senden, sich immer wieder dem Postidentverfahren zu unterziehen, Fristabläufe zu kontrollieren und in überlasteten Service-Hotlines zu versauern – während das Leben an einem vorbeizieht. Nein! – Da sind Sie zu Höherem geboren!

Null Prozent Zinsen auf das kurzfristige Geldvermögen ist verkraftbar – solange Ihr persönliches Gesamtportefeuille stimmt

EZB-Chef *Mario Draghi* Anfang 2016:
„Die Sparer haben es mit ihren Anlage-Entscheidungen auch selbst in der Hand, wie hoch ihre Erträge ausfallen, auch in Zeiten niedriger Zinsen. Die Sparer müssen ihr Geld nicht nur auf dem Sparbuch anlegen, sondern haben auch andere Möglichkeiten."

Erwiderung des Autors:
„Es ist besonders peinlich, einen Bus zu verpassen, wenn man ihm hinterhergelaufen ist."

Natürlich würde ich Ihnen ein paar Prozent Zinsen auf Ihre Spar- oder Terminguthaben wünschen und gönnen und freue mich keineswegs über Draghis Nullzinspolitik. Aber: Nachdem Sie in Kapitel A.1 von der Geldillusion erfahren haben, ist Ihnen ohnehin klar, dass selbst 4 % (steuerpflichtiger) Zins bei 3 % Inflationsrate vor circa zehn Jahren de facto dem aktuellen Zustand sehr nahe kamen – nämlich **kein realer Zinsertrag nach Steuern.**

Lassen Sie es uns **versachlichen**: Reale Zinserträge auf liquides Geldvermögen sind schön, aber waren auch in den letzten Jahrzehnten selten.
Und: **Liquidität hat auch bei fehlendem Realzins ihre Berechtigung**. Denn Sie sollten über Ihr Gesamtvermögen (= Gesamtportefeuille) optimieren und nicht nur über Ihr liquides Geldvermögen.

Mit anderen Worten: Wenn alle anderen Assetklassen in Euro oder anderen Währungen bewertet werden, dann benötigen Sie eben Euro oder andere Währungen, um hier ein **adäquates Gleichgewicht** zu bewahren. Also: Ein klares Bekenntnis zu **kurzfristigem Geldvermögen (= Cash) als Assetklasse**. Der Geldvermögensanteil ist als ***ein*** Bein des Tausendfüßlers (Kapitel B.8) unerlässlich und nur wegen fehlender Rendite werden Sie dieses Bein nicht amputieren. Der Cash-Anteil sichert Ihr Gesamtportefeuille (ebenso wie Gold) ab und wenn Sie z. B. ein Viertel zinsloses Geldvermögen haben und mit drei Vierteln renditetragendem Sachvermögen – insbesondere Aktien oder aktienbasierte ETFs[10] – eine langfristige Durchschnittsrendite von ca. acht Prozent erreichen, dann ist die Welt doch mit einer **Gesamtrendite von sechs Prozent** trotz allem in Ordnung. Und damit Sie die schönen Aktien nicht gerade in einer Krise oder nach einem Kursrückschlag verkaufen müssen, dafür haben Sie Ihren Cash-Anteil.

Betrachten Sie den Cash-Anteil als eine Art Gegengewicht in Ihrem Portefeuille und die **Unverzinslichkeit** als eine Art **Versicherungsprämie**. Natürlich kann es sein, dass Sie nach einer Phase steigender Aktien- oder sonstiger Assetpreise im Nachhinein feststellen, dass Sie die Liquidität lieber anderweitig investiert hätten. Aber ganz nach dem Motto: Im Nachhinein sind wir alle immer schlauer. Machen Sie Ihren Frieden mit diesen – notwendigen – **Opportunitätsverlusten**. Denn: Die Kfz-Versicherung zahlt Ihnen auch die Versicherungsprämie nicht zurück, wenn Sie im abgelaufenen Jahr keinen Unfall hatten.
Heikel wird es erst, wenn Anleger aus überzogener Risikoscheu ***nur*** kurzfristiges Geldvermögen haben und der **renditebringende Gegenpol** fehlt.

Und: Ist Ihnen aufgefallen, dass stets von kurzfristigem Geldvermögen die Rede ist? Warum sollten Sie sich ohne Not in die **Zinsfalle** begeben und Ihre Anlagerendite für zehn Jahre im Minusbereich fixieren?

---

[10] ETF = Exchange Traded Funds = Börsengehandelter Investmentfonds.

Wenn man von Wundern absieht, gibt es nur zwei relevante Renditetreiber ...

Um es kurz zu machen: Die Suche nach „ordentlichen" Zinsen bei gleichzeitiger **Liquidität** und **Risikofreiheit** der Geldanlage ist ein aussichtsloses Unterfangen. Sie sollten Ihre wertvolle Zeit und Energie nicht darauf verschwenden und möglichst schnell aufhören, sich mit intransparenten und manipulativen Lockvogelangeboten zu beschäftigen. Es gilt: Lieber Niedrigzins hinnehmen, als sich ausnehmen zu lassen. Denn wenn man die riesig wirkende Fülle von Anlagevehikeln, Innovationen und Scheininnovationen mit Abstand analysiert, lassen sich zwei wichtige Muster erkennen: Eine höhere Anlagerendite kann lediglich aus zwei Quellen gespeist werden, nämlich aus dem

- **Erzielen von Risikoprämien und dem**
- **Erzielen von Illiquiditätsprämien**

bzw. einer ganz beliebigen Kombination von beiden Prämienarten.

Die nachstehende schematisierte Abbildung verdeutlicht den Zusammenhang.

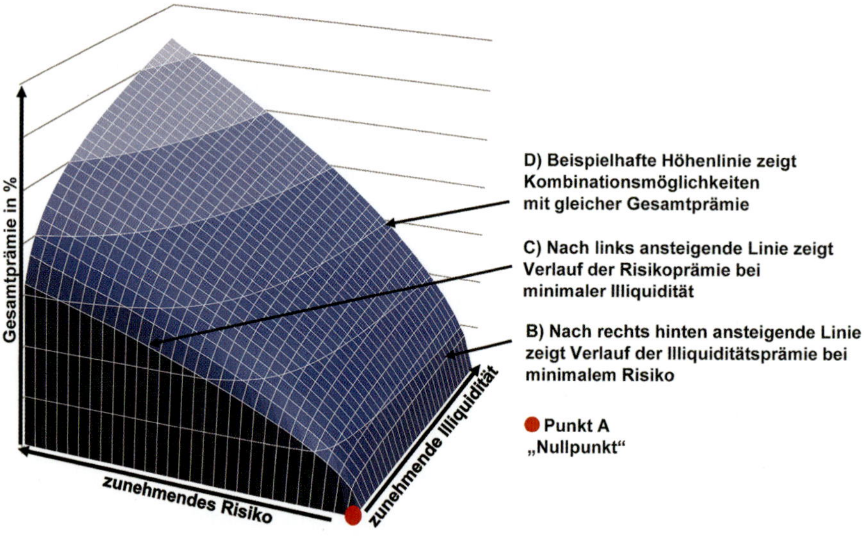

Abb.: Dreidimensionale Darstellung der kumulativen Wirkung von Risiko- und Illiquiditätsprämie

Erläuterung zur Abbildung:
Am vorderen roten Eckpunkt (**Punkt A**, „Nullpunkt") befindet sich eine sehr liquide und risikoarme Anlage, wie z. B. ein Giro- oder ein kurzfristiges Geldmarktkonto. Dafür erhält der private Anleger derzeit eine Rendite von etwa Null.

Während der Verzicht auf die Liquidität durch reine Laufzeitverlängerung – also z. B. Erwerb von deutschen Bundesanleihen – derzeit keinen Vorteil bringt (die zehnjährige Bundesanleihe bringt auch ca. 0 % Rendite, vgl. Kapitel A.3, über die Zinsstrukturkurve), lassen sich beim Übergang in andere, weniger liquide Anlageklassen, wie z. B. Immobilienaktien oder Infrastrukturanlagen, durchaus Illiquiditätsprämien erzielen. **Pfeil B** zeigt beispielhaft den sanft ansteigenden Verlauf. Ob Ihnen diese Illiquiditätsprämien als angemessen erscheinen, ist eine andere Frage.
Pfeil C zeigt den Verlauf der erhältlichen Risikoprämien bei einer Anlage mit geringer Illiquidität – also hoher Liquidität. Deutlich erkennbar ist, dass die Risikoprämien größer sind als die Illiquiditätsprämien, was auch der aktuellen Lage entspricht. Auch hier: Nicht jedes Risiko sollte eingegangen werden. Lohnend ist die Risikoübernahme nur, wenn die Risikoprämie größer ist als der zu erwartende Wert des Schadens (Kapitel B.7, über Risikoprämien und Kapitel B.9 über den Nutzen von Kursschwankungen).
Der **Pfeil D** zeigt beispielhaft auf eine Höhenlinie, die unterschiedliche Kombinationsmöglichkeiten von Risiko einerseits und Illiquidität andererseits zur gleichen Gesamtprämie und damit identischem Renditeniveau zusammenführt.

In der täglichen Anlagepraxis zeigt sich, dass die beiden Renditetreiber Risikoprämien und Illiquiditätsprämien nicht vollständig unabhängig voneinander sind. Vielmehr geht Illiquidität oftmals mit Intransparenz und damit auch einem höheren Risiko einher. Ob dies problematisch ist, sollte im konkreten Einzelfall überprüft werden[11].

Konkrete Ansatzpunkte, um Prämien zu erzielen

Auch wenn Risikoprämien und Illiquiditätsprämien in der Praxis ineinander übergehen können, weist die nachstehende Abbildung die beiden Treibergrößen getrennt aus und zeigt ein paar Beispiele[12].

---

[11] Eine weiterführende und stark ausdifferenzierte Darstellung von Risikoprämien findet sich bei Goetz/Motamedi (2015), S. 12–31.

[12] In einigen Fällen muss der private Anleger die Hilfe eines Experten (meist Fondsmanager) in Anspruch nehmen, um Zugang zu der gewünschten Prämie zu erhalten. Dies lohnt sich nur, wenn die Kosten des Fonds plus kalkulierte Risikokosten von der Prämie übertroffen werden, wodurch sich die Attraktivität des Prämienjagens weiter verschlechtert.

Prämien zur Erzielung höherer Rendite

Typische Risikoprämien — Übergangszone – Kombinationen — Typische Illiquiditätsprämien

Grundlegend/Übergreifend: - Erhöhung des Anteils risikobehafteter Anlagen - Erhöhung des Risikogrades innerhalb der risikobehafteten Anlagen	**Grundlegend/Übergreifend:** - Erhöhung des Anteil illiquider Anlagen - Erhöhung der Liquiditätsferne innerhalb der ohnehin schon illiquiden Anlagen
Konkret:	**Konkret:**
(R1) im Rentenbereich - höheres Bonitätsrisiko - höheres Zinsänderungsrisiko - höheres Länderrisiko - höheres Fremdwährungsrisiko	**(I1) Aufbau traditioneller, wenig liquider Anlagebestände = Erwerb wenig marktfähiger Anlagen** - Vergabe eines zinsbringenden Direktkredites - Erwerb einer Mietimmobilie
(R2) im Aktienbereich - höhere Aktienquote im Gesamtportefeuille - Akzeptanz riskanterer Titel (→ Unterfälle) - Akzeptanz kleinerer Unternehmen - Akzeptanz jüngerer Unternehmen - Akzeptanz von Nebenmärkten oder Emerging Markets	**(I2) Umschichtung liquider in weniger liquide Anlageformen** - Wechsel von kurzen in längere Laufzeiten (derzeit völlig sinnlos) - Aufgabe einer langjährig gehaltenen Festgeldanlage und Erwerb von Anteilen an Immobilienunternehmen
(R3) in weiteren Bereichen Übernahme von Sonderrisiken und exotischen Risiken (z. B. Wetterrisiken)	**(I3) Aufbau innovativer, wenig liquider Anlagebestände** - Erwerb von Infrastrukturfonds - Kauf von Anteilen an YieldCos

Abb.: Prämien zur Erzielung höherer Renditen

Risikoprämien:
Risikoprämien lassen sich in fast allen Anlageklassen erzielen. Beispielhaft dargestellt sind die Möglichkeiten im Bereich der Anleihen/Rentenwerte (R1), der Aktien (R2) und exotischer Sonderformen (R3).

Zu R1: Risikoprämien bei Anleihen/Rentenwerten: Die Übernahme höherer **Bonitätsrisiken** (= Ausfallrisiken) durch private Anleger ist heikel, jedoch z. B. durch Erwerb von **Anteilen Offener Rentenfonds** mit Hochzinsanleihen oder Junk Bonds möglich.
Ein höheres **Zinsänderungsrisiko** entsteht durch Erwerb von Anleihen längerer Laufzeiten und ist angesichts derzeit minimaler Laufzeitprämien völlig unvorteilhaft (Kapitel A.3, „Regenschirme sind in der Dürre besonders preiswert").
Auch bei der Übernahme von **Länderrisiken**[13] liegen Freude und Leid eng beieinander, sodass der Private hier oftmals überfordert ist und bestenfalls auf Fonds oder Zertifikate ausweichen kann.

[13] Zusammenfassender Begriff für verschiedene Risiken, die mit einer Anlage in einem fremden Land einhergehen, so insbesondere (geo-)politische Risiken, Risiken beim Transfer und Zahlungsverkehr (Verschlechterung der Konvertibilität der Auslandswährung, Gefahr von Zahlungsstopps = Moratorien), rechtliche Risiken und spezifische Risiken des Auslandsmarktes. Nicht in die Länderrisiken einbezogen wird i. d. R. das Währungsrisiko, da dies gut isolierbar und getrennt absicherbar ist (z. B. durch Währungstermingeschäfte wie Optionen und Futures).

Ebenfalls nur sehr bedingt attraktiv wirkt die Übernahme von **Fremdwährungsrisiken**. Zwar kann der Anleger in Währungen ausweichen, die noch höhere Zinsen bieten, jedoch stellen diese Währungen oftmals Abwertungskandidaten dar.

Zu R2: Risikoprämien bei Aktien: Hier sieht es deutlich erfreulicher aus. Besteht ein **längerfristiger Anlagehorizont**, so kann eine Erhöhung der Aktienquote erwogen werden. Dies sollte nicht zulasten der kurzfristigen Liquidität, sondern der Anleihequote erfolgen (Kapitel A.2, „Unter Null"). Flankierend kann – stets unter Aufrechterhaltung einer ordentlichen Streuung – das Einbeziehen von Aktien kleinerer Unternehmen, Unternehmen aus rentableren Branchen sowie stärker wachsenden Regionen (z. B. Emerging Markets) rentabilitätsfördernd sein.

Abb.: Wer alles vom Niedrigzinsumfeld profitieren möchte …

Zu R3: Risikoprämien in weiteren Bereichen: Ergänzend kann die Übernahme sonstiger Risiken erwogen werden, die **idealerweise nicht mit wirtschaftlichen Risiken zusammenhängen.** Beispielsweise korrelieren Wetterrisiken und auch Naturkatastrophen überhaupt nicht mit der Konjunktur. Über Fonds kann der Anleger z. B. in ein Bündel sogenannter CAT-Bonds (= Katastrophenanleihen) investieren, die im positiven Fall eine erhebliche Mehrverzinsung bieten, jedoch bei Eintritt definierter Großschadensereignisse (Hurrikan, Erdbeben, Überschwemmung) Zins- oder Tilgungsausfälle bewirken. Als **Bündel** und in **geringer Beimischung** sind solche Anlagen bedenkenswert.

Die Anlageformen mögen zum Teil sehr interessant sein. Gleichwohl müssen Sie immer darauf achten, dass Sie nicht von einem Risiko ins nächste springen oder die Kosten Ihre Prämie mehr als „auffressen".

Illiquiditätsprämien:
Illiquiditätsprämien sind Mehrrenditen, die für die schlechtere Liquidierbarkeit bzw. geringere Flexibilität mancher Anlagen gewährt werden.

(I1) Erwerb weniger liquider Anlagen: Illiquiditätsprämien lassen sich erzielen, wenn der Anleger statt kapitalmarktfähiger Geldanlagen marktferne Anlagen akzeptiert. So wäre der Kredit an den Nachbarn oder auch eine Crowd-Financing-Plattform renditesteigernd – jedoch ist die enge Verbindung zum Risiko unübersehbar. Auch das Ausweichen auf „Betongold" nach dem Motto „Miete ist der neue Zins" gehört in diese Kategorie.
(I2) Umschichtung von liquiden in weniger liquide Anlagen: Entspricht (I1) und kann funktionieren, soweit z. B. der Aufbau von „Betongold" durch Aufgabe unverzinslicher liquider Geldanlagen finanziert wird.
(I3) Aufbau innovativer, wenig liquider Anlagebestände: Beispielhaft sind Anlagen in Infrastrukturprojekte wie mautpflichtige Brücken, Tunnels oder Autobahnen sowie Flughäfen (hoffentlich nicht Berlin) und andere Großanlagen zu nennen. **YieldCos** sind börsenfähige Unternehmen, die ein Portfolio von Projekten (meist der Energieversorgung wie Windanlagen, Solarfarmen, Stromtrassen) besitzen. Institutionelle Investoren wie z. B. die großen Versicherer investieren schon kräftig in Infrastrukturprojekte nach dem Motto „Infrastrukturanlagen sind die neuen Bundesanleihen". Für den Privatanleger ist der Zugang noch schwierig und die Auswahl gering, sodass nur der Weg über (meist teure) Fonds bleibt.

Zentrale Ergebnisse

- Die Niedrigzinswelt hat eine Fülle von Finanzdienstleistern mit „kreativen Innovationen" auf den Plan gerufen.
- Risiko- und Illiquiditätsprämien sind keineswegs neu, werden aktuell jedoch besonders beworben und „gehypt".
- Risikoprämien sind i. d. R. höher als Illiquiditätsprämien, zudem geht Illiquidität oftmals mit (versteckten) Risiken sowie Intransparenz einher.
- Die Kosten vieler aktueller Angebote zum Weg aus der Nullzinswelt überschreiten die erzielbare Mehrrendite.
- In der Abwägung zwischen Kosten, Risiken und erzielbarer Prämie sieht sich der Anleger häufig als das „Gnu", welches auf der Flucht vor dem Löwen direkt ins Maul des Krokodils springt.

Konkrete Handlungsempfehlungen

- Bewahren Sie sich einen gewissen Cash-Anteil (je nach Alter und Risikoeinstellung zwischen 10 und 25 %), auch wenn dieser zinslos ist.
- Dieser Cash-Anteil ist Ihr Versicherungsschutz für den Fall eines Aktiencrashs oder anderer Krisensituationen. Er hält Sie flexibel.
- Finden Sie Anlagen, deren Risiko-/Illiquiditätsprämien zu Ihnen passen.
- Stellen Sie der durch kreative Innovationen ermöglichten Prämie das zusätzliche Risiko sowie die zusätzlichen Kosten gegenüber.
- Attraktive Risikoprämien werden vor allem im Aktienbereich gesehen – insbesondere für langfristig orientierte Anleger.

Quellennachweis und weiterführende Literatur

Goetz, L./Motamedi, A.: The Art of Alternative Investing. Der Weg zu langfristig unkorrelierten Renditen, Milton Keynes 2015

Keßler, U./Lutzmann, P./Krisp, P.: Die Masche mit den Sternchen – Bankangebote unter der Lupe, Mühlheim 2008

Sharpe, W. F.: Investors and Markets. Portfolio Choices, Asset Prices and Investment Advice, Princeton 2011

Stelter, D.: Eiszeit in der Weltwirtschaft – Die sinnvollsten Strategien zur Rettung unserer Vermögen, Frankfurt a. M. 2016

Teil B – Metaregeln der Geldanlage und Vorsorge

1 Einstein hatte Recht

Metaregeln und Metatipps für Ihre Geldanlage

Wenige erfolgreiche Muster führen Sie zu vielen positiven Einzelentscheidungen.

Einstein hat viele kluge Dinge gesagt. Ohne die Relativitätstheorie zu ignorieren, sollen die beiden folgenden Überlegungen von ihm gewürdigt werden.

„Man muss die Dinge so einfach wie möglich machen.
Aber nicht einfacher.“

„Probleme lassen sich niemals auf derjenigen Ebene lösen,
auf der sie entstanden sind.“

Diese beiden Überlegungen führten dazu, Ihnen im Folgenden die Metaregeln für eine erfolgreiche Geldanlage vorzustellen.

Operative Hektik verdeckt strategische Windstille

Anlagetipps und Anlageempfehlungen finden Sie täglich in der Tagespresse oder sogar völlig gratis im Internet. Natürlich muss es dabei stets sehr schnell gehen: Also schnell handeln, denn wer zu spät kommt, den bestraft das Leben. Die Qualität derartiger Empfehlungen ist jedoch sehr unterschiedlich, meist wissenschaftlich nicht überprüfbar und zudem häufig durch Eigeninteresse der Publizierenden geprägt. Oftmals wollen die Schreiber nur Ihr Bestes – also Ihr Geld.

Die meisten dieser Tipps oder Regeln befinden sich auf der Objektebene (Einzelebene), d. h., sie beziehen sich auf ganz konkrete Anlagevehikel oder -gegenstände nach dem Motto: Kaufen Sie Zertifikate auf Rohöl oder verkaufen Sie diese Aktie oder halten Sie die andere. Der Fachmann nennt das „Asset Picking“.

In diesen *„harten Wettbewerb“* um Tipps und Empfehlungen all derer, die auf der genannten Objektebene arbeiten und über die bessere Glaskugel verfügen, will dieses Buch nicht eintreten – es gibt schon mehr als genug davon. Und sie sind oft ihr Geld nicht wert.

Hart, aber wahr

Vergessen bzw. ignorieren Sie die zahllosen Artikel oder Veröffentlichungen in der Tagespresse oder in Anlegerzeitschriften mit wenig belastbaren „Kauf-Mich"-, „Investier-Hier"- oder „Leg dort an"-Tipps. Sie werden bestenfalls zufällig funktionieren bzw. schlimmstenfalls zu unterdurchschnittlichem Erfolg führen, da der Tippgeber sich entweder bereits zuvor eingedeckt (Front Running) oder den Markt auf andere Weise manipuliert hat oder auch einfach nur seine Zeitschrift (bzw. Anzeigenplätze) verkaufen möchte.

Wenden Sie die wenigen Metaregeln der Geldanlage konsequent und diszipliniert an. Und: Verabschieden Sie sich von der täglichen selbstgemachten Hektik der Akteure.

In den nachfolgenden Kapiteln B.2 bis B.12 finden Sie eine kleine, aber feine Auswahl von Metaregeln, d h. Regeln oder Hinweisen auf einer logisch übergeordneten Ebene, die nicht plumpe Einzelempfehlungen enthalten, sondern einen **grundsätzlicheren Charakter** aufweisen und i. d. R. wissenschaftlich oder zumindest statistisch-erfahrungswissenschaftlich nachweisbar sind.

Um es mit einer beliebten Metapher zu sagen: Wenn Sie jemandem einen Fisch schenken, dann wird er heute satt (Objektebene/Einzelebene).

Wenn Sie jemandem aber eine Angel schenken und das Angeln beibringen, dann hat er die Chance, für längere Zeit satt zu werden.

Die nachfolgenden Metaregeln sind mindestens auf der Ebene der überreichten Angel. Teilweise erfahren Sie sogar, wie man Angeln herstellt, bessere Köder entwickelt und den Fischschwärmen folgt (das wäre dann schon Meta-2–Ebene).

Jeder Anleger kennt z. B. die Weisheit, dass höhere Erträge nur mit höherem Risiko erzielbar seien (Ebene des einzelnen Fisches). Mit cleverem Risikomanagement kann jedoch das Gesamtrisiko Ihrer Anlagen erheblich gesenkt werden, d. h., die Einzelrisiken addieren sich keineswegs, sondern gleichen sich z. T. sogar aus (Angel-Ebene). Und mit dem später erläuterten Diversifikation^2-Prinzip (Diversifikation hoch Zwei) nutzen Sie das Risiko langfristig dazu noch als Renditebringer, d. h., je stärker die Preise der Anlagegegenstände schwanken, desto besser für Sie.

Ein Wunder? Nein, simple Mathematik, verbunden mit viel Disziplin und ein wenig strategischem Denken. Das können Sie auch!

2 Muss es wirklich so kompliziert sein?

Die Komplexität von Finanzdienstleistungen nützt nur selten dem Anleger

Was Sie in diesem Kapitel erwartet:

- Warum die Dinge mit der Zeit anscheinend zwangsläufig immer komplexer werden.
- Wie die Komplexität auch in der Regulierung der Finanzdienstleister zugenommen hat und warum der Kunde oftmals nicht davon profitiert.
- Warum Komplexität und Intransparenz regelmäßig mit überhöhten Kosten und schlechten Renditen einhergehen.
- Wie Anbieter von Finanzdienstleistungsprodukten die Komplexität ihrer Produkte absichtlich erhöhen, um Kosten zu verstecken.
- Wie mit der Zahl der beteiligten Parteien auch Komplexität, Intransparenz, Risiken und Kosten steigen.
- Positivbeispiele: Wie Sie transparente Anbieter und bewusst einfach gehaltene Produkte identifizieren.

Bereits vor über 30 Jahren wurde *Alwin Münchmeyer*, damals Präsident des Bundesverbandes deutscher Banken, mit folgenden Worten zitiert[14]:

„Das Vaterunser hat 56 Wörter, die Zehn Gebote haben 297 und die amerikanische Unabhängigkeitserklärung 300. Aber eine Verordnung der EWG-Kommission über den Import von Karamellen und Karamellprodukten zieht sich über 26.911 Wörter hin."[15]

Mit diesen klaren Sätzen rügte Münchmeyer damals nicht nur die Bürokratisierung und zunehmende Regulierung, sondern auch die Komplexität von Produkten im Finanzdienstleistungsbereich. Wenn Münchmeyer sich bei den Banken, die er vertrat, mit seiner Auffassung durchgesetzt hätte, dann hätten es die Verbraucher heute

---

[14] SPIEGEL 29/1974.

[15] So eindrucksvoll das Zitat ist – die Angaben zur Anzahl der Wörter sind überwiegend falsch. So hat z. B. die Amerikanische Unabhängigkeitserklärung nicht etwa 300, sondern ca. 1.300 Wörter … und die Karamellverordnung hat es zumindest offiziell nie gegeben.

wohl erheblich leichter – zumindest hätten sie weniger zu lesen und viele, viele Bäume hätten nicht sterben müssen.
Heute ist das Zitat aktueller denn je: Eine Vielzahl von Verkaufsprospekten zu Anlageprodukten schlägt die von Münchmeyer genannte Wörteranzahl locker. Da sind bei der Lektüre von Verkaufsprospekten zu Zertifikaten oder Offenen und Geschlossenen Fonds die Karamellbonbons schon lange gelutscht und gleichzeitig noch immer viele Fragen offen …
Lassen Sie uns hinterfragen: Wem nützt ein weit über 100 Seiten starker und von einem Heer von Juristen formulierter Verkaufsprospekt? Wer liest diesen und wer versteht ihn? Wem nützen 85 verschiedene Risikohinweise?

Ist das nicht so ähnlich wie der Aufsteller „SLIPPERY WHEN WET“ (Achtung: Bei Nässe rutschig!) in amerikanischen Supermarkt- oder Hamburgerfilialen? Juristisch schützt er die Filiale vor Schadensersatzansprüchen. Jedoch stehen solche Aufsteller immer und überall herum, keiner nimmt sie mehr wahr – geschweige denn ernst. Aber: Wenn es ausnahmsweise wirklich frisch geputzt und daher rutschig sein sollte, dann geht der Kunde zu Boden – ist juristisch jedoch auf verlorenem Boden …

Abb.: Achtung – Bei Nässe rutschig!

Immerhin gibt es seit einigen Jahren für Emittenten und Anbieter von Finanzprodukten die Verpflichtung, alles Wesentliche auf zwei bis drei Seiten zusammenzustellen – das findet sich dann im Informationsblatt bzw. den wesentlichen Anlegerinformationen (WAI/KIID). Oder im Vermögensanlageinformationsblatt (VIB). Ach ja, oder im Basisinformationsblatt für verpackte Anlageprodukte für Kleinanleger und Versicherungsanlageprodukte (PRIIPs-KID). Sie merken: Selbst hier, wo der Gesetzgeber den Anleger schützen, ihm Transparenz, Klarheit und Übersichtlichkeit ermöglichen möchte, gelingt es kaum. Wer sich mit der Regelungsmaterie der Produktinformation (Stichworte MiFID I, MiFID II) beschäftigt, kann im Regelungsdickicht schier verzweifeln. Transparent, klar und übersichtlich jedenfalls ist anders.

> „Offensichtlich gibt es eine merkwürdige menschliche Neigung dazu, einfache Dinge kompliziert zu machen.“ (*Warren Buffett*)

Hart, aber wahr

Mitarbeiter von Banken und Versicherungen beklagen mir gegenüber im persönlichen Gespräch häufig, dass sie mehr Zeit mit der Dokumentation ihrer Beratung (Beratungsprotokoll, Geeignetheitserklärung usw.) verbringen als mit der Kundenberatung selbst.

Negativbeispiele

Nur kurz zur Veranschaulichung sollen hier einige Finanzprodukte skizziert werden, bei denen Konstruktion und Präsentation offensichtlich darauf ausgerichtet sind, durch (unnötige) Komplexität Verwirrung zu stiften oder einen positiv verzerrten Eindruck beim Anleger zu bewirken.

Beispiel: Nikolausanleihe einer deutschen Bank (Laufzeit 2004–2012)

Hier orientierte sich die Verzinsung nach einer Festzinsspanne an einem intransparenten Korb mit 15 Aktien als Referenz. Intuitiv denkt jeder Anleger hier an Diversifikation und hält 15 Werte für besser als, sagen wir, drei. Jedoch orientierte sich die Verzinsung am schlechtesten Wert, d. h., je höher die Anzahl, desto größer die Wahrscheinlichkeit, dass ein Verlierer im Korb ist. Einen fairen Wert dieses Produktes kann kein Normalbürger berechnen – er liegt jedoch mit Sicherheit beträchtlich unter dem kassierten Verkaufspreis plus 2 % Agio, deren Existenz zudem noch schamhaft in einer Fußnote versteckt war. Na ja – man weiß eben nie, was der Nikolaus so im Sack hat ...

Von der Oktoberfestanleihe einer süddeutschen Bank, noch komplizierter konstruiert, finden Sie nachstehend eine kurze Zusammenfassung der „Spielregeln". Selbst wenn man die Formulierungen nachvollziehen kann, wird man mit der Bewertung der Anlage völlig überfordert sein. Jedoch scheint es auch hier ausreichend viele Betrunkene gegeben zu haben, die dies zeichneten und später jäh ernüchtert waren ...

Beispiel: Aus der Verkaufsbroschüre der Oktoberfestanleihe

Relevant für die Verzinsung der Anleihe ist die Kursentwicklung von 25 in einem Korb zusammengefassten Aktien. Ihre Kursentwicklung wird viermal jährlich mit dem Kurs beim Start der Anleihe verglichen, wobei der Titel für die Kuponberechnung herangezogen wird, der an einem der Stichtage die schwächste Performance aufweist. Zwei Fünftel des ermittelten Performance-Wertes werden zu einem bei zehn Prozent angesetzten Zinssockel hinzuaddiert und ergeben den künftigen Zins. Bei einer Aktienkurssteigerung von fünf Prozent gingen also zwei Prozentpunkte in die Rechnung ein, sodass sich ein Gesamtkupon von zwölf Prozent ergäbe (zehn Prozent plus zwei Fünftel von fünf Prozent gleich zwölf).

Dass es zu dem attraktiven Zwölf-Prozent-Kupon kommt, setzt voraus, dass tatsächlich alle 25 Aktien im Plus liegen. Rutscht nur ein Titel ins Minus, wird der Zinssockel von zehn Prozent nach und nach aufgebraucht. Im Extremfall verbleibt nur der garantierte Mindestkupon von einem Prozentpunkt. Das ist der Fall, wenn eine der Aktien an einem der Stichtage um mehr als 22,5 Prozent unter dem Einstiegskurs notiert. Falls es dazu kommt, wäre es für den Anleger wünschenswert, dass dieser Wert noch weiter ins Minus gerissen wird. Denn das Konzept sieht vor, dass zumindest eine Verlierer-Aktie pro Jahr aus dem Korb herausgenommen wird, falls sie Verluste von 50 Prozent und mehr erreicht hat.

Die schlimmsten Ausreißer derartiger „Anlageinnovationen" werden von dem 2008 gegründeten Deutschen Derivate Verband (DDV) „eingefangen", der Ende 2013 einen sogenannten „Fairness Kodex" herausgab. Dieser fordert für **strukturierte Wertpapiere** ein Mindestmaß an Transparenz. Das ist besser als nichts, wird aber von Verbraucherschützern gleichwohl als Feigenblatt empfunden.

Hart, aber wahr

Viele endlos langweilige Geschäftsbedingungen und Vertragswerke könnte man sehr einfach in einem Satz zusammenfassen: Am Ende gewinnt stets die Bank! Oder: Die Bank hat immer Recht!

Konzeption und Vertrieb eines Finanzproduktes verursachen Kosten. **Mit der Zahl der involvierten Parteien steigen zwangsläufig Intransparenz und „weiche" Kosten** dieser Finanzdienstleistungsprodukte.
Ein Beispiel: Mit der Beteiligung über einen geschlossenen Publikums-Fonds stehen einem Investor folgende Parteien gegenüber – und halten die Hand auf: Objektverkäufer, Objektvermittler, Vermittler der Finanzierung, Initiator, Treuhänder, Mietgarant, Verwalter, Finanzmittelgeber, Avalgeber, Konzeptersteller, Steuerberater, Wirtschaftsprüfer, Fondsverwalter, Garantiegeber für Platzierung, Garantiegeber für die Finanzierung, Prospektersteller, Rechtsberater 1 bis n (oft mehrere wegen Zweitmeinung etc.) – habe ich jemanden vergessen?
Teilweise können mehrere Rollen von der gleichen Partei erbracht werden, jedoch rechnet diese trotzdem die Einzelfunktionen auch einzeln ab …

Schließlich wird auch an den zahllosen Erscheinungsformen der **Riester- und Rürup-Rente** eine unangemessene Produktkomplexität gerügt. Tests von Verbraucherschützern haben wiederholt nachgewiesen, dass selbst die meisten Berater mit der Komplexität überfordert waren. Anhand von Abschlussstatistiken ließ sich nachweisen, dass die meisten Berater stets ein und dasselbe Riester-Produkt verkauften. Das ist etwa so überzeugend, als wenn Ihr Hausarzt allen Patienten ungeachtet ihres Krankheitsbildes stets immer das gleiche Medikament verschriebe[16].

Für den tiefer gehend interessierten Leser

Ein weiteres populäres Beispiel bietet der amerikanische Starökonom John Cochrane, indem er kritisiert, das Regelwerk Basel III sei um mehrere hundert Seiten dicker als Basel I und niemand verstehe den Inhalt.

[16] Ein weiteres ausführliches Beispiel für manipulative Komplexität finden Sie in Kapitel D.7 (Fondspolice), in dem unterschiedlichste Kostenarten so umständlich und trickhaft versteckt sind, dass der durchschnittliche Anleger sie sicher nicht ermitteln kann. Ein ganz typisches Katz-und-Maus-Spiel, das jedoch für die Finanzdienstleister trotzdem funktioniert.

Positivbeispiele

Es gibt jedoch Finanzdienstleister, die sich dem Ziel der **Komplexitätsreduktion** verpflichtet haben und sogar damit werben, dass sie

1. die Anzahl ihrer Produkte gesenkt und
2. die Gestaltung ihrer Produkte stark vereinfacht haben.

Beispiel: So wirbt eine Bank mit der folgenden Aussage

> Andere Banken machen die Dinge erst kompliziert,
> um Sie dann anschließend beraten zu können – wir nicht.

Sie bietet im Privatkundengeschäft lediglich 30 verschiedene Produkte an, während die Mehrzahl deutscher Banken rund 500 Produkte für private Anleger bereitstellt. Die Produkte selbst sind klar und „schnörkelfrei" gestaltet, sodass sie auch von Kunden mit weniger Expertise verstanden werden können. Die Initiatoren dieses Konzeptes erhoffen sich Kostenersparnisse durch weniger erklärungsbedürftige Angebote.

Auch die große Popularität von **ETFs** (Kapitel D.2, über ETFs) wird letztlich auf deren Einfachheit und gute Nachvollziehbarkeit zurückgeführt. Anstatt komplexer Handelsregeln, Investmentstile, händischer Auswahl und, und, und ... wird einfach auf einen öffentlich bekannten und transparenten Index gesetzt – Basta.

Wenn man mehrere mögliche Erklärungen oder Theorien für einen Sachverhalt besitzt, dann ist die einfachste mit der größten Wahrscheinlichkeit die relevanteste[17].

Exkurs: Gesetzlich vorgeschriebene Mindestinformationen für Ihre Entscheidung – ein Überblick

Stilblüten des Verbraucherschutzes: **WAI, KIID, KID, VIB, PRIIP**

Was der Beipackzettel beim Medikament, sollen das **Informationsblatt** bzw. die **wesentlichen Anlegerinformationen** bei Finanzprodukten sein. Die Informationsblätter sollen den Verbraucher (Privatanleger) **vor** der Anlageentscheidung in knapper, übersichtlicher, leicht verständlicher und werbefreier Weise über wesentliche Merkmale des Finanzproduktes aufklären und ihn in die Lage versetzen, auf dieser Grundlage eine fundierte Anlageentscheidung zu treffen.

---

[17] Ausnahme: Es wurde absichtsvoll manipuliert und eine Plausibilitätsfalle aufgebaut.

Die wesentlichen Anlegerinformationen (WAI) werden auch als „Key-Investor-Information-Document" (**KIID** oder verkürzt **KID**) bezeichnet[18].

Die **Informationsblätter** müssen in standardisierter Form **folgende Angaben** über das jeweilige Finanzinstrument enthalten:

- Angabe, wer hinter dem Produkt steht,
- die Art des Finanzinstruments,
- kurze Beschreibung der Funktionsweise des Finanzinstruments,
- Risiko- und Ertragsprofil des Instruments,
- die mit dem Instrument verbundenen **Kosten**.

Damit soll neben dem Anlegerschutz eine **Vergleichbarkeit** der Finanzprodukte, insbesondere der Investmentfonds, Anleihen und Zertifikate, möglich sein.

Vor allem jedoch soll der Kunde durch die Informationen über das Produkt dessen **Eigenschaften und Risiken besser verstehen** können.

Besonderes Augenmerk legen die Informationsblätter mittlerweile auf eine Darstellung der Kosten. Wertpapierdienstleister müssen dem Kunden die **Gesamtkosten** und deren **Auswirkungen auf die Rendite** aufzeigen. Auf Verlangen des Kunden müssen Wertpapierdienstleister eine nach den einzelnen Posten gegliederte und damit detaillierte Kostenaufstellung aushändigen. Zudem müssen Zuwendungen von Dritten an den Wertpapierdienstleister ausgewiesen werden.

Hart, aber wahr

Alleinverbindliche Grundlage für Ihre Kaufentscheidung sollten also stets nur die Angaben in diesen Informationsblättern sein – nicht irgendwelche Angaben auf Plattformen oder Trading-Seiten, ebenso wenig das gesprochene Wort Ihres FPVs. Der Blick in das Informationsblatt und dessen Aufbewahrung sind daher unerlässlich.

[18] Nur nebenbei erwähnt seien überdies die mittlerweile obligatorischen Vermögensanlage-Informationsblätter (VIB) für ansonsten verbleibende Vermögensanlagen im Sinne des Vermögensanlagegesetzes, z. B. teilweise bei geschlossenen Fonds. Sowie die Basisinformationsblätter für verpackte Anlageprodukte für Kleinanleger und Versicherungsanlageprodukte (PRIIPs). Ach ja, und das individuelle Produktinformationsblatt nach § 7 Abs. 1 des Altersvorsorgeverträge-Zertifizierungsgesetzes für zertifizierte Altersvorsorge- und Basisrentenverträge im Sinne des Altersvorsorgeverträge-Zertifizierungsgesetzes, ggf. ergänzt um die wesentlichen Anlegerinformationen. – Wer solche Freunde hat, braucht keine Feinde mehr …

Emittenten und Anbieter von Finanzprodukten müssen die aktualisierten Informationsblätter **zumindest als Download** beim jeweiligen Finanzprodukt im Internet veröffentlichen, und zwar kostenfrei in der Sprache des Landes, in dem das Finanzprodukt angeboten/vertrieben wird.

Finanzprodukteverkäufer, Wertpapierdienstleistungsunternehmen bzw. die Kapitalanlage-/Investmentgesellschaft **haften** dem Privatanleger gegenüber gesamtschuldnerisch für falsche bzw. irreführende oder nicht (rechtzeitig) zur Verfügung gestellte Angaben in den wesentlichen Anlegerinformationen[19].

Für den tiefer gehend interessierten Leser

Die erste Finanzmarktrichtlinie der Europäischen Union (Markets in Financial Instruments Directive, engl. Abkürzung **MiFID**) verbesserte den Schutz für Anleger von Finanzinstrumenten, wie Aktien, Obligationen, Derivaten und verschiedenen strukturierten Produkten. In Deutschland wurden daraufhin u. a. das Wertpapierhandelsgesetz (WpHG) geändert und die Wertpapierdienstleistungs-, Verhaltens- und Organisationsverordnung (WpDVerOV) in Kraft gesetzt. Diese beinhalten Aufzeichnungs- und Aufbewahrungspflichten für Finanzdienstleistungsunternehmen.

Die Umsetzung der **MiFID II** erfolgte Anfang 2018 und brachte weitere Neuerungen für Kunden in der Anlageberatung. „So gibt es das bisher bekannte Beratungsprotokoll nicht mehr. Stattdessen muss der Berater eine **Geeignetheitserklärung** erstellen. Sie enthält die Gründe, warum bestimmte Produkte für den Kunden aufgrund seiner Anlageziele und seines Risikoprofils geeignet sind. Darüber hinaus werden nun externe und interne elektronische Kommunikation und Telefongespräche aufgezeichnet, die sich auf Kundenaufträge beziehen (Taping). Unternehmen haben die Aufzeichnungen auf Verlangen des Kunden herauszugeben. So können Verbraucher die Inhalte des Gesprächs und damit insbesondere die Risikoaufklärung exakt nachvollziehen. Um die Eigenschaften und Risiken von Produkten besser verstehen und vergleichen zu können, erhalten Kunden ab sofort umfassendere Informationen. Wertpapierdienstleister müssen unaufgefordert die Gesamtkosten von Produkten und Dienstleistungen sowie deren Auswirkungen auf die Rendite darstellen. Auf Nachfrage erhalten Kunden zudem eine Aufstellung der einzelnen Kostenpositionen."[20]

---

19 In Betracht kommt zudem die Verwirklichung eines Bußgeldtatbestands nach dem WpHG.

20 Presseerklärung der BaFin „MiFID II: Neue Stufe des Anlegerschutzes startet“ vom 03.01.2018.

Nutzen Sie diese Möglichkeiten als Grundlage für eine fundierte Anlageentscheidung

Nehmen Sie sich die Zeit, die Unterlagen durchzulesen, zu verstehen, nachzurechnen, zu besprechen. Schlafen Sie am besten eine Nacht darüber. Wenn etwas unklar ist, fragen Sie nach. Wenn etwas unvollständig oder falsch protokolliert ist, pochen Sie auf Ergänzung oder Richtigstellung. Und schließlich: Bewahren Sie die Unterlagen zu Beweiszwecken und als eigene Erinnerungsstütze gut auf!

Die **digitale und technologische Entwicklung** wird auch die Finanzbranche immer weiter beeinflussen. Finanzanwendungen sowie der Onlinevertrieb von Finanzprodukten werden zunehmen. Durch die damit notwendige **Standardisierung der** wichtigsten (entscheidungsrelevanten) **Produkteigenschaften** wie Risiko, Liquidität und Kosten von Finanzprodukten werden deren Verständlichkeit, Anwendbarkeit, Transparenz für den Anleger/Verbraucher steigen. Vielleicht werden einige Sachverhalte dadurch zu sehr simplifiziert werden, wahrscheinlich werden aber mehr Anleger/Verbraucher als bisher die Berührungsängste zu den Finanzthemen verlieren und ihre Geld- und Finanzentscheidungen selbst in die Hand nehmen.

Hart, aber wahr

Die Komplexität von Finanzdienstleistungen nützt in den seltensten Fällen Ihnen, sondern eher dem Anbieter. Verbraucherschützer beklagen, dass Finanzdienstleister im Zeitablauf immer komplexere Produktstrukturen aufgebaut haben, insbesondere auch, um **ehemals sichtbare Kostenkomponenten unsichtbar oder schwer erkennbar** zu machen.

Es gibt einen klaren Zusammenhang zwischen der Komplexität von Anlageprodukten einerseits und der Höhe ihrer Kosten anderseits.

Zentrale Ergebnisse

- Je komplexer ein Finanzprodukt, desto schwieriger wird es für Sie als Anleger, Risiko und Rendite tatsächlich zu bewerten.
- Man sollte nicht denken, dass Banken und Finanzdienstleister „Spielregeln" entwerfen, mit denen sie am Ende nicht gewinnen.
- Einfachheit, Verständlichkeit und Transparenz sind die Schlüssel zu einer erfolgreichen Geldanlage und Altersvorsorge.
- Die technologische Entwicklung trägt in den nächsten Jahren sicher durch mehr Standardisierung die Chance auf mehr Einfachheit, Verständlichkeit und Transparenz in sich – sicher aber auch neue Herausforderungen für den Anleger (Anwender).

Konkrete Handlungsempfehlungen

- Meiden Sie Komplexität, wo immer es geht.
- Wenn Sie das gleiche Anlageziel statt mit einem komplexen Produkt auch mit einer einfacheren Vorgehensweise realisieren können, dann bevorzugen Sie stets die einfachere.
- Versuchen Sie die Anzahl der an einer Anlage beteiligten Parteien möglichst gering zu halten.
- Hinterfragen Sie, ob Sie tatsächlich eine so „individuelle" Beratung oder Betreuung benötigen. In über 99 % der Fälle lassen sich Ihre Bedürfnisse durch einfache Standardprodukte erfüllen, die erheblich preiswerter und transparenter sind als „maßgeschneiderte Individuallösungen".

Quellennachweis und weiterführende Literatur

BaFin-Presseerklärung: „MiFID II: Neue Stufe des Anlegerschutzes startet" vom 03.01.2018

Gawande, A.: Checklist-Strategie: Wie Sie die Dinge in den Griff bekommen, München 2013

Maeda, J.: Simplicity: Die zehn Gesetze der Einfachheit, Heidelberg 2012

Walz, H.: Einfach genial entscheiden, Freiburg, 2. Auflage 2015; Kapitel 51 „Weniger ist mehr"

Weibel, B.: Simplicity – Die Kunst, die Komplexität zu reduzieren, Zürich 2014

3 Die Lindy-Regel

Über Säuglingssterblichkeit bei der Geldanlage – alt ist nicht gleich altmodisch

Was Sie in diesem Kapitel erfahren:

- Wo Scheininnovationen um Ihre Gunst buhlen.
- Warum noch nie dagewesene Finanzinnovationen häufig Scheininnovationen sind und wahrscheinlich auch bald wieder verschwinden.
- Warum Ihnen oft alter Wein in neuen Schläuchen angeboten wird.
- Wann Sie vielleicht nicht bei der neuesten Innovation dabei sein sollten.
- Was an Althergebrachtem, Traditionellem so überzeugend ist.
- Wie Ihnen die einfache Lindy-Regel bei der Entscheidung zwischen mehreren Anlageformen hilft.

Ich sitze gerade konzentriert an der Korrektur von Finanzdienstleistungsklausuren, als das Telefon läutet. Am anderen Ende ist ein Finanzprodukteverkäufer einer Universalbank, die hier nicht namentlich genannt werden möchte. Nachfolgend bekommen Sie Einblick in den wesentlichen Dialog:

Dialog mit einem Finanzprodukteverkäufer[21]

HW: Warum rufen Sie mich an? Wir hatten doch vereinbart, dass ich Sie anrufe, wann immer ich Hilfe von Ihnen benötige.

FPV: Ähm, ja schon, aber Sie wissen doch – wir haben ja aktuell so schlimme und turbulente Zeiten und die Märkte sind voller Risiko und Unruhe. Und ich habe da etwas für Sie, was Sie sicher interessieren wird.

HW: Ich möchte ja nicht unhöflich sein, aber ich habe aktuell weder Zeit noch irgendwelchen Anlagebedarf, bin gerade gar nicht „flüssig"...

FPV: Trotzdem sollten Sie sich ein wenig Zeit nehmen, denn ich habe etwas völlig Neues für Sie, eine noch nie dagewesene Finanzinnovation. Und Sie könnten ja andere Anlagen verkaufen, um die nötige Liquidität zu beschaffen.

HW: Danke, nein – ich habe kein Interesse.

FPV: Aber lassen Sie mich Ihnen die Neuheit doch wenigstens vorstellen – sonst würden Sie das vielleicht Ihr Leben lang bereuen. Ich brauche auch nur zwei Minuten.

HW: Nun gut, dann schießen Sie mal los – an zwei Minuten soll es nicht scheitern.

---

[21] FPV = Finanzprodukteverkäufer, HW = Hartmut Walz.

Es folgte eine ca. zehnminütige, rührend-engagierte Erläuterung einer exotischen Variante eines Investmentzertifikates, die man getrost als **Scheininnovation** bezeichnen darf. Zumindest Name und Verpackung waren sehr neu. Aber genau genommen sind Investmentzertifikate selbst ja noch recht neu ... (juristisch gesehen sind das Anleihen, die jedoch unterschiedlichste Rechte beinhalten und sehr häufig die Kursentwicklung von Aktien oder Indices abbilden).

Hart, aber wahr

Innovationen sind insgesamt für unsere Gesellschaft wichtig. Die meisten Finanzinnovationen sind allerdings Scheininnovationen – alter Wein in neuen Schläuchen. Viele Finanzinnovationen dienen lediglich dazu, unsere Neu-*Gier*de anzusprechen. Oder sie werden geschaffen, um Finanzprodukteverkäufern einen Anlass zu geben, uns mal wieder anzusprechen ...

Fortsetzung des Dialogs mit einem Finanzprodukteverkäufer

FPV: Na, Herr Walz, haben Sie meine Erläuterung des XYZ-Zertifikates verstanden?

HW: Ja, herzlichen Dank, ich habe das bestens verstanden.

FPV: Und finden Sie nicht auch, dass das absolut interessant und aufregend klingt?

HW: Doch, lieber FPV, das klingt absolut interessant und aufregend.

FPV: Welches Volumen darf ich dann für Sie zeichnen – bis zum Monatsende erhalten Sie nämlich zudem eine 30-prozentige Bonifikation auf den Ausgabeaufschlag.

HW: Oh, da muss ich Sie leider enttäuschen, Sie dürfen nichts für mich zeichnen.

FPV: Lieber Herr Professor Walz, jetzt verwundern Sie mich aber! Warum wollen Sie denn diese tolle Innovation nicht zeichnen – das ist doch ein ganz neues und noch nie da gewesenes Konzept.

HW: Ganz einfach: weil es so neu und noch nie da gewesen ist.

FPV: Das verstehe ich nun aber überhaupt nicht: Sie finden das XYZ-Zertifikat interessant und wollen es nicht zeichnen, nur weil es neu ist?

HW: Nun, nicht nur, weil es neu ist, aber doch auch, weil es neu ist. Sagen Sie, kennen Sie die Lindy-Regel?

FPV: Nein, noch nie gehört.

HW: Dann geben Sie mir doch mal zwei Minuten ...

Es folgte eine **kurze Beschreibung der Lindy-Regel,** die Sie auch kennen sollten:

Das Ergebnis vorweg:
Je länger ein System oder Prinzip bereits funktioniert oder „überlebt" hat, desto wahrscheinlicher, dass es auch in Zukunft weiterhin funktionieren oder überleben wird.

Der Name geht auf Lindy´s Restaurant am Broadway in New York zurück. Dort kehrten allabendlich die Größen aus dem Showbusiness ein und aßen und tranken und diskutierten. Zentrales Thema war naheliegenderweise, wer welche Chancen bei künftigen Engagements und Produktionen haben werde und welche Talkshow bzw. welches Format in den kommenden Monaten der „Quote" zum Opfer fallen werden oder eben auch nicht. Auch wurden regelmäßig Wetten auf das „Überleben" von Talkshows und Serien abgeschlossen. Eine Erkenntnis der Beobachtung dieser Wetten war folgende Regelmäßigkeit: Je länger ein Format, eine Talkshow, eine Serie bereits im Fernsehen lief, desto höher war die Wahrscheinlichkeit, dass sie auch das nächste Quartal „überleben" würde. Damit war die Lindy-Regel geboren.

Für den tiefer gehend interessierten Leser

„Lindy's Law'" hieß ein 1964 von Albert Goldman herausgebrachter Zeitschriftenartikel. Albert Goldmann war ein bekannter US-amerikanischer Biograph. Er portraitierte Größen aus dem Musikgeschäft, wie Elvis Presley und John Lennon. Er war viel in der New Yorker Szene rund um den Broadway unterwegs, besonders häufig in Lindy´s Restaurant, wo er auf die Showgrößen aus TV und Theater traf. Aus den allabendlichen Gesprächen über die Erfolgswahrscheinlichkeiten von Produktionen und den Ruhm von Stars entstand sein Artikel mit der wesentlichen Aussage: Die künftigen Erfolgsaussichten eines TV-Comedians sind proportional zu der Zeitdauer, die dieser bereits im TV präsent ist. Also: Je länger der Comedian bereits erfolgreich im TV zu sehen war, desto länger wird er es auch in Zukunft sein. (Wohlgemerkt: Wie sehr der Comedian dabei mit seiner Penetranz nervt, war nicht Gegenstand des Artikels ...)

Der neue Respekt vor dem Alter

Die Lindy-Regel ist kein Naturgesetz und lässt sich nicht auf einzelne Lebewesen wie konkrete Menschen, sondern lediglich auf Systeme, Institutionen und ganze Spezies anwenden. So ist die fernere Lebenserwartung eines Achtzigjährigen mitnichten höher als die eines Zwanzigjährigen. Jedoch ist die Überlebenswahrscheinlichkeit einer bereits lang lebenden Spezies (wie z. B. des Weißen Haies) höher als die einer erst vor kurzem aufgetretenen Spezies (z. B. des Virus der letzten Wintergrippe). Während es Jahr für Jahr neue und andere Grippeviren gibt und der Grippevirus des letzten Winters schon lange wieder ausgestorben ist, zeigen Versteinerungen und Sedimente, dass der Weiße Hai sich seit vielen Tausend Jahren nicht nennenswert weiterentwickelt hat, sondern die ganze Zeit unverändert überleben konnte. Das heißt, dass es recht wahrscheinlich ist, dass der Weiße Hai auch in Tausenden von Jahren noch existieren kann, während dies für die Virenstämme der Wintergrippe dieses Jahres extrem unwahrscheinlich ist.

Ähnliche Überlegungen sind auch unter dem Schlagwort **„Power-Law“** in der Literatur zu finden.

Je länger, je lieber

Die gleiche Logik ergibt sich, wenn Sie Ihre eigenen Freundschaften betrachten: Je länger jemand bereits in Ihrem Adressbuch steht, desto größer ist die Wahrscheinlichkeit, dass er auch in einem oder fünf Jahren noch dort stehen wird. Der Schulfreund oder die Schulfreundin ist viel stabiler als die Bekanntschaft vom letzten Mallorca-Urlaub.

Ende des Dialogs mit einem Finanzprodukteverkäufer

HW: Darf ich nun ebenfalls fragen, ob Sie meine Erläuterung verstanden haben?

FPV: Ja, nur weiß ich nicht, welche Schlussfolgerungen Sie daraus ziehen wollen?

HW: Wie lange gibt es denn Ihre Zertifikate-Innovation schon und wie lange gibt es Investmentzertifikate überhaupt schon?

FPV: Tja, wie gesagt, das XYZ-Zertifikat ist eine völlige Neuentwicklung – noch nie da gewesen – und, ähm, Zertifikate gibt es wohl so seit, ähm, zirka zehn oder zwölf Jahren oder so.

HW: Sehen Sie – das ist alles noch ziemlich frisch, neugeboren sozusagen. Nehmen Sie als Gegenbeispiel Gold: Gold wird bereits seit rund 6.000 Jahren als Sparform bzw. zur Geldanlage verwendet und da erscheint es mir im Vergleich doch viel sicherer ...

FPV: Was heißt das, Herr Walz, wollen Sie das tolle XYZ-Zertifikat also nicht zeichnen und sich diese tolle Gelegenheit entgehen lassen?

HW: Das habe ich damit nicht gesagt. Ich wollte damit nur sagen, dass man dem XYZ-Zertifikat ein wenig Zeit geben sollte, seine Überlebensfähigkeit zu beweisen und das würde ich mir lieber von außen denn als betroffener Anleger ansehen ...

FPV: Und das heißt konkret?

HW: Nun, rufen Sie mich doch so in etwa 6.000 Jahren wieder an und dann schauen wir, wie sich das XYZ-Zertifikat bewährt hat. Wenn es dieses Produkt dann noch gibt, dann könnte ich mir vorstellen, es unter Umständen vielleicht zu zeichnen – sogar ohne die 30 % Frühbucherrabatt ...

Hartmut Walz erklärt den Lindy-Effekt
Weblink: https://www.youtube.com/watch?v=Ua_OHDuTM4w

„Lerne immer Neues, aber vergiss das Bewährte nicht.“

Letztlich geht es also darum, ob wir bei wirklich wichtigen, weitreichenden, ja sogar existentiellen Entscheidungen uns tatsächlich immer an der neuesten Innovation beteiligen oder uns besser für das verlässlich Erprobte und Bewährte entscheiden.

Die nachfolgende Tabelle zeigt einige Überlegungen dazu auf:

Lebensbereich	Konkretes Beispiel
Geldanlage: Durchschnittliche Lebenserwartung von Währungen versus Gold	Viele Währungen haben nicht einmal zehn Jahre funktioniert. Sehr alte, aber derzeit noch lebende Deutsche haben fünf (!) verschiedene Währungen erlebt. Gold hat hingegen über 6.000 Jahre seine Funktion als Wertaufbewahrungsmittel erhalten.
Hausbau: Althergebrachte Baustoffe versus Bauinnovationen	Althergebrachte, traditionelle Baustoffe wie Holz, Ziegel, Beton sind über Jahrzehnte getestet, während bio-basierte Sandwichplatten mit Spandecklagen und Schaumkern, perforierte Blechfassaden und andere Bauinnovationen ihre Bewährtheit erst noch beweisen müssen – zumindest über einige Jahrzehnte hinweg.
Gesundheit und Medizin: Aspirin versus neue Schmerzmittel	Aspirin gibt es seit 1899 und wurde bis heute von mehreren Milliarden Menschen eingenommen. Hinsichtlich selbst seltenster Nebenwirkungen und außergewöhnlicher Kombinationen mit anderen Medikamenten konnten dabei über einen langen Zeitraum Erfahrungen gesammelt werden. Wenn Sie heute also Aspirin einnehmen, profitieren Sie von der wahrscheinlich größten Massenuntersuchung eines Medikaments in der Menschheitsgeschichte. Warum also ohne Not auf ein anderes Schmerzmittel umsteigen, wenn Aspirin bei Ihnen ordentlich wirkt?
Soziale Beziehungen: Zwanzig Jahre versus frisch verliebt	Neben dem Adressbuchbeispiel von oben sei noch folgende Überlegung gestattet: Wen würden Sie wohl um wertvolle Beziehungstipps bitten – die seit über zwanzig Jahren glücklich Verheirateten Karin & Tom oder die Frischverliebten Lisa & David?
Nahrungsmittel: Wasser, Wein & Bier versus Modegetränke	Wasser und Wein trinkt der Mensch seit Jahrtausenden, Bier seit vielen Jahrhunderten. Dagegen sind zahlreiche Alkopops wieder vom Markt verschwunden. Lassen Sie uns beobachten, wie lange die „riskanten Koffein-Kicks"[22] der Energy-Drinks oder die alkoholverschleiernden Bier- und Weinmischgetränke „überleben".

Und: Ja, es ist wahr, dass von „Shades of Grey“ im Jahr 2015 mehr Exemplare über Amazon verkauft wurden als vom Neuen Testament. Aber das Neue Testament ist schon ein paar Jahre länger erhältlich, und in einer Art evolutionären Anpassung war

[22] Stiftung Warentest.

2016 ganz vorne das Taschenbuch „Und Gott chillte: Die Bibel in Kurznachrichten“ dabei. Also wenn Sie mich fragen, welchem Werk ich die höheren Chancen einräume, in hundert Jahren noch bei Amazon gelistet zu sein – „Shades of Grey“ oder das Neue Testament –, dann ist die Antwort klar. Wobei ich überhaupt nicht sicher bin, dass es in hundert Jahren Amazon noch geben wird. Einfach zu jung ...

Zentrale Ergebnisse

- Innovation ist zwar für eine Gesellschaft wichtig, jedoch für den Einzelnen keineswegs immer vorteilhaft. Die Bilanz zwischen Innovationsnutzen und Innovationsrisiken ist bei Finanzinnovationen aus Sicht des Privatanlegers i. d. R. negativ.
- Unterschätzen Sie nicht die „Säuglingssterblichkeit" oder das Auftreten unerwarteter Nebenwirkungen oder Nachteile von Finanzinnovationen.
- Das Wissen um die Lindy-Regel ist ein heilsames Gegenmittel, um der durch unsere Neu-*Gier*de hervorgerufenen irrationalen Höherbewertung von Finanzinnovationen entgegenzuwirken.

Konkrete Handlungsempfehlungen

- Wann immer ein Finanzinnovation als „Hype" gehandelt wird, hinterfragen Sie den versprochenen Nutzen besonders kritisch und prüfen Sie, ob Sie nicht gleiche oder ähnliche Ergebnisse mit bereits bewährten Investment-Vehikeln erzielen können.
- Wenn Sie ein Anlageziel sowohl mit einer innovativen als auch einer bewährten Anlage erreichen können, so bevorzugen Sie die bewährte.
- Enttarnen Sie Scheininnovationen und hinterfragen Sie den behaupteten Innovationscharakter, z. B. mit der folgenden Frage: „Sagen Sie mal, kann es sein, dass ich das unter einem anderen Namen schon kenne?"
- Begegnen Sie Finanzinnovationen mit gesundem Misstrauen und Zurückhaltung (Abwarten, Erfahrungen Dritter sammeln, mit kleinen Beträgen anfangen, Risikoteilung = Diversifikation betreiben).

Quellennachweis und weiterführende Literatur

Goldman, A.: Lindy's Law, New Republic; 6/13/64, Vol. 150 Issue 24, p34

Mandelbrot, B. B.: The Fractal Geometry of Nature, New York 1983

Schroeder, M. R.: Fractals, Chaos, Power Laws: Minutes from an Infinite Paradise, Mineola, NY, 2009

Taleb, N. N.: Antifragilität: Anleitung für eine Welt, die wir nicht verstehen, München 2014

4 Kein Fallschirm für den Piloten

Wer trägt welches Risiko? – Über Anreize, Fehlanreize und deren mögliche Vermeidung durch Honorarberatung

Was Sie in diesem Kapitel erfahren:

- Dass eine Vielzahl von Problemen bei der Geldanlage nur davon kommt, dass Sie die Hilfe Dritter benötigen ...
- ... und diese andere Interessen und Anreize haben als Sie selbst.
- Worin die schwerwiegendsten Fehlanreize für Ihren provisionsfinanzierten Finanzprodukteverkäufer bestehen.
- Wie massiv diese Fehlanreize sind. (Ehrlich – da würden Sie und ich auch schwach werden ...)
- Dass eine Beteiligung Ihres Finanzprodukteverkäufers an Ihrem Anlageerfolg eine überraschend schlechte Idee ist.
- Warum Honorarberatung fast alle diese Probleme löst ...
- ... aber leider auch ein paar neue schafft.

Bei Segelfliegern und Sportfliegern ist es absolut üblich, dass sich der Pilot einen Fallschirm umschnallt, bevor er ins Cockpit steigt. Haben Sie sich schon einmal überlegt, warum das bei den Verkehrsflugzeugen nicht so ist? Wie finden Sie den Gedanken, dass der Pilot sich während des Linienflugs bei Ihnen über die Bordsprechanlage meldet und sein Bedauern darüber zum Ausdruck bringt, dass das Flugzeug aus irgendeinem Grund wahrscheinlich abstürzen wird, er aber schon einmal sicherheitshalber mit seinem Fallschirm hinausspringt?

Skin in the game: Ist Ihr Berater am Risiko beteiligt?

Ihr Finanzprodukteverkäufer empfiehlt Ihnen die Anlage XYZ, weil er an deren Vermittlung am meisten verdient; oder noch besser: die risikoreiche Anlage ABC, bei der er im Gewinnfalle eine Erfolgsprovision erhält, im Verlustfalle aber nichts zu befürchten hat, weil den Verlust allein Sie tragen.

Sie haben die Logik längst erkannt: Immer dann, wenn jemand nicht am Risiko beteiligt ist, er sozusagen nicht mit Ihnen im Boot sitzt, besteht die Gefahr, dass er nicht Ihre, sondern andere Interessen und (monetäre) Ziele verfolgt. Noch ein paar schaurig-schöne Beispiele und Anekdoten, die dieses typische Muster zeigen:

1. Volksmund: Wenn der Koch mit am Tisch sitzt, dann muss man vor dem Essen nicht beten.
2. Nach mehreren Fällen, in denen neu gebaute Brücken bei der Entfernung des Gerüstes einstürzten und unschuldige Arbeiter in den Tod rissen, soll es in einigen Ländern zur Regel gemacht worden sein, dass der Brückenarchitekt persönlich in dieser heiklen Phase unter der Brücke stehen muss. Die Anzahl der Unfälle soll daraufhin enorm gesunken ein.
3. In manchen Ländern (insbesondere UK) wird von den neu berufenen Vorständen erwartet, dass sie ein mit einem privaten Kredit finanziertes Aktienpaket „ihres“ Unternehmens erwerben.

Es handelt sich hier um die sogenannte **Stellvertreter-Problematik** – auch Auftraggeber-Auftragnehmer-Problematik, Prinzipal-Agent-Problematik oder **Agency-Problem** genannt. (Im Folgenden werde ich bei der letztgenannten, sehr populären Bezeichnung bleiben.)

Das Agency-Problem tritt immer dann auf, wenn man die Dienste anderer Menschen benötigt, da man das, was man tun möchte, nicht alles selbst machen kann. Dann bittet man Dritte, dies zu übernehmen – meist gegen Entgelt. So bauen die meisten von uns ihre Kartoffeln nicht mehr selbst an, reparieren ihre Autos nicht selbst und bedienen sich auch bei Fragen der Geldanlage (gerne) Dritter, die wir dann z. B. Experten oder Berater nennen. Dieser Dritte hat naturgemäß (auch) eigene Interessen, Motive und Ziele. Die Folge kann ein egoistisches und eigennütziges Verhalten zu Ihren Lasten sein. Das Agency-Problem verschärft sich, wenn der Dritte

- von **Anreizen** (Vergütung, Prämie, Entlohnung) getrieben ist, die Ihren Zielen zuwiderlaufen;
- das **Risiko** (Verlust, Schlechterverzinsung, Zahlungsausfall ...) im Gegensatz zu Ihnen **nicht trägt**;
- einen **Informationsvorsprung** hat (weil die Informationen ungleich verteilt sind oder weil die Problemlösung, die der Dritte übernimmt, bewusst intransparent und komplex gestaltet ist, damit Sie diese nicht verstehen).

Vor allem Diskrepanzen von Anreizen und Verdiensterwartung der einen Seite und Risikotragung der anderen Seite in der Beziehung **Finanzprodukteverkäufer (FPV)** und Kunde können zu großen Nachteilen für Sie als Kunde führen.

Früher

Heute

Abb.: Vertriebssteuerung gestern und heute

Meist stehen Finanzproduktverkäufer unter massivem Verkaufsdruck. Zielvorgaben ihrer Vorgesetzten bzw. der Institution und eine leistungsbezogene Bezahlung drängen sie zum Verkauf vorgegebener Finanz- und Versicherungsprodukte. Täglich sind sie Controlling-Maßnahmen ausgesetzt, insbesondere E-Mails mit Verkaufszahlen, Mitarbeitergespräche und ein regelrechter Vertriebswettbebewerb unter den Verkäufern steigern den Verkaufsdruck.

Ich hoffe, Sie sitzen gut.

Ein paar ganz konkrete Fälle:

1. Ein FPV berichtet, dass er Woche für Woche **ganz konkrete Vorgaben** dafür erhält, welche Volumina von welchen Produkten er „abschließen" muss. Kann er die Vorgaben nicht erfüllen, drohen für ihn im ersten Schritt Verlust variabler Vergütung, im zweiten „Vertriebsschulungen" oder schlimmer „Motivationsschulungen" am Wochenende und im dritten tägliche „Coaching-Gespräche beim Vorgesetzten".
2. Eine Universalbank führt in allen Filialen pro Jahr acht wechselnde **Vertriebskampagnen** für bestimmte Produktgruppen durch. Wenn Sie mir sagen, dass Sie in einem bestimmten Monat dort waren, dann kann ich Ihnen sagen, welches Produkt Ihnen höchstwahrscheinlich verkauft wurde – zumindest wurde es Ihnen intensiv empfohlen.
3. Ein FPV berichtete, dass er über **Incentive-Punkte** „geführt" wurde. Dies bedeutet, dass es für z. B. 1.000 Euro Verkauf eines bestimmten Produktes einen Incentive-Punkt gibt. Jedoch wurden unterschiedliche Produkte sehr unterschiedlich mit Punkten versehen. Während der Abschluss von 1.000 Euro einer Anlage eben nur einen Punkt ergab, waren es beim gleichen Betrag eines Banken-Sparbriefs

schon drei und bei bestimmten Investmentzertifikaten bis zu sieben Punkte. Tolle Voraussetzungen für eine neutrale Beratung im Interesse des Kunden …

4. Um den „**Spaß für die Mitarbeiter**" an diesem „selektiven Vertrieb" zu erhöhen, werden bei den meisten Finanzdienstleistern Wettbewerbe oder **Verkaufsolympiaden** ausgeschrieben. Mein Lieblingsbeispiel: Filialen oder Vertriebsteams treten gegeneinander an und die Gewinner dürfen sich an einem Galadiner laben, bei dem die Verlierer kochen und bedienen müssen. Wenn Sie Ihrem FPV diese Demütigung ersparen wollen, helfen Sie ihm doch bitte und kaufen Sie ihm stets das ab, was er Ihnen vorschlägt!
5. Dass Ihr FPV für Ihren Abschluss eine Provision erhält, das ahnen Sie vielleicht. Aber dass er eine **Negativprovision** belastet bekommt, wenn Sie eine Anlage auflösen – also z. B. einen Investmentfonds wieder verkaufen –, hätten Sie das gedacht? Obwohl weit verbreitet, sind Negativprovisionen erst bei der Krise der Offenen Immobilienfonds bekanntgeworden. Hier wurde vielen verunsicherten Kunden von ihren Beratern der gewünschte Verkauf mit aller Macht ausgeredet – jetzt wissen Sie auch, warum.
6. „In unserem Haus konnte eine Beratung im Interesse des Kunden erst vorgenommen werden, nachdem alle ehrgeizigen Zielvorgaben des **Vertriebscontrollings** vollständig erfüllt waren – also nie."
7. Zitat eines Vertriebscontrollers: „Es ist die oberste Aufgabe jedes FPVs, seine Kundenbeziehungen zu ***rentabilisieren***."
8. „Schwierige Kunden überzeuge ich damit, dass ich ihnen demonstrativ Produkte der Konkurrenz anbiete und so angeblich gegen die eigenen **Hausinteressen** berate. Das schafft Glaubwürdigkeit. Dass wir dabei jedoch für Konkurrenzprodukte höhere Provisionen erhalten als für die des eigenen Hauses, das würde der Kunde nie annehmen!"

Für den tiefer gehend interessierten Leser

Ein Beispiel dafür, wie Trennung von Anreizen und Verdiensterwartung einerseits und Risikotragung andererseits zu einem Fehlanreiz für den FPV führen, ist die sehr übliche **2-plus-20-Vergütungsregel**. Der FPV erhält vom Kunden eine jährliche fixe Gebühr in Höhe von 2 % p. a. auf die Anlagesumme für die Betreuung der Geldanlage. Darüber hinaus erhält der FPV 20 % p. a. des im Jahr erzielten Gewinns.

Folge: Der FPV hat einen Anreiz, Ihr Geld wohl eher riskant anzulegen. Denn im Erfolgsfall ist er am Gewinn beteiligt. Im Verlustfall hat er nichts zu befürchten.

Das Muster des Agency-Problems verstehen

Wenn Ihnen Ihr FPV nicht unbedingt die Anlageempfehlungen ausspricht, die für Sie optimal sind, sondern **ihm** am meisten Provision, Einkommen oder Kundenbindung bringen, dann ist er kein schlechter Mensch, sondern einfach ein Gefangener des Systems und der gegebenen Strukturen. Ganz nach dem Motto „Der Kunde ist König“ können Sie jedoch diese Strukturen gestalten, Geschäfte mit für Sie ungünstigen Rahmenbedingungen ablehnen oder vermeiden und die Fehlanreize Ihres Gegenübers reduzieren. Dafür ist es hilfreich zu erkennen, welche Ursachen = Treibergrößen Ihre Anlageziele beschädigen bzw. ihnen widersprechen.

Die Treibergrößen für den Agency-Konflikt erkennen

Welche **Fehlanreize (Treibergrößen)** auf Seiten Ihres FPV beschädigen Ihre Geldanlage bzw. widersprechen Ihren Anlagezielen?

- **Abweichende Interessen**
  Sie streben nach möglichst gutem Anlageergebnis bei geringem Risiko. Hingegen strebt Ihr FPV nach möglichst hohem Verdienst aus der Zusammenarbeit mit Ihnen und das möglichst früh (also möglichst gleich bei Vertragsabschluss und nicht erst nach Vertragsende). Was für ihn „quick wins“ sind, stellt für Sie versunkene Kosten dar. (Kapitel B.10, über versunkene Kosten).
- **Asymmetrie in der Verteilung von Risiken**
  Wenn bei der Anlage etwas schiefläuft, tragen Sie das Risiko alleine, während Ihr FPV – maximal mit Bedauern – an der Seitenlinie steht.
- **Asymmetrie in der Verteilung von Aufwand und Ertrag**
  Wird die Tätigkeit Ihres FPV pauschal vergütet, so bringt es ihm keinen Mehrertrag, wenn er mehr Zeit, Mühe und Expertise für Sie aufwendet, obwohl das Ihnen einen höheren Ertrag bringen würde. Wird Ihr FPV zudem **volumenbezogen vergütet**, erhält er einen Anreiz, die Vertrags- bzw. Anlagesumme zu erhöhen (mehr Geld bei gleicher Leistung).
- **Unterschiedlicher Informationsstand**
  Die Informationen rund um Ihre Geldanlage sind sehr unterschiedlich verteilt – und zwar zu Ihren Ungunsten. Ihr FPV hält zur Wahrung seines eigenen Wissensvorsprungs (**Herrschaftswissen**) Informationen Ihnen gegenüber zurück oder gibt bewusst nur unvollständige Informationen weiter.
- **Intransparenz**
  Die Beteiligungen und Beziehungsgeflechte bei Finanzprodukten bleiben meist undurchsichtig. Diese Intransparenz nutzt dem, dessen Begünstigung (z. B. Provision, Kick-back) dadurch nicht oder nur schwer zutage tritt.
- **Komplexität**
  Finanzprodukte werden oft ganz bewusst kompliziert und schwer verständlich aufgebaut, damit Sie diese nicht verstehen, vergleichen und durchrechnen können. Außerdem lässt Komplexität Sie glauben, dass Sie kein Fachmann sind und eines Fachmanns Hilfe benötigen, um Ihre Geldangelegenheiten zu regeln.

Ihre Interessen durch einfache Vorkehrungen wirksam schützen

Das können Sie tun, um Ihre Interessen und Anlageziele durch **einfache Vorkehrungen** wirksam zu schützen:

- **Transparenz erhöhen**
  - Stellen Sie sicher, dass Sie die Ihnen angebotenen Anlageprodukte, das Anlagekonzept und die Vertragsgestaltung vollständig verstehen. Vollständig verstehen bedeutet, dass Sie es einem Dritten in kurzen Sätzen komplett erklären können. Verstehen Sie die Produkte oder das Konzept nicht zweifelsfrei, so fragen Sie nach. Gegebenenfalls auch mehrfach – bis Sie alles verstanden haben. Es wird sich zeigen, was auch Ihr FPV nicht versteht. Dann erst recht Hände weg davon!
  - Lassen Sie sich erklären, wie sich die Kosten zusammensetzen. Wann verdient Ihr FPV an Ihnen? Und wie viel? Nur so können Sie erkennen, wie die Interessen verteilt sind, was ihn treibt. Und nur so können Sie nachvollziehen, welche Kosten letztlich Ihre Rendite mindern. (Nutzen Sie hierzu den Fragenkatalog, siehe Handlungsempfehlungen am Ende des Kapitels).
  - Lassen Sie sich diese Punkte schriftlich geben. So können Sie diese (ggf. mit einem Dritten) selbst noch einmal nachrechnen und auf Plausibilität prüfen. Außerdem haben Sie etwas Nachweisbares in der Hand.
  - Ihr FPV (wie alle Anlageberater, Finanzdienstleister, Wertpapierdienstleistungsunternehmen usw.) unterliegt ohnehin umfänglichen gesetzlich vorgeschriebenen Informations- und Dokumentationspflichten (Stichworte: **Informationsblatt** bzw. **wesentliche Anlegerinformationen wie WAI/KIID/PRIIPs-KID zu den Finanzprodukten**, **Beratungsprotokoll**, **Geeignetheitserklärung**, siehe Kapitel B.2). Damit will der Gesetzgeber Sie als Anleger schützen und Ihnen die faire Möglichkeit geben, Art und Risiken des angebotenen Anlageproduktes zu verstehen und auf dieser Grundlage eine fundierte Anlageentscheidung zu treffen.
  - Bewahren Sie die Unterlagen zu Beweiszwecken und als eigene Erinnerungsstütze auf.
  - Sie sollten die Entwicklung Ihrer Anlageprodukte ohne Weiteres verfolgen können. Ihr FPV darf hier kein Herrschaftswissen aufbauen, sondern Sie sollten Zugriff auf die Daten zu Ihrem Geld haben (z. B. Blick ins Depot).

- **Third Party Involvement – ziehen Sie neutrale Dritte zu Rate**
  - Vier Augen sehen mehr als zwei: Wem aus Ihrem Bekanntenkreis können Sie in der Expertise vertrauen (Tipp: Jeder, der kein FPV ist, ist grundsätzlich vorqualifiziert.) – und wollen Sie mit ihm Ihre Geldanlage besprechen?
  - Gibt es Vertrauenspersonen, die den von Ihnen geplanten Weg schon gegangen sind? Profitieren Sie von deren neutralen Erfahrungen.
  - Stiftung Warentest, insbesondere mit den Ausgaben Finanztest (test.de) bietet – von ein paar Sündenfällen abgesehen – unabhängige Informationen zum Thema Finanzen und Geldanlage. Zu den Sündenfällen gehörte über Jahrzehnte die systematisch zu gute Darstellung aktiver Fonds, was insbesondere RITZAU („Die große Fondslüge") unwiderlegbar nachgewiesen hat. Gleiches gilt für Empfehlungen von Riester- und Rürup-Produkten mit überhöhten Kosten.
  - Auch die Seiten der BaFin (Bundesanstalt für Finanzdienstleistungsaufsicht, bafin.de) sind eine Fundgrube zum Anleger- und Verbraucherschutz.
- **Externe Standards, Indexorientierung**
  - Es dient Ihren Interessen, wenn Sie die Entwicklung Ihrer Anlageprodukte verfolgen können. Dies ist bei Produkten mit einer WKN[23] bzw. ISIN[24] der Fall. Deren Wert können Sie ohne Weiteres öffentlich ablesen (z. B. Börsenteil der Tageszeitung, Webseiten von boerse-frankfurt.de; handelsblatt.de; onvista.de oder ähnliche Finanzseiten im Internet).
  - Ebenso können Sie dort diverse Indizes (z. B. DAX, MSCI World, REX)[25] ablesen.
- **Vermeiden überflüssiger Umschichtungen (Churning)**
  - Ihr FPV verdient daran, Ihnen immer wieder neue Anlageprodukte ins Depot zu legen oder neue Finanzprodukte zu verkaufen. Er (und/oder sein Arbeitgeber) erhält dafür Provision, Abschlussgebühr, Kick-backs, etc.
  - Oft bleiben Sie nach der „Umbettung" im gleichen Asset-Risiko (Aktie A wird verkauft, eine branchengleiche Aktie B dafür gekauft). Rechtfertigt das wirklich die zusätzlichen Kosten? Mit den beiden Scheinargumenten „Steuerfreie

---

[23] WKN – Wertpapierkennnummer (z. B. der Aktie ALLIANZ SE: WKN 840400 oder des Comstage ETF auf den Dax: WKN ETF001).

[24] ISIN – International Securities Identification Number (für die ALLIANZ: DE0008404005, für den DAX-ETF: LU0378438732).

[25] Index – Kennzahl über die Wertentwicklung zusammengefasster Werte. Zum Beispiel beinhaltet der **DAX** (Deutscher Aktienindex) die 30 größten und umsatzstärksten deutschen Aktienunternehmen, der **MSCI World Index** über 1.600 Aktien aus über 23 Ländern und der **REX** (Deutscher Rentenindex) die Kurse (nicht die Zinsen) für Bundesanleihen.

Gewinnmitnahme“ und „Erwartete Risikoreduzierung“ sichern sich psychologisch geschulte FPVs die Akzeptanz für häufige Umschichtungen.

- **Handlungsbeschränkungen bei Vermögensverwaltungsverträgen**
  - Beschränken Sie die Möglichkeiten Ihres Verwalters, mehr oder weniger eigenmächtig Ihre Geldanlage zu gestalten. Oft muss der Verwalter, um seine Daseinsberechtigung zu sichern, Aktivität und Betriebsamkeit zeigen.
  - Wenn Sie dem nicht Einhalt gebieten, wird Ihre Geldanlage zu aktiv gemanagt und die Transaktionskosten steigen unnötig. Lassen Sie sich also erklären und tatsächlich überzeugen, dass die Aktionen Ihres Verwalters wirklich sinnvoll (= wertschöpfend) sein werden.
- **Informations- und Berichtspflichten bei Vermögensverwaltungsverträgen**
  - Vereinbaren Sie die Information über die Tätigkeiten Ihres Verwalters und rufen Sie diese auch ab.
  - Hinterfragen Sie Entwicklungen. Und notieren Sie auch die Aussagen Ihres Verwalters dazu.

Typische (Fehl-)Anreize in der traditionellen provisionsfinanzierten Finanzberatung

Nachfolgende Effekte treten aufgrund des Agency-Problem beim Abschluss von Finanzdienstleistungsverträgen mittels **provisionsgestütztem Vertrieb** typischerweise auf:

Das passiert ...	Das steckt dahinter ...
Empfehlung provisionsintensiver = margenstarker Produkte/Anlagevehikel	Ihr FPV wählt Produkte für Sie unter dem Gesichtspunkt **seiner** Provisionsmaximierung aus. Für Sie optimale Anlagevehikel würden Ihrem FPV keine oder zu geringe Provisionen erbringen. Umgekehrt weisen provisionsintensive Produkte zwangsläufig hohe Kosten auf, die Ihre Rendite mindern.
Überversorgung, zu große Volumina	Ihr FPV hat das massive Eigeninteresse, Ihnen größere Volumina zu verkaufen, weil sich sein Erfolg am Umsatz bemisst. Wie war das denn beim Metzger: „Darf's ein bisserl mehr sein?“ ...
Aktivitätsdruck, (zu) häufiges „Umbetten“/ Umschichten (Churning)	„Hin und her – Taschen leer“: Während Ihr Interesse darin bestehen müsste, die Kosten geringzuhalten, wird Ihr FPV Ihr Portfolio tendenziell stets in Bewegung halten und Argumente finden, dass Sie „umschichten“. Bei jeder Umschichtung fallen Provisionen/Gebühren an. Damit generiert der FPV für sich Erträge, die für Sie leider Transaktionskosten darstellen. Beliebte FPV-Floskeln: „Die Anlage ist gut im Plus – die Gewinne sollten Sie mitnehmen“; „Die Anlage ist stark im Minus – da sollten Sie was machen.“

Das passiert ...	Das steckt dahinter ...
Tendenz, versunkene Kosten zu schaffen	Ihr FPV hat ein starkes Eigeninteresse daran, dass Sie erhebliche Kostenanteile möglichst früh auf der Zeitachse tragen. Denn dieses Geld ist für Sie unwiederbringlich weg und macht Sie loyal/„erpressbar"/abhängig. Hier besteht ein hundertprozentiger Interessenkonflikt. Sie sollten versunkene Kosten meiden wie der Teufel das Weihwasser. **Ausnahme**: Prozesse wie Datenaufnahme, Produktanalysen, Finanzplanungen, Konzepterstellung müssen als Dienstleistungen von einem seriösen Berater im Vorfeld erbracht werden, um eine sinnvolle und bedarfsgerechte Anlage bieten zu können. Den Kostenanteilen in der Anfangszeit müssen jedoch konkrete transparente und klar erkennbar wertschöpfende Leistungen gegenüberstehen.
Tendenz, komplexe und intransparente Produkte zu schaffen	Je komplexer und intransparenter ein Produkt ist, desto größer sind die Ermessensspielräume Ihres FPV und desto geringer sind Ihre Kontroll- und Eingriffsmöglichkeiten. Je mehr Beteiligte zudem für die komplexe Konstruktion erforderlich sind, desto mehr „Kooperationspartnern" kann man noch Bälle zuspielen.
Abhängigkeiten schaffen, sich unentbehrlich machen, Kundenimmunisierung	Während Sie das Interesse haben, „selber groß" zu sein und möglichst eigenverantwortlich handeln zu können, ist es für Ihren FPV umso profitabler, je unselbstständiger und abhängiger Sie von ihm sind. Also wird er alles tun, um Sie gegenüber – z. B. kostengünstigeren – Alternativen zu immunisieren. Dazu gehört auch, das Geld in Anlagevehikel anzulegen, die nicht vergleichbar sind, weil sie z. B. keine WKN oder ISIN haben.
(Scheinbare) Steuervorteile bzw. staatliche Subventionierungen nutzen	Bei vielen Privatkunden setzt das logische Denken aus, sobald sie von Steuervorteilen oder staatlichen Fördermöglichkeiten erfahren. Leider kann (und wird) dies dazu führen, dass dieser Vorteil auf den FPV übergeht. Beispiel Riester- und Rürup-Verträge: Hier sind die Kosten in den meisten Fällen signifikant höher als bei ähnlichen, aber nicht staatlich subventionierten Produkten. Ein Schelm, der Böses dabei denkt?
Überdiversifikation (Overdiversification)	Ihr FPV verteilt zu stark auf verschiedene Titel, splittet Ihr Depot zu sehr auf, ohne dass dies für Sie noch Risikominderung bringt. Ihr FPV zeigt damit Aktivität und löst Transaktionen aus, die wiederum ihm höhere Erträge generieren, während Sie die zusätzlichen Kosten tragen.
Zu starke Anlehnung an einen Index (Index Hugging)	Ihr FPV kassiert für etwas, was er gar nicht tut. Er tut aktiv, ist aber eigentlich/überwiegend passiv ..., z. B. kauft er ohne großen Aufwand einfach Indexpapiere – und berechnet Ihnen trotzdem die höheren Kosten für aktives Management.

Hart, aber wahr

Meiden Sie erfolgsabhängige Zahlungen (= perfomance related pay) an Ihren Finanzdienstleister oder Vermögensverwalter. Was so logisch und nach Interessenharmonie klingt („wenn er mir doch hilft, mehr Gewinn zu machen, dann soll er doch auch einen Teil davon abbekommen"), entpuppt sich bei näherer Analyse als gefährliche Mogelpackung. Sobald Sie Ihrem Vertragspartner eine erfolgsabhängige Vergütungskomponente bewilligen, setzen Sie den Fehlanreiz, dass dieser das Risiko Ihrer Geldanlage zu seinen Gunsten erhöhen wird.

Erfolgsabhängige Vergütung ohne entsprechende Misserfolgshaftung (die es in der Finanzbranche nirgendwo gibt) ist also entschieden abzulehnen.

(Fehl-)Anreize von Provisionsberatung versus Honorarberatung:

Es wurde erkennbar, dass in der Finanzberatung eine Menge Dinge schieflaufen, nicht weil die Berater schlechte Menschen wären, sondern weil die **Anreizgestaltung** in einigen ganz zentralen Punkten den Interessen der Beratenen – also der privaten Anleger – widerspricht.

Möchten Sie bei einem schlimmen Streitfall einen Anwalt haben, der von Ihrem Prozessgegner bezahlt wird?

Jedoch gibt es auch die Finanzdienstleistung in Form der Honorarberatung. Hier erfolgt die Bezahlung des Honorarberaters durch den Kunden, unabhängig von Vertriebsprovisionen. Die **Beratung** findet also nicht provisionsgetrieben statt, sondern hiervon unabhängig – ausgerichtet allein an Interesse und Bedürfnis des Kunden. Die **Bezahlung** wiederum erfolgt unabhängig vom Abschluss eines Produktes, allein für die Beratungsleistung.

Selbstredend ist also Honorarberatung nicht gratis. Aber vergleichsweise einem Rechtsanwalt, Steuerberater oder Bauplaner erhält der Honorarberater seine Vergütung direkt von seinem Kunden. Im Unterschied zu versteckten Provisionen ist diese Vergütung zwischen den Parteien (Kunde und Berater) offen vereinbart und damit transparent.

Honorarberater sind nun sicher keineswegs „Heilige" und der private Kunde sollte auch hier grundsätzlich wachsam sein und seine Interessen verteidigen. Schließlich betreibt auch ein Honorarberater ein auf Gewinn gerichtetes Unternehmen und muss seine Familie ernähren. Jedoch fallen viele der in der obigen

Abb.: So trennen Sie die Spreu vom Weizen

Tabelle aufgeführten Interessenkonflikte weg, wenn die Vergütung der Beratungsleistung eben nicht durch Abschlussprovisionen getrieben ist.

Es gibt unterschiedliche Erscheinungsformen der Honorarberatung, z. B. können auf Wunsch neben Beratungs- auch Vermittlungsleistungen und Vermögensverwaltung erbracht werden. Im Folgenden verwende ich den Begriff Honorarberatung.

Wie finde ich seriöse Honorarberater und unterscheide echte von unechter Honorarberatung?

Der Begriff Honorarberatung ist gesetzlich nicht festgelegt. Die Bezeichnung Honorarberater ist nicht geschützt. Es gibt kein einheitliches Berufsbild des Honorarberaters.

Es gibt verschiedene Verbände, Verbünde, Institute usw., welche Leitlinien für ihre Mitglieder festlegen. Diese betreffen nicht nur das **Vergütungsmodell**, sondern auch die **Beratungsqualität** eines Honorarberaters zugunsten des Kunden.

Ich versuche hier, deren Bestimmungen zusammenfassend auf einen Nenner zu bringen, damit Sie als Kunde eine Richtschnur haben, an der entlang Sie sich bei Ihrer Auswahl für einen **echten Honorarberater** hangeln können.

- Finanzdienstleistung (Beratungs-, Vermittlungsleistung) erfolgt ausschließlich für den Kunden, ausschließlich an Bedarf und Interesse des Kunden orientiert
- Strikte Unabhängigkeit von Zuwendungen und Abhängigkeiten von Dritten (insbesondere Produktgebern)
- Keine kostenlose Beratung, sondern Vergütung für konkrete Leistung
- Proaktive Offenlegung und Transparenz von Leistung und Gegenleistung. Soweit es keine Alternative zu Provisionsverträgen gibt (z. B. derzeit noch im Sachversicherungsbereich), Weitergabe sämtlicher Zuwendungen Dritter an den Kunden
- Ergebnisoffene, neutrale, unabhängige Beratung
- Marktumfassendes Angebotsspektrum (breites Netzwerk an Kooperationspartnern)
- Umfassende, übergreifende Beratung im individuellen Lebenskontext des Kunden
- Fachlich kompetente, qualitätvolle Beratung, mit hohem Marktüberblick und tiefergehenden Methoden der Finanzmathematik (Nutzung geeigneter Software)
- Hohe persönliche, fachliche, soziale Kompetenz des Honorarberaters
- Staatliche Zulassung und Aufsicht (IHK bzw. BaFin)

Vertrauensbildende Maßnahmen

Ein vertrauensbildendes Kennzeichen kann die **Zertifizierung** der Qualifikation des Honorarberaters sein, z. B. als Certified Financial Planner (CFP® mit hohen Anforderungen an die Ausbildungs- und Beratungsqualität). Auch ein vor Gericht als Sachverständiger für Kapitalanlagen zugelassener oder ein anderweitig zertifizierter bzw. verbandsanerkannter Sachverständiger genießt eine fachliche Qualitätsvermutung – charakterliche Fragen sowie der Umgang mit Eigeninteressen lassen sich hiermit freilich nicht klären.

Vergütungsmodelle

Ist die Entscheidung pro Honorarberatung gefallen und die Auswahl eines echten Honorarberaters erfolgt, so kommt der **Vereinbarung einer angemessenen Vergütung** die entscheidende Bedeutung zu. Als Vergütungsbasis kommen in Frage: Beratungsstunde, Pauschalbetrag pro Monat = Betreuungspauschale, betreutes Volumen und/oder erzielter Mehrwert für den Kunden.

Die Vergütung von Honorarberatern kann auf unterschiedlichster Grundlage erfolgen – stark verbreitet sind die nachfolgenden[26]:

- Pauschale für eine definierte Gesamtleistung (z. B. eine Begutachtung)
- Stundenbasis/Stundenvergütung
- Betreutes Volumen oder Vermögen (z. B. bei Vermögensverwaltung)
- Mehrwertbeteiligung/Ersparnisbeteiligung

Zu beachten ist, dass die Vergütung des Honorarberaters grundsätzlich auch dann zu zahlen ist, wenn dessen Empfehlung nicht gefolgt wird. Außerdem kann es sein, dass die Vergütung des Honorarberaters so gestaltet ist, dass der Anlagevertrag (Vertrag über das Finanzprodukt) unabhängig vom Honorarberatungsvertrag bleibt. Das heißt, auch wenn der Anlagevertrag aufgelöst oder rückabgewickelt wird, wird meist Ihre Verpflichtung zur Zahlung der Vergütung aus dem Honorarberatungsvertrag bestehen bleiben. Dies ist angemessen, da die Gegenleistung des Honorars nicht das Produkt, sondern die Dienstleistung darstellt, die vom Honorarberater erbracht wurde – aber dieser für künftige Ereignisse im Leben des Anlegers keine finanzielle Mit-Verantwortung übernehmen kann. Dies ist beispielsweise der Fall, wenn der Anleger ein ausreichend großes Vermögen erbt, wodurch der ursprüngliche Sparprozess, für den vor Jahren ein Honorar bezahlt wurde, obsolet wird.

[26] Weitere, aber weniger übliche Honorartypen sind: Umsatzhonorar, Einkommenshonorar, Mengenhonorar und Zielerreichungshonorar.

Hart, aber wahr

Ein Aspekt sollte mitbedacht werden: In der bisherigen Welt der Provisionsberatung konnten hohe Einkommen für den Vermittler generiert werden, da der Zeitbezug und der nachhaltige Mehrwert regelmäßig gefehlt haben. Nur der Vertragsabschluss stand im Vordergrund (Verkauf statt Beratung). Erwartet der Kunde von der Honorarberatung aber einerseits hochwertiger und andererseits einfach nur billiger zu sein als die Abschlussgebühren in den bisherigen provisionsbelasteten Produkten, werden die bisherigen guten Berater aus der Provisionswelt keinen Anreiz sehen, in die Honorarwelt zu wechseln – um dann freiwillig weniger zu verdienen. Diese birgt ja ein höheres Risiko (da über Kosten gesprochen und damit der Abschluss evtl. nicht oder nicht im Volumen wie bisher getätigt wird). Das ist menschlich; überlegen Sie einfach, wie Sie für sich entscheiden würden, wenn Sie als Berater vor der Alternative stünden.

Die nachfolgende Abbildung unterscheidet sieben Erscheinungsformen des persönlichen Finanzdienstleistungsvertriebs bzw. der Finanzberatung.

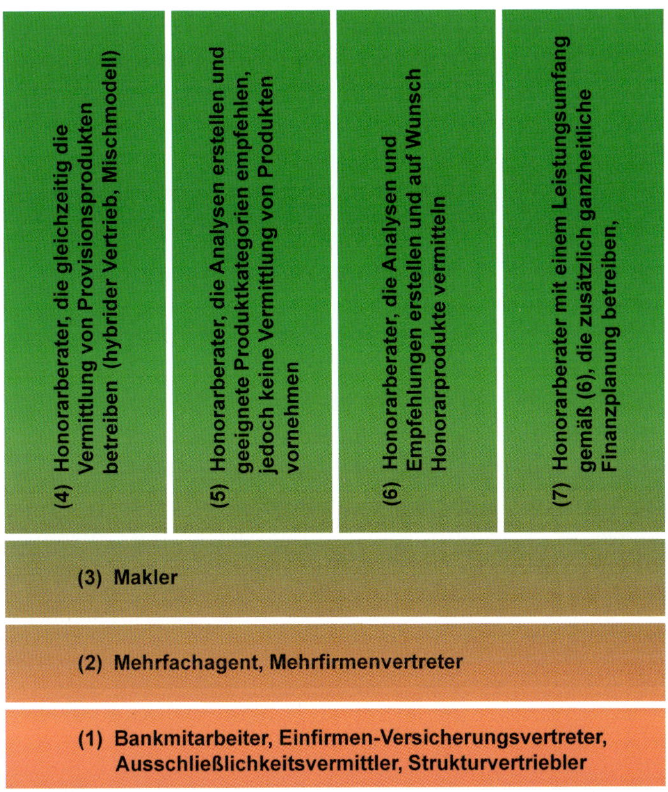

Abb.: Wann ist ein Berater ein guter Berater? Wachsamkeit bleibt oberstes Gebot.

1. **Bankmitarbeiter, Einfirmen-Versicherungsvertreter, Ausschließlichkeitsvermittler, Strukturvertriebler**
   Dieser Personenkreis ist in der Auswahl dessen, was er anbieten kann, extrem eingeschränkt. Die Produkte des eigenen Hauses oder der wenigen Kooperationspartner werden mit großem Engagement verkauft und zwar unabhängig davon, ob sie wirklich bedarfsgerecht sind und ob alternative Produkte oder Konzepte einen höheren Kundennutzen versprechen würden.

2. **Mehrfachagent, Mehrfirmenvertreter**
   Hier bestehen zwar insgesamt mehrere Beziehungen zu Anbietern von Finanzdienstleistungen, jedoch werden pro Produktgattung (z. B. Sachversicherung oder Investmentfonds) faktisch meist die Produkte **eines** Anbieters verkauft – verständlicherweise desjenigen mit der besten Provisionierung oder höchsten Bequemlichkeit für den Agenten/Vertreter. Die Auswahl ist aus Sicht des Kunden auch hier sehr eingeschränkt und die angebliche Unabhängigkeit liegt faktisch nicht vor.

3. **Makler**
   Die rechtliche Stellung des Maklers erlaubt diesem eine prinzipiell uneingeschränkte Auswahl an Finanz- und Versicherungsprodukten. Das heißt, er kann theoretisch wirklich das Beste des Marktes für den Kunden zusammenstellen. In der praktischen Umsetzung stehen dem jedoch viele Hemmnisse entgegen. Unterschiedliche Provisionierungen, von einigen Anbietern zusätzlich gewährte Anreize und alleine schon die Bequemlichkeit der Zusammenarbeit mit nur wenigen Partnern führen de facto häufig zu einer mehr oder weniger limitierten Auswahl. Die Spannweite innerhalb des Qualitätsangebots von Maklern ist recht groß.

4. **Honorarberater, die gleichzeitig die Vermittlung von Provisionsprodukten betreiben (hybrider Vertrieb, Mischmodell)**
   Die Einschätzung dieser Erscheinungsform fällt schwer. Der Erhalt von Vergütungen von zwei Seiten (Honorar vom Kunden, Provision von Bank oder Versicherung) kann zusätzliche Intransparenz und Interessenkonflikte auslösen. Hier könnte ein Wolf im Schafspelz vorliegen – zumindest dann, wenn die erhaltenen Provisionen ganz oder zum Teil vom Honorarberater einbehalten werden und der Kunde diese nicht erhält und ihre Höhe nicht kennt. Im schlimmsten Fall bezahlt der Kunde doppelt und erhält trotzdem eine nur eingeschränkt interessenneutrale Beratung. Im besten Fall legt der Honorarberater alle Provisionen offen und verrechnet diese mit seiner Honorarforderung. Das spart dem Kunden nicht nur Geld, sondern vermindert zugleich den Fehlanreiz zur Empfehlung provisionsstarker Produkte.

5. **Honorarberater, die Analysen erstellen und geeignete Produktkategorien empfehlen, jedoch keine Vermittlung von Produkten vornehmen**
   Diese Vorgehensweise ist transparent und objektiv. Der Honorarberater ist als „Anwalt des Kunden tätig", wird von ihm bezahlt und erbringt seine Leistung ausschließlich für den Kunden. So weit, so gut: Mit der Abgabe eines Konzeptes oder einer Empfehlung endet jedoch der Einsatz dieses Beratertyps – es ist wie Unternehmensberatung, nur eben für Private. Die Umsetzung ist allein Sache des Kunden. Dies mag bei bestimmten Produktkategorien funktionieren, z. B., wenn der Kunde sich auf Basis der Beratung selbständig mit ETFs über einen preiswerten Discount-Broker versorgt. Bei vielen Produktkategorien (beispielsweise im Versicherungsbereich) schafft der Kunde jedoch die Umsetzung der Empfehlung alleine nicht, sondern benötigt nochmals die Hilfe Dritter (z. B. eines Mehrfachagenten oder eines Maklers). Hier bezahlt er dann zusätzliche Vertriebskosten (er zahlt somit doppelt). Zudem besteht die Gefahr, dass er wieder „umberaten" wird, d. h., die Empfehlung des Honorarberaters wird verwässert oder zerstört. Kurzum: Das sehr transparente und saubere Vorgehen dieses Geschäftsmodells führt dazu, dass die Wertschöpfungskette zu früh abbricht – nämlich bevor die eigentliche Kundenlösung letztlich umgesetzt ist.
6. **Honorarberater, die Analysen und Empfehlungen erstellen und auf Wunsch Honorarprodukte vermitteln**
   Im Grundsatz wie bei (5), mit der zusätzlichen Möglichkeit **Netto-Produkte** (auch **Netto-Policen** oder **Nettotarife** genannt) zu vermitteln. Reine Netto-Produkte sind ohne Provisionen und ohne damit im Zusammenhang stehende Kosten, wie Abschlusskosten, Produktschulungskosten, Dokumentationskosten usw. kalkuliert. Der Kunde bezahlt beim Anbieter nur für das reine Produkt ohne Provisions- und damit in Zusammenhang stehende Kosten und beim Honorarberater für die erhaltene Beratungsleistung. Netto-Produkte zeichnen sich daher durch höhere Transparenz und Kosteneffizienz aus. Es gibt aber noch nicht für jede Sparte und jedes Kundenbedürfnis Netto-Produkte. Achtung: Außerdem gibt es unechte Netto-Produkte. Diese sind lediglich ohne Provision kalkuliert, andere Kosten sind aber sehr wohl noch darin versteckt. Oftmals wird in der Praxis auch nur ein bestehendes Provisionsprodukt durch ein Netto-Produkt ausgetauscht; weitere Wechselwirkungen werden nicht betrachtet, die nur im Rahmen einer Finanzplanung zu erkennen wären (z. B.: Muss die Sparrate verändert werden? Kann ich diese reduzieren? Kann ich früher in den Ruhestand?). Andererseits wünschen viele Kunden aber auch nur einen reinen Austausch ohne Finanzplanung (z. B. aus Kostengründen oder weil sie ihre Verhältnisse nicht komplett offenlegen möchten).

7. **Honorarberater mit einem Leistungsumfang gemäß (6), die zusätzlich ganzheitliche Finanzplanung betreiben**
   Diese Erscheinungsform wird gelegentlich als **„Königsklasse" der Honorarberatung** bezeichnet, da die Begutachtung auf Basis einer ganzheitlichen Finanzplanung mit Szenario-Analyse stattfindet und flankierende Dienstleistungen, wie z. B. eine finanzwissenschaftliche und finanzmathematische Begutachtung bestehender Verträge sowie eine Anlegerrisikobegutachtung auf wissenschaftlicher Grundlage, angeboten werden. Es werden weitergehende Optimierungsmöglichkeiten aufgezeigt. Auch Berufsanfänger mit geringem Budget sollten sich ganzheitlich beraten lassen, gerade um Fehler in den Anfängen zu vermeiden. Denn die Zeit vergeht – so oder so. Zur Umsetzung der Empfehlungen kann eine Vermittlung aus einem breiten Spektrum von Honorar- und Provisionsprodukten erfolgen, wobei bei letzteren eine konsequente Offenlegung und Verrechnung von Provisionen erfolgen muss. Nur wenn dies wirklich der Fall ist, kann die Einschätzung als „Königsklasse" bestätigt werden, ansonsten besteht auch hier die Gefahr des „Wolfs im Schafspelz".

Für den tiefer gehend interessierten Leser

Gern würde ich Ihnen an dieser Stelle mehr Klarheit, Eindeutigkeit und Sicherheit bzgl. der Auswahl eines „echten Honorarberaters" geben. Das ist nicht einfach. Während ich viele Stunden recherchierte und niederschrieb, wurden parallel schon wieder Gesetze und Verordnungen geändert. Die Materie ist derzeit in reger Entwicklung. Über alle Anstrengungen und Maßnahmen schreibt der Gesetzgeber: **Verbesserung des Anlegerschutzes.** Immerhin. Schauen wir mal:

Zum Jahreswechsel 2017/2018 setzte das Zweite Finanzmarktnovellierungsgesetz (**2. FiMaNoG**) die Vorgaben von MiFID II um. Neben **weiteren Wohlverhaltens- und Organisationspflichten** für Anlageberater hat die MiFID II auf **europäischer** Ebene die „unabhängig erbrachte Anlageberatung" eingeführt. Der **deutsche** Gesetzgeber hatte diese Form der Anlageberatung bereits 2014 mit dem Honoraranlageberatungsgesetz im Wertpapierhandelsgesetz (**WpHG**) festgeschrieben und damit das WpHG geändert. Mit dem 2. FiMaNoG wurde nunmehr die **Bezeichnung „Honorar-Anlageberatung" in „Unabhängige Honorar-Anlageberatung" geändert** (§ 94 WpHG).

Die Bundesanstalt für Finanzdienstleistungsaufsicht (**BaFin**) führt auf ihrer Internetseite ein öffentliches **Register Unabhängiger Honorar-Anlageberater** (§ 93 WpHG): https://portal.mvp.bafin.de/database/HABInfo/.

Sind Sie nicht enttäuscht, es sind Anfang 2018 noch immer erst 19 Unternehmen. Für diese gibt es aber zumindest eine konkrete gesetzliche Regelung, was Zuwendungen betrifft:

Unabhängiger Honorar-Anlageberater (§ 94 WpHG)

„**Bei der Unabhängigen Honorar-Anlageberatung** sind **nicht-monetäre Zuwendungen** Dritter an das Wertpapierdienstleistungsunternehmen **nicht zulässig. Monetäre Zuwendungen** sind nur unter engen Voraussetzungen erlaubt und müssen an den Kunden **ausgekehrt** werden." Das sind also ganz klare Vorgaben für eine strikte Unabhängigkeit.

Weitere Bezeichnungen

Nun gibt es noch ein paar weitere gesetzlich verankerte Bezeichnungen für Anlageberater und -vermittler. Vor allem die in der Gewerbeverordnung (**GewO**) aufgelisteten, welche in einem Online-Register der **DIHK** geführt werden:
https://www.dihk.de/themenfelder/recht-steuern/oeffentliches-wirtschaftsrecht/versicherungsvermittlung-anlageberatung/zahlen-und-fakten/eingetragene-vermittler

Insbesondere sind zu nennen:

- **Honorar-Finanzanlagenberater (§ 34h GewO)**
  Hier gibt es – Stand Jan. 2018 – deutschlandweit auch nur 161, weil auch deren Vorgaben streng sind: Sie dürfen **Zuwendungen eines Dritten nicht annehmen, es sei denn**, die empfohlene Finanzanlage oder eine in gleicher Weise geeignete Finanzanlage ist ohne Zuwendung nicht erhältlich. Zuwendungen sind in diesem Fall **unverzüglich** nach Erhalt **und ungemindert an den Kunden auszukehren**. Sie müssen ihrer Empfehlung eine hinreichende Anzahl von auf dem Markt angebotenen Finanzanlagen zu Grunde legen, die nach Art und Anbieter hinreichend gestreut und nicht auf Anbieter beschränkt sind.
- **Finanzanlagenvermittler (§ 34f GewO)**
  Hier ist die Auswahl zwar größer – Stand Jan. 2018 deutschlandweit über 37.000 –, aber es nimmt auch die Unsicherheit bzgl. deren Unabhängigkeit zu. Hier bestehen **keine Vorgaben bzgl. Zuwendungen.** Lediglich die Maßgaben zu Zuverlässigkeit, geordneten Vermögensverhältnissen, Berufshaftpflichtversicherung, Sachkunde u. ä.

Eingetragene **Immobiliardarlehensvermittler (§ 34i GewO)** gibt es übrigens so rund 50.000 und eingetragene **Versicherungsvermittler und -berater (§ 34d GewO)** so rund 220.000.

Und nun? – Falls Sie sich jetzt trotzdem nicht viel schlauer fühlen, was die Auswahl Ihres Honorarberaters betrifft, blättern Sie ruhig wieder zu meiner **10-Punkte-Richtschnur von Seite 89**. Und befragen Sie „Ihren Honorarberater" in spe. Egal, wie er sich nun nennt.

***

Nur mal so ein kleines Schmankerl von der BaFin-Veranstaltung: „Umsetzung der MiFID II Vorgaben im Bereich der Wohlverhaltensregeln" am 27. Oktober 2017. Sie finden 34 Folien zu Verbot, Annahme und Behaltendürfen von Zuwendungen, zu Offenlegungs- und Aufzeichnungspflichten und am Ende auf Folie 34 der rührende Abschluss: **Haben Sie Fragen?**
https://www.bafin.de/SharedDocs/Downloads/DE/Veranstaltung/dl_171027_mifid_II_3_zuwendungen_research.html

***

Ausblick

Schließlich möchte ich Sie an dem realistischen **Ausblick** von Martin Neusüß, BaFin-Referent für Zuarbeit bei der Gesetzgebung und Grundsatzfragen der Wertpapieraufsicht teilhaben lassen (Beitrag vom 19.06.2017):

„Neben dem 2. FiMaNoG werden demnächst auch mehrere zugehörige nationale Rechtsverordnungen überarbeitet oder neu erlassen, darunter die bereits erwähnte WpDVerOV und die Wertpapierdienstleistungs-Prüfungsverordnung (WpDPV). Darüber hinaus werden sowohl die Finanzmarktteilnehmer als auch die BaFin intensiv damit beschäftigt sein, die Flut an neuen Regelungen in ihre Arbeitsabläufe zu integrieren und erforderliche Anpassungen vorzunehmen. Trotz ihrer Detailliertheit werden auch die europäischen Durchführungsbestimmungen noch zahlreiche Fragen aufwerfen, welche die BaFin und die Europäische Wertpapier- und Marktaufsichtsbehörde ESMA zu klären haben.

Nach dem umfangreichen Komplex MiFID II/MiFIR dürfte es nun zunächst eine Pause bei der Regulierung geben, bevor dann in einigen Jahren wohl das Thema „MiFID III" am Horizont auftauchen wird."

Da sind wir jetzt also mittendrin. Das ist Verbraucherschutz im Jahre 2018.

Und wenn Sie jetzt noch Lust, Laune und Leidensfähigkeit haben, blättern Sie zu meinen Ausführungen zur **MiFID II** in Kapitel B.2. Oder zur **IDD** in Kapitel D.7.

Honorarberater werben mit einer unabhängigen und nachhaltigen Betreuung ausschließlich im Kundeninteresse. Testen Sie das.

Die nachstehende Gegenüberstellung zeigt Quellen und Ausprägungen von Fehlanreizen zwischen Provisionsberatung und Honorarberatung im Detail.

Kriterium/ Kostentreiber	Provisionsberatung	(echte) Honorarberatung
Eigeninteresse des Partners hinsichtlich Vertragsvolumen	Klare Tendenz zur Erhöhung/ Maximierung der Volumina.	Kein Eigeninteresse vorliegend, da Vergütungshöhe vom Vertragsvolumen unabhängig (Ausnahme: seltene Form des Umsatzhonorars).
Beispiel:	Bausparvertrag mit Vertragssumme von 100.000 Euro für Kleinsparer mit 25 Euro mtl. Sparleistung.	Nur bei Umsatzhonorar: exakt identische Situation wie im Fall links.
Anzahl von Umschichtungen, Aktivitätsdruck, Umbetten, Churning	Sowohl bei Provisionsberatung als auch klassischer Vermögensverwaltung starke Tendenz zur Überaktivität.	In der Regel kein Eigeninteresse, es sei denn, der Berater kann durch die Aktivität zusätzliche Honorarstunden generieren. Lösung: pauschales Betreuungshonorar, soweit konkrete Gegenleistung erbracht wird.
Beispiel:	Drängen des Kunden zur schnellen Realisierung von Kursgewinnen	(Selten) auftretende Fälle von Überberatung

Kriterium/ Kostentreiber	Provisionsberatung	(echte) Honorarberatung
Tendenz zu komplexen Produkten und Produktbündeln	Extrem starkes Eigeninteresse, da sich bei komplexen Produkten und Produktbündeln höhere Provisionssätze und eine Beratungsabhängigkeit (Kundenbindung) generieren lassen.	Kaum nennenswerte Tendenz, da kein Einfluss auf Einkommen des Beraters. Ggf. leichte Tendenz zu Komplexität, da dies die Beratungsintensität und damit die Honorarstunden steigern könnte.
Beispiel:	„Einer passt allen"-Produkte, bei denen in einem „Rundum-Sorglos-Paket" unterschiedlichste Versicherungsleistungen und ein Sparprozess in festem Verhältnis miteinander verbunden sind. Diese Produkte stellen zudem die geringsten Anforderungen an die Kenntnisse des FPV.	Positivbeispiel: getrennte Bedürfnisse (z. B. Sparen und Versichern) werden mit getrennten Produkten bedient.
Tendenz zu intransparenten Anlageprodukten	Extrem starkes Eigeninteresse, da sich Intransparenz als idealer Nährboden für überhöhte Provisionssätze darstellt.	Keine Eigeninteresse, er wirbt ja gerade mit Transparenz.
Beispiel:	Investmentzertifikate mit intransparenten Rückzahlungsbedingungen; Dachfonds	Transparente Indexprodukte
Eigeninteresse an Beratung nach Abschluss	Verhinderung des Kundenstornos sowie expliziter Unzufriedenheit; ansonsten aber Aufwandsminimierung Sonderfall: erhofftes Nachfolgegeschäft.	Ggf. Eigeninteresse, regelmäßig wiederkehrend Beratungsstunden zu generieren. Lösung: pauschales, volumenabhängiges Betreuungshonorar, soweit konkrete Gegenleistung erbracht wird.
Beispiel:	Versicherungskunde bleibt nach Abschluss völlig unbetreut, obwohl FPV eine jährliche Betreuungsprovision erhält und ein Tarifwechsel aufgrund veränderter Rahmenbedingungen geboten wäre.	Honorarberater empfiehlt betreuungsintensives anstatt einfachem Produkt, da er vom höheren Betreuungsaufwand profitiert. Ausnahme: pauschales Betreuungshonorar mit konkreter Gegenleistung – unabhängig von Beratungszeitaufwand.

Kriterium/ Kostentreiber	Provisionsberatung	(echte) Honorarberatung
Tendenz der Empfehlung sachlich falscher Produkte	Extrem stark ausgeprägt, wenn FPV nur ganz bestimmte Vehikel verkaufen kann (z. B. nur Bausparverträge oder nur Versicherungsprodukte). Stark ausgeprägt, wenn FPV an verschiedenen Produkttypen unterschiedlich hohe Margen verdient.	Kein Fehlanreiz bei echter Honorarberatung, soweit Berater sich in allen Produktklassen auskennt und zugelassen ist und anfallende Provisionen/Vergütungen tatsächlich vollständig zurückreicht.
Beispiel:	Abschluss eines hochvolumigen Bausparvertrages für einen 86-jährigen kranken Witwer	Positivbeispiel: Rückvergütung von Provisionen bei Produktarten, bei denen noch keine echten Honorarprodukte auf dem Markt existieren (häufig bei biometrischen Produkten wie Berufsunfähigkeitsversicherungen, private Krankenversicherungen).

Zusammengefasst geht die Gegenüberstellung der Fehlanreize und des Eigeninteresses per Saldo zugunsten der (echten) Honorarberatung aus.

Achtung, Wolf im Schafspelz:
Bei unseriöser Honorarberatung zahlen Sie doppelt!

Bei unseriöser Honorarberatung zahlen Sie doppelt: erstens ein Beratungshonorar (z. B. pauschal oder nach Stunden) und zweitens noch zusätzliche Kosten der Anlageprodukte wie z. B. Aufgelder, Provisionen oder Verwaltungsgebühren, die als sogenannte Kick-backs an den „Wolf im Schafspelz“ weitergereicht werden und die dieser Ihnen nicht zurückerstattet.

Hart, aber wahr

Kennen Sie den **Unterschied zwischen Vermögensverwaltungsvertrag und Depotbetreuungsvertrag**?

Beim Vermögensverwaltungsvertrag muss Ihr Honorarberater alle von Dritten erhaltenen Incentives oder Provisionen an Sie zurückerstatten. Beim Depotbetreuungsvertrag ist dies nicht der Fall. Hier kann Ihr Berater all diese Kick-backs usw. vereinnahmen – und Sie kennen nicht einmal die Höhe und den davon ausgehenden Fehlanreiz. Viele Private glauben, einen Vermögensverwaltungsvertrag zu haben, leider haben sie jedoch einen Betreuungsvertrag unterzeichnet.

Vorsicht: Auch Vermögensverwaltungsverträge beinhalten gerne verbrauchernachteilige Klauseln – deshalb immer genau lesen.

Für den tiefer gehend interessierten Leser

Großbritannien und die Niederlande haben (jeweils nach großen Skandalen im Bereich des Provisionsvertriebs in den Jahren 2013 sowie 2012/14, je nach Sparte) ein weitreichendes Verbot des provisionsbasierten Vertriebs umgesetzt. Positive Stimmen stellen fest, dass hierdurch der einseitige Fokus auf Produktverkauf abgebaut werden konnte und nunmehr eine individuelle und bedürfnisgerechte Gesamtberatung des Kunden im Vordergrund stehe. Gegenstimmen beklagen, dass diese Vorteile vor allem den Gut- und Besserverdienenden sowie der vermögenden Privatkundschaft zugutekämen, während gerade die sozial Schwachen, die oft auch zugleich bildungsferner seien, vor der Honorarberatung zurückschreckten und nun unterbetreut wären. Hier wurde korrigierend in bestimmten Branchen deshalb die Provisionsberatung wieder zugelassen (z. B. bei Sachversicherungen). Der zu beobachtende Verlust von Arbeitsplätzen in der Finanzproduktevermittlung kann auch unterschiedlich gesehen werden, da viele Marktbeobachter die Anzahl der FPV für unangemessen hoch halten. Sie sehen den Marktaustritt vor allem bei minderqualifizierten FPVs und beobachten eine Erhöhung der Beratungsqualität. Weitere Folgen: Preiswerte und transparente Standardprodukte profitieren ebenso von der Gesetzesänderung wie auch der Robo Advice, also eine softwaregestützte Finanzberatung über Online-Portale, die per Algorithmen die zu den genannten Anlegerbedürfnissen passenden Produkte empfiehlt.

In den USA wurde die Honorarberatung durch den Financial Act 1940 eingeführt – nach nunmehr gut 75 Jahren Erfahrung lässt sich feststellen, dass ca. 20–25 % der Abschlüsse über Honorar getätigt werden und der Rest auf Provisionsbasis. Diese Erfahrung ist auch der Grund, weshalb in Deutschland politisch sehr wahrscheinlich kein rigoroses Provisionsverbot eingeführt wird, sondern beide Welten parallel existieren dürfen und der mündige Anleger eigenverantwortlich entscheiden kann.

Zentrale Ergebnisse

- Wann immer Sie bei Geldentscheidungen auf die Hilfe Dritter angewiesen sind, ist das Agency-Problem Ihr unvermeidbarer Begleiter.
- Sie können Fehlanreize und das Agency-Problem kaum loswerden – Sie können lediglich zwischen unterschiedlichen Arten und unterschiedlichen Stärken von Fehlanreizen wählen und optimieren.
- Vermeidung von Intransparenz und Komplexität sowie das eigene Hineindenken und die Verschaffung eines Überblicks sind die beste Gegenwehr im Umgang mit dem Agency-Problem.
- Echte Honorarberater bieten ihre Dienste unabhängig und ausschließlich für den Kunden an, ohne Zuwendungen und Abhängigkeiten von Dritten. Sofern diese erfolgen, müssen sie offengelegt und an den Kunden weitergegeben werden. Dadurch können viele Fehlanreize im Gegensatz zur Provisionsberatung vermieden werden (Stichwort Kostentransparenz).

Konkrete Handlungsempfehlungen

Diese Fragen sollten Sie Ihrem Berater stellen:

1. Wie hoch ist die Abschlussprovision aus diesem Produkt (in Euro)?
2. Wie hoch (in Euro) sind die offenen weiteren Kosten (= laufenden Kosten) für die Betreuung und Verwaltung der Geldanlage?
3. Wie hoch sind die versteckten Kosten (in Euro), die nicht ausgewiesen werden müssen?
4. Wann entstehen diese Kosten jeweils?
5. Gäbe es zu Ihrem Angebot eine kostengünstigere Alternative?
6. Was verdienen Sie daran, wenn ich dieses Produkt kaufe, umschichte, verkaufe ...?
7. Gibt es steuerliche Unterschiede zwischen der vorgeschlagenen Lösung und Alternativen?
8. Wie flexibel bin ich mit der Geldanlage und was ist der Preis der Flexibilität (z. B. Verlust der steuerlichen Vorteilhaftigkeit, zusätzliche Kosten der Liquidierung)?
9. Welche Risiken sind mit dieser Geldanlage verbunden?
10. Woran kann ich sehen, ob und wie sich mein Anlageprodukt entwickelt?
11. Können Sie mir das Anlageprodukt in ein paar kurzen verständlichen Sätzen erklären? Tun Sie es bitte.
12. Würden Sie dieses Anlageprodukt auch Ihrer besten Freundin/Ihrem besten Freund empfehlen? (... okay, bei manchen FPV ist diese Frage ernüchternd hinfällig.)

Die Antworten sollten Sie vom FPV schriftlich erhalten oder zumindest schriftlich festhalten und sorgfältig aufbewahren.

Ein vom FPV formuliertes Dokument (Geeignetheitserklärung, Beratungsprotokoll u. Ä.) sollten Sie intensiv lesen und ggf. hinterfragen/ändern lassen.

Quellennachweis und weiterführende Literatur

Ertinger, S.: Lückenhafte Beratung, in: Fondsprofessionell, Heft 01/2016, S. 228–230

Goldie, D. C./Murray, G. S.: Die wichtigsten Antworten für Anleger, München 2011

Ritzau, M.: Die große Fondslüge. Falsch beraten von Finanztest, Sparkassen, Banken & Co, Marburg 2016

Ritzau, M.: Für Spitzenfonds braucht man keine Spitzenmanager, in: Fondsprofessionell, Heft 01/2017, S. 220–222.

Taleb, N. N.: Skin in the game. Hidden Asymmetries in Daily Life, London 2018

Teicher, R.: Honorarberatung aus Sicht von Kunden, Beratern und Produktgebern, Karlsruhe 2017

5 Mit Sicherheit arm gespart

Plädoyer für eine neue Sichtweise gegenüber Risiken

Was Sie in diesem Kapitel erfahren:

- Dass Vermögens- oder Werterhalt gar nicht so einfach ist – und erst recht nicht sicher.
- Warum der Wunsch nach Risikolosigkeit schon im Ansatz falsch ist.
- Warum Sie entweder Preisrisiken oder Inflationsrisiken haben.
- Wie relativ Risiko ist.
- Wie Sie sich gegen die Volkskrankheit „Geldillusion" immunisieren.
- Wie Sie die reale Verzinsung vor und nach Steuern berechnen.
- Was mit der Besteuerung inflationärer Scheingewinne gemeint ist – und dass das vom Staat gemein ist.
- Wann Sie zumindest den realen Kapitalerhalt geschafft haben.

Viele Menschen – gerade Deutsche – wünschen sich eine sichere Geldanlage. Was sie mit „sicher" genau meinen, das müsste man in jedem Einzelfall näher hinterfragen, bevor man ihnen einen Rat gibt. Ganz überwiegend wird aber die Vorstellung geäußert, dass der nominelle Geldbetrag – z. B. in absoluten Euro – nicht sinken oder ein gewisser Mindestertrag – wiederum in absoluten Euro gemessen – nicht unterschritten werden soll.

Dieser Wunsch führt unvermeidlich zu **Anlagen im Geldvermögen**, da alle Erscheinungsformen des Sachanlagevermögens prinzipiell einem Kursänderungsrisiko unterliegen – also im Wert steigen oder sinken können – und damit ausscheiden.

Die nachfolgende Tabelle stellt Ihnen kurz die wichtigsten Erscheinungsformen von Geldvermögen und Sachvermögen gegenüber:

Innerhalb des Geldvermögens führt die oben geäußerte Vorstellung, der nominelle Geldbetrag solle nicht sinken bzw. ein gewisser Mindestertrag solle nicht unterschritten werden, ganz überwiegend zu Formen des Einlagensparens (z. B. Tagesgeldkonten, Festgelder, klassische Sparkonten). Alternativ kommen höchstens noch kurzlaufende Rentenwerte infrage (wegen der Vermeidung von Kursrisiken).
Aber erfüllen diese Anlageformen die Wünsche des Sicherheitsliebenden tatsächlich?

Erscheinungsformen von Geldvermögen	Erscheinungsformen von Sachvermögen
▪ Sicht-, Termin- und Spareinlagen ▪ Banksparbriefe, Sparkassenbriefe ▪ Staatliche Altersrente ▪ Betriebliche Altersversorgung ▪ Schuldverschreibungen, Obligationen, Anleihen, sonstige Festverzinsliche Wertpapiere ▪ Kapitalbildende Lebens- und Rentenversicherungen in allen Erscheinungsformen	▪ Aktien, Unternehmensbeteiligungen ▪ Immobilien, Grundstücke ▪ Gold, Silber, Edelmetalle, Diamanten ▪ Rohstoffe (nachwachsende und nicht nachwachsende) ▪ Schmuck und sonstige Wertgegenstände, z. B. Kunstgegenstände, Rotwein ▪ Fondsgebundene Lebensversicherungen (soweit sich der Fonds auf Sachanlagen richtet)

In der anhaltenden Niedrigzinsphase wird erkennbar, dass sichere Geldanlagen im obigen Sinne (nämlich nomineller Gelderhalt) keine nennenswerte Verzinsung erbringen. So erzielen alle Erscheinungsformen des Einlagensparens Renditen unter einem halben Prozent und **deutsche Bundesanleihen** mit kurzen Laufzeiten (die als vorbildlich in Hinblick auf Sicherheit gelten) sogar eine **negative Effektivverzinsung.** (Also nichts mit realem Werterhalt!)
So führt die Niedrigzinsphase unmittelbar vor Augen, dass mit zinstragenden Anlageformen **bestenfalls minimale nominelle Erträge** zu erwirtschaften sind.

Hart, aber wahr

Risikofreie Anlagen gibt es nicht. Der Anleger kann nur noch zwischen unterschiedlichen Risikoarten bei der Geldanlage wählen.

Reale Verzinsung vor Steuern

Selbst wenn Sie minimale nominelle Erträge erzielen – relevant sind nicht die nominellen, sondern die **realen** Zuwächse. Diese ergeben sich näherungsweise, indem man vom nominellen Ertrag die **Inflationsrate abzieht.** (Zur exakten Berechnung vgl. Kasten *Für den tiefer gehend interessierten Leser*).

So führt eine Rendite von 0,3 % auf einem Geldmarktkonto oder bei einer Bundesanleihe bei einer Inflationsrate von ca. 1 % zu einer negativen Wertentwicklung in Höhe von minus 0,7 %, also zu einem realen Verlust in dieser Höhe. Die Tendenz vieler Anleger, sich fälschlicherweise an nominellen anstatt realen Größen zu orientieren, wird als **Geldillusion** bezeichnet. Geldillusion ist ein sowohl weit verbreitetes als auch in seinen Auswirkungen stark unterschätztes Phänomen.

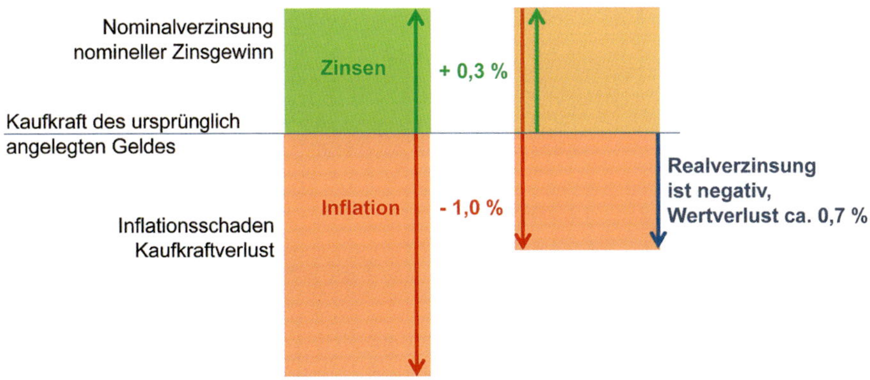

Abb.: Geldillusion:
Zusammenhang zwischen Nominalverzinsung, Inflationsschaden und negativer Realverzinsung

Für den tiefer gehend interessierten Leser

Die exakte Berechnung der realen Zinssätze ergibt sich, indem man den sich aus der Verzinsung ergebenden Wachstumsfaktor (= Aufzinsungsfaktor) durch den Wachstumsfaktor des Preisniveaus (= Inflationsfaktor) teilt.

Beispiel: Die Verzinsung 0,3 % entspricht einem Dezimalzins von 0,003 und führt zum Aufzinsungsfaktor von 1,003. Ebenso lässt sich die Inflationsrate von 1 % in einen Dezimalwert von 0,01 umrechnen und führt zu einem Inflationsfaktor von 1,01.

Teilt man nun die 1,003 durch 1,01, so ergibt sich der Faktor des Realzinssatzes von 0,99307, woraus sich (0,99307 – 1) = -0,00693 oder umgerechnet -0,693 % reale Verzinsung (also ein geringer jährlicher Verlust) errechnen lässt.

Früher war nicht alles besser

Blickt man in die Vergangenheit, in der sowohl die Zinssätze als auch die Inflationsraten höher waren, so wird schnell erkennbar, dass die vermeintlich sicheren Anlagen im Geldvermögen **auch schon in früheren Jahren nicht vorteilhaft** waren, sondern ebenfalls – nach Berücksichtigung der Inflation – zu einem „sicheren" Verlust führten.

Veröffentlichung des Statistischen Bundesamtes „Verbraucherpreisindex für Deutschland – Lange Reihen ab 1948" zum Download als PDF, erscheint monatlich

Weblink: http://bit.ly/2b9mR9E

Die nachfolgende Tabelle zeigt den Zusammenhang, zunächst noch ohne Berücksichtigung von Steuern (ausgewählte Szenarien der letzten Jahre).

Bruttozins	+0,3	+1,0	+3,0	+4,5	+5,5	+6,0
Inflationsrate	+1,0	+2,2	+2,5	+3,0	+3,5	+3,0
Nettozins = realer Zins Näherungswert	-0,7	-1,2	+0,5	+1,5	+2,0	+3,0
Nettozins = realer Zins Exakter Wert	-0,6931	-1,1742	+0,4878	+1,4563	+1,9324	+2,9126
Ungenauigkeit der Näherungsrechnung	+0,0069	+0,0258	+0,0122	+0,0437	+0,0676	+0,0874
	Alle Werte in Prozent p. a.					

Zunächst wird erkennbar, dass die Ungenauigkeit der Näherungsrechnung mit wachsender Differenz zwischen Bruttozins und Inflationsrate zunimmt. Berechnet man beispielsweise den Nettozins eines lateinamerikanischen Landes mit einem Bruttozins von 30 % bei einer Inflation von 25 %, so beträgt das Näherungsergebnis 5,00 %, das exakte jedoch einen vollen Prozentpunkt weniger, nämlich 4,00 %.

Doch die wesentliche Erkenntnis aus der obigen Tabelle: Zwar lässt die Bruttoverzinsung den Geldbetrag nominell, also rein zahlenmäßig ansteigen, doch ist zur realen Bewertung der Kaufkraft immer die Inflation zu berücksichtigen. Diese nagt von diesem Betrag herunter – bis hin zu einem realen Verlust (negativer Nettozins).

Die nachfolgende Tabelle zeigt Ihnen – bezogen auf den Geldwert von 1948 – die allmähliche Entwicklung des Kaufkraftschwundes bis zum Ende des Jahres 2017, wenn man die kumulierte Inflation seit der Währungsreform nach dem Zweiten Weltkrieg betrachtet.

Jahr	**1948**	**1949**	**1950**	**1951**	**1952**	**1953**	**1954**	**1955**	**1956**	**1957**
Kaufkraft	**100,00**	**106,38**	**110,74**	**98,66**	**100,35**	**102,53**	**100,71**	**98,51**	**96,83**	**94,79**
Jahr	**1958**	**1959**	**1960**	**1961**	**1962**	**1963**	**1964**	**1965**	**1966**	**1967**
Kaufkraft	**93,23**	**91,34**	**90,62**	**88,12**	**85,76**	**82,88**	**81,08**	**77,93**	**75,81**	**75,31**
Jahr	**1968**	**1969**	**1970**	**1971**	**1972**	**1973**	**1974**	**1975**	**1976**	**1977**
Kaufkraft	**73,58**	**72,16**	**69,20**	**65,42**	**61,29**	**56,48**	**53,09**	**50,20**	**48,40**	**46,72**
Jahr	**1978**	**1979**	**1980**	**1981**	**1982**	**1983**	**1984**	**1985**	**1986**	**1987**
Kaufkraft	**45,55**	**43,04**	**40,71**	**37,94**	**36,18**	**35,23**	**34,56**	**34,01**	**34,33**	**34,01**
Jahr	**1988**	**1989**	**1990**	**1991**	**1992**	**1993**	**1994**	**1995**	**1996**	**1997**
Kaufkraft	**33,38**	**32,37**	**31,46**	**30,15**	**29,12**	**28,15**	**27,46**	**27,05**	**26,64**	**26,09**
Jahr	**1998**	**1999**	**2000**	**2001**	**2002**	**2003**	**2004**	**2005**	**2006**	**2007**
Kaufkraft	**26,00**	**25,69**	**25,17**	**24,77**	**24,49**	**24,21**	**23,67**	**23,34**	**23,02**	**22,29**
Jahr	**2008**	**2009**	**2010**	**2011**	**2012**	**2013**	**2014**	**2015**	**2016**	**2017**
Kaufkraft	**22,04**	**21,86**	**21,57**	**21,14**	**20,71**	**20,42**	**20,38**	**20,32**	**19,98**	**19,65**

Tabelle: Verbleibende Kaufkraft seit der Währungsreform im Jahr 1948

Ein Lesebeispiel:

Im Jahr 1976 war die Kaufkraft im Vergleich zum Jahr der Währungsreform erstmals unter die Hälfte gesunken (nämlich 48,40 %), im Jahr 1988 betrug sie noch ein Drittel und Stand 2017 liegt sie mit 19,65 % schon unter einem Fünftel.

Hier noch alternativ der gleiche Sachverhalt auf einen Blick:

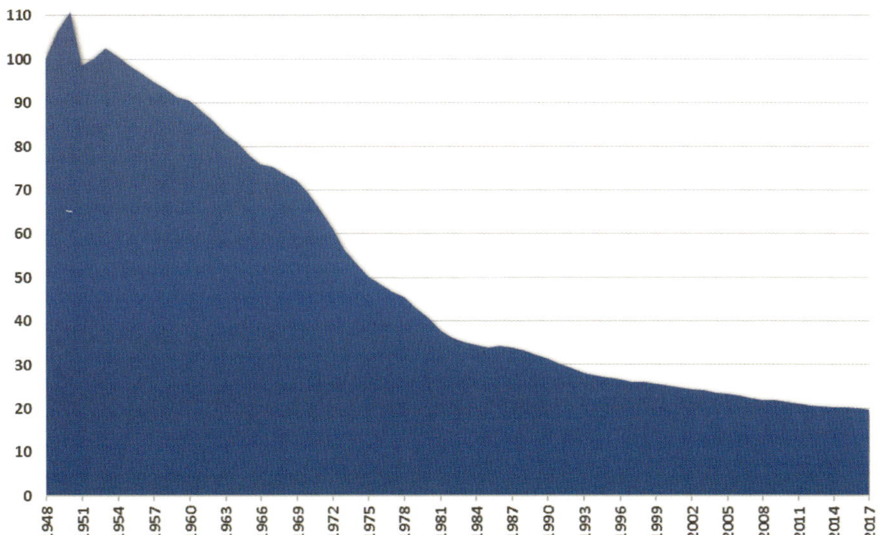

Abb.: Verbleibende Kaufkraft seit der Währungsreform 1948

Interessant ist es auch, den Kaufkraftverlust im Verhältnis zu einem beliebigen Bezugsjahr zu verfolgen. Gönnen Sie der Tabelle ein wenig Aufmerksamkeit und schauen Sie beispielweise, was seit Ihrem eigenen Geburtsjahr oder dem Ihrer Kinder noch an Kaufkraft übriggeblieben ist. Das ist eine gute Medizin gegen die Volkskrankheit „Geldillusion“.

Jahr	**1948**	**1949**	**1950**	**1951**	**1952**	**1953**	**1954**	**1955**	**1956**	**1957**
Kaufkraft Ende 2017	**19,65**	**18,47**	**17,74**	**19,91**	**19,58**	**19,16**	**19,51**	**19,95**	**20,29**	**20,73**
Jahr	**1958**	**1959**	**1960**	**1961**	**1962**	**1963**	**1964**	**1965**	**1966**	**1967**
Kaufkraft Ende 2017	**21,08**	**21,51**	**21,68**	**22,30**	**22,91**	**23,71**	**24,23**	**25,21**	**25,92**	**26,09**
Jahr	**1968**	**1969**	**1970**	**1971**	**1972**	**1973**	**1974**	**1975**	**1976**	**1977**
Kaufkraft Ende 2017	**26,71**	**27,23**	**28,40**	**30,03**	**32,06**	**34,79**	**37,01**	**39,14**	**40,60**	**42,05**
Jahr	**1978**	**1979**	**1980**	**1981**	**1982**	**1983**	**1984**	**1985**	**1986**	**1987**
Kaufkraft Ende 2017	**43,14**	**45,65**	**48,27**	**51,78**	**54,30**	**55,77**	**56,86**	**57,77**	**57,23**	**57,78**
Jahr	**1988**	**1989**	**1990**	**1991**	**1992**	**1993**	**1994**	**1995**	**1996**	**1997**
Kaufkraft Ende 2017	**58,87**	**60,71**	**62,46**	**65,16**	**67,49**	**69,81**	**71,56**	**72,65**	**73,75**	**75,31**
Jahr	**1998**	**1999**	**2000**	**2001**	**2002**	**2003**	**2004**	**2005**	**2006**	**2007**
Kaufkraft Ende 2017	**75,58**	**76,49**	**78,05**	**79,33**	**80,24**	**81,15**	**83,00**	**84,18**	**85,37**	**88,16**
Jahr	**2008**	**2009**	**2010**	**2011**	**2012**	**2013**	**2014**	**2015**	**2016**	**2017**
Kaufkraft Ende 2017	**89,17**	**89,90**	**91,09**	**92,93**	**94,86**	**96,24**	**96,42**	**96,69**	**98,35**	**100,00**

Tabelle: Kaufkraft Stand 2017 im Verhältnis zu beliebigem Bezugsjahr

Ein Lesebeispiel:

Ein im Jahr 1981 Geborener hat damals 100 Geldeinheiten in die Wiege gelegt bekommen. Diese sind heute noch gut die Hälfte seiner damaligen Kaufkraft wert, nämlich 51,78 %. Oder ein zweites Beispiel: Ihr 2002 für ein Baby zur Geburt ins Fotoalbum eingeklebter 100-Euro-Schein hat heute nur noch die Kaufkraft von 80,24 Euro.

Reale Verzinsung nach Steuern

Noch erheblich unvorteilhafter wird das Ergebnis, wenn man berücksichtigt, dass die **Besteuerung von Kapitalerträgen am nominellen Ertrag und nicht am realen Ertrag** anknüpft. Dies führt dazu, dass höhere Nominalzinsen bei gleichzeitigem Anstieg der Inflationsrate zur **Besteuerung von inflationären Scheingewinnen** führen. Denn der Teil der Verzinsung, der lediglich den Kaufkraftschwund durch die Inflation kompensiert, wird gleichwohl der Kapitalertragsteuer unterworfen. Dies zeigt auch die nachfolgende Gegenüberstellung:

In Situation 1 herrscht Preisstabilität, also keine Inflation (Inflationsrate 0,0 %)			
Anlagebetrag:		100.000	Euro
Bruttozins:		2,0	%
Inflationsrate:		0,0	%
Nettozins:		2,0	%
Nominelles = reales Endkapital vor Steuern (da keine Inflation):		102.000	Euro
Steuerpflichtiger Ertrag:		2.000	Euro
Steuerabzug[27]:	28 % von 2.000 =	560	Euro
Realer Nettoertrag nach Steuern:		1.440	Euro
	entspricht 1,44 % des Anlagebetrages		

In Situation 2 herrscht Inflation (Inflationsrate 3,9 %)			
Anlagebetrag:		100.000	Euro
Bruttozins:		6,0	%
Inflationsrate:		3,9	%
Nettozins: (errechnet aus 1,06/1,039 = 1,0202, also 2,02 %, gerundet)		2,0	%*
Nominelles Endkapital vor Steuern:		106.000	Euro
Steuerpflichtiger Ertrag:		6.000	Euro
Steuerabzug:	28 % von 6.000 =	1.680	Euro
Nominelles Endkapital nach Steuern		104.320	Euro
Reales Endkapital nach Steuern und Inflation: Errechnet durch Bereinigung des nominellen Betrags nach Steuern in Höhe von 104.320 Euro um die Inflation (durch Teilen durch den Inflationsfaktor 1,039) =		100.404,23	Euro
Der reale Nettoertrag nach Steuern von		404,23	Euro
	entspricht 0,40 % des Anlagebetrages		
* Nach der Näherungsrechnung wären es 6 % minus 3,9 % also 2,1 %			

Quintessenz: Die Differenz zwischen der tatsächlichen Steuerlast in Höhe von 1.680 Euro und der „realen“ Steuerlast in Höhe von 560 Euro beträgt 1.120 Euro und stellt die Besteuerung inflationärer Scheingewinne dar.

[27] Die Steuerlast des privaten Anlegers wird bei allen Rechnungen durchgängig mit 28 % angenommen, wobei ein möglicherweise noch nicht ausgeschöpfter Freibetrag nicht berücksichtigt wird. Diese Annahme entspricht der nur minimal aufgerundeten Belastung eines kirchensteuerpflichtigen Anlegers in den meisten Bundesländern. Anleger, die in Baden-Württemberg oder Bayern veranlagt werden, sowie nicht kirchensteuerpflichtige Private können mit einem geringfügig niedrigeren Steuersatz kalkulieren. Die im Downloadbereich verfügbare Excel-Kalkulationshilfe ermöglicht die bequeme individuelle Eingabe unterschiedlicher Steuersätze.

Zu Risiken und Nebenwirkungen fragen Sie Ihr Finanzamt

Wie die Gegenüberstellung zeigt, sinkt bei identischem Nettozins vor Steuern (= Realzins vor Steuern, nämlich 2 %) die reale Verzinsung der Anlage nach Steuern umso stärker, je höher die Inflationsrate ist.

Die nachfolgende Tabelle gibt eine Übersicht der in den vergangenen Jahren tatsächlich aufgetretenen Konstellationen von Bruttozinsen, Inflation sowie der sich daraus ergebenden Nettozinsen vor und nach Steuern unter Annahme der aktuellen Steuerlast von ca. 28 % auf Basis der KESt. Dabei wird deutlich, dass auch dann Steuern anfallen, wenn der Anleger bereits einen realen Verlust erlitten hat …

Bruttozins	+0,3	+1,0	+3,0	+4,5	+5,5	+6,0
Inflationsrate	+1,0	+2,2	+2,5	+3,0	+3,5	+3,0
Nettozins vor Steuern	-0,69	-1,17	+0,49	+1,46	+1,93	+2,91
Nettozins nach Steuern	-0,78	-1,45	-0,33	+0,23[28]	+0,44	+1,28
	Alle Werte in Prozent p. a.					

Schlussfolgerung: In der aktuellen Niedrigzinsphase wird für den Laien hiermit umso deutlicher, dass die scheinbar risikolosen Zinsanlagen ganz sicher unattraktiv sind, da aufgrund der geringen Inflationsrate die Geldillusion nun nicht mehr darüber hinwegtäuscht.

So einfach errechnen Sie den erforderlichen Mindestzins für den realen Kapitalerhalt

Die **sich gegenseitig verstärkende Wirkung von Inflation einerseits und Besteuerung inflationärer Scheingewinne (= Nominalbesteuerung) andererseits** wird vom Privatanleger regelmäßig unterschätzt. Sie kann jedoch recht einfach berechnet werden und gibt die sogenannte Break-Even-Verzinsung an. Diese Verzinsung ist der Wert, den der Anleger erreichen müsste, **um nach Steuern und Inflation den Wert seines Investments zu erhalten.**

[28] Beispielhafte Herleitung (auch bequem im Excel-Tool unter www.schließlich-ist-es-Ihr-Geld.de/Arbeitshilfen berechenbar): Aus einer 100-Euro-Anlage werden nach einem Jahr 104,50 Euro. Vom nominellen Zugewinn in Höhe von 4,50 Euro nimmt sich der Staat 28 %, also 1,26 Euro. Der nominelle Endbetrag nach Steuern sinkt somit auf 103,24 Euro. Durch Teilen mit dem Preissteigerungsfaktor von 1,03 (Inflationsrate 3 %) verbleibt ein realer Endwert von 100,23 Euro, also ein minimaler Zugewinn von 23 Cent, was 0,23 % auf den Anlagebetrag entspricht. Rührend.

Die Formel lautet:

Break-Even-Zins = Inflationsrate / (1 – Steuerquote).

Hierbei wird die Steuerquote als Dezimalzahl geschrieben. Für deutsche Anleger beträgt sie aufgrund der KESt durchgängig ca. 28 %, also als Dezimalzahl 0,28.

Beispiel:

Ein Anleger rechnet bei einer Inflationsrate von 3 % wie folgt:

Break-Even-Zins = 3 % / (1 – 0,28) = 3 % / 0,72 = 4,17 %.

Dies bedeutet, dass der Anleger eine Rendite von 4,17 % benötigt, um nach Steuern seinen Inflationsschaden zu kompensieren.

Nur bei Anlagerenditen, die **nach Kosten** diesen Wert (Break-Even-Zins) übersteigen, kommt es zu einem realen Kapitalwachstum, darunter spart sich der Anleger über die Zeit arm – und zwar ganz sicher!

Hart, aber wahr

Allein für den **realen Kapitalerhalt** muss der Anleger eine Verzinsung **nach** Steuern erzielen, die seinen Inflationsschaden kompensiert. Die Gleichung dazu:

Break-Even-Zins der Anlage: Ertrag *nach* Steuer = Inflationsrate

Und von möglichen Kosten der Geldanlage haben wir bis zu diesem Zeitpunkt noch gar nicht gesprochen!

Die nachstehende Tabelle zeigt die Break-Even-Zinsen für unterschiedliche Inflationsszenarien – durchgängig mit einem KESt-Satz von 28 % berechnet.

Inflationsrate in %	0,5	1,0	1,5	2,0	3,0	4,0	5,0	6,0
Break-Even-Zinssatz in %	0,69	1,39	2,08	2,78	4,17	5,56	6,94	8,33

Zentrale Ergebnisse

- Geldillusion ist ein weitverbreitetes Phänomen. Es beschreibt die falsche Orientierung der meisten Menschen an nominalen Zahlen oder Werten und die damit einhergehende Unterschätzung der Inflation.
- Die meisten Staaten, so auch die Bundesrepublik Deutschland, haben das Prinzip der Nominalbesteuerung. Besteuert werden also die rein zahlenmäßigen (nominellen) Wertzuwächse oder Verzinsungen und nicht die realen Werte. Hierdurch kommt es regelmäßig zur Besteuerung inflationärer Scheingewinne, d. h., Sie zahlen Steuer auf den Inflationsschaden Ihrer Geldanlagen.
- Um den realen Wert Ihrer Anlagen zu erhalten, muss der Wertzuwachs **nach** Abzug von Steuern wenigstens der Inflationsrate entsprechen – dies erweist sich bei „risikolosen" Anlagen als schwierig bis unmöglich.

Konkrete Handlungsempfehlungen

- Hinterfragen Sie Ihr Verständnis von Sicherheit bzw. Risiko. Kann es sein, dass Sie sich wegen falscher Sicherheitsorientierung mit Gewissheit arm sparen?
- Prüfen Sie selbstkritisch, ob Sie der Geldillusion unterliegen.
- Prüfen Sie das Verhältnis von inflationsgefährdeten zu inflationsrobusten Anlagen in Ihrem Vermögen. (Weitere Hilfe hierzu erhalten Sie in Kapitel C.2, Abb.: Vierfelder-Matrix der Anlageklassen und -vehikel.)
- Überprüfen Sie Ihre bestehenden Geldanlagen darauf, inwieweit diese in den letzten Jahren und aktuell den Break-Even-Zinssatz übertroffen haben und ergreifen Sie ggf. Konsequenzen.

Quellennachweis und weiterführende Literatur

Kahneman, D./Tversky, A.: Prospect Theory: An Analysis of Decisions under Risk, Econometrica, Volume 47. No. 2. New York N.Y. März 1979

Statistisches Bundesamt: Verbraucherpreisindizes für Deutschland, Lange Reihen ab 1948

Walz, H.: Einfach genial entscheiden, Freiburg, 2. Auflage 2015, Kapitel 14 „Geldillusion"

6 Ihr Geld hat jetzt ein anderer

Kosten sind *sichere* Wertvernichter

Was Sie in diesem Kapitel erfahren:

- Warum die Wirkung von Kosten bei der Kapitalanlage völlig unterschätzt wird.
- Dass Sie bei kostenintensiven Produkten häufig rückwärts sparen.
- Wie stark der Effekt ist, wenn das durch Kosten verlorene Kapital für den Zinseszinseffekt nicht mehr zur Verfügung steht.
- Wie überraschend viele offen erkennbare Kostenarten es gibt …,
- … aber noch viel mehr versteckte.
- Dass auch das Absichern gegenüber Risiken Kosten verursacht.
- Warum Opportunitätsverluste auch Kosten sind und nicht übersehen werden sollten.

Die Kosten einer Geldanlage sind das einzige – aber wirklich einzige –, was Sie von vornherein sicherstellen können.[$] (Alles andere sind zukunftsbezogene Hoffnungswerte.)

[$] Diese Aussage gilt leider auch nur bei transparenten und fairen Verträgen. Bei komplexen und intransparenten Verträgen können Sie ggf. nicht einmal die Kosten vorher berechnen – in dem Fall sind Sie völlig in „Gottes Händen".

Vielleicht denken Sie, dass Sie durchaus kostenbewusst sind und sich mit Kosten auskennen. Oder dass Sie grundsätzlich kein Geld zum Fenster hinauswerfen. Vielleicht denken Sie auch, dass Leistung, Qualität und Service eben ihren Preis haben und dass das auch in Ordnung ist, Motto: Was nichts kostet, ist nichts wert …

Bitte schenken Sie den nachfolgenden Seiten trotzdem Ihre Aufmerksamkeit, denn wenn die Kosten Ihrer Geldanlage so hoch sind, dass diese das Ziel der Geldanlage, nämlich Vermögensaufbau oder zumindest Vermögenserhalt, zunichtemachen, dann hört der Spaß wahrscheinlich auch für Sie auf. Und exakt das passiert sehr häufig. Die Wahrscheinlichkeit, dass Sie eine solche „Mogelpackung" besitzen, liegt erfahrungsgemäß bei über 90 %.

Hart, aber wahr

Banken, Versicherungen und andere Finanzdienstleister verdienen ihr Geld mit **Ihrem** Geld! Und das ist eine sehr heikle Situation. Ein bekannter Verbraucherschützer hat das mit dem Bild beschrieben, dass Vampire mit der Buchhaltung einer Blutbank beauftragt sind.

Wenn ein gewinnorientiertes Unternehmen Autos oder Parfüm verkauft und Sie als Kunde eine kräftige Gewinnspanne bezahlen, dann ist das eine Sache. Wenn aber ein Finanzdienstleister mit Geld Geld verdienen möchte (grundsätzlich legitim), man aber am Ende nicht mehr sagen kann, wem welcher Teil des Geldes gehört, dann ist das eine ganz andere Sache. Kurzum: Die **Kosten einer Geldanlage sollten den Zweck der Geldanlage nicht vernichten**. Das wäre nämlich so, als wenn jeder Besuch bei Ihrem Hausarzt Ihre Restlebenserwartung verkürzen würde.

Kosten, insbesondere viele verdeckte Kostenarten, führen dazu, dass **Ihr** Geld zwar nicht wirklich weg ist, es aber ein anderer besitzt.

Daher ist – ohne jegliche Hetze oder politischen Unterton – bei den Kosten der Geldanlage ganz besondere Vorsicht und eine analytisch-kritische Sichtweise angebracht. **Denn schließlich ist es Ihr Geld!** Und wenn Sie nicht hellwach sind, dann gilt sehr schnell: Eigentlich **war** es Ihr Geld!

Analysiert man die Entwicklung der Kosten von Finanzdienstleistungen im noch jungen 21. Jahrhundert, so ergibt sich ein gespaltenes Bild. Einerseits haben sich Anlageprodukte und Nischen mit sehr niedrigen Kostensätzen etabliert (beispielsweise die börsengehandelten Indexfonds = ETFs, siehe Kapitel D.2). Andererseits sind die Kosten in der breiten Masse jedoch erhöht – und zwar ganz erheblich. Für das Anlagevehikel „Aktiver Investmentfonds" ermittelten die Analysegesellschaften eine Kostensteigerung im zweistelligen Prozentbereich – in der Spitze sogar um bis zu 40 % im Vergleich zum Stand vor der Finanzkrise, also dem Jahr 2008. Dies ist besonders bemerkenswert, da die Schere zwischen sinkenden Zinsen bzw. Renditen auf der einen Seite und steigenden Kosten auf der anderen Seite immer stärker auseinandergeht – das **Kosten-Rendite-Verhältnis ist also immer schlechter** geworden.

Wenn beispielsweise Stand 2018 ein Rentenfonds Jahr für Jahr 2,61 % Gebühren verlangt (die Einmalgebühren kommen noch dazu), dann stellt sich die Frage, wie der Anleger hier noch zu einem positiven Ergebnis kommen soll. Realistisch betrachtet ist dies **Vermögensvernichtung mit Ansage**.

Hart, aber wahr

In kaum einer anderen Branche haben sich die Angebote von den Bedürfnissen der Kunden so stark entfernt wie in der Finanzdienstleistungsbranche.

Man kann am Markt überwiegend Anlageangebote finden, die aufgrund ihrer hohen Kosten – wenn man Wunder ausschließt – keinen Anlageerfolg mehr erwarten lassen. Schade: Schließlich war es ja einmal Ihr Geld ...

Der Zauber von Zins und Zinseszins wirkt leider bei Kosten auch negativ

Ein Bild sagt mehr als tausend Worte: In der nachstehenden Abbildung können Sie erkennen, dass sich ein mit einer Durchschnittsverzinsung von 8 % vor Kosten angelegter Geldbetrag nach 30 Jahren mit Zins und Zinseszins ziemlich genau verzehnfacht hat.

Jedoch zeigt sich auch auf den ersten Blick sehr eindrucksvoll, wie stark unterschiedlich hohe Kosten das Ergebnis schmälern. Und: dass die jährlich wiederkehrenden, also „laufenden" Kosten in der Wirkung erheblich stärker sind als die Einmalkosten.

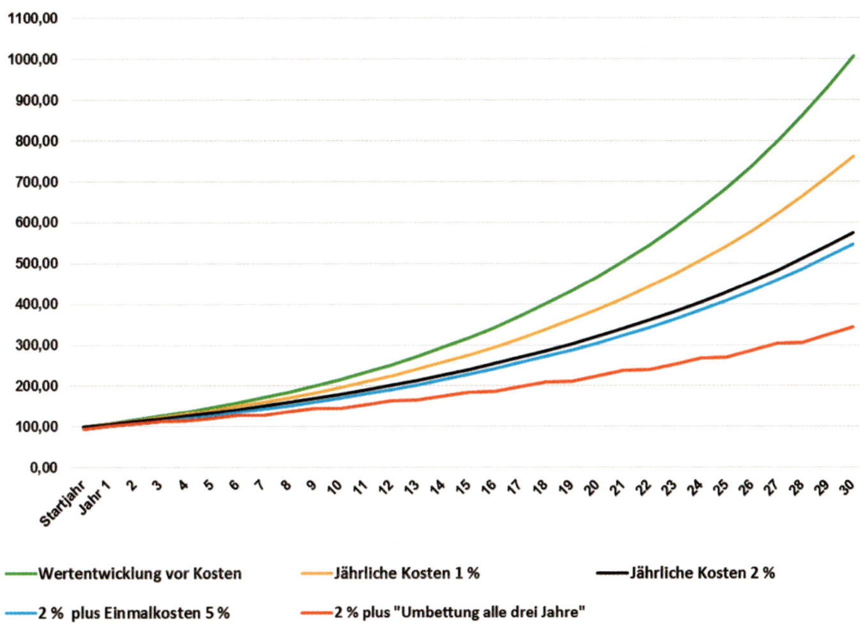

Abb.: Unterschätzte Kosten – das wird aus einem Geldanlagebetrag von 100 Euro bei unterschiedlicher Kostenbelastung.

Der grüne Graph zeichnet die Wertentwicklung einer Geldanlage von 100 Euro – ganz ohne Kosten: Die im Startjahr angelegten 100 Euro erbringen bei einer Durchschnittsverzinsung von 8 % nach 30 Jahren rund 1.000 Euro. Das ist sozusagen das Optimum. Doch selbst bei moderaten jährlichen Kosten von 1 % müssen Sie jegliche Optimum-Träume begraben: Keine 800 Euro werden Sie erreichen.

Völlig unbefriedigend wird sich Ihre Geldanlage entwickeln, wenn Sie zu jährlich „laufenden" Kosten noch mehrere Gebühren zahlen (siehe rote Linie), weil Sie Ihre Geldanlage z. B. von Fonds A nach Fonds B „umbetten" lassen (sollen). Hier fallen bei jeder **„Umbettung" bzw. Umschichtung** Gebühren, z. B. ein Agio, an.

Hart, aber wahr

Die Annahme, dass ein Anleger nach drei Jahren von einem Anlagevehikel in das nächste umsteigt (umschichtet), ist keineswegs unrealistisch. Eine Vielzahl ehemaliger FPVs bestätigte in Interviews, dass sie angehalten wurden, dies spätestens nach 18 Monaten bei ihren Kunden zu versuchen. Gründe und Argumentationslinien hierfür lassen sich immer finden, egal, ob sich die Anlage im Gewinn oder im Verlust befindet ...

So kommen Sie auf keinen grünen Zweig

Und weil es so wichtig ist, dass Sie die Dimension der Kosten tatsächlich verstehen – und ihre enorme Auswirkung auf die Entwicklung Ihres Anlagebetrages –, hier noch die Visualisierung des Sachverhaltes im Detail. Wiederum sehen Sie die Wertentwicklung der ursprünglich angelegten 100 Euro – je nachdem, welche Kosten zu tragen sind.

Exakt werden nach dreißigjähriger Anlage aus den ursprünglich angelegten 100 Euro (grüner Balken) 1.006 Euro. Hat der Sparer aber nur jährliche Kosten von 1 %, so sinkt sein Endvermögen bereits auf 761 Euro (gelber Balken); und bei jährlichen Kosten von 2 % auf nur noch 574 Euro (schwarzer Balken). Der ungeahnt starke Effekt erklärt sich damit, dass **das in den Kosten verlorene Kapital auch für den Zinseszinseffekt nicht mehr zur Verfügung** steht.

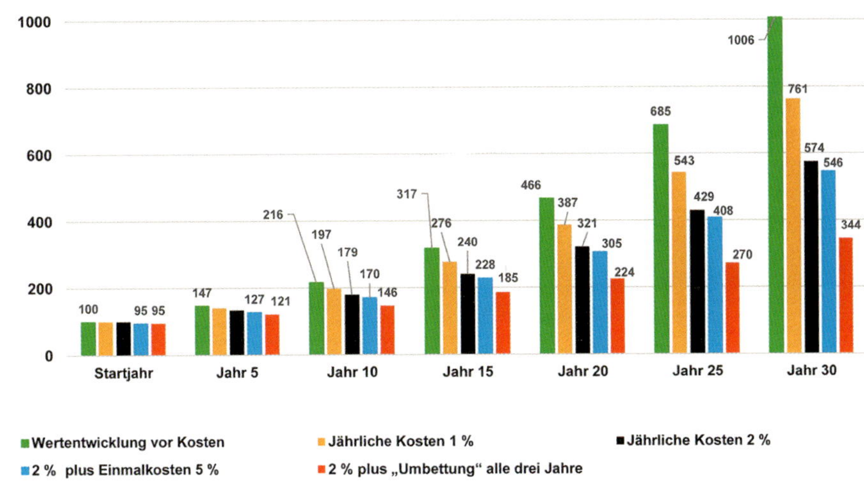

Abb.: Entwicklung nach Kosten – exakte Werte

Auf den ersten Blick überraschend ist, dass auftretende Einmalkosten der Geldanlage – hier wurden 5 % im Startjahr angenommen – über die Zeit keinen so großen Unterschied mehr ausmachen, denn das Anlageergebnis fällt exakt um diese 5 % niedriger aus, also gerundet 546 Euro (blauer Balken). Lässt sich der Sparer aber z. B. alle drei Jahre zum Wechsel seines Anlagevehikels überreden, sodass **alle drei Jahre neue** Einmalkosten anfallen, so sinkt das Ergebnis auf nur noch 344 Euro (roter Balken).

Nur verdreifacht – nicht verzehnfacht

Nur 344 Euro! Das Dumme an der Sache ist, dass die meisten Anleger die 344 Euro ganz o. k. fänden. Man könnte beim Blick auf den Anlageauszug denken: Die 100 Euro wurden immerhin mehr als verdreifacht. Hossa! Aber nix hossa – insbesondere, wenn man einerseits die Wertentwicklung ohne Kosten (oder zumindest mit geringeren Kosten, also das mögliche Ergebnis von knapp 1.000 Euro) vergleicht. Oder anders betrachtet: dass das Ergebnis von 344 Euro bei einer Anlage ohne Kosten **schon nach 16 statt der 30 Jahre** erreicht worden wäre.

Hart, aber wahr

Verglichen mit den Gesamtkosten der meisten gängigen Anlagevehikel ist die obige Pauschalannahme von 2 % jährlichen Gesamtkosten im unteren Bereich. Realistisch muss leider von einem **Effektivzinsverlust** bis zu 4–5 % p. a. in marktüblichen Bank- und Versicherungsprodukten ausgegangen werden. Legt man diese zugrunde, so wird noch nicht einmal eine nominale Verdopplung des eingesetzten Geldes nach 30 Jahren erreicht.

Vorsicht Chamäleon – ein Kompass durch den Kostendschungel

Je nach Anlageklasse und Anlagevehikel können Kosten in ganz unterschiedlichen Erscheinungsformen auftreten und haben dann völlig andere Bezeichnungen. Es lebe die Kostenkreativität …

Abb.: Es lebe die Kostenkreativität …

Grundsätzlich hilft folgende Übersicht und Unterscheidung:

Kriterien zur Unterscheidung von Kosten rund um die Geldanlage		
Offen erkennbare/ ausgewiesene Kosten	**Versteckte Kosten**	**Anmerkung**
Werden in den Informationsblättern und wesentlichen Anlegerinformationen der jeweiligen Produkte ausgewiesen bzw. sind im Vertrag erkennbar. Beispiele: Ausgabeaufschläge (Aufgelder = Agios), Rücknahmeabschläge, Laufende Kosten (Ongoing Charges = OGC, veraltet: Total Expense Ratio = TER, siehe Glossar), einschließlich Verwaltungskosten, Service Fees und auf Fondsebene anfallende Kosten	Sind nicht explizit erkennbar, sondern lediglich indirekt und nachträglich über die Renditeminderung zu berechnen/oder gar nur zu schätzen. Beispiele: Vielzahl weiterer Kostenarten wie Transaktionskosten auf Fondsebene	Was offen und was versteckt ist, hängt z. T. auch vom Zeitpunkt des Vertragsabschlusses ab, da die Offenlegungspflichten über den Zeitablauf strenger wurden.

Einmalige Kosten	Wiederkehrende Kosten	Anmerkung
Sie fallen ▪ nur bei Vertragsschluss/-beendigung oder ▪ durch den Kauf-/Verkaufprozess an (Erwerbs-/Veräußerungskosten). Beispiele: Kauf- oder Abschlussprovisionen (in vielen Varianten), Ausgabeaufschläge (Aufgelder = Agios), Rücknahmeabschläge, Erwerbsgebühren, Courtage	Werden wiederholt in Rechnung gestellt (z. B. auf Jahresbasis) und stellen meist Haltekosten dar. Beispiele: laufende Kosten (OGC, siehe Glossar)	Die wiederkehrenden Kosten wirken sich i. d. R. selbst bei optisch geringer Ausprägung stärker auf die Gesamtrendite aus als Einmalkosten, d. h., sie werden gerne unterschätzt.

Sicherungskosten = Kosten der Risikoreduktion/Risikovermeidung	Anmerkung
Beim verständlichen Streben nach Sicherheit bzw. Absicherung kommt es zu einem paradoxen Zusammenhang. Risikoreduktion gibt es nicht gratis und die Kosten der Sicherung gefährden ggf. das Ertragsziel. Besonders teuer wird die Absicherung, wenn sie in Produktbündeln eingebaut ist (Kapitel C.3, „Wurstsuppe").	Die wiederkehrenden Kosten wirken sich i. d. R. selbst bei optisch geringer Ausprägung stärker auf die Gesamtrendite aus als Einmalkosten, d. h., sie werden gerne unterschätzt.

Opportunitätskosten = Kosten, die dadurch entstehen, dass ansonsten mögliche Erträge nicht erzielt werden	Anmerkung
Mit anderen Worten: Opportunitätskosten sind Kosten der entgangenen (Anlage-)Alternative Klingt kompliziert, ist aber wichtig: Wann immer Ihnen ein Anlageprodukt eine attraktive alternative Anlagemöglichkeit nimmt, haben Sie Opportunitätskosten. Diese zu vernachlässigen, wäre ein schwerer Fehler. So waren Bausparkredite in den letzten Jahrzehnten nicht etwa teuer, weil die Gebühren oder Zinssätze auffällig hoch waren, sondern weil der Kunde in der langjährigen Ansparphase des Bausparvertrages auf eine Mehrverzinsung verzichten musste, die er bei alternativen Ansparformen erhalten hätte. Dieser Zinsverzicht ist ein typisches Beispiel für Opportunitätskosten. (Vgl. hierzu Kapitel D.5, über Bausparverträge)	Opportunitätskosten werden häufig übersehen, da sich der Anleger darauf konzentriert, was da bzw. erkennbar ist, und nicht darauf, was nicht da ist bzw. ihm entgeht.

Sonderfall: Performancegebühren
Performancegebühren sind eine Beteiligung des Finanzdienstleisters am Erfolg des Anlegers und stellen eine Art „Erfolgsbeteiligung" für diesen dar (zur Bewertung von Performancegebühren vgl. Kapitel B.4, über Anreize und Fehlanreize.)

Sicher war dies nur eine schnelle Orientierung zu den wichtigsten Kostenarten und ihren „kreativen“ Erscheinungsformen. Jedoch wird Ihnen das bereits ein gutes Stück weiterhelfen und qualifiziert Sie, die richtigen Fragen zu stellen und auf die richtigen Punkte zu schauen. Spezifische und produktindividuelle Kostenaspekte finden Sie dann bei den jeweiligen Anlagevehikeln in Teil D.

Exkurs: Kosten und Kostenverursacher in der Vermögensverwaltung

Ein besonderer Fall, auf den in anderen Kapiteln dieses Buches nicht eingegangen werden kann, stellt die **Vermögensverwaltung** dar. Obwohl der Laie annehmen würde, dass hier aufgrund der größeren Anlagevolumina eine höhere Nachfragemacht der Kunden für niedrigere Kosten und transparente Gebührenstrukturen sorgen würde, ist das in Wirklichkeit nicht so.
Es gibt einen unüberschaubaren **Wildwuchs von unterschiedlichen Gebührenmodellen** mit einer Vielzahl verschiedener Kostenkomponenten auf wiederum unterschiedlichen Bemessungsgrundlagen. Kurzum: Armut hat so gesehen auch ihre Vorteile ...
Eine kleine Übersicht hilft Ihnen beim Sortieren der durchaus kreativen Kostenarten. Die **Gesamtkosten einer Vermögensverwaltung** für Privatkunden lassen sich grob in drei Kategorien unterscheiden, nämlich:

1. **Verwaltungskosten:**
   Das sind Aufwendungen für das Depotmanagement sowie die Kundenbetreuung. Allein hierfür werden häufig 0,9 bis 1,5 % des betreuten Vermögenswertes p. a. berechnet. Zusätzlich können Erfolgsbeteiligungen (Performance Fees) in Rechnung gestellt werden.
2. **Bankkosten:**
   Diese können (müssen aber nicht) zusätzlich in Rechnung gestellt werden. Typische Bankkosten sind Depot- und Kontoführungsgebühren, Courtage.
3. **Produktkosten:**
   Viele Anlageprodukte (aktive Fonds, Zertifikate und in erheblich geringerem Umfang auch ETFs) weisen einmalige (Provisionen, Agios) oder laufende/jährliche Kosten (Management-Gebühr, Verwaltungsgebühr, Service Fee) aus. Des Weiteren können Spreads (das sind Margen zwischen Ankaufs- und Verkaufspreis) hinzukommen.

Zusätzlich zu den drei o. a. Kostenarten berechnen manche Vermögensverwalter noch eine **Einstiegsgebühr**, denn sie sind eben auch kreative Menschen ...
Unterschiedliche **Gebührenmodelle** ermöglichen den Vermögensverwaltern eine sehr individuelle Kombination der drei o. a. Kostenarten bzw. Kostenblöcke und damit leider auch oftmals ein Verdecken der insgesamt anfallenden Kostenbelastung. Dem Kunden kann hier nur dringend angeraten werden, ein einfaches und transparentes Kostenmodell mit nur wenigen Kostenarten (der Fachmann sagt „Kostentreibern“) einzufordern.

Eine Alternative könnte das von einigen Verwaltern angebotene **„All-in"-Gebührenmodell** sein. Hier ist dann nur noch sicherzustellen, dass wirklich alles „All-in" ist, denn auch hier gibt es Mogelpackungen.

Konkrete Handlungsempfehlungen

- Hinterfragen Sie bei jeder Anlageentscheidung konsequent die Kosten.
- Meiden Sie Produktbündel (= Kombiprodukte).
- Hinterfragen Sie Empfehlungen zur Produktumschichtung und überlegen Sie lange, bevor Sie sich zur Veränderung Ihrer Anlagestrategie entschließen, da jede „Bewegung" zusätzliche Kosten bewirkt.
- Lesen Sie stets das Produktinformationsblatt bzw. die wesentlichen Anlegerinformationen (auch KIID = Key Investor Information Document genannt), bevor Sie investieren. Nur die darin enthaltenen Daten (insbesondere Kosten und Gebühren) sind relevant. (Kapitel B.2 zu Komplexität und Transparenz)
- Recherchieren Sie bei langfristigen Vorsorgeverträgen die Kennziffer „Reduction in Yield" und bei Anlageprodukten die Kennziffer „Laufende Kosten" (Ongoing Charges = OGC, veraltet: Total Expense Ratio = TER, siehe Glossar) (wohl wissend, dass diese Kennziffern noch immer nicht alle Kosten enthalten, jedoch ein brauchbarer Indikator hinsichtlich der **mindestens** auftretenden Kosten sind).
- Bewerten Sie die bei vielen Finanzprodukten vorgelegten „**unverbindlichen Musterrechnungen**" mit großer Vorsicht, da dort bis heute der größte Kostenblock einer Anlage – nämlich die Kapitalanlagekosten – nicht berücksichtigt werden müssen. Dieses „Schönrechnen" kann man als „legalen Betrug" bezeichnen.
- Falls es Ihnen gelingt, die ungefähre Größenordnung von Einmalkosten und jährlichen Kosten zusammenzutragen, so können Sie wie folgt vorgehen, um eine ungefähre Vorstellung des Ergebnisses nach Kosten zu erhalten:

  (1) Rendite vor Kosten aus der „unverbindlichen Musterrechnung" entnehmen.

  (2) Anlagebetrag um prozentuale Einmalkosten verringern.
  (z. B. bei 5 % Agio eben diese von 100 % abziehen.)

  (3) Rendite p. a. vor Kosten um die Summe der jährlichen Kosten verringern. (z. B. 7 % Rendite p. a. minus 2 % Kosten p. a.)

  (4) Korrigierten Anlagebetrag aus (2) mit der reduzierten Rendite aus (3) hochrechnen.

  (5) Das Ergebnis ist ein ungefähres Anlageergebnis nach Kosten.

Zentrale Ergebnisse

- Der Laie unterschätzt die kumulierte Wirkung von Kosten auf sein Anlageergebnis erheblich. Dies gilt umso stärker, je mehr einzelne Kostengrößen im Spiel sind.
- Viele Anbieter verwenden die „Strategie der kleinen Schritte" und versuchen, hohe Gesamtkosten auf eine Vielzahl unterschiedlicher Kostenarten zu verteilen.
- Diese Vorgehensweise wird auch als „Preisspaltung" bezeichnet. Jede Kostenart für sich wirkt gering, aber die Summe macht es.
- Intransparenz entsteht zusätzlich, wenn die verschiedenen Kostenarten sich auf unterschiedliche Bezugsgrößen richten, also z. T. einmalig und z. T. wiederkehrend sind und im Zeitablauf schwanken.

Quellennachweis und weiterführende Literatur

Keßler, U./Lutzmann, P./Krisp, P.: Die Masche mit den Sternchen: Bankangebote unter der Lupe, Mülheim 2008

Akademische Arbeitsgemeinschaft (Hrsg.): Unzulässige Bankgebühren: So holen Sie sich Ihr Geld zurück, Kindle Edition, Mannheim 2013

Bauer, C./Wübker, G.: Power Pricing für Banken: Wege aus der Ertragskrise, Frankfurt a. M., 3. Auflage 2015 (Kommentar: Nur gedacht für den tiefer gehend interessierten Leser. Das Buch wendet sich an Bankvorstände und erläutert die Möglichkeiten, attraktive Preise aus Bankensicht zu generieren – das sind dann umgekehrt Ihre Kosten.)

7 Schiefe Wetten

Risikozuschläge sind keine Zinsen

Was Sie in diesem Kapitel erfahren:

- Wie Sie ein außerordentlich attraktives Anlagekonzept gestalten – und die meisten Menschen Sie dafür lieben und nur wenige Sie dafür hassen werden (diese aber abgrundtief).
- Weshalb Sie wegen der Niedrigzinsphase nicht Ihr Gespür für Risiko und Schiefe Wetten aufgeben sollten.
- Warum Risikozuschläge nicht mit Zinsen verwechselt werden sollten.
- Was Benchmark-Anlagen und Bonitätsspreads sind.
- Warum Schiefe Wetten wie schnelle Motorräder sind: sehr gefährlich und trotzdem faszinierend.
- Und unter welchen (schwierigen) Umständen Sie mit Schiefen Wetten trotzdem Geld verdienen können.

Mit meinen Studierenden führe ich gerne folgendes Gedankenexperiment durch:

1. Ich verspreche den Studierenden ein außerordentlich attraktives Anlagekonzept.
2. 100 Studierende legen jeweils 10.000 Euro bei mir an, wodurch ich insgesamt auf ein zu verwaltendes Kapital von 1 Mio. Euro komme.
3. Den Studierenden verspreche ich eine Mehrverzinsung von 3 % gegenüber einer risikolosen Anlage – das sind bei aktuellen Spar- oder Geldmarktzinsen von grob 0 % also insgesamt 3 % Rendite pro Jahr.
4. Mit dieser Mehrrendite, so werbe ich, geht nur ein extrem geringes Restrisiko einher – ein Risiko, welches „eigentlich“ so gut wie niemals auftreten wird.
5. Das Kapital von 1 Mio. Euro kann ich zwar überhaupt nicht anlegen (ich erreiche also eine Rendite von 0 % und am Ende des Jahres sind immer noch exakt die 1 Mio. Euro vorhanden).
6. Das hindert mich aber nicht daran, 95 der 100 Anleger ihre 10.000 Euro samt der versprochenen 3 %, also insgesamt 10.300 Euro, zurückzuzahlen und somit bei diesen 95 Studierenden mein Versprechen vollumfänglich zu erfüllen.
7. Damit fließen 978.500 Euro der 1 Mio. Euro wieder von mir ab, es verbleiben 21.500 Euro, die ich als meine „Aufwandsentschädigung“ betrachte und behalte.
8. Den fünf restlichen Studierenden erzähle ich, dass leider das überaus seltene Risiko eingetreten ist und ihr eingesetztes Kapital verloren wurde.

9. Nun führe ich eine Befragung bei allen Studierenden durch und lasse deren Zufriedenheit mit meiner Leistung als Vermögensverwalter bewerten …
10. Im Folgejahr werbe ich mit folgendem Satz: **95 % meiner letztjährigen Kunden waren mit meiner Leistung zufrieden oder sehr zufrieden und würden wieder bei mir anlegen.**

Das obige Gedankenexperiment erklärt prima die logische Struktur von einem besonderen Typ von Geldanlagen, die der Fachmann „Schiefe Wetten“ nennt.

Als **Schiefe Wetten** werden alle Situationen, Verträge etc. bezeichnet,

- in denen ein Partner mit einer **hohen Wahrscheinlichkeit kleine Mehrerträge** oder Gewinne erzielt, während er jedoch mit einer **geringen Wahrscheinlichkeit (Restrisiko) große Verluste** hinnehmen muss bzw.
- in denen Chance und Risiken zwischen den Parteien **ungleich verteilt** sind, d. h., dass zum Beispiel Partner A stärker am Verlust teilnimmt als Partner B.

Beim oben beschriebenen Gedankenexperiment mit meinen Studierenden konnte mit hoher Wahrscheinlichkeit (95 %) ein kleiner Gewinn (3 %) erzielt werden. Mit geringer Wahrscheinlichkeit (5 %) drohte ein großer Verlust (100 % Totalausfall). Gewinner in jedem Fall war ich, also „die Bank“ …

Abb.: Mit hoher Wahrscheinlichkeit kleiner Gewinn, mit geringer Wahrscheinlichkeit großer Verlust

Im Englischen gibt es eine treffende bildhafte Umschreibung für dieses Einheimsen kleiner Beträge, während das Desaster eines Totalausfalls droht: **picking up nickels in front of a steamroller** (also das Aufsammeln von Kleingeld vor der herannahenden Straßenwalze).

In dieser Struktur von Geldanlagen geschult, wenden wir uns nun höherverzinslichen Anleihen zu.

Die Wahrheit in der Mensa

Ein netter Kollege (immerhin auch Betriebswirt, wenn auch kein Finanzprofi) sprach mich vor einiger Zeit beim Mittagessen an und berichtete mir, dass er durch den Kauf der börsennotierten **Anleihe einer namhaften Bank** der Nullzinspolitik ein Schnippchen geschlagen habe, da er hier bei nur ca. einjähriger Laufzeit immerhin 2,8 % Zins pro Jahr (vor Inflation und Steuern) erhalten werde. Hingegen läge die laufzeitentsprechende Bundesanleihe ja nur bei minus 0,2 %. Es war nur zu offensichtlich, dass der Kollege von mir für diese weise Entscheidung die gebührende Anerkennung erhalten wollte.
Damit brachte er mich jedoch in Bedrängnis. Immerhin wurden im alten Rom regelmäßig Sklaven dafür grausam hingerichtet, wenn sie unaufgefordert gute Ratschläge gaben. Aber der Kollege hatte mich ja nach meinem Ratschlag gefragt. Nach kurzem Blick ins Internet konnten wir ermitteln, dass die marktübliche „Versicherungsprämie" für eine **Absicherung gegen das Risiko der Zahlungsunfähigkeit** dieser Bank bei 3,4 % pro Jahr lag.

Es ist nämlich so, dass das Ausfallrisiko (ein anderes Wort ist **Bonitätsrisiko** oder credit default risk) großer Unternehmen mit entsprechend hohen Schulden vielen Anlegern Sorge bereitet. Insbesondere institutionelle Gläubiger wie Kapitalanlagegesellschaften, Versicherungsunternehmen oder andere Banken haben daher das Bedürfnis, sich gegen das Ausfallrisiko solcher Schuldner zu versichern.

Einige Ausgestaltungen des Versicherungsschutzes dieser großen Schuldner (der Fachmann redet von CDS – Credit Default Swaps) sind marktfähig, d. h., sie werden an den Finanzmärkten gehandelt. Und so lässt sich leicht feststellen, wie hoch der Finanzmarkt das Ausfallrisiko derartiger Großschuldner einschätzt.

Risikoprämien sind keine Zinsen!

Im vorliegenden Fall bedeutete die **marktübliche Versicherungsprämie** von 3,4 %, dass ein Gläubiger, der sich gegen den Zahlungsausfall bei der oben genannten Bankanleihe versichern möchte, jährlich pro 100 Euro Absicherung eine Prämie von 3,40 Euro zahlen müsste – während mein Kollege jedoch nur 2,80 Euro Zinsen pro Jahr erhält. Rechnet man den Zinsertrag von 2,8 % gegen die Absicherungskosten von 3,4 %, so kommt man auf einen risikobereinigten Zins von minus 0,6 %, wozu die minus 0,2 % der Bundesanleihe geradezu ein Schnäppchen ist.

Natürlich hat der Kollege keine solche Versicherung abgeschlossen (dazu ist auch schon sein Anlagebetrag zu gering) und ihm war auch die Höhe des von ihm eingegangenen Risikos gar nicht bewusst. Damit war er offensichtlich nicht der einzige Privatanleger, denn ansonsten hätte die Rendite der Bankanleihe sich der Bonitätsprämie annähern müssen.

Im Ergebnis wird klar: Die Bankschuldverschreibung hatte **in Wahrheit auch eine negative Verzinsung**. Die positive Bruttorendite von 2,8 % stellte eine reine **Risikoprämie** dar und hatte in Wahrheit nichts mit Zinsen zu tun, sondern war ein „kalkulatorischer Schadenersatz" für das Risiko der Zahlungsunfähigkeit der Bank.

Der typische Entscheidungsfehler des privaten Anlegers besteht in der fehlenden Unterscheidung zwischen Verzinsung und Risikoprämie.

Der ökonomische Zusammenhang lautet:

risikobehafteter Zinssatz – risikofreier Zinssatz = Bonitätsprämie

Zwar wissen wir alle, dass es in diesem Leben keine völlig risikofreien Anlagen gibt. Jedoch werden die an einem Kapitalmarkt bzw. in einer Währung verfügbaren Anleihen der bonitätsstärksten Schuldner als Referenzgröße (Fachausdruck: **Benchmark-Anlagen, Benchmark-Schuldner**) betrachtet.

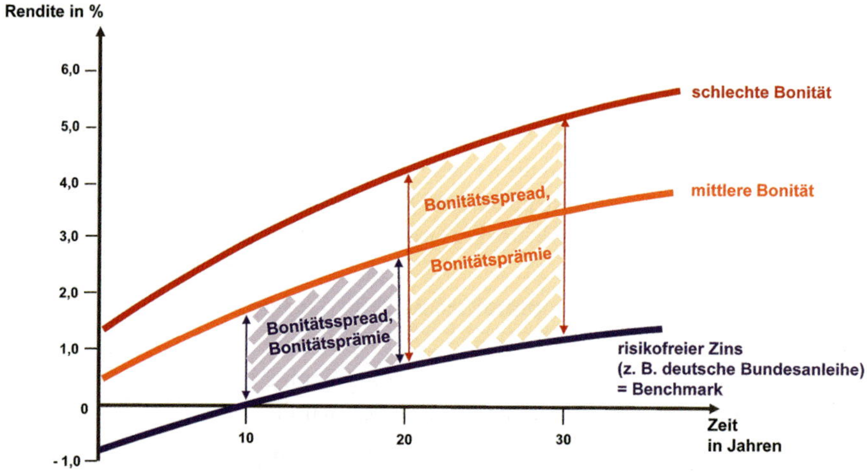

Abb.: Entwicklung von Bonitätsspreads bei unterschiedlichen Laufzeiten

Im Euroraum gelten seit Jahren deutsche Bundesanleihen als **Bonitäts-Benchmark**, also die Schuldform mit dem geringsten Ausfallrisiko. (Ein Kompliment an den deutschen Steuerzahler!) Ausgehend von dem Effektivzinssatz der deutschen Bundesanleihe kann man die höhere Verzinsung aller laufzeit- und währungsgleichen Anleihen als Bonitätsprämie = Bonitätsspread interpretieren.[29]

Wenn der Finanzmarkt also einigermaßen korrekt bewertet (und als Laie sollte man eher nicht annehmen, dass der komplette Markt falschliegt und nur man selbst die richtige Meinung hätte), dann stellt sich der Zusammenhang im konkreten Fall etwa so dar:
Eine Bundesanleihe mit einjähriger Restlaufzeit erbrachte zum Zeitpunkt unseres Mensaessens eine Rendite von minus 0,2 %. Die Anleihe des deutschen Kreditinstitutes müsste hierauf (siehe oben) eine Bonitätsprämie von 3,4 % zahlen und so auf eine **risikobereinigte Rendite** von 3,2 % kommen. Wenn der Kollege nun 2,8 % bekommt, bedeutet dies, dass er entweder zu wenig Risikoprämie erhalten hat oder die risikofreie Verzinsung dieser Bankanleihe bei minus 0,6 % liegen müsste. Wie auch immer: für ihn ein schlechtes Geschäft.

Russisches Roulette – die reichen Überlebenden sind zufrieden damit

Das Schaurig-schöne an dem Sachverhalt ist, dass der Kollege seine Sicht der Dinge nicht geändert hat und sich heute in seiner Entscheidung bestärkt sieht. Denn die Bank ist nicht Pleite gegangen und hat ihm das Geld samt 2,8 % Zinsen zurückbezahlt. Somit ist der Kollege ebenso zufrieden wie die 95 % der Studierenden aus dem obigen Gedankenexperiment.

Höhere Rendite nur mit höherem Risiko

Klare Schlussfolgerung: In einem Niedrigzinsumfeld wie aktuell wäre es zu kurz gedacht, die gesunkene Marktverzinsung durch einfaches Ausweichen in bonitätsschwächere Anlagen kompensieren zu wollen. Man trägt immer den vom Markt als „gerecht" bepreisten Gegenwert nach Hause – bei bonitätsschwachen Schuldnern trägt man das Ausfallrisiko. Die vermeintlich höhere Rendite gibt es also nur um den Preis des höheren Risikos.

Vor ein paar Jahren hätte die Rendite der Bundesanleihe 4 % und die Rendite der bonitätsschwachen Bankanleihe eben 7,4 % betragen – die faire Bonitätsprämie wäre bei gleichen Voraussetzungen gleich hoch gewesen, nämlich 3,4 %.

Bonitätszuschläge = Bonitätsprämien sind somit keine Zinsen, sondern stellen eine Art „kalkulatorischen Schadensersatz" für das Risiko des Zahlungsausfalls dar.

[29] Auch wenn deutsche Bundesanleihen als Benchmark gelten, heißt das nicht, dass sie kein Ausfallrisiko besitzen, sondern lediglich, dass es keinen Euro-Schuldner besserer Bonität gibt.

Kleine Prämien für große, wenn auch unwahrscheinliche Risiken

Gehen Sie davon aus, dass ein Zahlungsausfall bei Anleihen durchaus eintreten kann, selbst wenn Sie es noch nie erlebt haben. Und überlegen Sie gut, ob Sie wirklich mit einer „Schiefen Wette“ gegen den Markt agieren wollen. Ist es tatsächlich vorteilhaft, eine kleine Mehrverzinsung zu kassieren, jedoch im unwahrscheinlichen Falle der Zahlungsunfähigkeit bis zu 100 % (= Totalausfall) zu verlieren?

Eine **faire Bonitätsprämie** entspricht dem prozentualen jährlichen Ausfallrisiko und lässt sich überschlägig wie folgt berechnen:

$$\text{faire Bonitätsprämie} = \frac{100\,\%}{\text{Anzahl der Jahre, die durchschnittlich bzw. erwartungsgemäß bis zum Ausfall vergehen}}$$

Zwei einfache Beispiele:

1. Bei einer Bonitätsprämie von 2,5 % erwartet der Markt, dass durchschnittlich ca. alle 40 Jahre ein Zahlungsausfall eintritt, denn 100 % / 40 = 2,5 %. Alternativ könnte auch gelten, dass von ca. 40 derartigen Darlehen eines ausfällt (eigentlich von 41 Darlehen – die Lösung finden Sie in der Fußnote[30]).
2. Umgekehrt: Erwartet der Markt bei einem risikointensiveren Investment einen Ausfall ca. alle 20 Jahre, so bepreist er die Risikoprämie bereits mit 5 % (auch hier eigentlich exakt alle 21 Jahre – die Lösung finden Sie in der Fußnote[31]).

Erwartungswert des Schadens: Die in den obigen Beispielen errechneten 2,5 bzw. 5 % werden auch als Erwartungswert des Schadens bezeichnet. Mit andern Worten: Würden Sie in Beispiel 2 in 100 Anleihen dieser Risikoklasse investieren, werden pro Jahr durchschnittlich fünf zahlungsunfähig.

[30] Wenn von 40 Darlehen eins ausfällt, verbleiben lediglich 39 Darlehen, welche die Risikoprämie von 2,5 % bezahlen können. Die kumulierte Risikoprämie beträgt also 39 x 2,5 %, also 97,5 %. Der Denkfehler besteht darin, zu unterstellen, dass das ausfallende Darlehen trotzdem noch seine Risikoprämie trägt. Aber es fällt ja aus, und zwar richtig. Folglich dürfte nur jedes 41. Darlehen ausfallen, damit 40 intakte Darlehen übrigbleiben, welche die 40 x 2,5 % bezahlen und damit den 100-prozentigen Ausfall kompensieren.

[31] Auch hier geht die Risikoprämie des ausfallenden Darlehens verloren – also Logik wie oben.

Sind Schiefe Wetten immer schlecht?

Nein, man kann mit Schiefen Wetten sogar Geld verdienen. Aber hierzu müssten folgende Bedingungen erfüllt sein:

1. Man muss die Risiken verkraften können. Der Eintritt des – wenn auch unwahrscheinlichen – Risikos darf nicht allzu sehr wehtun (Spielgeld). Deswegen sind Schiefe Wetten meist nichts für Kleinanleger.
2. Man muss die **Asymmetrie der Wette** verstanden haben, um zu wissen, welches Risiko man tatsächlich eingeht (wohl im Gegensatz zu meinem Kollegen). Deswegen sind Schiefe Wetten meist nichts für Laien.
3. Die erhaltene Risikoprämie muss über dem Erwartungswert des Schadens liegen. Im obigen Beispiel wäre dies der Fall, wenn der Bonitätsprämie der Anleihe von 3 % lediglich eine Ausfallwahrscheinlichkeit von 1 % oder 2 % gegenüberstehen würde.

Oder allgemeiner ausgedrückt:

Konstellation	Folge
Die Bonitätsprämien entsprechen dem Erwartungswert des Schadens*.	Gleichgewichtszustand: Die vereinnahmten Bonitätsprämien reichen gerade aus, um die erlittenen Zahlungsausfälle abzudecken.
Die Bonitätsprämien übersteigen den Erwartungswert des Schadens	Die vereinnahmten Bonitätsprämien übersteigen die erlittenen Zahlungsausfälle. Der Anleger kann die Differenz als Gewinn vereinnahmen.
Die Bonitätsprämien sind geringer als der Erwartungswert des Schadens.	Die vereinnahmten Bonitätsprämien reichen nicht aus, um die erlittenen Zahlungsausfälle abzudecken. Der Anleger macht einen Verlust.

* Erwartungswert des Schadens durch Zahlungsausfall des Schuldners = prozentuale Ausfallwahrscheinlichkeit

Das praktische Problem für den Privatanleger besteht darin, dass dieser zwar noch die Bonitätsprämie einigermaßen erkennen kann, nicht aber den Erwartungswert des Schadens.

Infolge der Niedrigzinspolitik der EZB gibt es derzeit einen wahren Run auf Unternehmensanleihen. Wegen dieser hohen Nachfrage sind deren Bonitätsspreads stark geschrumpft. Daher besteht die Gefahr, dass die Voraussetzung **„Bonitätsspread ist größer als der Erwartungswert des Schadens“** in vielen Fällen nicht erfüllt ist.

Hart, aber wahr

- Seltene Risiken werden regelmäßig unterschätzt oder sogar völlig verdrängt, selbst dann, wenn sie hohe Volumina aufweisen.
- Bei Schiefen Wetten muss der Privatanleger extrem clever und gut informiert sein – ansonsten stehen die Chancen hoch, dass er über den Tisch gezogen wird.

Der aufmerksame Beobachter findet täglich Beispiele, in denen Einzelne zu euphorisch sind oder sich in meist unbewusster Selbstüberschätzung für klüger als den gesamten Markt halten. Beispielsweise lesen Sie täglich, dass Aktie A völlig überbewertet oder Gold und Rohöl vom Markt stark unterbewertet seien. Bitte hinterfragen Sie die Berechtigung und Qualität solcher Aussagen. Die wissenschaftlich abgesicherte Position ist, dass der Markt alle verfügbaren Informationen in die Preisbildung einbezieht und dass eine Überbewertung ebenso wahrscheinlich wie eine Unterbewertung ist (nämlich 50 %). Dies wird jedoch erst ex post – also im Nachhinein und bei Vorliegen aktuellerer Information – erkennbar.

Ein schönes Sinnbild zu dem Vergleich Selbstüberschätzung Einzelner gegenüber dem gesamten Markt: Ein auf der Autobahn fahrender Mann hört im Radio die Warnung vor einem Falschfahrer und denkt sich: „Was – ***ein*** Falschfahrer? Das sind doch ganz viele!“

Zentrale Ergebnisse

- Schiefe Wetten sind Situationen, Verträge etc., bei denen Chance und Risiken zwischen den Parteien ungleich verteilt sind bzw. bei denen man mit hoher Wahrscheinlichkeit kleine Gewinne erzielt, während – wenn auch mit geringer Wahrscheinlichkeit – große Verluste drohen.
- Im Euroraum gelten deutsche Bundesanleihen als die Schuldform mit dem geringsten Ausfallrisiko und damit als Referenzgröße = Benchmark.
- Es wäre ein Irrweg, nur wegen der höheren Rendite in bonitätsschwache Anlagen zu investieren, da diese „Rendite“ in Wahrheit eine niedrige oder negative Rendite plus Risikozuschlag (Risikoprämie) ist.
- Risikoprämien sind keine Zinsen! Die Absicherung des Zahlungsausfalls erfolgt über Bonitätszuschläge = Bonitätsprämien (engl. credit spreads).
- Ebenso kann es sein, dass der Risikozuschlag nicht adäquat ist, also den Erwartungswert des Zahlungsausfalls nicht abdeckt.
- Gehen Sie davon aus, dass Zahlungsausfälle durchaus eintreten können – der Laie unterschätzt systematisch die Wahrscheinlichkeit hierfür.
- Eine faire Bonitätsprämie entspricht dem prozentualen jährlichen Ausfallrisiko und damit dem Erwartungswert des Schadens.

Konkrete Handlungsempfehlungen

- Entwickeln Sie ein Gespür für Schiefe Wetten. Trennen Sie sich von dem Irrglauben, dass Chancen und Risiken stets gleichverteilt sind.
- Begegnen Sie Schiefen Wetten mit größter Vorsicht. Die Angstregel lautet: Lassen Sie sich nicht darauf ein, denn als Privater werden Sie es schwerhaben, die Vorteilhaftigkeit Schiefer Wetten zu bewerten.
- Wenn Sie trotzdem Schiefe Wetten wagen wollen, sollten folgende Bedingungen erfüllt sein:
  - Sie müssen den Eintritt des Risikos gut verkraften können.
  - Ihre Prämie muss über dem Erwartungswert des Schadens liegen.
- Das obige Wissen und die Entscheidungsregeln können Sie auf eine Vielzahl von Anlageklassen und Anlagevehikeln anwenden. Die Situation ist immer wieder die gleiche – nur in anderem Gewande. Ob das Gewand dann Hochzinsanleihe, Junk Bond, Nachranganleihe, Coco-Bond heißt, ändert nichts an der Logik.
- Wenn Sie schon in Anleihen bonitätsschwächerer Schuldner investieren, machen Sie sich klar, dass die vermeintlich höhere Rendite ein Risikozuschlag ist, keine Zinsen. Es kann tatsächlich zum Zahlungsausfall des Schuldners kommen. Können und wollen Sie das tragen? Ist die angebotene Risikoprämie wirklich größer als der Erwartungswert des Schadens? Und: Woher stammt Ihre Zuversicht, das auch wirklich korrekt einschätzen zu können?

Quellennachweis und weiterführende Literatur

Mandelbrot, B. B./Hudson, R. L.: Fraktale und Finanzen. Märkte zwischen Risiko, Rendite und Ruin, München, 3. Auflage 2009

Walz, H.: Einfach genial entscheiden, Kapitel 6 „Nickerchen auf dem Nebengleis" und Kapitel 54 „Schiefe Wetten", Freiburg, 2. Auflage 2015

Nur für den tiefer gehend interessierten Leser:

Duarte, J./Longstaff, F. A./Yu F.: Risk and Return in Fixed Income Arbitrage: Nickels in Front of a Steamroller?, University of California 2005, in: http://escholarship.org/uc/item/6zx6m7fp#page-1

8 Ein Tausendfüßler rutscht nicht aus

Streuen Sie Ihre Geldanlagen, denn: Wer gut streut, der rutscht nicht

Was Sie in diesem Kapitel erfahren:

- Warum Preis- und Kursrisiken sich nicht zwangsläufig kumulieren, sondern gegenseitig reduzieren können.
- Wie einfach es ist, vom Diversifikationseffekt zu profitieren, und warum „naive Diversifikation" keineswegs wirklich naiv ist.
- Dass sehr viele Anleger ohne Not unnötige Risiken tragen, da sie gegen das Diversifikationsprinzip verstoßen.
- Wovon die Wirksamkeit der Diversifikation abhängt.
- Was ein Beta-Faktor ist und wie man ihn nutzen kann.
- Welches Gegengift bei der Geldanlage hilft: Möglichkeiten und Grenzen der vollständigen Gegensicherung (Hedging).

Sicher haben Sie bereits das Zitat gehört: „Trage nie alle Eier in einem Korb." Der Ausspruch wird auf Harry Markowitz (Begründer des **Diversifikationsprinzips**) zurückgeführt, der ca. 1950 den Nachweis führen konnte, dass sich die Kursrisiken verschiedener Anlagen keinesfalls zwangsläufig kumulieren müssen. Von einem theoretischen Ausnahmefall abgesehen, liegt das Gesamtrisiko mehrerer in einem Portefeuille zusammengefasster Anlagen stets unter der Summe der Einzelrisiken. Und je weniger gleichläufig sich die Einzelanlagen verhalten und je mehr im Portefeuille sind, desto stabiler verhält sich dieses – die **Portefeuille-Theorie** war geboren. Die nachstehende Abbildung zeigt diesen Zusammenhang exemplarisch auf.

Sie sehen drei verschiedenfarbige, stilisierte Anlagen mit ihren Kursverläufen über die Zeitachse. Wenn Sie sich auf die Anlagen **A und B** konzentrieren, so erkennen Sie, dass diese sich recht **ähnlich** verhalten – fachmännisch nennt man dies eine starke positive Korrelation. Hingegen verhält sich die Anlage **C** recht **gegenläufig**, d. h., sie neigt zu Kursverlusten, wenn A und B steigen, und zu Kursgewinnen, wenn A und B fallen. Anlage C verhält sich also stark negativ korreliert sowohl zu Anlage A als auch zu Anlage B.

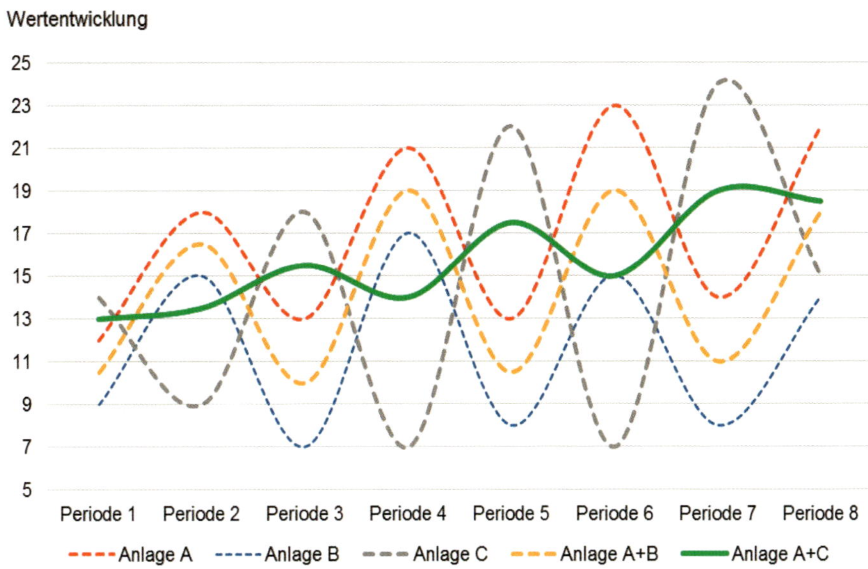

Abb.: Diversifikation beruhigt, grün ist gut für die Augen.

Würden Sie nun Ihr Geld zu gleichen Teilen in Anlage A und B aufteilen, so würde Ihnen dies keine nennenswerte Risikoreduktion erbringen. Dies sehen Sie anhand des gelben Graphs (Anlage A+B), der fast ebenso stark schwankt wie die einzelnen Anlagen A und B. Ursächlich ist die **starke Korrelation** der Anlagen A und B.
Viel besser wäre es, wenn Sie die Anlage A mit der Anlage C kombinieren (die Alternative B + C wäre ähnlich gut, wurde jedoch der Übersicht halber nicht dargestellt). Hier gleichen sich die **tendenziell gegenläufigen Schwankungen** aus, was zu einer insgesamt ruhigeren Verlaufskurve führt, grüner Graph (Anlage A + C).

Wie man Streuung ganz pragmatisch umsetzen kann

Die obige Abbildung basiert zwar auf realen historischen Daten (lediglich indexiert), ist also keineswegs „theoretisch". Trotzdem stellt sich die Frage, wie realitätsnah der Gedanke der Diversifikation ist und wie Sie ganz konkret Anlagen finden, mit denen Sie gut diversifizieren können.

Naive Diversifikation: keineswegs naiv

Die zentrale Erkenntnis der naiven Diversifikation lautet: Je mehr Einzelanlagen in das Portefeuille einbezogen werden, desto stärker sinkt i. d. R. das Gesamtrisiko. Das Wort „naiv" ist dabei nicht wertend gemeint, alternativ könnte man es auch als „intuitive" Diversifikation bezeichnen.

Die Nutzung der **naiven/intuitiven Diversifikation** ist äußerst wirksam, es gibt nur selten Ausnahmen. Jedoch ist der gewünschte Effekt abnehmend (**degressiver Verlauf**): Während der Übergang von einem zu fünf Einzelinvestments eine starke Risikoreduktion erbringt, bewirkt der Übergang von 100 auf 105 Einzelinvestments nur noch sehr geringe Effekte.

Die nachstehende Abbildung zeigt dies. Am linken Ende der grünen Funktion lässt sich das unsystematische Risiko noch verhältnismäßig stark reduzieren. Der Effekt nimmt mit der Anzahl der Einzelanlagen ab und ist bei einer hohen Anzahl von Einzelanlagen (z. B. 500) kaum noch messbar, während jedoch die Transaktionskosten mit jeder weiteren Einzelposition ansteigen. Für Privatanleger wird in der Literatur daher die Anzahl von 15 bis 20 möglichst heterogener Einzelpositionen empfohlen, während eine erheblich höhere Streuung die Gefahr einer „**Überdiversifikation**" mit sich bringt[32].

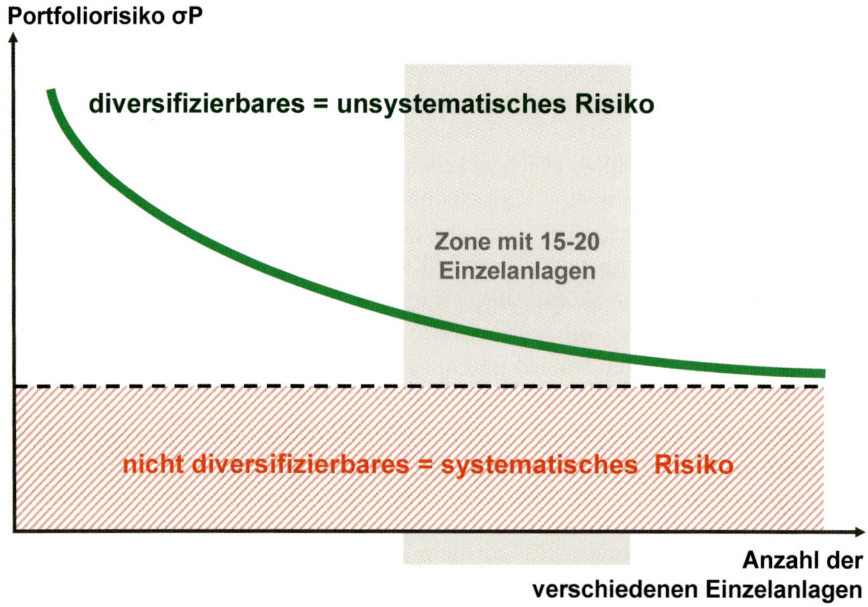

Abb.: Diversifizierbares und nicht diversifizierbares Risiko
Zwei Erkenntnisse: Diversifikationseffekt nimmt mit steigender Anzahl der Einzelanlagen ab.
Und: Nicht alle Risiken lassen sich wegdiversifizieren.

[32] Mit guten ETFs lassen sich in einem einzigen Investment eine hohe Anzahl von Einzelanlagen (z. B. Aktien) sehr kostengünstig zusammenfassen. Dies ist nicht als Überdiversifikation anzusehen (vgl. Kapitel D.2 über ETFs).

Der Eliminator: Mission impossible

Unterschied zwischen unsystematischem und systematischem Risiko

Jedoch sind – wie in der Abbildung zu sehen – dem Diversifikationseffekt Grenzen gesetzt, da sich nicht alle Risiken wegdiversifizieren lassen. Das Gesamtrisiko des Anlegers kann vielmehr aufgeteilt werden in das

- **unsystematische Risiko** (diversifizierbares Risiko), welches sich durch Streuung vermindern lässt und das
- **systematische Risiko** (nicht diversifizierbares Risiko), welches sich gegenüber jedem Versuch der Streuung unbeeindruckt zeigt und sich nicht wegdiversifizieren lässt.

Diversifizierbare Risiken **auf Ebene der Anlageklassen** sind typische Beispiele eines **kompensatorischen Effektes**. So führt zum Beispiel die Abkehr von Aktien (Kursverluste) zur höheren Nachfrage nach Rentenwerten (Kursgewinne) oder eine Schwäche wichtiger Währungen, z. B. des US-$, zu einem Anstieg des Goldpreises.
Gleiches gilt eine Ebene tiefer, also **innerhalb einer Anlageklasse**. Verliert die Aktie A aufgrund einer schlimmen Fehlentscheidung des Managements an Marktanteilen, so gehen diese ja nicht im Universum verloren, sondern kommen den Wettbewerbern B, C und D zugute. Besitzt ein Anleger nun all diese Werte in seinem Portfolio, so bleiben die Marktanteile sozusagen „innerhalb der Familie" (Branche) – das sind die typischen kompensatorischen Effekte beim unsystematischen Risiko.
Umgekehrt können Unternehmen einer Branchenfamilie sozusagen in „Sippenhaft" genommen werden. Beispiele dafür: der Wertverlust der Automobilaktien im Zuge des Diesel-Gate (Misstrauen der Anleger, dass alle Automobilhersteller vielleicht irgendwie „Dreck am Stecken" haben) oder der Wertverlust der Aktien der Energiekonzerne EON, RWE, Vattenfall und EnBW bei der Meldung, dass für den Atomausstieg möglicherweise nicht genügend Rückstellungen gebildet wurden. Dies zeigt bereits die Grenzen der kompensatorischen Effekte beim unsystematischen Risiko auf und führt zum systematischen Risiko.

Beim **systematischen Risiko** sieht der Sachverhalt grundsätzlich wesentlich unfreundlicher aus: (Welt-)Kriege, Naturkatastrophen oder globale Finanz- und Wirtschaftskrisen können alle oder zumindest fast alle Anlageklassen gleichermaßen in Mitleidenschaft ziehen. In der Weltwirtschaftskrise 1929 sanken die Aktienkurse **und** die Immobilienpreise **und** die Rohstoffpreise **und** die Anleihekurse. Wenn man ganz cool ist und die **Relativität des Risikos** verstanden hat, kann man sagen, dass in dieser Situation lediglich die Anlageklasse Bargeld/Cash profitierte, da man mit einem bestimmten Bestand an Bargeld eben mehr Aktien, mehr Häuser oder mehr

Rohstoffe erwerben konnte. Aber bleiben Sie in der Weltwirtschaftskrise mal so cool …
Die gleiche Überlegung gilt **auch eine weitere Ebene tiefer** – also auf eine konkrete Anlageklasse bezogen. Beispiel Anleihen: Während das Risiko, dass eine Anleihe wegen Missmanagements des Vorstandes ausfällt, unsystematisch ist und sich wegdiversifizieren lässt, sieht es bei einer globalen Wirtschaftskrise anders aus. Alle Unternehmen haben mit wegbrechenden Aufträgen, sinkenden Umsätzen und steigenden Verlusten zu kämpfen. Der Zahlungsausfall des einen führt zur Anschlussinsolvenz des anderen. Kurzum: Die Diversifikation zwischen den verschiedenen Anleiheschuldnern hilft nur begrenzt. Viele Kurse sinken (mehr oder minder).

Hart, aber wahr

Diversifikation kann nur unsystematische Risiken verringern, die systematischen verbleiben beim Anleger. ABER: Das Leben ist nun einmal nicht risikofrei. Zudem sollte man die aus (Welt-)Kriegen und Naturkatastrophen resultierenden Lebensrisiken mehr fürchten als die parallel auftretenden Finanzrisiken.

Und nach einer Wirtschaftskrise kommt ja auch wieder ein Aufschwung …

Systematische Diversifikation

Eine sehr einfache – und zugleich höchst praktikable – Vorgehensweise einer **systematischen (qualifizierten) Diversifikation** besteht darin, im ersten Schritt zunächst eine Streuung über verschiedene Assetklassen und dann im zweiten Schritt eine Streuung zwischen verschiedenen Anlagen innerhalb jeder Anlageklasse vorzunehmen.

Erster Schritt: Sie investieren nicht nur **ausschließlich** in Immobilien **oder** Gold und Rohstoffe **oder** Aktien **oder** geldmarktnahe Anlagen, sondern Sie verteilen Ihr Investment planvoll **über die verschiedenen Anlageklassen** in der Hoffnung, dass ein Abwärtstrend in einer Anlageklasse tendenziell mit einem Aufwärtstrend in einer anderen Anlageklasse einhergeht.

Zweiter Schritt: Innerhalb der Anlageklasse (als Beispiel mögen Aktien dienen) verteilen Sie Ihr Anlagegeld auf verschiedene Werte und streuen z. B. nach

- Branchen wie Automobil, Versorger, Chemische Industrie, Nahrungs- und Genussmittel, Elektroindustrie, Banken und Versicherungen etc. oder/sowie nach
- Regionen, Ländern oder sogar Kontinenten.

Es ist einleuchtend, dass bei der Krise eines Unternehmens ein anderes oder bei einer technologiebedingten Krise einer Branche (z. B. fossile Energie oder Atomkraft) eine andere (z. B. Solar- oder Windkraft) profitiert. Ebenso stehen regionalen oder länderspezifischen Krisen die hieraus erwachsenden Chancen anderer Länder gegenüber.

Diese Art der Diversifikation fächert Ihre Anlagen breit auf – eine gute Metapher, wie anhand der folgenden Abbildung erkennbar wird.

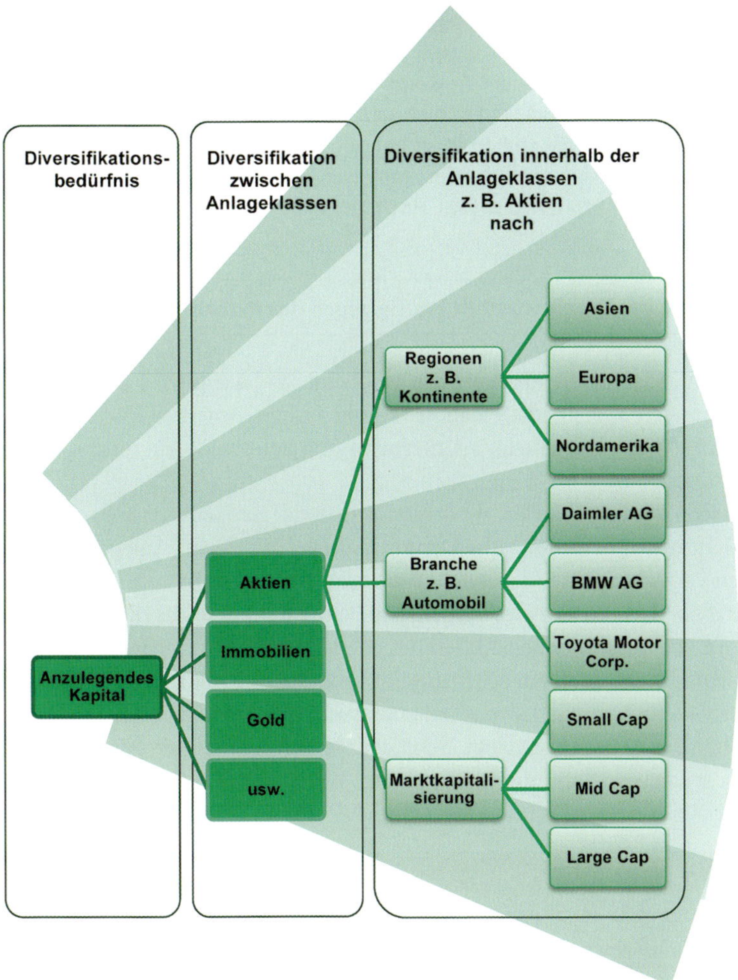

Abb.: Diversifikationsfächer

Die Hoffnung: Des einen Leid ist des anderen Freud

Eine weitere Möglichkeit der **Diversifikation** innerhalb der Anlageklasse „Aktien" besteht darin, dass man einerseits Werte kauft, die regelmäßig früh im Konjunkturzyklus liegen (sogenannte Frühzykliker, wie Anlagenbauer und Industrieausstatter) und andererseits solche, die erst spät auf den Konjunkturzyklus reagieren (sogenannte Spätzykliker, wie z. B. Autowerte und sonstige Konsumgüteraktien).

Hart, aber wahr

Diversifikation ist gut und richtig, darf jedoch nicht zu mangelnder Aufmerksamkeit bei der Auswahl der Einzelanlagen führen. Was nützt es, die Eier in verschiedenen Körben zu tragen, wenn gleichwohl alle Eier faul sind?

Es besteht die Gefahr, dass Anleger nur aus dem Aspekt der Diversifikation in Anlageklassen oder Einzelanlagen investieren, die sie nicht kennen oder die nicht zu ihnen passen. Auch hier liegt **Überdiversifizierung** vor.

Gelebte Praxis verstößt häufig gegen das Prinzip der Streuung

So einfach das Diversifikationsprinzip erscheint, so häufig wird dagegen verstoßen. Untersuchungen zeigen, dass sich in einem hohen Anteil deutscher Wertpapierdepots nur Aktien einer einzigen Unternehmung befinden – ein höchst unvernünftiges Klumpenrisiko.

Als „Entschuldigung" hierfür wird häufig geltend gemacht, dass es sich bei vielen dieser „**Klumpenportfolios**" um Depots handelt, mit denen Anleger ihre **Mitarbeiteraktien** verwalten. Nun, das macht die Sache auch nicht besser: Da setzt ein Mitarbeiter neben dem Risiko des Arbeitsplatzverlustes noch das Risiko einer Anlage obendrauf, die ausschließlich Aktien des ebengleichen Unternehmens enthält. Wenn Sie meinen, das sei doch ein sehr unwahrscheinliches Risiko, dann befinden Sie sich in bester Gesellschaft: Genau das haben zigtausende ehemalige Mitarbeiter der Philipp Holzmann AG auch gedacht. Schauen Sie sich einmal den Aktienkurs des einst größten deutschen Bauunternehmens an: WKN 608200. Oder den von Karstadt (ARCANDOR, WKN 627500). Oder von AEG (3W POWER, WKN A114Z9) ...

Hart, aber wahr

Es geht sogar noch „verklumpter" ...

In einer deutschen Großstadt, die von einem weltmarktführenden Chemieunternehmen geprägt wird, hat eine örtliche Bank den Vogel abgeschossen, indem sie die allgegenwärtige Präsenz und Bekanntheit des Chemieunternehmens in der Region zum Verkauf einer Aktienanleihe hierauf nutzt. Man stelle sich vor:

Ein Arbeitnehmer des Unternehmens, der ein Depot mit 100 %-Aktien dieses Unternehmens hat, erwirbt nun als „sichere" Anlage eine Aktienanleihe auf ebendieses Unternehmen. **Er kombiniert also drei „Wetten" auf das gleiche Objekt.** Herzlichen Glückwunsch und ein dickes Kompliment für diese kundenorientierte Beratung!

Der Beta-Faktor gibt eine Orientierung zur Nutzung des Diversifikationseffektes

Ein weiterer Hinweis zur Anlageklasse „Aktien": Beim Aufbau eines diversifizierten Portfolios kann man den sogenannten **Beta-Faktor (Symbol β)** als Orientierungshilfe einsetzen[33]. Der Beta-Faktor ist ein Maß für das systematische Risiko und informiert, wie stark eine Aktie im Verhältnis zum Gesamtmarkt schwankt. Folgende vier Fälle sind denkbar:

1. **Das β beträgt 1:** Die Aktie schwankt genau entsprechend dem Gesamtmarkt.
2. **Das β liegt zwischen 0 und 1:** Die betrachtete Aktie schwankt weniger stark als der Gesamtmarkt, sie ist umso stabiler, je dichter ihr β bei 0 liegt.
3. **Das β liegt über 1:** Die betrachtete Aktie schwankt stärker als der Gesamtmarkt, sie ist umso schwankungsanfälliger, je höher ihr β ist.
4. **Das β liegt unter 0:** Dies ist ein eher seltener Fall, der besagt, dass sich die Aktie gegenläufig zum Markt verhält, also z. B. Gewinne erbringt, während der Markt Verluste macht (ist toll, aber selten). Etwas häufiger kommt es vor, dass ein Unternehmen wegen Sonderbelastungen oder einer individuellen Unternehmenskrise Verluste macht, während der Gesamtmarkt Gewinne erzeugt.

Möchte ein Anleger effizient diversifizieren, so wird er Einzelanlagen mit möglichst geringem β bevorzugen. Umgekehrt kann ein offensiv eingestellter Investor z. B. in einer Erholungsphase auf möglichst hohe β setzen.

Zentrale Ergebnisse

- Durch die Aufteilung eines Anlagebetrages auf mehrere Einzelanlagen sinkt das Gesamtrisiko, sofern sich die Anlagen nicht hundertprozentig gleichgerichtet verhalten (= vollständig positiv korreliert sind).
- Je mehr Einzelanlagen in das Portefeuille einbezogen werden, desto stärker sinkt i. d. R. das Gesamtrisiko (es gibt seltene Ausnahmen), jedoch ist der gewünschte Effekt degressiv, d. h. abnehmend.
- Die Strategie „Umso mehr Einzelanlagen, umso besser" wird mit dem Fachausdruck **„naive/intuitive Diversifikation"** belegt.

[33] Historische Beta-Faktoren kann man kostenlos auf verschiedenen Internetseiten einsehen.

- Durch planvolles Zusammenfügen mehrerer Einzelanlagen, die sich tendenziell gegenläufig verhalten (= negativ korreliert sind), kann das Gesamtrisiko des Portefeuilles besonders wirkungsvoll gesenkt werden. Diese Vorgehensweise wird als **„systematische Diversifikation"** bezeichnet.
- Der Beta-Faktor gibt eine Orientierung zur Nutzung des Diversifikationseffektes.

Für den tiefer gehend interessierten Leser

Typischerweise niedrige β findet man in den Branchen Basiskonsum, Essen und Trinken sowie Pharma, während ein hohes β oft in den Branchen Automobil, Finanzen und Rohstoffe anzutreffen ist. Beispielhafte Ausprägungen der ersten Gruppe sind Abott und Walmart mit ca. 0,3 oder Colgate Palmolive mit rund 0,4, während die Deutsche Bank mit ca. 2,2, Barclays mit 2,6 und Alcatel-Lucent mit ca. 2,3 das obere Ende markieren.

Konkrete Handlungsempfehlungen

- Auch wenn Sie keine Informationen über die Korrelation einzelner Anlagemöglichkeiten haben, sollten Sie stets breit streuen. Diese Strategie heißt zwar „naive Diversifikation", ist aber clever und empfehlenswert.
- Wägen Sie den unbestrittenen Nutzen der Diversifikation mit den zusätzlichen Kosten (Mindestgebühr, mehrere getrennte Wertpapierkäufe etc.) ab. Bereits ab ca. 15 (möglichst unterschiedlichen) Einzelanlagen haben Sie eine weitgehende Reduktion des unsystematischen Risikos erreicht. Bei mehr als 20 Einzelanlagen übersteigen die Kosten wahrscheinlich den Nutzen (Gefahr der Überdiversifizierung).
- Bei kleineren Anlagebeträgen bieten börsennotierte Indexfonds (= ETFs) sehr preisgünstige Möglichkeiten zur Diversifikation. Zum Beispiel enthält der Aktienindex MSCI World über 1.600 Unternehmensaktien aus 23 Industrieländern – wenn das nicht diversifiziert ist ...

Quellennachweis und weiterführende Literatur

Bernstein, W. J.: Die intelligente Asset Allocation. Wie man profitable und abgesicherte Portfolios erstellt, München, 3. Auflage 2013

Canto, V. A.: Understanding Asset Allocation. An Intuitive Approach to Maximizing Your Portfolio, Upper Saddle River, N. J. 2006

Swensen, D. F.: Erfolgreich investieren, Strategien für Privatanleger, Hamburg, 3. Auflage 2007

Troschke, A.: Strategien der Diversifikation vor Markowitz (Finanzierung, Kapitalmarkt und Banken), Köln 2011

9 Stress mich! Mach mich stark!

Wenn gerade das Risiko die eigentliche Chance ist

Was Sie in diesem Kapitel erfahren:

- Unter welchen Voraussetzungen Belastung und Beanspruchung positiv wirken können – selbst bei der Geldanlage.
- Volatilität als Freund – warum Kursschwankungen nicht nur nicht schädlich, sondern sogar nützlich sein können.
- Was Durchschnittskosteneffekt bzw. Cost Averaging bedeuten.
- Wieso die Empfehlung gilt: Besser Arithmetik als Market Timing.

Sicher kennen Sie aus eigener Lebenserfahrung eine Vielzahl von Situationen oder Erlebnissen, in denen scheinbar negative Dinge sich letztendlich als Chance oder Segen entpuppten.

„Man kann niemanden zum Sieg streicheln."

Der Volksmund kennt ein paar Beispiele dafür, wenn er sagt: „Bäume, die sich im Winde biegen, brechen nicht." Oder: „Was dich nicht tötet, das macht dich nur stärker." Manfred Wolke, Trainer von Boxweltmeister Henry Maske, wird mit den Worten zitiert: „Man kann niemanden zum Sieg streicheln."
Wir haben verstanden, dass Kinder, die beim Spielen Erde essen, letztendlich gesünder werden und weniger Allergien bekommen als jene Kinder, die von überfürsorglichen Supereltern in Sagrotantücher eingewickelt werden. Wir erleben, dass die (kontrollierte) Konfrontation unseres Körpers mit Viren durch eine Schutzimpfung uns ohne Grippe über den nächsten Winter bringen kann. Andere von uns setzen sich in kleinen hölzernen Räumen extrem hoher Hitze aus und springen danach in eiskaltes Wasser oder wälzen sich im Schnee – und das alles ohne zu sterben.
Auch können Sie Muskeln nur aufbauen, indem Sie diese belasten und zum Beispiel Gewichte heben. Durch Schonung klappt das nicht.
Und wenn der Drache in der Sage die Bitte äußert, man möge ihm den Kopf abschlagen, so ist er nicht suizidgefährdet, sondern strebt nur nach Wachstum (an Köpfen, denn für jeden abgeschlagenen wachsen mindestens zwei Köpfe nach). Ganz wie Rasen, der regelmäßig kurz geschnitten werden möchte, um danach umso kräftiger nachzuwachsen.

Das alles haben wir verstanden: Die Belastung, das Fordern, die Beanspruchung eines Systems oder Menschen kann segensreiche Wirkungen haben und diese für die Zukunft stärker machen bzw. positiv beeinflussen.

Voraussetzungen für diese positive Wirkung sind, dass das System/der Mensch

1. den Stress der Belastung übersteht/überlebt (sich also nur biegt, ohne zu brechen) und
2. die Gelegenheit bekommt, sich nach der Belastungsphase wieder zu erholen (nur wer sich entspannt, kann sich erneut anspannen).

Aber obwohl wir das alles verstanden haben, scheinen wir uns bei der Geldanlage nach Sicherheit, d. h. Abwesenheit von Risiken und Schwankungen zu sehnen.

Nur wenige lieben Achterbahnfahren –
insbesondere bei der Geldanlage

Das Auf und Ab der Preise vieler Anlagen wird von der menschlichen Psyche eindeutig als negativ bewertet und scheint Gefühle des Unwohlseins, Unbehagens und der Anspannung auszulösen. Beispielsweise wird das Risiko von Kursschwankungen bei Aktien und anderen Sachanlagen regelmäßig als „**Anlegerstressfaktor**" bezeichnet. Vor diesem Hintergrund soll Sie die nachfolgende These sowohl erheitern als auch erhellen. Wenn Sie die Umstände nämlich in nützlicher Weise gestalten, dann geht von Preis- oder Kursrisiken **nicht nur kein Schaden, sondern sogar ein Nutzen** aus. Dem Risiko entspricht nicht eine Chance: Das Risiko selbst ist die Chance!

Stress mich! Mach mich stark!
Das Risiko selbst ist die Chance

Im nachfolgenden Beispiel können Sie mitverfolgen, welche Wirkung das Kursrisiko einer Anlage auf das Endergebnis eines längerfristigen Ansparprozesses hat. Das beschriebene Phänomen ist als „**Durchschnittskosteneffekt**" und noch häufiger als „**Cost Averaging**" bekannt. Es wird jedoch noch viel zu selten umgesetzt.

Die zentrale Empfehlung aus dem Durchschnittskosteneffekt ist, dass ein risikoscheuer, aber chancenorientierter Anleger über die Zeitachse regelmäßig identische Sparbeiträge in eine Anlage leisten sollte, also in jedem Zeitintervall den gleichen Geldbetrag. Das bedeutet dann automatisch, dass er bei hohen Preisen relativ kleinere Mengen der Anlage erhält und bei geringen Preisen relativ größere Mengen.

Durch diese – an eine einfache Regel gebundene – **Vorratsentscheidung**, die durch einen rein mathematischen Zusammenhang geprägt ist, wird ein günstiger Durchschnittspreis erzielt, der mit aktiven Kaufentscheidungen in den meisten Fällen nicht erreicht würde.

Beispiel

Will ein Anleger jeden Monat 100 Euro anlegen gilt: Wenn die Anlage im Januar pro Stück 20 Euro kostet, gibt es 5 Stück für den Anleger. Wenn sie im Februar 25 Euro kostet, gibt es nur noch 4 Stück. Und wenn sie im März auf 10 Euro abgesackt ist, gibt es 10 Stück. In jedem Monat investiert der Anleger stur 100 Euro.

Insbesondere schlägt die Entscheidungsregel des Cost Averaging eine – scheinbar ähnliche – Vorgehensweise, bei der über die Zeitachse hinweg **immer die gleiche Stückzahl von Anlagegegenständen** erworben wird.

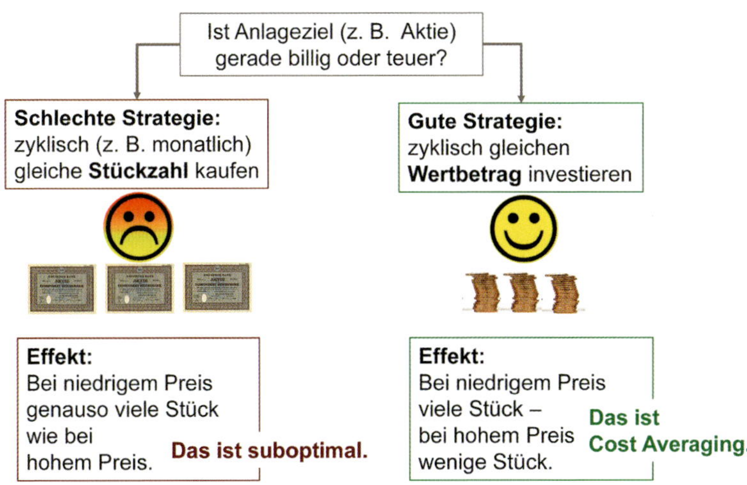

Abb.: Cost Averaging (Durchschnittskosteneffekt) – Immer für den gleichen Geldbetrag zu kaufen, bedeutet also etwas völlig anderes, als immer die gleiche Stückzahl zu kaufen.

Ein Beispiel zur Veranschaulichung:

Die clevere Anlegerin Caroline Conrad (im folgenden kurz „C“ genannt) spart über zehn Jahre jährlich zu ihrem Geburtstag 1.000 Euro in einem beliebig teilbaren Anlagevehikel zu den am Markt gerade aktuellen Kursen an. Danach lässt sie die Anlage ein elftes Jahr ruhen.

Zeit-punkt	Jahr 1	Jahr 2	Jahr 3	Jahr 4	Jahr 5	Jahr 6	Jahr 7	Jahr 8	Jahr 9	Jahr 10	Jahr 11
Invest-ment	1.000,00	1.000,00	1.000,00	1.000,00	1.000,00	1.000,00	1.000,00	1.000,00	1.000,00	1.000,00	0
Kurs/ Preis	100,00	123,00	86,00	139,00	82,00	155,00	78,00	161,00	84,00	127,00	130,00
Anzahl	10,00	8,13	11,63	7,19	12,20	6,45	12,82	6,21	11,90	7,87	0

Über den gesamten Zeitraum hat C also 10.000,00 Euro eingesetzt. Im Jahr 11 besitzt sie 94,40 Anteile, die beim Preis von 130,00 Euro pro Anteil einen Gesamtwert von 12.272,00 Euro ausmachen. Das ergibt einen Effektivzins von 3,7 % p. a.

Eine andere Anlegerin Konstanze Kurt (kurz „K“ genannt) bevorzugt den konsequenten Erwerb einer stets gleichen Anzahl von Anteilen. Um den direkten Vergleich zu ermöglichen, seien dies pro Jahr jeweils 8,81 Anteile. Dies führt aufgrund der schwankenden Preise zu unterschiedlichen Investitionssummen, wie die nachstehende Tabelle zeigt.

Zeit-punkt	Jahr 1	Jahr 2	Jahr 3	Jahr 4	Jahr 5	Jahr 6	Jahr 7	Jahr 8	Jahr 9	Jahr 10	Jahr 11
Invest-ment	881,00	1.083,63	757,66	1.224,59	722,42	1.365,55	687,18	1.418,41	740,04	1.118,87	0
Kurs/ Preis	100,00	123,00	86,00	139,00	82,00	155,00	78,00	161,00	84,00	127,00	130,00
Anzahl	8,81	8,81	8,81	8,81	8,81	8,81	8,81	8,81	8,81	8,81	0

Auch Anlegerin K hat in der Summe über die Jahre 10.000 Euro investiert. Sie besitzt am Ende 10 x 8,81 Anteile = 88,10 Anteile, und zwar mit einem Gesamtwert von 11.453,00 Euro, was einem Effektivzins von 2,5 % p. a. entspricht.

Der **Endwertvorteil von C gegenüber K** in Höhe von 12.272,00 Euro minus 11.453,00 Euro beträgt 819,00 Euro und ist für den Effektivzinsvorteil von 3,7 % minus 2,5 %, also 1,2 Prozentpunkte[34], verantwortlich. Somit hat die Nutzung des Cost Averaging (= Durchschnittskosteneffekt) immerhin einen Mehrertrag von 48 % gegenüber dem konstanten Erwerb identischer Stückzahlen erbracht.

Hartmut Walz erklärt den Cost-Averaging-Effekt
Weblink: https://www.youtube.com/watch?v=zr4j-OdiX-4

---

[34] Die Angabe 1,2 stellt Prozentpunkte und nicht etwa Prozent (%) dar. 1,2 Prozentpunkte Mehrverzinsung, bezogen auf die ursprüngliche Verzinsung (Basis) von 3,7 Prozentpunkten, stellen die genannten 48 % Mehrgewinn dar.

Zwischenergebnis:

Die Nutzung des Cost-Avering-Effektes ist stets vorteilhaft, da bei niedrigen Kursen sozusagen „automatisch“ mehr „Stück“ gekauft und bei hohen Kursen „automatisch“ weniger „Stück“ gekauft werden. Dieser Automatismus ist simple Mathematik. Er übertrifft jedoch die ebenso simple Vorgehensweise, regelmäßig gleich hohe Mengen des Anlagegegenstandes zu erwerben. Noch deutlicher übertrifft er zumeist den aktiven Anleger, der in Einzelentscheidungen den Markt zu schlagen versucht (**Market Timing**). Die menschliche Psyche führt nämlich dazu, gerade in Phasen der Euphorie – und das heißt bei steigenden oder hohen Preisen – verstärkt zu investieren, während bei niedrigen Preisen eine Investitionszurückhaltung besteht. Und erst im Nachhinein wissen wir, ob etwas billig oder teuer war …

Schwankend zum Erfolg

In einem **zweiten Schritt** wird nun verglichen, wie gut die Anlegerin C im Vergleich mit zwei Kolleginnen A und B abschneidet, die zwar auch alle das Cost Averaging nutzen, jedoch in weniger schwankungsanfällige (volatile) Anlagen investiert haben. Die Annahmen bleiben bestehen: Alle Anlegerinnen sparen jeweils 1.000 Euro jährlich in ein beliebig teilbares Anlageprodukt (z. B. einen ETF) an.
Während die sehr risikoscheue Anlegerin A das Produkt „gähn“ wählt, welches über den Zeitablauf bescheiden, aber stetig an Wert gewinnt, traut sich die Anlegerin B das Produkt „moderat“ zu, welches leichte Kursschwankungen aufweist. Die Anlegerin C schließlich bleibt bei der uns aus dem obigen Beispiel bereits bekannten Anlage „wild“, die stärkere Kursschwankungen über den Zeitablauf aufweist. Um den Vergleich fair zu gestalten, werden bei der Rechnung für alle drei Anlagen über den zehnjährigen Betrachtungszeitraum ein identischer durchschnittlicher Kurs/Preis und auch ein identischer Endpreis angenommen. Im elften Jahr lassen alle drei Anlegerinnen ihr Investment ruhen.

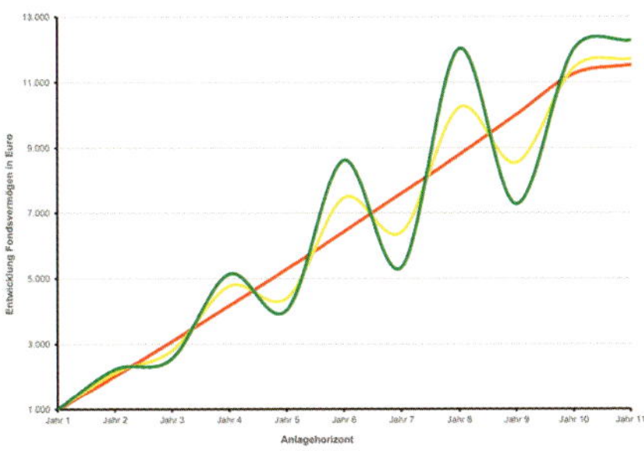

Abb.: Vermögensentwicklung der drei Anlagen A, B, C im Vergleich

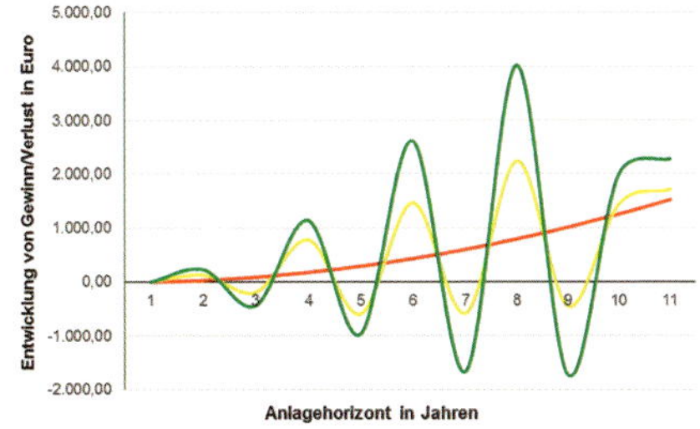

Abb.: Unterschiedliche Gewinnschwankung der drei Anlagen A, B und C im Vergleich

Die nachfolgende Tabelle ermöglicht den exakten Vergleich im Zeitablauf[35].

Zeitpunkt	Jahr 1	Jahr 2	Jahr 3	Jahr 4	Jahr 5	Jahr 6	Jahr 7	Jahr 8	Jahr 9	Jahr 10	Jahr 11
Investment*	1.000,00	1.000,00	1.000,00	1.000,00	1.000,00	1.000,00	1.000,00	1.000,00	1.000,00	1.000,00	0
Daten der schwankungsfrei wachsenden Anlage „A" = gähn; Durchschnittspreis über die elf Jahre: 113,50 Euro											
Kurs/ Preis	100,00	103,00	106,00	109,00	112,00	115,00	118,00	121,00	124,00	127,00	130,00
Anzahl	10,00	9,71	9,43	9,17	8,93	8,70	8,47	8,26	8,06	7,87	0
88,62 Anteile, je 130.00 Euro, Gesamtwert 11.520,00 Euro Effektivzins p. a.: 2,6 %.											
Daten der gering schwankenden Anlage „B" = moderat; Durchschnittspreis über die elf Jahre: 113,50 Euro											
Kurs/ Preis	100,00	113,00	96,00	129,00	92,00	135,00	98,00	141,00	104,00	127,00	130,00
Anzahl	10,00	8,85	10,42	7,75	10,87	7,41	10,20	7,09	9,62	7,87	0
90,08 Anteile, je 130.00 Euro, Gesamtwert 11.750,51 Euro Effektivzins p. a.: 2,9 %.											
Daten der stark schwankenden Anlage „C" = wild; Durchschnittspreis über die elf Jahre: 113,50 Euro											
Kurs/ Preis	100,00	123,00	86,00	139,00	82,00	155,00	78,00	161,00	84,00	127,00	130,00
Anzahl	10,00	8,13	11,63	7,19	12,20	6,45	12,82	6,21	11,90	7,87	0
94,41 Anteile, je 130.00 Euro, Gesamtwert 12.273,23 Euro Effektivzins p. a.: 3,7 %.											
* bei allen drei Anlagen identisch											

Die Gegenüberstellung zeigt deutlich, dass der Anlageerfolg durch Cost Averaging umso stärker wirkt, je mehr die Einzelwerte schwanken.

Stress mich! Schwanke doch nur! Mach mich stark!
Mach mich reich!

Cost Averaging macht also eine Anlage nicht nur robust gegenüber Preisschwankungen, sondern diese profitiert sogar davon. **Je volatiler, desto besser.**

Das obige Demonstrationsbeispiel ist dabei eher noch sehr zurückhaltend. Eine Rückrechnung der – für den Laien überraschend positiven – Auswirkungen der beiden Börseneinbrüche in den Jahren 2003 und 2008/2009 zeigt Folgendes: Während eine Einmalanlage in den DAX von Anfang 2000 bis Ende 2014 trotz der beiden

[35] Minimale Abweichungen beruhen auf Berechnung mit exakten Werten, jedoch Rundungen der Teilergebnisse.

Krisen noch eine bescheidene Rendite von ca. 2 % erbracht hat, durfte sich ein regelmäßiger Sparer unter Nutzung des Cost-Averaging-Effektes über ca. 7,75 % Effektivzins p. a. freuen.

Cost Averaging ist Diversifikation über die Zeitachse!

Nachfolgend ein realistisches Beispiel mit Echtdaten der 14 Jahre von 2003 bis 2017. Die Berechnung erfolgte auf Monatsbasis.

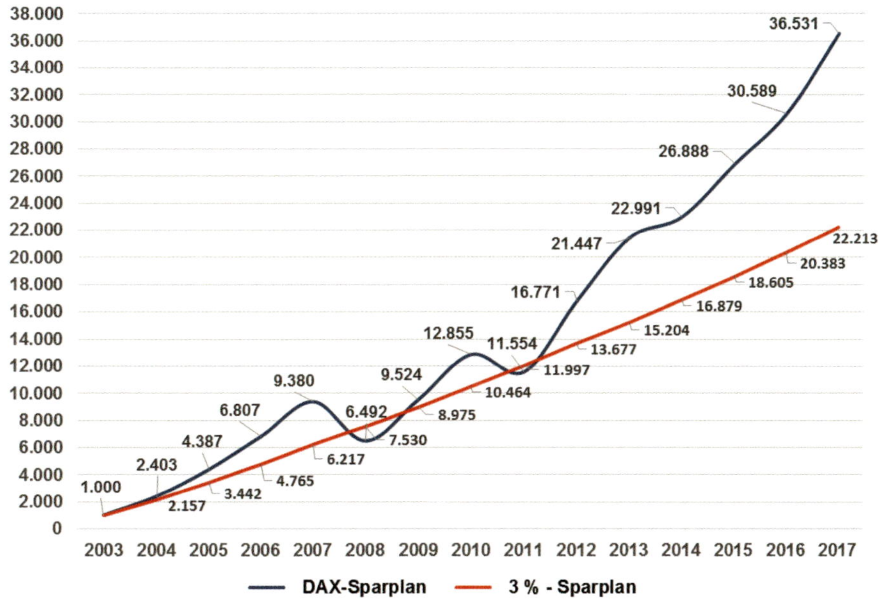

Abb.: Sparplan mit 3 % p. a. versus DAX-Aktiensparen – Cost Averaging funktioniert!

Alternative rot = Festzinsanlage: Es wird ein „risikoloser" Ansparprozess mit einem festen Zinssatz von 3 % p. a. angenommen (roter Graph). Diese Annahme ist zwar sehr wohlwollend zugunsten der Festzinsalternative, aber es sollte ganz bewusst nicht ein Vergleich auf Basis der Nullzinsphase angestellt werden.
Alternative blau = DAX-ETF-Sparplan: Monatliches Ansparen auf Basis der tatsächlichen DAX-Kurse zur Mitte jedes Monats (vgl. Kapital D.8 über ETF-Sparpläne).
Kosten wurden in beiden Fällen nicht berücksichtigt. Der Sparer bringt jeweils ein Startkapital von 1.000 Euro ein und spart dann 14 Jahre lang monatlich 100 Euro. Somit beträgt das eingesetzte Kapital jeweils 15.300 Euro (nämlich 1.000 Euro Startkapital plus 143 Sparraten je 100 Euro).

Der Sparplan mit 3 % Rendite entwickelt die 15.300 Euro mit Zins und Zinseszins nach 14 Jahren zu 22.213 Euro.

Der Anleger im DAX-Sparplan muss zwar auf der Wegstrecke einige Rücksetzer aushalten (so z. B. in den Jahren 2008/2009 sowie auch 2011), in denen er hinter den dreiprozentigen Sparplan zurückfällt. Spätere Schwächephasen des DAX (z. B. im Jahr 2014) befinden sich jedoch bereits auf einem solch hohen Niveau, dass das Anlageergebnis zwar etwas zurückfällt, aber nach wie vor einen deutlichen Abstand zum dreiprozentigen Sparplan aufweist. Ende 2017 beläuft sich das Kapital dann auf 36.531 Euro. Um mit diesem Ergebnis gleichzuziehen, hätte der Sparplan einen jährlichen Effektivzins von ca. 9,2 % p. a. benötigt. **Ohne das Risiko und ohne die Rücksetzer** hätte der Anleger dieses schöne Ergebnis nicht nach Hause tragen können.[36]

Hart, aber wahr

Der Vollständigkeit halber sei erwähnt, dass bei allen Geldanlagen, bei denen eine **regelmäßige Entnahme gewünscht** wird (private Zusatzrente, Aufbesserung der Altersrente, Entnahmeplan) Cost Averaging exakt umgekehrt und damit **negativ** für den Anleger wirkt. Dies ist auch unmittelbar einleuchtend, da für den gewünschten festen Entnahmebetrag in Zeiten hoher Kurse nur wenig, dafür aber gerade in Zeiten niedriger Kurse viele Anteile liquidiert werden müssen. Folglich ist also bei diesem Bedürfnis ein Anlagegegenstand mit möglichst geringen Kursschwankungen zu bevorzugen.

Schlussfolgerung:

Hinterfragen Sie Ihre „Glaubenssätze" bzw. Überzeugungen zu Risiken. Gönnen Sie sich eine differenziertere Betrachtungsweise: Wenn Sie eine Anlage morgen zu Geld machen möchten, da Sie Liquidität benötigen, dann ist ein Preisverfall ein ernstes Risiko. Wenn Sie jedoch in einem längerfristigen kontinuierlichen **Sparprozess** eine Anlage wiederholt nachkaufen können, so profitieren Sie vom scheinbaren Risiko. Hier wird das Kursrisiko (= Preisänderungsrisiko) zu Ihrem Freund und je stärker die Preise schwanken, desto größer ist Ihr Vorteil.

[36] Es ist anzumerken, dass nur jährliche Endkurse des DAX in den Graph aufgenommen wurden, dieser die tatsächlichen Schwankungen (z. T. extremere Kursschwankungen unterjährig) also nicht in der vollen Stärke zeigt. Die Darstellung auf monatlicher Basis wäre jedoch nicht lesbar gewesen bzw. hätte den Absatz von Lupen oder Mikroskopen angekurbelt … Ich denke, aber auch so zeigt die Abbildung eindrücklich, wie Cost Averaging, d. h. Diversifikation über die Zeitachse, funktioniert.

Für den tiefer gehend interessierten Leser

Der Cost-Averaging-Effekt ist reine Arithmetik und keine Wunderwaffe. *Gerd Kommer* stellt zu Recht fest, dass bei (stark) steigenden Kursen die Einmalanlage (und zwar zum frühestmöglichen Zeitpunkt) vorteilhafter – weil günstiger – eingekauft ist als der Durchschnittspreis. Hätte also ein Anleger den gesamten Anlagebetrag schon zum Anfangszeitpunkt zur Verfügung, so wäre die sofortige Anlage als Einmalbetrag unter diesen Umständen überlegen. Jedoch räumt auch *Kommer* ein, dass dieser Fall eher selten ist, da der Anleger meist erst über die Zeitspanne die Mittel ersparen kann. Auch würde ein Einmalanleger auf den Vorteil der „Diversifikation über die Zeitachse" verzichten. Denn: Wer sagt, dass die oben genannte Annahme (stark) steigender Kurse auch wirklich eintritt?

Ein anderer Extremfall zeigt ebenfalls die Grenzen von Cost Averaging auf. Fällt eine Anlage unter starken Todeszuckungen letztendlich auf (nahezu) Null, so hat der Durchschnittskosteneffekt lediglich dazu geführt, dass der Anleger für das eingesetzte Kapital eine größere Anzahl letztendlich (nahezu) wertloser Anlagen erhalten hat.

Zentrale Ergebnisse

- Ein verkürztes Verständnis des Wertänderungsrisikos von Anlagen – mit anderen Worten: die Angst vor dem Schwanken von Preisen – kostet den deutschen Privatanleger jährlich Milliarden von Euro.
- Risiken der Geldanlage sind jeweils individuell zu betrachten und zu bewerten – nicht in jedem Fall sind Risiken und Chancen identisch!
- Das Kursänderungsrisiko ist je nach Zeithorizont des Anlegers sehr unterschiedlich zu bewerten.
  - Richtig ist es, das Risiko rechtzeitig vor dem geplanten Zeitpunkt der Entnahme zu verringern bzw. zu meiden.
  - Falsch ist es jedoch, das Kursrisiko über die gesamte Dauer des Ansparprozesses zu meiden.
- Empfehlenswert ist es, in regelmäßigen Zeitabständen immer wieder den gleichen Betrag in das Anlagemedium zu investieren (und nicht die gleiche Stückzahl zu erwerben).
- Wer bei langfristigen Ansparprozessen das Risiko von Kursschwankungen vermeidet, bringt sich um einen erheblichen Teil des Anlagegewinns. Denn indem Cost Averaging genutzt wird, wirkt das Risiko als Chance: Je stärker die Schwankungen im Zeitablauf des Ansparprozesses, desto vorteilhafter ist dies für den Anleger.

Konkrete Handlungsempfehlungen

- Nutzen Sie bei langfristigen Ansparprozessen den Cost-Averaging-Effekt.
- Falls Sie bislang aktiv den Anlagezeitpunkt gesteuert haben (Market Timing), so hinterfragen Sie dies. Seien Sie ehrlich zu sich selbst. Kann es sein, dass Sie hier einer Selbstüberschätzung unterliegen?
- Bevorzugen Sie bei langfristigen Ansparprozessen ruhig schwankungsintensivere Anlagen und erkennen Sie in diesem Fall das Risiko (Volatilität) als Freund.
- Vermeiden Sie Kursrisiken in den Fällen, in denen Sie das Geld kurzfristig benötigen werden.
- Meiden Sie bei regelmäßiger Entnahme (Entnahmeplan, Ergänzung der Altersrente etc.) den zwangläufig auftretenden negativen Cost-Averaging-Effekt, indem Sie das hierfür benötigte Kapital besser schwankungsarm anlegen.

Quellennachweis und weiterführende Literatur

Hammer, T.: Geldanlage: Einfache Strategien für Ihre Finanzplanung in WISO, Verbraucherzentrale NRW (Hrsg.), Düsseldorf 2017

Kommer, G.: Die Buy-and-Hold-Bibel. Was Anleger für langfristigen Erfolg wissen müssen, Frankfurt a. M. 2009

Taleb, N. N.: Antifragilität: Anleitung für eine Welt, die wir nicht verstehen, München 2014

10 Das schicksalhafte Glas Bier

Entscheidungsrelevanz von Finanzdaten oder: Heute ist der erste Tag vom Rest Ihres Lebens

Was Sie in diesem Kapitel erfahren:

- Welche Daten für Ihre finanziellen Entscheidungen in unterschiedlichen Situationen relevant sind.
- Wie Sie entscheidungsrelevante von irrelevanten Daten trennen.
- Warum sich der entscheidungsrelevante Teil und der irrelevante Teil über die Zeitachse (den Zeitablauf) verschieben.
- Warum irrelevante Information meist schlimmer ist als fehlende Information.
- Was versunkene Kosten sind und warum es nicht lohnt, sich über vergossenes Malzbier zu ärgern.
- Weshalb man versunkene Kosten meiden oder zumindest möglichst weit in die Zukunft schieben sollte.
- Wie manipulative Zeitgenossen versuchen, Sie mit versunkenen Kosten und nicht entscheidungsrelevanten Informationen zu unvorteilhaften Finanzentscheidungen zu bewegen.

Der verdiente Psychologe und Kommunikationswissenschaftler Paul Watzlawick beschreibt die Geschichte eines alten Trinkers, der die Entwicklung seiner traurigen Säuferkarriere auf ein einschneidendes Ereignis zurückführt, das bereits über 50 Jahre zurücklag: the fatal glass of beer – das schicksalhafte erste Bier seines Lebens.

Gefangener der Vergangenheit

Nach einem gewonnenen Fußballspiel in der Jugendmannschaft seines Vereins verführte ihn der Trainer zu einem Glas Bier für Sieger. Und nach diesem wegweisenden Fehltritt gab es in der Wahrnehmung des Säufers kein Entrinnen oder Entkommen mehr. Die theoretisch bestehende Möglichkeit, an jedem einzelnen Tag danach mit dem Trinken aufzuhören, erschien dem Säufer ebenso irreal wie die Überlegung, dass die zehn anderen Mitspieler seiner Jugendmannschaft, die an diesem Schicksalstag auch ein Bier getrunken hatten, nicht zu Säufern geworden waren.
Die Parallele zu Ihren ganz konkreten Geldanlageentscheidungen liegt näher, als Sie vielleicht denken. Aber schauen Sie selbst …

Nehmen Sie an, Sie haben in der Vergangenheit eine Geldanlage „G“ abgeschlossen, die Ihnen bis zur Endfälligkeit in vier Jahren eine **Durchschnittsverzinsung** nach Kosten von 3 % erbringen wird. Aktuell ist Ihnen eine Alternativanlage verfügbar, die Ihnen bei gleichem Risiko 4 % garantiert.
Sollten Sie wechseln? Ja, nein, vielleicht, weiß nicht oder „Es kommt darauf an“?

Die letzte Alternative ist richtig: **Es kommt darauf an.**
Nämlich darauf, wie sich die Durchschnittsverzinsung von „G“ zusammensetzt, d. h., welche Rendite diese

1. vom Anlagebeginn bis heute und
2. von heute bis zum Anlageende

erzielt. Die vereinfachende Annahme, dass die Rendite über den gesamten Zeitraum hinweg konstant bleibt, ist nämlich keineswegs realistisch und häufig unzutreffend.

Es könnte beispielsweise sein, dass aufgrund von **Einmalkosten zu Beginn der Geldanlage** die bis heute eingetretene Rendite zwar unter 4 % liegt, aber die von heute bis zum Anlagehorizont erzielbare Rendite über 4 % liegen wird. Das wäre z. B. der Fall, wenn Sie zu Beginn der Geldanlage ein Aufgeld (Agio) zahlen oder wenn Sie hohe Abschlusskosten zu tragen haben.
Hier wäre also Durchhalten die richtige Entscheidung – denn die „Durststrecke“ haben Sie überstanden und das „goldene Ende“ kommt für Sie erst noch.

Genauso kann aber auch das Gegenteil vorliegen. Bei einer Auflösung der Anlage „G“ ließen sich für die bisherige Anlagezeit z. B. 6 % „historischer Zins“ erzielen, jedoch für die ab heute beginnende Restlaufzeit nur noch 1,2 %, sodass die Durchschnittsverzinsung auf die o. a. 3 % absinken wird. Hier wäre der Vergleich der 1,2 % mit den erzielbaren 4 % der Alternative geboten, was zu der klaren Entscheidung eines Wechsels führt. Dies wäre z. B. der Fall der **langlaufenden Bundesanleihen** – diese erbrachten in früheren Zeiten eine ganz gute Rendite. Mit dem Absinken der Zinsen machte der Anleger sogar mächtig Kursgewinn (wohlgemerkt: ***Kurs***gewinn). Aber das ist nun vorbei. Und mehr noch: Es drohen bei Anstieg der Zinsen sogar empfindliche Kursverluste (Kapitel A.2 zur Zinsfalle).
Hier wäre ein Durchhalten – oder wohl besser gesagt: Aussitzen – keine gute Entscheidung. Die schöne historische Rendite würde immer weiter verwässert.

„In zweifelhaften Fällen entscheide man sich für das Richtige.“

Egal wie, eines sollten Sie auf alle Fälle mitnehmen: Wir sind nicht Gefangene unserer einmal getroffenen Entscheidungen. Wir können uns täglich neu entscheiden. Mit Blick auf unsere vergangenen Entscheidungen kommt es nur darauf an,

- ob, und wenn ja, was ein Umentscheiden kostet (Stornokosten, Kündigungsstrafzahlung, Rücknahmeabschlag, Vorfälligkeitsentschädigung o. Ä.) und
- welche anderen relevanten (= für die in die Zukunft gerichtete Entscheidung bedeutsamen) Daten und Fakten und Alternativen vorliegen.

Die drei nachfolgenden **Abbildungen** verdeutlichen, dass sich hinter der präsentierten Entscheidungssituation völlig unterschiedliche Szenarien verbergen können, die sachlogisch auch zu gegenläufigen Entscheidungen führen müssen. **Grenzbetrachtung statt Durchschnittsbetrachtung**: Es kommt also immer auf die noch ausstehenden Daten und Werte an und nicht auf Durchschnittswerte, welche die bereits vereinnahmten Vergangenheitsergebnisse mit enthalten.

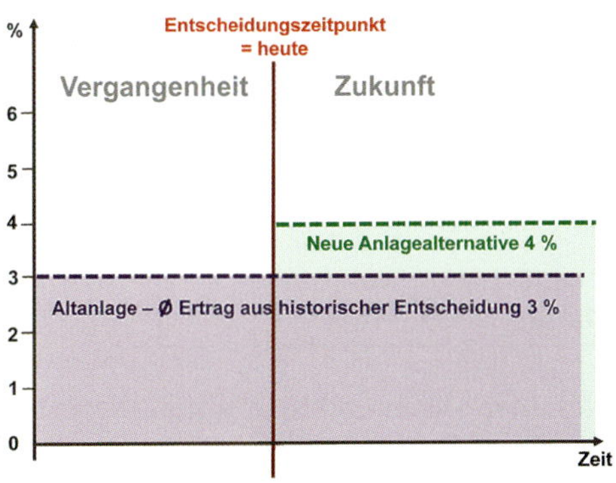

Abb.: Reine Durchschnittsbetrachtung

Einzig relevant ist der heutige Entscheidungszeitpunkt: Es besteht eine alte Geldanlage mit einer Durchschnittsverzinsung von 3 %. Mit Blick in die Zukunft lockt eine neue Anlagealternative mit 4 %. Mit einer **reinen Durchschnittsbetrachtung** wirken 4 % attraktiver als 3 %. Ob der Vergleich der Durchschnittsverzinsung mit dem Alternativzins zur richtigen Entscheidung führt, ist reine Glückssache.

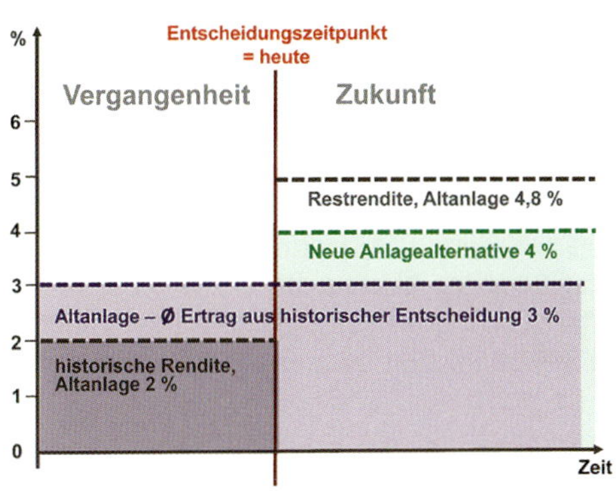

Abb.: Grenzbetrachtung – Alternative 1

Mit der **gebotenen Grenzbetrachtung** ist zu fragen: Wie entsteht die Durchschnittsverzinsung der Altanlage von 3 %? **Alternative 1:** Durch eine **unterdurchschnittliche** Verzinsung von 2 % **bis heute.** Dann sind z. B. anfängliche Einmalkosten kompensiert und die künftige Rendite liegt über dem Durchschnittswert – im Beispiel bei 4,8 %. Die entscheidungsrelevante Grenzverzinsung liegt über dem Alternativzins von 4 %. Eine klare Entscheidung für die Fortführung der Altanlage.

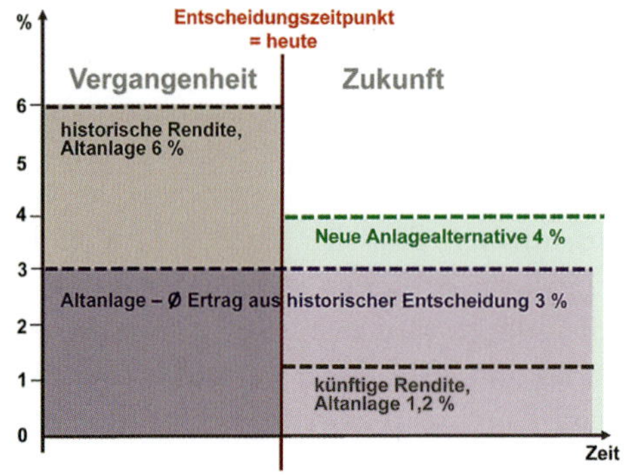

Abb.: Grenzbetrachtung – Alternative 2

Alternative 2: Die Durchschnittsverzinsung der Altanlage von 3 % kann jedoch auch dadurch zustande kommen, dass die Verzinsung **in der Vergangenheit überdurchschnittlich**, im Beispiel hier 6 %, war. Dies mag in Zukunft jedoch nicht zu halten sein, im Beispiel sinkt die künftige Verzinsung auf unterdurchschnittliche 1,2 %. Somit wäre für die Zukunft die Anlagealternative mit 4 % attraktiver und damit ein Wechsel geboten.

Zusammengefasst bleibt festzuhalten: Vom heutigen Entscheidungszeitpunkt aus gesehen sind allein die künftig bedeutsamen oder noch beeinflussbaren, d. h. gestaltbaren Daten zu betrachten. Nur sie besitzen **Entscheidungsrelevanz**.

„Heute ist der erste Tag vom Rest Ihres Lebens."

Exakt das Gegenteil von entscheidungsrelevanten Daten und Kosten sind sogenannte **versunkene Kosten**, nämlich Aufwendungen (Geld, Zeit, Mühe), die unwiederbringlich verloren sind, d. h. die Sie heute nicht wiedergewinnen können.

Hart, aber wahr

Aus der Verhaltensökonomie wissen wir um folgenden Zusammenhang: Der „normale" Mensch überschätzt die Planbarkeit seiner Zukunft. Kurz: Wir können uns gar nicht vorstellen, was bei unseren Plänen alles dazwischenkommen kann – und wird.

Daher die klare Empfehlung: Meiden Sie versunkene Kosten so weit wie möglich und hoffen Sie nicht darauf, diese über lange Zeiträume schon irgendwie und irgendwann amortisieren zu können. Bedenken Sie z. B. die hohe Abbruchquote (über 75 %) bei langfristigen Versicherungsverträgen, bei denen die Abschlusskosten gleich am Vertragsanfang in Rechnung gestellt wurden[37].

[37] Nach der aktuellen Rechtslage dürfen bei Altersvorsorgeverträgen die Abschluss- und Vertriebskosten gleichmäßig mindestens auf die ersten fünf Vertragsjahre verteilt werden. Das bedeutet also, dass der Finanzdienstleister von den von Ihnen eingezahlten Beträgen während der ersten fünf Jahre anteilig die Abschluss- und Vertriebskosten einbehalten kann.

Versunkene Kosten vermeiden, gering halten oder verschieben:

Daher ist es vorteilhaft, seine Entscheidungen so zu treffen, dass diese möglichst leicht wieder umkehrbar bzw. ihre Folgen leicht und kostengünstig zu beheben sind. Es ist zu Ihrem Vorteil, wenn Sie versunkene Kosten und Aufwendungen (**sunk costs**) möglichst frühzeitig erkennen, vermeiden oder gering halten und – soweit irgendwie machbar – in die Zukunft verschieben.

Die Psycho-Falle der sunk costs: Sunk costs manipulieren Ihre Entscheidung. Wenn Sie für Ihr investiertes Kapital und Ihre investierte Mühe keine Zweitverwertung oder Auflösungsmöglichkeit finden (z. B. einen Wiederverkauf oder eine kostengünstige Kündigung), macht Sie das ungewollt „loyal" bzw. erpressbar. Sie möchten den historischen Verlust vermeiden. Das ist **Psychologie**. Sie lässt Sie denken: **„Zu viel investiert, um das aufzugeben."** Und damit werfen Sie dem schlechten Geld noch gutes hinterher.

Die **Ökonomie** aber sagt: Vergangen und verloren, das ist nicht mehr relevant. Entscheidend ist der heutige Zeitpunkt mit Blick nach vorn. **Die in der Vergangenheit angefallenen Kosten können Sie ohnehin nicht mehr zurückholen,** egal, wie Sie sich heute entscheiden: also retten, was noch zu retten ist. Schauen Sie stattdessen, dass Sie **in der Zukunft nicht noch weitere Verluste eingehen.** Bereits bei *Snoopy* kann man lernen, dass es keinen Sinn macht, sich über **vergossenes Malzbier** zu ärgern, da man es eh nicht mehr aus dem Spielkastensand herausbekommt ...

Beispiele aus der Anlagewelt:

Ein typisches Design von Anlage- oder Vorsorgeverträgen führt zu einer Renditeentwicklung, die folgende Entscheidung nach sich zieht: Hätte ich es vorher gewusst, so hätte ich nicht abgeschlossen. Aber nachdem ich die ganzen Kosten schon ***versenkt*** habe (sie sind nicht mehr entscheidungsrelevant), sollte ich den Vertrag bis zum Ende durchhalten (Abb. Grenzbetrachtung Alternative 1). Auf diese Weise kommt es dazu, dass Anleger vergleichsweise schlechte Altanlagen zu Recht durchhalten, obwohl es heute bessere gäbe. Denn beim Wechsel auf die bessere Neuanlage würden **erneute Abschlusskosten anfallen,** die vor dem Abschluss entscheidungsrelevant – da vermeidbar – sind. Die bereits erlittenen historischen Abschlusskosten des Altvertrages sind hingegen sunk costs und daher nicht mehr einzubeziehen.

Viele Finanzdienstleister versorgen Sie mit Daten, die nicht entscheidungsrelevant sind. Dies geschieht durch bilderreiche Prospekte, „unverbindliche Musterrechnungen" oder Beispielangaben, die rein gar nichts mit Ihrem konkreten Vertrag zu tun haben. Aber selbst viele vertragsbezogene Angaben sind irrelevant, weil sie lediglich **Durchschnittswerte** oder **historische Zahlen** enthalten.

Ich sage es ungern, aber: Die Informationen, die Sie von Finanzdienstleistern erhalten, sind oft nicht entscheidungsrelevant. Und die Informationen, die entscheidungsrelevant sind, die erhalten Sie oftmals nicht.

Beispiel: Informationsdefizit

Bei der Frage nach der Rendite einer Lebens- oder Rentenversicherung wird man Ihnen regelmäßig den Garantiezins oder die Gesamtverzinsung benennen. Diese ist jedoch nicht relevant, da sie nur auf den Ihnen unbekannten Sparanteil berechnet wird. Relevant für Sie wäre die künftige Beitragsrendite, also die Verzinsung des von Ihnen noch einzuzahlenden Kapitals. Diese Information werden Sie aber regelmäßig nicht erhalten.

Zentrale Ergebnisse

- Durchschnittswerte zwischen historischen und zukunftsorientierten Daten sind für Entscheidungen ungeeignet.
- Nur die noch beeinflussbaren, d. h. gestaltbaren Daten dürfen in die Entscheidung einbezogen werden, alle anderen verzerren oder manipulieren die Entscheidung.
- Auch wenn Sie sunk costs erlitten haben: Rechnen Sie nur mit entscheidungsrelevanten Daten, sonst besteht die Gefahr, dass Sie dem bereits verlorenen „schlechten" Geld noch gutes Geld hinterherwerfen.

Konkrete Handlungsempfehlungen

- Stellen Sie bei Dispositionen über Anlagen (Auflösung bestehender Anlagen, Weiterführung, Umschichtung, Neuanlage) fest, ob bereits versunkene Kosten vorliegen oder nicht.
- Hinterfragen Sie bei allen Daten, ob diese überhaupt Entscheidungsrelevanz besitzen, und trennen Sie entscheidungsrelevante von „versunkenen" Daten.
- Seien Sie extrem kritisch und vorsichtig, bevor Sie Verträge mit (hohen) versunkenen Kosten abschließen.
- Hinterfragen Sie das Volumen an versunkenen Kosten als Absolutbetrag sowie Prozentsatz Ihrer Anlage ***vor*** der Entscheidung.
- Bevorzugen Sie Anlageformen, bei denen Sie versunkene Kosten vermeiden oder zumindest möglichst weit in die Zukunft hinausschieben.

Quellennachweis und weiterführende Literatur

Seiler, A.: Financial Management, Zürich, 4. Auflage 2007

Walz, H.: Einfach genial entscheiden, Freiburg, 2. Auflage 2015, Kapitel 18 „Versunkene Kosten"

Walz, H./Gramlich, D.: Investitions- und Finanzplanung. Eine Einführung in finanz-wirtschaftliche Entscheidungen unter Sicherheit, Frankfurt a. M., 8. Auflage 2011

Watzlawick, P.: Anleitung zum Unglücklichsein, München 2009

11 Der tote Fisch in der Zeitung

Über die Herausforderung, bei der Geldanlage relevante Signale von Rauschen zu unterscheiden

Was Sie in diesem Kapitel erfahren:

- Warum es regelmäßig eher nachteilig ist, wenn man sich sehr kurzzyklisch informiert.
- Warum die aktuellste Information die höchste Unsicherheit hat.
- Wie dünn die Trennlinie zwischen Information und Desinformation ist.
- Wie schwierig es ist, zwischen relevanten Informationen einerseits und rein zufälligem „Störfeuer" andererseits zu unterscheiden.

Haben Sie es einmal erlebt, dass Sie beim Autofahren das Radio an hatten und in einer Situation nicht mehr sicher waren, ob das Geräusch aus dem Radio oder vom Auto her kam? Zum Beispiel ein Lied, in dem ein Martinshorn erklang, oder umgekehrt ein rhythmisch mahlendes Geräusch des alten Differenzialgetriebes, das sich zufällig gut in das Lied aus dem Autoradio einfügte? Ist das Kunst oder kann das weg? Gehört das zum Lied oder ist es das Rauschen eines schwächer werdenden Senders?

Sie sind voll beim Thema: Welcher Teil der von Ihnen wahrgenommenen Informationen ist wirklich relevant und welcher ist nur „graues Rauschen", zufällig entstandener Datenmüll und damit fehlleitende und irreführende Information?

Beispiele gefällig?

Ich möchte meine Belustigung nicht verhehlen, wenn ich z. B. auf Reisen oder durch „gut informierte Dritte" so ganz nebenbei einmal die Börsennachrichten von NTV, CNN oder Bloomberg mitbekomme. Da werden absolut zufällige und kurzfristige Entwicklungen irgendwelcher Währungs-, Gold- oder andere Assetpreise als „Breaking News" serviert und höchst bedeutungsschwanger als Trends oder wertvolle Information „verkauft".
Nachfolgend meine beliebtesten Aussagen, die mich amüsieren, aber keinerlei informatorischen Nährwert haben …

Platz 5: Die Anleger sind aus dem Wert/der Währung/dem Rohstoff/der Aktie geflüchtet.	**Kommentar Walz**: Wow – bekanntlich bedeutet der Umsatz jedes Anlagegegenstandes, dass genauso viele Käufer wie Verkäufer am Markt waren. Wenn also angeblich die Anleger in Scharen aus dieser Aktie geflüchtet sind, na, wo sind dann all diese Aktien hin – sind sie verschwunden?
Platz 4: Es waren mehr Käufer als Verkäufer am Markt.	**Kommentar Walz**: Hmm ... (siehe Kommentar oben), das kann wohl nicht sein, klingt aber höchst plausibel. Ich würde eher sagen, dass sich Verkäufer und Käufer im Durchschnitt auf eine höhere Bewertung dieses Anlagegegenstandes geeinigt haben ...
Platz 3: Wir werden noch ganz andere Kurse sehen!	**Kommentar Walz**: Ja, dem stimme ich zu, und wenn wir weder Zeit noch Kursrichtung nennen, dann ist dieses Zitat hundertprozentig richtig.
Platz 2: Die Marktentwicklung ist unsicher und ich kann Ihnen nur raten, nicht in ein fallendes Messer zu greifen.	**Kommentar Walz**: Das ist unkonkretes Blabla. Einer Nicht-Information folgt ein Allgemeinplatz.
Platz 1: Der US-Dollar ist gestiegen, **weil** ...	**Kommentar Walz**: Aussagen mit einem **schnellen „weil"** sind stets zu hinterfragen, da das schnelle „weil" leider oft eine willkürliche Erfindung bzw. – etwas respektvoller ausgedrückt – eine **nachträgliche Ursachenzuschreibung** ist.

Kurzum: Kurse und Preise schwanken nun einmal aufgrund einer völlig unüberschaubaren Vielzahl ganz unterschiedlicher und sich oftmals widersprechender Beweggründe.

Es kann kommen, wie es will, der Analyst hat es gewusst! Natürlich nur im Nachhinein …

Ein entlarvendes Praxisbeispiel

Apple steigert seinen Quartalsgewinn und die **Aktie steigt:**	
Spontane Analystenbegründung: Die Aktie ist gestiegen, **weil** der Quartalsgewinn gestiegen ist.	**Kommentar Walz**: Eigentlich höchst logisch und plausibel.
Apple steigert seinen Quartalsgewinn und die **Aktie fällt:**	
Spontane Analystenbegründung: Die Aktie ist gefallen, **weil** der Markt zuvor eine erheblich höhere Steigerung des Quartalsgewinns erwartet hatte.	**Kommentar Walz**: Eigentlich auch wieder logisch und plausibel.

Und morgen ist es wieder exakt entgegengesetzt. Und übermorgen geht auch wieder die Sonne auf ...

Nachträgliches Rationalisieren – Mexikanisches Bogenschießen

Abb.: Mexikanisches Bogenschießen

Unter Sozialwissenschaftlern gibt es einen „Living Joke", der sich auf das nachträgliche spontane Suchen von Erklärungen und Begründungen (also das spontane **„weil"**) bezieht, nachdem eine Entwicklung eben genauso eingetreten ist, wie sie eingetreten ist. Man nennt dieses Phänomen in trockener Fachsprache **„ex-post-Rationalisierung"**, humorvoller das „Mexikanische Bogenschießen" (auch bekannt als Mexican Archery). Die Geschichte ist kurz: Ein halbblinder und motorisch völlig unbegabter junger Mann will bei seiner Angebeteten mit seinen nicht vorhandenen Fähigkeiten des Bogenschießens Eindruck schinden. Also zielt er aus geringer Entfernung auf ein riesiges Scheunentor, welches er auch tatsächlich irgendwo trifft. Anschließend malt er eine Zielscheibe rund um die Einschlagstelle des Pfeils und macht dann ein fröhliches Selfie ...

Wenn Sie dieses Bild und diese Geschichte erst einmal verinnerlicht haben, dann werden Sie für den Rest Ihres Lebens bei vielen Zeitungsberichten, Interviews und Analysten-Reports sehr viel Spaß haben. Gerade bei Fragen rund um die Geldanlage ist Mexican Archery ein extrem beliebter Volkssport geworden und eine große Gemeinde von "Börsenpropheten" lebt davon.

Im Ergebnis ist mit ein wenig Abstand und Analytik festzustellen: Sehr junge und aktuelle Informationen mögen häufig plausibel wirken. Deshalb sind sie aber noch lange nicht zielführend oder wirklich relevant. Ihre Bedeutung wird wahrscheinlich überschätzt. Die junge Information überlagert die ältere, das Spektakuläre verdrängt häufig das wirklich Wichtige, das Vordergründige das Hintergründige. Daher sollte man stärker insbesondere **„auf den Hund achten, der gerade nicht bellt!"** Ich empfehle das Kapitel 25 in meinem Buch „Einfach genial entscheiden – die 55 wichtigsten Erkenntnisse für Ihren Erfolg".

Kurzum: In die Zeitung von heute wickelt man morgen auf dem Wochenmarkt die toten Fische ein, die der Käufer nach Hause trägt. Oder Salatköpfe. Oder was auch immer. Lassen Sie uns diese wichtige Funktion von Tageszeitungen nicht unterschätzen! Ich selbst schätze diesen Zusatznutzen von Tageszeitungen immer ganz besonders, wenn ich den Kamin anzünde ...

Doch im Ernst: Aktualität und Relevanz von Informationen stehen häufig in Konflikt zueinander. Erst dadurch, dass sich eine Information oder ein Trend über längere Zeit bestätigt, steigt die Aussagekraft und Relevanz. Und erst hierdurch sinkt die Gefahr, dass es Zufall, graues Rauschen oder ein Fehlsignal war.

Hart, aber wahr

Die Auseinandersetzung mit „Breaking News" ist eher kontraproduktiv als nützlich und schadet bei der Suche nach Mustern und langfristigen Trends mehr, als es nützt.

Wer kein Daytrader, Speedtrader oder Ultra-Speedtrader ist, kann getrost um die „latest news" einen Bogen machen.

Ein weiteres Praxisbeispiel

Analysten haben die nachfolgende Erkenntnis zutage gebracht: Nach einem Jahr, in dem der Dow-Jones-Index zulegt, ging es im Folgejahr mit einer Chance von 67 % erneut aufwärts. Nach Jahren, in denen der Dow-Jones-Index abnahm, lag die Chance nur noch bei 65 %. Die Chance, dass es völlig unabhängig von der Vorjahresentwicklung aufwärtsgeht, liegt seit 1896 bei 66 %.

Nun kommt die zentrale Frage: Haben Sie die wirklich relevante Botschaft aus diesen Sätzen entnehmen können? Nur der Satz mit den 66 % war wirklich relevant und die anderen beiden haben den Charakter von „Rauschen". An allen Weltbörsen geht es seit ihrer Gründung länger, stärker und häufiger nach oben als nach unten, das ist die einzige zentrale Botschaft. Wenn man nur den langen Atem hat, sind die Aussichten sehr positiv[38].

Den ganzen Informationsmüll brauchen Sie nicht – jedoch Zeit, logisches Denken, Klarheit und den **Willen, sich vom Rauschen des über-vernetzten Gesamtsystems abzukoppeln.**

---

[38] Vgl. *Koch, Markus*: Consorsbank Magazin 01/2016, S. 14.

Zentrale Ergebnisse

- Der verständliche Wunsch nach Aktualität und die Orientierung an den neuesten Nachrichten schadet häufig mehr, als es nutzt.
- Werden diese „News" dann auch noch spektakulär und reißerisch präsentiert, richtet sich die Aufmerksamkeit verstärkt darauf – und verzerrt unsere Wahrnehmung.
- Aktivitätsdruck und die stete Reaktion auf jüngste Nachrichten dienen auf alle Fälle all jenen, die an Handelsaktivitäten Provisionen oder Gebühren verdienen.
- Der verhaltensökonomische Ansatz „Nudge-Investing" versucht dem privaten Anleger Hilfestellungen zu geben, um besser relevante Information von „grauem Rauschen" zu unterscheiden.

Konkrete Handlungsempfehlungen

- Lassen Sie sich von Tagesereignissen und aktuellen Informationen nicht allzu sehr beeindrucken (vgl. die Lindy-Regel, Kapitel B.3).
- Behandeln Sie kurzzyklische Informationen mit großer Vorsicht (zumindest mit einer gewissen Gelassenheit) und lassen Sie sich nicht zu Überaktivität verleiten.
- Seien Sie misstrauisch gegenüber allen Formen des „grauen Rauschens", der Scheinerklärungen und nachtäglichen Zuweisungen „guter Gründe". (Sie wissen ja: Hinterher ist es allen klar.)

Quellennachweis und weiterführende Literatur

Böschen, M.: Nudge-Investing, in Manager Magazin 7/2016, S. 113–117

de Botton, A.: Die Nachrichten: Eine Gebrauchsanweisung, Frankfurt a. M. 2015

Taleb, N. N.: Antifragilität: Anleitung für eine Welt, die wir nicht verstehen, München, 2014, S. 101 ff.

Walz, H.: Einfach genial entscheiden, Freiburg, 2. Auflage 2015, Kapitel 25 „Der Hund, der nicht bellt"

12 Hin und her – Taschen leer

Endlich dürfen Sie mal passiv sein – aktive versus passive Anlagestrategien

Was Sie in diesem Kapitel erfahren:

- Was aktive und passive Anlagestrategien sind und warum es einen uralten Streit zwischen den Anhängern aktiver und passiver Strategien gibt.
- Wie die Wissenschaft aktive und passive Strategien bewertet.
- Eine detaillierte Gegenüberstellung beider Strategien – sodass Sie selbst über die Eignung entscheiden können.
- Dass bei der Geldanlage Aktivität etwas kostet und Passivität preiswerter ist.
- Wo die Psychologie des Anlegers ins Spiel kommt und warum es Menschen (wider besseres Wissens) zur Aktivität treibt.
- Welche grundlegenden Strategiearten Sie kennen sollten (Trendfolge, Momentum, Rebalancing, RAFI etc.).

Zwei Börsenhändler sind in der Mittagspause auf dem kurzen Fußweg zwischen ihrer Wertpapierbörse und ihrem Lieblingsitaliener, als im Herbstwind eine US-Dollarnote vor ihnen durch die Luft tanzt und dann auf der Straße liegenbleibt. Während der eine (aktive) sofort eilige Schritte auf die Dollarnote hin macht und sich bückt, regt sich der zweite (passive) nicht, sondern meint nur ganz gelassen: „Das ist bestimmt keine echte Dollarnote, sondern eine Fälschung oder ein raffiniert gemachter Werbeflyer mit einer Produktanzeige auf der Rückseite. Wenn das ein echter Dollarschein wäre, dann hätte ihn schon längst jemand anderes aufgehoben."

Diese Idee beschreibt einfach genial den uralten „Glaubenskrieg" zwischen aktiven und passiven Anlagephilosophien. Entscheiden Sie selbst, welcher Glaubensrichtung Sie sich anschließen wollen, und genießen Sie den nachstehenden Schlagabtausch zwischen der aktiven und der passiven Sichtweise:

Passiv: Es nützt nichts, im Supermarkt die vermeintlich kürzeste Schlange zu suchen, da das ja jeder tut und die Warteschlangen daher ausgeglichen sind.

Aktiv: Tja, aber wenn das alle denken und keiner so richtig schaut, sondern sich irgendwo anstellt, dann können die Schlangen doch sehr unterschiedlich lang sein.

Passiv: Ja, aber das ist eben nicht der Fall. Ich vertraue, dass die anderen (der Markt) dafür sorgen, dass die Schlangen gleich lang sind.

Aktiv: Aber ich habe neulich durch cleveres Schauen eine kürzere Schlange gefunden und bin schneller durch die Kasse gekommen.

Passiv: Und ich habe Dich neulich beobachtet, wie Du an einer kurzen Schlange ewig standest, da vor Dir jemand einen ganzen Hausstand kaufte und ewig brauchte.

Aktiv: Aber das passiert mir nicht mehr. Ich schaue jetzt sowohl auf die Länge der Schlange als auch darauf, wie viel in den Einkaufswagen drin ist.

Passiv: Und stehst Dir dann hinter jemandem die Beine in den Bauch, der einen Apfel und eine Packung Milch mit der Kreditkarte zahlen möchte, jedoch das Konto überzogen oder seine PIN vergessen hat.

Aktiv: Ich behaupte ja nicht, dass es immer klappt. Aber Deine Beobachtungen sind Ausnahmen und ich glaube fest, dass ich im Schnitt schneller bin, weil ich eben stets clever schaue und wähle.

Passiv: Und ich glaube, dass Du mal schneller und mal langsamer bist und Dir nur die Fälle merkst, in denen Du schneller bist und die anderen verdrängst. Das nennt man selbstwertdienliches Interpretieren. – Du denkst Dir Deine Wirklichkeit schön und nimmst selektiv nur das wahr, was Deine subjektive Meinung unterstützt.

Aktiv: Aber ich glaube trotzdem, dass ich im Schnitt kürzer in der Schlange stehe und dadurch wertvolle Lebenszeit spare.

Passiv: Nein, ich glaube, dass Du erstens wertvolle Lebenszeit damit verplemperst, dass Du die kürzeste Schlange suchst, während sich in dieser Zeit schon wieder andere Leute an den Schlangen anstellen. Und außerdem glaube ich, dass Du durch Deine Hektik Dein Leben verkürzt, während ich in meiner Schlange ganz gelassen stehe und schon fast meditieren kann …

Und so weiter und so weiter …

Für den tiefer gehend interessierten Leser

Die Idee des passiven Investierens wurde bereits Anfang des 19. Jahrhunderts von dem französischen Mathematiker *Louis Bachelier* entwickelt. Bachelier hatte damals Forschungsarbeiten über den Aktienmarkt durchgeführt und dabei die These entwickelt, dass Kursentwicklungen an der Börse kurzfristig einen Erwartungswert von Null haben und nur langfristig eine kleine positive Tendenz (nämlich die Wachstumsrate). Mit anderen Worten: Es besteht eine 50-zu-50%-Chance, mit einer kurzfristigen Aktienspekulation einen Gewinn oder eben einen Verlust zu erzielen. Die Erkenntnisse von Bachelier waren jedoch ihrer Zeit voraus und blieben unbeachtet. Erst rund fünfzig Jahre später griff *Harry Markowitz* (bekannt als Vater der Portfoliotheorie und Nobelpreisträger) das Werk Bacheliers wieder auf. Und erst im Jahr 2013 erhielt dann *Eugene Fama* für seine bereits 1970 veröffentlichte These über die Effizienz von Finanzmärkten den Nobelpreis für Wirtschaftswissenschaften.

Die Kernthesen aktiver und passiver Strategien

Die Bezeichnung „passiv" hat im Zusammenhang mit Anlagestrategien nichts mit fehlender Entscheidungsfreude, mit Untätigkeit oder (Denk-)Faulheit zu tun. Im Gegenteil: Passive Strategien sind sehr durchdacht und nehmen für sich in Anspruch, die vermeidbaren Transaktionskosten einer nicht zielführenden Aktivität einzusparen. Besser passt daher die Bezeichnung „prognosefreie Strategie".

Aktive Anlagestrategien gehen davon aus, dass es Fehlbewertungen auf Märkten gibt, die man systematisch nutzen kann, um eine über den Markt hinausgehende Rendite (in der Fachsprache **„Alpha"** genannt) zu erzielen.
Hierfür gibt es zwei ganz konkrete Ansatzpunkte, nämlich

1. **Stock Picking**, das ist die gezielte Auswahl einzelner Assets, die vom Markt vermeintlich zu niedrig bewertet sind und daher eine überdurchschnittliche Entwicklung versprechen.
2. **Market Timing**, das ist der gezielte Kauf in Phasen, in denen die Kurse marktbreit steigen, und Verkauf, bevor diese marktbreit fallen.

Hintergrund für Stock Picking und Market Timing sind entweder Informationen aus der technischen Analyse (z. B. auf Basis von Charts) oder der fundamentalen Analyse (z. B. Ermittlung anhand von Bilanzdaten, Auftragslage, Verhältnis von Buchwert zu Marktwert etc.).

Passive (= prognosefreie) Anlagestrategien halten die beiden obigen Ansätze für verfehlt und lehnen sie ab. Sie bestreiten nicht, dass es unterbewertete Anlagen oder Phasen steigender oder fallender Preise geben mag. Sie bestreiten jedoch, dass ein Marktteilnehmer ohne Insiderkenntnisse an diesen Phänomenen auf Dauer zusätzliches Geld verdienen kann.

Die **zentralen Thesen der passiven Strategie** sind:

1. **Der Markt ist im Wesentlichen effizient** und enthält meistens die kursrelevanten Informationen. Prognosen und Einzelanalysen spiegeln vor, etwas zu kennen, was der Markt nicht sieht. Das kann in Einzelfällen (zufällig) stimmen, im Durchschnitt und auf Dauer jedoch nicht.
2. **Versuche, den Markt zu schlagen, sind unsinnig**, denn diese Versuche werden **vor** Kosten erwartungswertneutral sein (mal klappt es → Gewinn, mal scheitert es → Verlust) und im Schnitt kommt dabei kein zusätzlicher Ertrag heraus. **Nach** Transaktionskosten wird es noch schlechter. Das Anlageergebnis des aktiven Investors wird also erwartungsgemäß gerade um die eingegangenen Transaktionskosten schlechter abschneiden als das des passiven Investors.
3. Die Empfehlung lautet also: „**Kaufe und halte**“, denn wer nicht dabei ist und das Risiko sinkender Kurse vermeiden möchte, der ist eben auch nicht dabei, wenn die Party „rockt“. Das sind die **Opportunitätskosten der Risikovermeidung**.

Zusammenfassend: Prognosefreie Strategien raten zur Passivität, da sie davon ausgehen, hiermit Transaktionskosten zu sparen, weil der langfristige Erwartungswert des aktiven Handels Null beträgt.

Die Wissenschaft empfiehlt passives Investieren – doch die Hoffnung der Aktiven stirbt zuletzt

Bereits vor der Verleihung des Wirtschaftsnobelpreises an Eugene Fama im Jahr 2013 war sich die „wissenschaftliche Gemeinschaft“ recht einig darüber, dass aktives Investieren gegenüber passivem Investieren nichts bringt – außer Transaktionskosten. Kurz auf den Punkt gebracht, gilt Famas „**No-free-lunch-These**“. Diese besagt, dass es auf einigermaßen effizienten Märkten keine Extra-Rendite ohne Extra-Risiko gibt, d. h., dass höhere Renditen eben auch mit höheren Risiken einhergehen – es sei denn, der Entscheider hätte Zugang zu Insiderinformationen, die dem Markt nicht zur Verfügung stehen. Die nachfolgenden Thesen fassen die wissenschaftliche Sicht prägnant zusammen.

Hart, aber wahr

Zwei engagierte Händler knien im Börsensaal nur wenige Meter voneinander entfernt und beten zu Gott. Der eine bittet Gott, er möge den Dollarkurs steigen lassen, der andere, Gott möge den Dollarkurs sinken lassen. Jeder der beiden ist so in sich und sein Anliegen vertieft, dass er den jeweils anderen nicht bemerkt.

Von außen gesehen wirkt die Szenerie zunächst amüsant, dann eher peinlich und dem Beobachter wird schlagartig klar, warum auf dieser Welt so vieles schiefläuft, wenn sich der „liebe Gott“ mit solchen paradoxen Anrufungen und widersprüchlichen Wünschen beschäftigen muss. Wie soll er sich da um die wirklich wichtigen Dinge kümmern?

Die nachfolgende Tabelle stellt passive und aktive Strategien anhand einer Vielzahl von Einzelkriterien systematisch gegenüber.

Kriterium	**Passive Strategie (buy and hold, in der Ruhe liegt die Kraft)**	**Aktive Strategie (auf der Schnäppchenjagd)**
Legende: positiv | neutral | negativ		
Ressourcen: Zeit, Mühe, Kosten		
Höhe der Einmalkosten (z. B. Agio)	niedriger	höher
Höhe der laufenden Kosten	niedriger	höher
Höhe der Transaktionskosten durch Handel	niedriger	höher
Kosten durch die eigene Marktbeeinflussung (= Market Impact)	kaum vorhanden	höher
Arbeitsaufwand bei Konzeption, Umsetzung und Überwachung der Anlageentscheidung	minimal	hoch bis sehr hoch
Managementrisiko = Risiko von Fehlern oder Fehlentscheidungen im tägl. Arbeitsprozess	minimal	höher
Agency-Kosten und -Nachteile		
Intensität der Agency-Kosten insgesamt	minimal	erheblich
Vorliegen „schiefer Wette", Ungleichheit zwischen Risiko- und Ertragsbeteiligung	nicht gegeben	erheblich
Transparenz, Nachvollziehbarkeit und leichte Verständlichkeit für Privatanleger	Im Wesentlichen gut, jedoch indexabhängig	geringer, i. d. R. gerade nicht gewünscht
Wissenschaftliche Einschätzung der Vorteilhaftigkeit und Effizienz		
Erreichen der Rendite des relevanten Index (mit geringer Differenz = Tracking-Error)	wird nach menschlichem Ermessen stets erreicht	wird manchmal übertroffen, aber häufiger verfehlt
Reduktion des systematischen (wegdiversifizierbaren) Risikos	wird gemäß konkretem Anlageziel erreicht	aktiver Ansatz verzichtet z. T. bewusst auf Diversifikation
Identisches Risiko wie Benchmark (und damit Erleichterung von Performance-Vergleichen)	gut gegeben, da Orientierung am Index	aktive Strategie entfernt sich oft bewusst vom Index
Langfristige Vorhersagbarkeit von Rendite und Risikograd	Rückkehr zum Mittelwert erlaubt grobe Vorhersagen	hohe Abhängigkeit vom Geschick/Glück des Fondsmanagers
Nach heutigem wissenschaftlichen Stand ökonomisch vorteilhafte Technik/Vorgehensweise	ja, klare Erkenntnisse der Finanzmarktforschung	nein, klare Erkenntnisse der Finanzmarktforschung
Hoher Risikograd bei kurzfristiger Anlage	keine Eignung für Kurzfristanlagen	

Kriterium	Passive Strategie	Aktive Strategie
Psychologie des Anlegers (zwischen Angst und Gier)		
Chance, kurzfristig (z. B. auf ein Jahr) den Markt zu schlagen	nicht Sinn des Konzepts	man muss nur Glück haben ...
Stressfaktor, Grad der Aufregung, innere Unruhe, Anspannung, Erfüllung des Aktivitätsdrucks	bei längerfristigem Horizont nicht gegeben	vorliegend, je nach Ausprägung sogar extrem stark
Spannung, Spielcharakter, Wettbewerbscharakter, Unterhaltungswert des Prozesses, „Kick"	nicht möglich, aber auch nicht gewünscht	„Wer nicht spielt, kann nicht gewinnen!"
Raum für irrationale Hoffnung, Spielerirrtum, Illusionen	vom Konzept her ausgeschlossen	vom Konzept her beabsichtigt
Übergeordnete Aspekte		
Verfügbarkeit, Vielfalt, Spektrum von Anlageprodukten	Vielzahl von Anlagevehikeln jeder Couleur vorhanden	
Nutzungsmöglichkeit des Durchschnittskosteneffektes (= Cost Averaging)	falls gewünscht, unschwer realisierbar	
Dauer der Verfügbarkeit am Markt (vgl. Kapitel B.3 zur Lindy-Regel)	relativ jünger	relativ älter
Intensität des Vertriebsdrucks	nieder	hoch
Aufklärungserfordernis für den Privatanleger	nieder, aber wachsend	konstant hoch

Gründe für das Vorherrschen der aktiven Strategien

Wenn auch prognosefreie (passive) Anlagestrategien in der jüngeren Vergangenheit stark an Interesse gewonnen haben, so sind die aktiven absolut vorherrschend und weisen (noch) einen höheren Verbreitungsgrad auf.
Hierfür lassen sich zwei wesentliche Begründungen finden, nämlich **erstens psychologische Gründe** und **zweitens die Werbe- und Vertriebsanstrengungen der Finanzindustrie** zugunsten des aktiven Anlegens.

1. Wo uns die Psychologie ein Schnippchen schlägt

Aus psychologischer Sicht gibt es gleich eine Vielzahl von Argumenten, die eine Entscheidung für aktives Investieren erklären.

- Aktives Anlegen sorgt bei vielen für Nervenkitzel, Spielerfreude, Spannung und besitzt insgesamt einen hohen Unterhaltungswert.
- Jüngere Untersuchungsergebnisse aus der Neurowissenschaft zeigen, dass z. B. bei Spekulation das „**Belohnungszentrum**" des Entscheiders gereizt wird und es u. a. zur **Ausschüttung von Dopamin** kommt. Die große Faszination vieler Untersuchter gegenüber Gewinnchancen ließ sich durch die gemessenen "neuronalen Feuerwerke" im Gehirn aktiver Investoren beweisen.

- Überraschenderweise stimuliert die Chance auf einen Gewinn das neuronale Netz vieler Anleger erheblich stärker als ein sicherer Gewinn gleicher Höhe. Starke positive Signale im Belohnungszentrum des Gehirns, die ansonsten nur durch extremen Sport (anstrengend), starke Drogen (illegal) oder richtig guten Sex (das wär doch mal eine Alternative) erzielbar sind, lassen sich durch aktive Geldanlage erreichen. Hier sind die Übergänge zum „Zocken" und in die Welt des Glücksspiels fließend.
- Offenbar ist gerade die verbleibende Restunsicherheit für viele Entscheider reizvoll. Der bei Laborversuchen gegenüber Probanden ausgesprochene Satz: „Sie ***können*** mit dieser Anlage 10.000 Euro verdienen", führte zu einem erheblich stärkeren neuronalen Feuerwerk als der Satz: „Sie ***werden*** mit dieser Anlage 10.000 Euro verdienen." Altbekannte Sätze von Animateuren wie: „Kaufen Sie ein Los, denn wer nicht mitspielt, kann auch nicht gewinnen!", werden hier plötzlich verständlich.
- Aber auch bei Menschen, die nicht als Spielertypen zu bezeichnen sind, führen psychologische Effekte wie **„systematische Selbstüberschätzung"**, die **„emotionale Nulllinie"** und der optimistische Glaube an die **Fähigkeiten sogenannter „Experten"** in die Richtung aktiver Anlagestrategien[39].
- **Selbstwertdienliches** Auswählen und Interpretieren führt ebenso zu **Aktivitätsdruck.** Einzelne Spekulationserfolge scheinen zu zeigen, dass es „eigentlich" möglich ist, den Markt zu schlagen. Gleichzeitig werden Verluste und Misserfolge als Ausnahmen oder „dumme Einmalfehler" interpretiert, aus denen man gelernt habe. Durch dieses selbstwertdienliche Interpretieren stirbt oftmals die Hoffnung zuletzt und der Bauch siegt über das Hirn.
- Gerade das Abgeben der Verantwortung für Geldanlagen an Experten, die dafür ja Geld bekommen, nimmt vielen privaten Entscheidungsträgern offenbar den Druck eigener Wahlhandlung und die negativen Gefühle ab, die sich daraus ergeben, dass man sich einer unsicheren Zukunft ausgesetzt fühlt.

2. Vertriebsdruck und Informationspolitik der Finanzdienstleister

Hinterfragt man das Eigeninteresse der Finanzdienstleister zur Frage: „Aktiv oder passiv?", so ergibt sich ein ganz eindeutiges Bild:

- Die **Vertriebsanstrengungen** richten sich voll und ganz auf aktiv gemanagte Anlageformen – schon allein, weil damit viel mehr Provision und sonstige Einkünfte für den Finanzdienstleister zu generieren sind. Stellt man einen typischen Fonds mit einem Ausgabeaufschlag von 5 % und jährlichen laufenden Kosten von ca. 2 % einem simplen DAX-ETF ohne Ausgabeaufschlag und mit jährlichen

[39] Unbedingt lesen: Walz, H.: Einfach genial entscheiden, Freiburg, 2. Auflage 2015, Kapitel 23 (Selbstüberschätzung), Kapitel 29 (Emotionale Nulllinie) und Kapitel 15 (Expertenwissen und Prognosen).

laufenden Kosten von ca. 0,1 % gegenüber, dann wird **das Eigeninteresse jedes Finanzvertriebs** deutlich.

- Der (noch) dominierende Finanzdienstleistungsvertrieb über Filialen und Personen ist aus Sicht der Anbieter **einfach zu teuer**, um Investmentvehikel für passive Strategien anbieten zu können. Daher wird dem privaten Anleger nahezu immer eine aktive Strategie und gemanagte (also wieder aktive) Anlagevehikel empfohlen.
- Wenn der Anleger vorinformiert ist und explizit nach den preiswerten passiven Produkten fragt, so wird ihm im persönlichen Vertrieb meist **massiv davon abgeraten**.
- Finanzdienstleister betreiben z. T. eine interessengesteuerte Desinformation und **kratzen am Ego** des Anlegers, indem sie passive Strategien als etwas für „Schluffis“ darstellen, die halt nicht so clever und belastbar seien. Der Grundtenor: Die Marktrendite ist Durchschnitt. Sie wollen doch nicht durchschnittlich sein – oder? Konkretes Beispiel aus einer Anzeige: „Indexanlagen sind etwas für Looser!“
- Gerne wird zusätzlich mit der **Angst der Anleger** gespielt: „Wenn Sie das passive Produkt kaufen und der Index dann während Ihres Urlaub fällt, dann passt aber keiner auf Ihr Geld auf.“ Tatsächlich erlitten jedoch in der Vergangenheit die aktiven Fonds oftmals schlimmere Kursrückgänge als die passiven. Und noch häufiger erholten sie sich nach der Krise langsamer und weniger gut.

Hart, aber wahr

Hunderttausende – noch so aktive – Fondsmanager, Analysten und selbsternannte Experten und Millionen von optimistischen Anlegern können den Markt nicht schlagen – denn **sie sind der Markt**. Oder kurz: Im Durchschnitt sind wir alle durchschnittlich.

Vor Kosten entspricht langfristig die durchschnittliche Performance aller aktiven Anlagestrategien der durchschnittlichen Performance aller passiven Anlagestrategien. **Nach Kosten** sind die aktiven Anlagestrategien im Durchschnitt in Höhe dieser Kostendifferenz im Nachteil, da aktive Strategien eben einen höheren Aufwand verursachen als passive Strategien.

Der Versuch, langfristig den Markt zu schlagen, ist ebenso sinnvoll wie der Versuch, seinem Schatten davonzulaufen.

Wenn einige Marktteilnehmer eine **überdurchschnittliche Rendite** erzielen (sei es durch Glück, Zufall oder Insiderkenntnisse), müssen andere Marktteilnehmer eine **unterdurchschnittliche Rendite** erhalten. Wer ohne jede Mühe die durchschnittliche Rendite erzielt, kann doch zufrieden sein.

„Man sollte glücklich sein, wenn man über einen längeren Zeitraum die Kapitalmarktrendite erwirtschaftet. Das realisieren viele Investoren nicht.“ *(Guy Kieffer)*

Für den tiefer gehend interessierten Leser

Konkrete Strategiearten des aktiven bzw. prognosefreien Investierens:

Sehr wahrscheinlich kennen Sie einige – sehr plausibel klingende – konkrete Strategietypen des aktiven oder prognosefreien Investierens und freuen sich, diese etwas einordnen zu können. Daher nachstehend der Überblick:

1. Strategiearten des aktiven Investierens

Value-Strategie: Sie geht davon aus, dass die Marktbewertung aufgrund einer Vielzahl irrationaler Einflussgrößen den tatsächlichen, ökonomischen Wert im Sinne des Wertes der Substanz oder des nachhaltigen Ertrages nicht korrekt abbildet und der aktive Investor die ermittelte Differenz durch Kauf oder Verkauf des jeweiligen Anlagegegenstandes realisieren kann. *Warren Buffet*: „Sie kaufen einen Dollar, zahlen aber nur 50 Cents dafür!"

Growth-Strategie: Hier geht es darum, Anlagen (i. d. R. Aktien) zu entdecken, die in der Zukunft ein besonders hohes Wachstum erwarten lassen. Kurzum: Wachstum oder Wachstumschancen sind wichtiger als die aktuellen oder historischen Zahlen. Der Erfolg der „FANG-Aktien" in den letzten Jahren (FANG = Facebook, Amazon, Netflix, Google) wird von den Anhängern dieser Strategie gerne als Erfolgsstory verwendet.

Dividendenstrategie: Diese Strategie ist eine Unterform der „Value"-Strategien. Der private Investor soll einfach diejenigen Aktien/Investments mit den höchsten Ausschüttungsrenditen wählen. Der alleinige Fokus auf die aktuelle Dividende ist zwar sehr kurzfristig, die Orientierung an nachhaltig erwartbaren Dividendenzahlungen ist aber ein nützlicher Orientierungspunkt.

Momentum-Strategie: Die zentrale These der Momentum-Strategie ist, dass aktuelle Kurstrends mit höherer Wahrscheinlichkeit weiterlaufen, als dass sie enden. Mit anderen Worten möchte diese sagen: Investieren Sie in die stärksten Sieger der jüngsten Vergangenheit und zwar solange, bis diese keine Sieger mehr sind.

Strategie der gegenläufigen Meinung (= Contrarian-Strategie): Contrarians sind davon überzeugt, dass aktuelle Markttrends meistens überziehen, d. h., eine „überschießende Reaktion" zeigen. Ihre daraus abgeleitete Empfehlung lautet: „Handle stets entgegen der Masse!" Kurz: Kaufe bei schlechten und verkaufe bei guten Nachrichten.

Trendfolge-Strategie: Dies ist ein sehr freundliches Synonym für ganz einfaches „Trittbrett-Fahren". Der Trendfolger springt gerne auf eine Entwicklung auf, die er erkennt, und springt dann wieder ab, wenn die Entwicklung ihr Ende gefunden hat. Obwohl der Trendfolger damit stets etwas zu spät kommt, ist er davon überzeugt, dass er häufiger eine Trendbestätigung erhält, als einen Trendbruch erfährt: „The trend is your friend." Eine gewisse Überschneidung zur Momentum-Strategie ist unverkennbar.

Core-Satellite-Strategie: Aus wissenschaftlicher Sicht stellt die Core-Satellite-Strategie keine wirkliche Strategie, sondern lediglich eine Umsetzungstechnik dar. Jedoch ist sie ganz eindeutig den aktiven Vorgehensweisen zuzurechnen, da sie davon ausgeht, den Markt „schlagen" zu können: Der ganz überwiegende Teil der Anlagemittel soll demnach marktkonform angelegt werden (also z. B. 95 % der Mittel werden indexorientiert angelegt). Dies stellt den Kern = Core dar und die Mittel sollen einfach die Marktentwicklung abbilden, also ein Beta erzeugen. Lediglich die verbleibenden 5 % werden sehr spekulativ angelegt – z. B. in Futures oder Optionen oder Optionsscheinen. Gerade diese 5 Prozent sollen das Salz in der Suppe sein und eine Überrendite zum Beta generieren; dies mit begrenztem Risiko, da 95 % des Anlagevolumens dem Index entsprechen.

2. Strategietypen des passiven = prognosefreien Investierens

Buy-and-Hold-Strategie: Sie ist schnell erklärt. Ganz gemäß dem Motto „Jede Bewegung schwächt" wird ein langfristiges Festhalten an einmaligen (gut diversifizierten) Investitionen empfohlen. Die Begründung lautet: Umschichtungen zwecks Verbesserung der ursprünglichen Wahl sind wie das Springen zwischen den verschiedenen Warteschlangen an den Supermarktkassen – also erwartungswertneutral, aber mit Transaktionskosten verbunden. Folglich sei „Abwarten und Tee trinken" das im Durchschnitt beste Vorgehen.

RAFI-Strategie: Das Kürzel stammt vom **R**esearch **A**ffiliates **F**undamental **I**ndex.

Die – ganz eindeutig prognosefreie – Strategie empfiehlt eine Anlage gemäß einem Index, der sich nicht an der Marktkapitalisierung orientiert, sondern den Kenngrößen Umsatz, Cashflow, Buchwert und Dividendenzahlung folgt. Aktuell wird die RAFI-Strategie nur von wenigen angewandt bzw. akzeptiert und stellt eine typische Nischenstrategie dar. Das könnte sich jedoch bald ändern, da RAFI viele Elemente der aktuell diskutierten Ansätze zur Umgestaltung von Indizes enthält.

Rebalancing-Strategie: Beim Rebalancing geht es darum, die ursprünglich – absichtsvoll in Hinblick auf die Risikoeinstellung des Investors – definierte Portfoliostruktur zu bestimmten Zeitpunkten wiederherzustellen, wenn sich diese durch Kursgewinne und -verluste von Einzeltiteln verändert hat. Rebalancing führt somit die aktuelle Portfoliostruktur periodisch wieder auf die ursprünglich gewünschte Struktur zurück und ist damit eine wichtige Vorgehensweise, um dem **„Style Drift"** entgegenzuwirken.

Size-Strategie: Size steht für Unternehmensgröße und die Size-Strategie steht dafür, die Unternehmensgröße ganz bewusst als einen Faktor für die Steuerung von Rendite und Risiko einzusetzen. Verkürzt: Größere und „alte" Unternehmen stehen für mehr Solidität und verlässlichere Dividendenausschüttung – also eine klare Präferenz für eher risikoscheuere Anleger. Dem entgegen stehen kleinere Unternehmen für mehr Dynamik und höhere Entwicklungschancen, eben um den Preis höherer Schwankungen und Risiken. Size-Strategien nutzen also das Wissen über die unterschiedlichen Risiko-/Ertragswahrscheinlichkeiten von Unternehmen, je nach Alter und Größe – eine rein passive Vorgehensweise.

Infobox: Das müssen Sie über Indizes wissen

Als Index bezeichnet man im Kontext der Geldanlage eine statistische Kennzahl, welche die Wertentwicklung einer Mehrzahl von Anlagegegenständen (z. B. 30 oder 1.600) zu einer **einzigen (Durchschnitts-)Größe verdichtet**. Die hinter der Indexberechnung stehende Methodik wird veröffentlicht und ist somit für jedermann nachvollziehbar. Jedoch ist die Rechenmethodik **keineswegs einheitlich** – so bestehen z. B. in der Art der Gewichtung der Einzelanlagen sowie in der Berücksichtigung von Dividendenzahlungen erhebliche Unterschiede.

Der Index selbst ist also kein Anlagevehikel, jedoch gibt es für wichtige Indizes meist eine Fülle von Anlagevehikeln, die sich auf diesen beziehen, d. h., eine Wertentwicklung entsprechend dem Index anstreben.

Gegenstand des Index können grundsätzlich alle Anlageklassen sein, die meisten Indizes beziehen sich auf Aktien und festverzinsliche Wertpapiere (Renten), mit Abstand folgen dann Rohstoffe und Währungen.

Die jüngere Vergangenheit brachte eine Vielzahl unterschiedlichster Erscheinungsformen von Indizes hervor, von denen der durchschnittliche Privatanleger nur einen kleinen Teil benötigt. Indizes können sich auf ganze Kontinente, Regionen und einzelne Länder beziehen. Ebenso können sie sich global oder kontinental auf einzelne Branchen richten. Das macht deutlich, dass Indizes zwar ein ideales Instrument zur Diversifikation darstellen, jedoch nicht jeder Index automatisch diversifiziert, sondern ggf. gerade gleichartige Risiken kumuliert (z. B. Branchenindex „Automobil").

Bekannte Beispiele in Deutschland sind bei Aktien die verschiedenen Mitglieder der DAX-Familie (DAX = **D**eutscher **A**ktieninde**x**), wie DAX, MDAX, SDAX, TecDAX, HDAX. Für die Zinswelt, also Anleihen/Rententitel ist der REX (Deutscher **Re**nteninde**x**) das Maß der Dinge.

International bekannt ist für die USA der Aktienindex Dow Jones Industrial Average (seit 1896 existent), für Japan der Nikkei 225 (seit 1950) und für China der SSE Composite Index in Shanghai (seit 1990) sowie der Hang Seng Index in Hongkong (seit 1969). Die US-amerikanische Investment-Bank Morgan Stanley veröffentlicht eine ganze Indexfamilie, deren Vornamen stets mit MSCI (**M**organ **S**tanley **C**apital **I**nternational) beginnen. Das bekannteste Familienmitglied ist der MSCI World Index, der über 1.600 Einzelwerte zu einer einzigen Kenngröße verdichtet.

Trotz dieser beachtlichen Anzahl darf nie übersehen werden, dass jeder Index immer nur einen Ausschnitt eines Marktes darstellen kann. Es gilt der Merksatz: **„Der Index ist nicht der Markt."** Trotzdem ist es für viele Fragestellungen eine bequeme und kostengünstige Vorgehensweise, sich mit einem indexbezogenen Investment dem Gesamtmarkt zumindest anzunähern.

**Eine wichtige Unterscheidung:
Kursindex versus Performanceindex**

Kursindex: Kennziffer, die eine verdichtete Information über die **reine Preis- oder Kursentwicklung** der im Index enthaltenen Werte wiedergibt. Dabei werden erfolgsrelevante Faktoren, wie z. B. Dividendenausschüttungen oder geldwerte Bezugsrechte auf junge Aktien, nicht berücksichtigt.

Beispiel zur Interpretation des Kursindex/Preisindex

Sie haben im Jahr x für einen Kapitaleinsatz von 100 Euro die Aktien gemäß dem Index erworben. Heute steht der Index bei 135. Also sollte Ihr Depot (ohne Betrachtung von Kosten) heute einen Wert von 135 besitzen. Dass Sie zwischenzeitlich hoffentlich einige Dividenden vereinnahmt und auch im einen oder anderen Fall Bezugsrechte auf junge Aktien erhalten und verkauft haben, bleibt hierbei unbeachtet.

Der **Kursindex** ist also eine gute Orientierung dafür, wie sich ein Depot bei Entnahme aller Erträge alleine durch die Kursentwicklung verändert haben sollte.

Performanceindex: Kennziffer, die eine verdichtete Information über den kumulierten Erfolg der im Index enthaltenen Werte wiedergibt. Dabei werden neben der reinen Preis- und Kursentwicklung **auch alle Dividendenausschüttungen des Betrachtungszeitraums sowie etwaige Bezugsrechte** berücksichtigt.

Beispiel zur Interpretation des Performanceindex

Sie haben im Jahr x für einen Kapitaleinsatz von 100 Euro die Aktien in der Zusammensetzung des Index erworben. Heute steht der Performanceindex bei 156. Das besagt, dass der Gesamtwert Ihres Portfolios bei transaktionskostenfreier Wiederanlage von Dividenden und erhaltenen Bezugsrechten heute bei 156 Euro liegen würde. Letzteres ist natürlich eine reine Fiktion. Trotzdem bietet der Performanceindex eine höchst nützliche Information, da er wirklich alle wertschaffenden Faktoren einer Anlage umfasst und nicht nur die Kursentwicklung.

Der **Performanceindex** ist eine gute Orientierung dafür, wie sich ein Depot bei transaktionskostenfreier Wiederanlage aller Erträge insgesamt verändert haben sollte.

Unmittelbar einleuchtend: Wenn in einem Index A Aktien enthalten sind, die hohe Anteile ihrer Gewinne ausschütten, und in einem Index B solche Aktien, die wenig oder überhaupt keine Gewinne ausschütten, dann stellt der Kursindex den Markt B gegenüber Markt A zu schlecht dar.

Hart, aber wahr

Ein häufiger Fehler privater Anleger besteht in der mangelnden Kenntnis des Unterschieds zwischen Kursindex und Performanceindex.

Zentrale Fehlschlüsse:

1. Bestimmte Aktienmärkte werden für überteuert gehalten, weil die in der Wirtschaftspresse gezeigten Indizes Performancecharakter haben. Bestes Beispiel ist der DAX. Alle Laien denken dabei sofort an den Performance DAX, da dieser in allen Medien täglich veröffentlicht wird. In seinem Schatten steht der DAX-Kursindex. Kauft ein Anleger ein Portfolio aus Aktien gemäß der DAX-Zusammensetzung, so zahlt er nur die kumulierten Preise. Also ist der Kurs- oder Preis-DAX der richtige Bezugsmaßstab. Für die seit der Indexbildung **kumulierten Dividenden- und Bezugsrechtszahlungen** muss der Erwerber nichts bezahlen – er bekommt diese historischen Benefits ja auch nicht. Es ist also ein krasser Fehlschluss, bei Entscheidungen über Aktienkäufe auf den Performanceindex zu schauen.
2. Es werden ein Kurs- und ein Performanceindex verglichen. So war vor kurzem in einer ansonsten sehr seriösen Wirtschaftszeitung eine Gegenüberstellung deutscher und französischer Aktien anhand von (Performance-)DAX und dem französischen CAC zu lesen. Der CAC wird jedoch als Kursindex berechnet - ein typischer Apfel-mit-Birnen-Vergleich.
3. Es werden Zertifikate auf den Kursindex verkauft. Der Anleger meint aber, den Performanceindex zu erhalten. Folglich gehen ihm die Dividendenzahlungen verloren.

Zentrale Ergebnisse

- Aktive Anlagestrategien versuchen, Fehlbewertungen auf den Märkten zu identifizieren und zu nutzen. Sie streben danach, durch Stock Picking bzw. Market Timing den Markt „zu schlagen".
- Jede Aktivität verursacht Transaktionskosten.
- Die Finanzindustrie bewirbt aktive Anlagestrategien, weil sie damit erheblich mehr verdient, als wenn Anleger passiv investieren.
- Die Wissenschaft empfiehlt prognosefreie (passive) Anlagestrategien.
- Finanzmärkte sind effizient: Es gibt keine Extra-Rendite ohne Extra-Risiko.
- Passive (= prognosefreie) Anlagestrategien streben danach, ruhig und beständig, langfristig die Kapitalmarktrendite zu erwirtschaften.
- Sie sparen sich damit Transaktionskosten, da – wissenschaftlich erwiesen – der langfristige Erwartungswert des aktiven Handels ohnehin Null beträgt.

Konkrete Handlungsempfehlungen

- Setzen Sie Ihr frisch erworbenes Wissen gegen die selbstbewussten Werbeaussagen all der Finanzdienstleister ein, die Sie mit überschwänglichen Renditeversprechungen zu kostenintensiven Anlageformen bewegen wollen.
- Fragen Sie sich: Wer und wo sind eigentlich die Dummen, die einerseits **hohe Transaktionskosten** zahlen und dann noch eine **unter dem Marktdurchschnitt** liegende Rendite erhalten?
- Unterscheiden Sie zwischen Kursindex und Performanceindex und nutzen Sie – je nach konkreter Fragestellung – den richtigen Bezug.

Quellennachweis und weiterführende Literatur

Bogle, J. C.: Keine Investment-Zauberformel. Börsengewinne mit gesundem Menschenverstand, Kulmbach 2008

Kommer, G.: Die Buy-and-Hold-Bibel. Was Anleger für langfristigen Erfolg wissen müssen, Frankfurt a. M. 2009

Kommer, G.: Herleitung und Umsetzung eines Passiven Investment-Ansatzes für Privatanleger in Deutschland. Langfristig anlegen auf wissenschaftlicher Basis, Frankfurt a. M. 2012

Walz, H.: Einfach genial entscheiden, Freiburg, 2. Auflage 2015, Kapitel 15, 23 und 29

Weber, M.: Die Darwin-Strategie, in: manager magazin Sonderbeilage Portfolio, Heft 12/2015, S. 34

Teil C – Verstehen des Anlageuniversums und des Unterschieds zwischen Anlageklassen und Anlagevehikeln

1 Das einfach geniale Siebeneck

Ein nützliches Schema zur Bewertung von Anlagemöglichkeiten

Was Sie in diesem Kapitel erfahren:

- Warum dem „Magischen Dreieck" der Geldanlage in Wahrheit wenig Zauber anhaftet.
- Wie Sie alle Geldanlagen anhand von sieben Kriterien sehr gut bewerten können – ganz wie die sieben Blütenblätter im Bild rechts, eins nach dem anderen ...
- ... und dass dabei keineswegs immer Zielkonflikte zwischen den Kriterien bestehen.
- Wie Sie Ihre Vorauswahl und letztendliche Entscheidung Schritt für Schritt absichern ...
- ... und für verschiedene Anlagen zu sehr klaren Ergebnissen kommen können.

Um aus der Vielfalt grundsätzlich denkbarer Anlagemöglichkeiten (die Fachleute sprechen vom „Anlageuniversum") die für Ihre Ziele geeigneten Möglichkeiten auszuwählen, ist es zweckmäßig, zunächst **Bewertungskriterien** zu definieren[40].

Seit vielen Jahren wird in diesem Zusammenhang das folgende „Magische Dreieck" der Geldanlage herangezogen:

[40] In diesem Kapitel wird zunächst konsequent von Anlagemöglichkeiten gesprochen. Später wird dann zwischen Anlageklassen und Anlagevehikeln unterschieden, jedoch ist diese Differenzierung im Augenblick noch irrelevant.

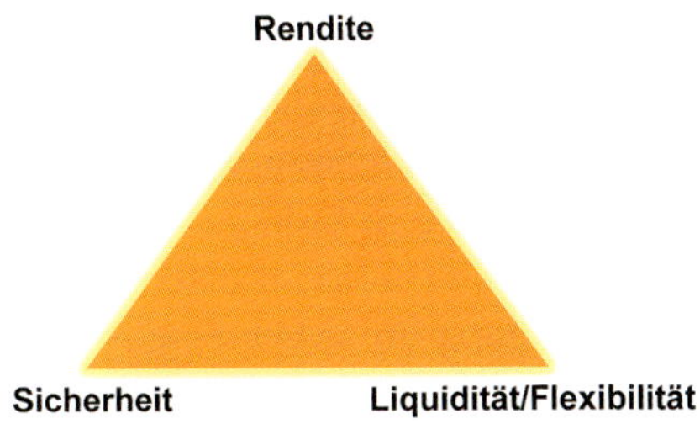

Abb.: Das klassische „Magische Dreieck" der Geldanlage

Kritikwürdig am „Magischen Dreieck" ist die von manchen Finanzprodukteverkäufern vermittelte Argumentation, dass der Anleger sich an irgendeiner Stelle innerhalb des gegebenen Dreiecks „positionieren" müsse und es einen unvermeidbaren Konflikt zwischen den drei Zielen gäbe. Wenn der Anleger also mehr Rendite wolle, dann müsse er sich von Liquidität und Sicherheit tendenziell verabschieden, und wenn er mehr Liquidität und Sicherheit wolle, dann werde eben der Abstand zum Renditeziel größer. Mit anderen Worten: Der Anleger müsse einen Punkt auf der Dreiecksfläche markieren und je nachdem, wo er diesen setzt, sei er näher an dem einen oder dem anderen Ziel.

Diese Sichtweise ist verkürzt und bewirkt eine **manipulative Verengung der Entscheidungsmöglichkeiten des Anlegers**. Tatsächlich gibt es nämlich vorteilhafte Anlageformen, die den Interessenkonflikt zwischen den drei Zielen kleiner machen, und weniger vorteilhafte, bei denen dieser Konflikt größer ist. Und es gibt genügend Anlageformen, die sowohl in Hinblick auf Rendite als auch auf Sicherheit und Liquidität einfach schwach sind.

Die manipulative Sichtweise des „Magischen Dreiecks" lässt sich durch ein anderes Bild aufheben. Wenn man sich nämlich vorstellt, dass man **das Dreieck kleiner oder größer zoomen** kann, kommt man mit einer sehr vorteilhaften Anlageform (= kleines Dreieck) allen Zielen näher, während man sich mit einer unvorteilhaften Anlage (= größeres Dreieck) von allen drei Zielen entfernt. Und trotzdem kann man innerhalb des Dreiecks noch die Priorität auf die eine oder andere Ecke setzen. (Bei der Bewertung konkreter Anlagemöglichkeiten: In Teil D finden Sie zahlreiche Beispiele für diesen Zusammenhang.).

Korrekt am „Magischen Dreieck" der Geldanlage ist jedoch, dass Sie die drei Kriterien **Rendite, Sicherheit und Liquidität** = (**Liquidierbarkeit**, d. h. die Fähigkeit, Ihre Anlage wieder zu Geld zu machen) berücksichtigen sollten. Die Bewertung aller drei Kriterien ist also für eine gute Geldanlageentscheidung **notwendig**.

Eine ganz andere Frage ist aber, ob die drei Kriterien auch **hinreichend** sind. Diese Frage ist zu verneinen, da das „Magische Dreieck" keineswegs alle relevanten Aspekte abdeckt. Im Ergebnis sollten Sie **besser sieben Kriterien** prüfen. (Und auch hier sollten Sie nicht an einen „magischen Zielkonflikt" zwischen den sieben Kriterien glauben.)

Die sieben im Folgenden vorgestellten Bewertungskriterien sind nicht stets überschneidungsfrei. So hat der steuerliche Aspekt Auswirkungen auf die Rendite und zwischen Transparenz und Kosteneffizienz kann es starke Zusammenhänge geben. Allerdings sind auch bereits die drei Kriterien des „Magischen Dreiecks" keineswegs überschneidungsfrei, da z. B. die Liquidierung einer Anlage zu Kosten führen kann, welche die Rendite mindern. Ebenso wirken sich Risikovermeidung oder Absicherung der Anlage renditemindernd aus. Der **Entscheidung für sieben Prüfkriterien** liegt daher die Überlegung zugrunde, Ihnen einen möglichst vollständigen Überblick über die einzelnen Facetten zur Bewertung von Anlagen zu geben.

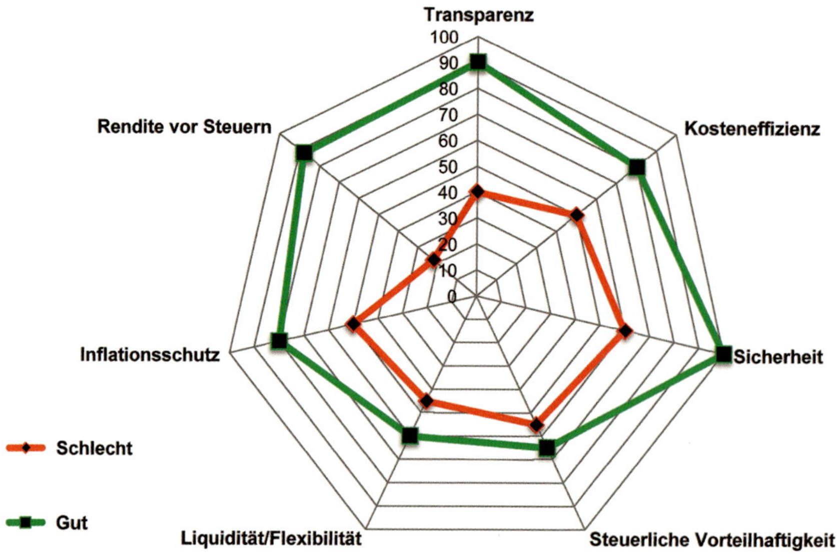

Abb.: Das einfach geniale Siebeneck der Geldanlage

Das obige „einfach geniale Siebeneck der Geldanlage" in Form eines „Spinnennetz-Diagramms" bezieht sich auf zwei hypothetische Geldanlagen (Rot und Grün) und wird später auf etliche konkrete Anlageformen angewandt. Die **Logik der Darstellung** besteht darin, dass eine Anlageform in Hinblick auf ein Kriterium umso positiver eingeschätzt wird, je weiter außen (am Rand) die betrachtete Ausprägung liegt. Im Beispiel ist erkennbar, dass die Anlage „Grün" die Anlage „Rot" in allen Kriterien schlägt.

Es kann nun sein, dass bei bestimmten Anlageformen ein Kriterium wenig sinnvoll oder aussagekräftig ist oder auch, dass der Anleger ein Kriterium nicht benötigt (beispielsweise ein Geringverdiener, der mit seinen Kapitaleinkünften ohnehin nicht in die Steuerpflicht kommt). In diesem Fall kann einfach das Kriterium ausgelassen werden[41]. Eine digitale Version des „einfach genialen Siebenecks der Geldanlage" finden Sie auf der Homepage[42].

Die sieben Bewertungskriterien im Einzelnen:

Transparenz

Dieses Kriterium steht ganz oben, da es auf alle anderen Ziele ausstrahlt. Transparenz, Einfachheit und Nachvollziehbarkeit der Anlage haben ganz zentrale Bedeutung. Denn negativ gesagt: Intransparenz und oft absichtlich geschaffene Komplexität sind der ideale Nährboden dafür, dass am Ende der Geldanlage zwischen dem versprochenen Erreichungsgrad der anderen Ziele und den tatsächlichen Ergebnissen eine riesige Lücke klafft.

Ausgewählte Beispiele

1. Durch Intransparenz und Komplexität eines **Kombinationsproduktes** (der Klassiker: Versichern und Sparen) lassen sich bestens zusätzliche Kostenkomponenten verstecken, die der Anleger nicht oder zu spät erkennt. Der Anlageerfolg tritt nicht ein.
2. Versprochene steuerliche Vorteile eines komplexen Medienfonds werden nachträglich vom Gesetzgeber aberkannt.
3. Durch fehlende Transparenz können Risiken verschleiert werden – auch hier ist der Anleger erst später klüger.

Die Empfehlung lautet also, **möglichst transparente und einfache** Anlagemöglichkeiten zu suchen. Sicher mag es auch gelegentlich vorteilhafte intransparente Anlagen geben. Jedoch steigt das Risiko „übervorteilt zu werden" mit wachsender Intransparenz stark an. Die Vorteile der verbleibenden sechs Kriterien sollten also schon sehr stark, überzeugend und auch ganz sicher nachweisbar sein, damit Sie bereit sind, Abstriche bei der Transparenz hinzunehmen.

Kosteneffizienz

Hier geht es um die **Kosten des Managements des Anlagegegenstandes**. Diese können sowohl am Anfang und Ende (also bei Kauf und späterer Liquidation der Anlage) anfallen, als auch wiederkehrend während der gesamten Anlagedauer. Aufgrund

[41] Bei der Anwendung im EXCEL-Tool in den Arbeitshilfen kann dann einfach die entsprechende Achse entfernt/gelöscht werden.

[42] www.schließlich-ist-es-Ihr-Geld.de/Arbeitshilfen

der vielen unterschiedlichen Erscheinungsformen wurde dem Kostenkriterium ein eigenes Kapitel gewidmet (Kapitel B.6, „Ihr Geld hat jetzt ein anderer").
Sie sollten **alle** Kosten und Gebühren Ihrer Anlage kennen. Was zieht man Ihnen von Ihrem eingezahlten Kapital ab? Einmalig? Und fortlaufend? Dies ist sehr entscheidend, da Kosten der sicherste und stärkste negative Werttreiber sind.

Sicherheit

Sicherheit kann man als **Abwesenheit von Risiken oder Vermeidung von Risiken** verstehen. Damit sind unerwünschte Abweichungen gemeint, natürlich nur nach unten ... – der Fachmann spricht vom **downside risk.** Die wesentlichen Risikoarten, die bei einer Geldanlage auftreten können, sowie mögliche Gegenmaßnahmen finden Sie in der nachstehenden Tabelle.

Bezeichnung des Risikos	Risikosenkende Maßnahmen, Kommentare, Verweise
Anlagebetrug (in vielfältigen Erscheinungsformen)	Der Schaden für Anleger beträgt jährlich mehrere hundert Millionen Euro – mit wachsender Tendenz. Daher: Vertragspartner wählen, die bereits nachhaltig und lange am Markt agieren, zertifiziert, zugelassen oder anders glaubhaft vertrauenswürdig sind. Gesunden Menschenverstand einschalten: Was zu gut klingt, um wahr zu sein, ist meist auch nicht wahr.
Bonitätsrisiko, Risiko des Zahlungsausfalls	Hier geht es um Einbußen infolge mangelnder Rückzahlungsfähigkeit Ihres Geschäftspartners. Achten Sie also darauf, ob das von Ihnen eingesetzte Kapital in die Vermögensmasse Ihres Gegenübers eingeht (nur Anspruch auf Rückzahlung, der im Insolvenzfall meist wertlos ist) oder in ein Sondervermögen eingeht (viel besser!) oder anders gesichert ist (z. B. gesetzliche Einlagensicherung). Bei Anleihen und Zertifikaten tragen Sie z. B. das Bonitätsrisiko des Emittenten (Herausgebers), Machen Sie sich bewusst: Risikoprämie ist kein Zins, sondern eine Kompensation für die mögliche Gefahr des Zahlungsausfalls (vgl. Kapitel B.7)
Kursrisiko/ Preisänderungsrisiko	Der Wert nahezu aller Anlagegegenstände (außer Bargeld und Einlagen) besteht nicht ursprünglich in Euro, sondern wird lediglich in Euro umgerechnet. Dadurch kann es zu Kurs-/ Preisschwankungen gegenüber der Berechnungsbasis Euro kommen. Derartige Kurs-/Preisrisiken gleichen sich jedoch im Zeitablauf meistens wieder aus – sie werden von den meisten Anlegern stark überschätzt. Girokonten, Tages- oder Festgeldkonten besitzen kein Kursrisiko, dafür ein ausgeprägtes Inflationsrisiko.

Bezeichnung des Risikos	Risikosenkende Maßnahmen, Kommentare, Verweise
Zinsänderungsrisiko	Das Marktzinsniveau unterliegt im Zeitablauf Schwankungen, wodurch absolute oder relative Nachteile beim Anleger entstehen. Absolute Zinsänderungsrisiken liegen vor, wenn z. B. ein Anlagezins sinkt und der Investor nun eine geringere Rendite erhält. Relative Zinsänderungsrisiken liegen vor, wenn die Marktrendite sich für den Anleger günstig entwickelt, dieser jedoch aufgrund einer Festzinsvereinbarung hiervon nicht profitieren kann. Möglichkeiten des Risikomanagements sowie Anpassungsstrategien werden in Kapitel A.2 beschrieben.
Währungsrisiko	Die Wechselkurse zwischen verschiedenen Währungen schwanken fortlaufend. Diese Kursverschiebungen können zu Währungsrisiken führen, wenn die Währung der Geldanlage nicht mit der Währung übereinstimmt, in welcher der Investor seinen Anlageerfolg entnehmen oder konsumieren möchte. Gleiches gilt spiegelbildlich bei Verschuldung in einer fremden Währung. Durch Diversifikation kann man die Wechselkursrisiken streuen (Kapitel B.8, Diversifikation). Zudem existieren währungsgesicherte Anlageprodukte (sog. Quanto-Produkte).
Rechtliche Risiken	Die rechtliche, insbesondere steuerrechtliche Behandlung von Geldanlagen kann sich ändern. Zum Beispiel können Auslandsanlagen der Doppelbesteuerung unterliegen oder neue Anlageformen (Finanzinnovationen) später nachteilig reguliert werden. Lassen Sie sich im Zweifel von einem Fachmann beraten, der für seine Auskunft haftet. Ansonsten gilt der Lindy-Effekt – nämlich die Empfehlung, die ersten „Kinderkrankheiten" von Finanzinnovationen abzuwarten und aus den Fehlern anderer zu lernen.

Die obige Tabelle kann nicht abschließend sein. Der Anleger unterliegt noch anderen Risiken, z. B. **Konjunkturrisiken, Länderrisiken sowie bei bestimmten Anlageprodukten dem Kontrahentenrisiko**. All diese sollten in eine Anlageentscheidung einbezogen werden, lassen sich aber weitgehend beherrschen. Letztendlich bleibt: Das Leben ist „lebens"gefährlich …

Steuerliche Vorteilhaftigkeit

Die früher unüberschaubare Vielzahl von Steuerprivilegien, Ausnahmetatbeständen und fiskalpolitischen (Fehl-)Anreizen hat sich in den letzten Jahren erheblich verringert. Gleichwohl gibt es einige legale Gestaltungsmöglichkeiten, die auf einer unterschiedlichen steuerlichen Behandlung ähnlicher Anlagen beruhen. Als Beispiel sei genannt: Erwerb von physischem Gold sowie Xetra-Gold und Euwax-Gold gegenüber Goldanlagen in Form von ETFs, Goldzertifikaten und Goldminenaktien. Ein weiteres Beispiel ist ein langjähriger Ansparprozess. Dieser unterliegt im Normalfall der jährlichen KESt. Hingegen kann durch Verwendung eines Versicherungsmantels bei Einhaltung bestimmter Mindestanforderungen ein Steuerprivileg erreicht werden.

Liquidität/Flexibilität

Mit dem Begriff Liquidität einer Anlage (auch Liquidierbarkeit, Sekundärmarktfähigkeit) ist gemeint, wie gut diese wieder zu Geld gemacht werden kann.
Dabei kommt es auf zwei Aspekte an: erstens die **Liquidationsdauer** und zweitens die **Liquidationskosten**. Beides hängt im Wesentlichen davon ab, ob es einen gut funktionierenden Sekundärmarkt – also Wiederverkaufsmarkt – für das Anlagegut gibt und wie häufig und in welchem Umfang hier Umsätze in diesem Anlagegut erfolgen. Die Sekundärmarktfähigkeit steigt, wenn das Gut homogen und gut standardisierbar ist. Als Positivbeispiele sind hier Gold oder Aktien eines an einer großen Börse notierten Unternehmens zu nennen. Am anderen Ende stehen Gebrauchtimmobilien oder auch Kunstwerke. Beides sind i. d. R. Unikate und eben gerade nicht standardisierbar, was ihre durchschnittliche Liquidationsdauer erhöht. Es macht schon spezielle Mühe und braucht seine gewisse Zeit, ein Haus zu verkaufen oder einen Picasso. Hinzu kommen Liquidationskosten (= Liquidationsdisagien), also Aufwendungen dafür, den Gegenstand wieder zu vermarkten (vgl. Kapitel D.10 zu exotischen Sachanlagen).

Inflationsschutz

Inflation ist die Rate der Geldentwertung – welchen Kaufkraftverlust Sie also durch den Geldwertverfall erleiden. Grundsätzlich kann man sagen: Geldvermögen unterliegt der Inflation, Sachvermögen nicht. Geldvermögen sind z. B. Festgeld, Sparbücher, Geldmarktfonds, Anleihen. Sachanlagen sind z. B. Aktien, Immobilien, Gold. Sachanlagen behalten einen realen Wert und kompensieren durch die Erhöhung ihres Preises die Geldentwertung. Sie sollten hinterfragen, wie inflationsanfällig Ihr Anlagegut ist.

Rendite vor Steuern

Was man unter Rendite einer Anlage versteht, ist scheinbar klar und selbstverständlich. Sie besagt, um wie viel Prozent Ihre Anlage wertvoller geworden ist – sei es durch **Ausschüttung von Dividenden** oder **Zinsen** einerseits oder durch **Wertzuwachs/Preissteigerung** andererseits.
Jedoch zeigt schon die Vielzahl der für Rendite verwendeten Ausdrücke wie Rentabilität, Verzinsung, Profitabilität, Effektivzins, Performance, Gewinnrate …, dass der Ausdruck viele Varianten kennt, die Missverständnisse auslösen können und auch

absichtsvoll von Finanzprodukteverkäufern eingesetzt werden, um den Entscheidungsträger zu täuschen.

Da es eine „richtige“ Definition nie geben wird, kann nur empfohlen werden, die Renditeangabe konkret zu hinterfragen und z. B. festzustellen:

- Ist es eine Jahresrendite, also **Rendite p. a.**?
- Wenn sich die Rendite auf einen längeren Zeitraum als ein Jahr bezieht, jedoch als Rendite p. a. ausgewiesen wird: Wurde die Rendite „dynamisch“, d. h. unter Berücksichtigung von **Zinseszins** ermittelt, oder „statisch“, d. h. als Durchschnittszins (in der Investmentbranche auch heute noch üblich und zulässig)?
- Ist es eine Prozentzahl **vor oder nach Kosten**? Falls die Antwort „nach Kosten“ lautet, wäre zu klären „nach **allen** Kosten“ oder gibt es noch weitere Kosten, die nach dieser Kennzahl auftreten?
- Ist es eine Prozentzahl **vor oder nach Inflation**?
- Ist es eine Kennzahl **vor oder nach Steuern**?

Letztendlich interessiert Sie beim Vorteilhaftigkeitsvergleich unterschiedlicher Geldanlagen stets die **Rendite nach allen Kosten, nach Inflation und nach Steuern**, denn nur diese „Restrendite“ nützt Ihnen. Einfach ausgedrückt: Nur von dieser Rendite können Sie sich letztlich etwas kaufen. Näheres hierzu und auch einige Rechenbeispiele und -hilfen finden Sie in Kapitel B.5: „Mit Sicherheit arm gespart".

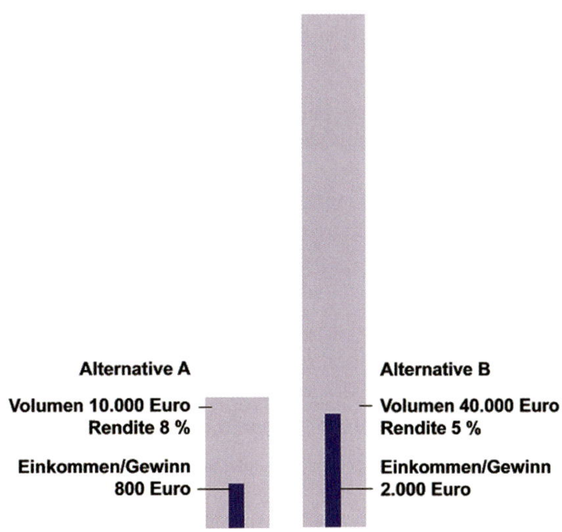

Abb.: Möglicher Konflikt zwischen relativen (Rendite) und absoluten (Einkommen/Gewinn) Zahlen

Daneben ist noch zu bedenken, dass sich das Anlageziel des Entscheiders „eigentlich“ stets auf absolute Größen in einer Währung – wie Gewinn, Einkommen, Vermögenszuwachs – bezieht und nicht etwa auf einen Prozentwert. Denn wenn Sie einkaufen gehen, dann bezahlen Sie nicht mit Prozenten, sondern mit **absoluten Werten** wie Euro, Dollar oder Yen.

Bei einigen Anlageformen kann es durchaus vorkommen, dass die Anlagealternative mit der höheren prozentualen Rendite einen geringeren Wert in absoluten Zahlen ergibt. Sofern die Kapitalbindung der Anlagen im Zeitablauf schwankt, kann der Anleger von der Rendite nicht mehr auf den absoluten Gewinn bzw. sein Einkommen zurückschließen.

Die hohe Rendite der Alternative A darf nicht darüber hinwegtäuschen, dass sie nur auf einen kleinen Nenner bezogen ist. Sofern der Anleger keine weiteren Alternativen A zur Verfügung hat, sondern die restlichen Mittel zinsarm anlegen muss, wäre er mit Alternative B in absoluten Zahlen besser gefahren, da er die kleinere Rendite auf einen erheblich höheren Nenner erhält (vgl. obige Abbildung).

Zentrale Ergebnisse

- Lassen Sie sich nicht vom falschen Bild des „Magischen Dreiecks" täuschen. Die Zielbeziehungen zwischen **Liquidität, Rendite und Sicherheit** sind nicht bei allen Anlageformen gleichermaßen ausgeprägt.
- Vier weitere Bewertungskriterien sind empfehlenswert: **Transparenz, Kosteneffizienz, steuerliche Vorteilhaftigkeit und Inflationsschutz**.
- Ziel ist ein möglichst vollständiger Überblick über die **entscheidungsrelevanten Bewertungskriterien** von Anlagen.

Konkrete Handlungsempfehlungen

- Mit dem „einfach genialen Siebeneck der Geldanlage" in Form eines „Spinnennetz-Diagramms" erhalten Sie ein Werkzeug für die Bewertung von Anlagen gemäß Ihren Zielen und Bedürfnissen.
- Eine digitale Version des „einfach genialen Siebenecks der Geldanlage" finden Sie auf der Homepage (Arbeitshilfe)[43].
- Prüfen Sie Ihren aktuellen Anlagebestand unter Anwendung des Siebenecks und ermitteln Sie den eventuell bestehenden Veränderungsbedarf.
- Bei Neuanlagen überprüfen Sie konsequent die sieben Kriterien und geben damit Ihrem Bauchgefühl eine analytische Basis.

Quellennachweis und weiterführende Literatur

Götz, U.: Geldanlage und Investmentvermögen: Ausbildungsliteratur, Karlsruhe, 2. Auflage 2014, auf Seite 31 wird Auszubildenden das „Magische Dreieck der Vermögensanlage" erklärt

Grill, W.: Bank- und Sparkassenkaufleute, Bankwirtschaft und Recht in Frage und Antwort, Heidelberg, 10. Auflage 2013

Pfeifer, C.: Kapitalanlagebetrug: Gefahren für Anbieter und Vermittler in: AssCompact (06/2016), S. 110 f.

[43] www.schließlich-ist-es-Ihr-Geld.de/Arbeitshilfen

2 Von nützlichen Verpackungen und Mogelpackungen

Anlageklassen versus Anlagevehikel

Was Sie in diesem Kapitel erfahren:

- Wie Sie Ordnung und Orientierung herstellen und zwischen Weg und Ziel – nämlich zwischen Anlagevehikel und Anlageklasse – unterscheiden.
- Dass Anlagevehikel oftmals benötigt werden, um „große" Anlagegegenstände für den „kleinen Mann" nutzbar zu machen.
- Warum Anlagevehikel nützliche Verpackungen sein können, Sie diese aber letztlich wegen des Inhalts kaufen ...
- ... aber dass Sie verhindern müssen, dass Sie zu viel Geld für die Verpackung bezahlen.
- Wie Sie verschiedene Verpackungsarten unterscheiden und weniger vorteilhafte aussortieren können.
- Wie Sie Ihre Anlageentscheidung schrittweise strukturieren und damit zu deutlich besseren Ergebnissen kommen.

Am Rande von Vorträgen wird mir häufig folgende Frage gestellt:

> *„Wenn ich eine ansteigende Inflationsrate befürchte, sollte ich dann lieber in Immobilien, in Investmentzertifikate, in Aktien oder Investmentfonds investieren?"*

Dies darf ich so nicht beantworten, sondern muss die Frage an sich infrage stellen. Immobilien und Aktien sind nämlich **Anlageklassen**, d. h. Gegenstände, in denen das Geld direkt gebunden ist. Investmentzertifikate und Investmentfonds sind jedoch künstlich geschaffene „Verpackungen", man könnte auch sagen „Instrumente", die lediglich die Anlagegelder sammeln und sie dann in eine Anlageklasse investieren. Für diese Instrumente hat sich der Fachausdruck „**Anlagevehikel**" durchgesetzt.

Beispielsweise kann der Investmentfonds die gesammelten Mittel

- am Geldmarkt anlegen (= Geldmarktfonds),
- in Aktien anlegen (= Aktienfonds),
- in Anleihen anlegen (= Rentenfonds) oder auch
- in Immobilien anlegen (= Immobilienfonds).

Und das sind nur die traditionellen Möglichkeiten, es gäbe noch etliche mehr.

Der Unterschied zwischen Inhalt und Verpackung

Um obige Frage nach der geeigneten Anlageform bei Inflationsgefahr zu beantworten, kommt es also darauf an, ***worin*** das Geld letztendlich gebunden ist (Anlageklasse), und **nicht, *über welches Instrument*** es „verpackt" wurde (Anlagevehikel).

Hieraus ergibt sich folgende, sehr nützliche Unterscheidung:

Anlageklassen (= Assetklassen)	Anlagevehikel (= Anlageinstrumente)
Anlageklassen sind die Objekte, in denen das angelegte Geld letztendlich wirklich gebunden ist. Kurzum: Da steckt Ihr Geld drin!	Anlagevehikel sind i. d. R. durch Finanzdienstleister geschaffene Konstruktionen, die anlagesuchende Gelder bündeln und letztlich in eine oder mehrere Anlageklassen leiten. Kurzum: die Verpackung oder Hülle, mit der Sie Zugang zu der Anlageklasse erhalten.
Es gibt nur wenige wirklich relevante Anlageklassen und diese existieren bereits sehr lange.	Es gibt eine unüberschaubare Vielzahl von Anlagevehikeln. Nicht alle davon sind für den Privatanleger nützlich und sinnvoll.
Erst durch die Niedrigzinspolitik der Zentralbanken wurden einige „neumodische" Anlageklassen erfunden, die als exotische Anlageklassen bezeichnet werden, aber nur randständige Bedeutung haben.	Die Niedrigzinspolitik der Zentralbanken führte zu einer Innovationswelle und damit vielen neuen Vehikeln, wobei es sich bei einem großen Teil um *Scheininnovationen* handelt.
Sofern der Anleger direkt in die Anlageklasse investieren kann, entstehen keine Kosten für das Anlagevehikel und es kann auch zu keinem Agency-Problem auf der Ebene des Vehikels kommen (vgl. Kapitel B.4 zu Anreizen und Fehlanreizen).	Wenn der Anleger ein Vehikel nutzt, fallen regelmäßig zusätzliche Kosten hierfür an. Außerdem ist das Eigeninteresse des Anbieters des Vehikels zu bedenken. Jedoch: Die Anlagevehikel schaffen manchmal erst den Zugang des Anlegers zur Assetklasse.

Die wichtigsten **Anlage*klassen*** sind:

- Geld (als Bargeld oder Konten mit direktem Zugriff), grundsätzlich in Heimatwährung
- Aktien
- Anleihen = Rentenpapiere aller Arten (börsenfähig sowie nicht börsenfähig), z. B. Bundesanleihen, Kommunalanleihen, Industrieanleihen, Bankschuldverschreibungen
- Immobilien
- Gold und andere Edelmetalle sowie Diamanten
- Fremdwährungen und virtuelles Geld, z. B. *Bitcoins*
- Rohstoffe (nachwachsende und nicht nachwachsende)

- Finanzderivate (Optionen, Futures …)
- Kunstgegenstände in allen Erscheinungsformen
- weitere – oft als exotisch bezeichnete – Anlageklassen wie Schmuck, Rotwein, Whisky, Oldtimer, Lifestyle-Produkte und sonstige Sammlerstücke
- Exoten für institutionelle Anleger wie Wetterderivate, Volatilitätsprodukte …

Beispiele zu den beliebtesten und bekanntesten **Anlage*vehikeln*** (innerhalb des Vehikels gibt es oft eine unüberschaubar große Vielfalt von Varianten):

- Bausparverträge
- Investmentfonds aller Arten, die der OGAW-Richtlinie entsprechen[44]
- Einlagekonten aller Arten (Festgeld, Termingeld, auch das klassische Sparbuch, Ratensparen, Prämiensparen, Plus-Sparen, Gewinnsparen …)
- Investmentzertifikate (allein in Europa sind über eine halbe Million verschiedene zum Vertrieb zugelassen)
- alle Versicherungen mit Sparcharakter (Riester, Rürup, Fondspolicen)
- Alternative Investmentfonds (= AIF)[45], im Wesentlichen
  - Hedgefonds
  - Private Equity Fonds
  - Immobilienfonds
  - Sonstige (z. B. Fonds für Infrastrukturanlagen, Schiffs- und Flugzeugbeteiligungen, Filmproduktionen, Rohstoffe, gebrauchte Lebensversicherungen, Jojobaplantagen oder Wein)

Eine Umsetzungshilfe für Ihre konkreten Entscheidungen – traditionelle und innovative Anlageklassen in der Einzelsicht

Zunächst eine wissenschaftlich abgesicherte Erkenntnis, die man einfach kennen muss:

Durch die Wahl der Anlageklasse wird regelmäßig bereits der überwiegende Teil der Gesamtrendite vorbestimmt.

[44] OGAW = Organismen für gemeinsame Anlagen in Wertpapieren, Rechtsquelle: Kapitalanlagegesetzbuch (KAGB) von 2013. Dies sind im Wesentlichen die Fonds, die früher als „Offene Investmentfonds" bezeichnet wurden. Sie dürfen in folgende Anlageklassen und Vehikel investieren: Wertpapiere, Geldmarktinstrumente, Anteile an anderen OGAW, Bankguthaben, Derivate und Geldmarktinstrumente.

[45] Dies sind im Wesentlichen die Fonds, die früher als „Geschlossene Investmentfonds" bezeichnet wurden. Rechtsquelle: KAGB i. V. m. dem AIFM-Umsetzungsgesetz.

So gibt es Anlageklassen, die real und nach Steuern über große Zeiträume hinweg meist geringe oder sogar negative Renditen erbracht haben, während andere ganz überwiegend mittlere bis hohe Ergebnisse erzielten. Das heißt: Fehler, die man bei der Auswahl und dem Mix der Anlageklassen macht, lassen sich selbst bei geschicktem Taktieren im Detail später auf der Ebene der Vehikel kaum noch kompensieren.
Umgekehrt geht es leider schon: Selbst bei der Entscheidung für eine geeignete und erfolgreiche Anlageklasse kann man durch überteuerte oder schlechte Anlagevehikel den Anlageerfolg ruinieren.

Die große Trennlinie: Inflationssicher?

Das zentrale Unterscheidungsmerkmal zwischen allen Anlageklassen stellt die Frage dar, ob die Anlage inflationsgefährdet ist oder bei Auftreten von Preissteigerungen mitinflationiert, d. h. im realen Wert erhalten bleibt.
Anlagen in **Geldvermögenswerte** (oftmals auch als **Finanzvermögen** bezeichnet) versprechen den **Rückerhalt von Beträgen, die in einer Währung** (z. B. Euro) ausgedrückt sind. Folglich erhält der Anleger – von anderen Risiken abgesehen – einen Eurobetrag, von dem er aber nicht weiß, welche Kaufkraft dieser Betrag in der Zukunft haben wird.
Anlagen in **Sachvermögenswerte** (oft auch als **Realvermögen** bezeichnet) sind gegenüber der Inflation immun, d. h., die Geldentwertung kann ihnen i. d. R. nichts anhaben. Ein Kilo Gold wird immer ein Kilo Gold bleiben, daran werden auch hunderte von Milliarden neu geschaffenes Zentralbankgeld oder „Helicopter-Money“ nichts ändern. Jedoch „kauft“ der Anleger bei Sachanlagen stets das Preisänderungsrisiko mit, d. h., bei Aktien, Gold oder z. B. Immobilien besteht die Möglichkeit, dass sich die Bewertung in Euro – unabhängig von einer allgemeinen Inflationsrate – verändert, also z. B. sinkt.
Für den Laien sieht es nun so aus, als ob er die Wahl zwischen „Pest und Cholera“ habe, d. h. im **Konflikt zwischen Inflationsrisiko und Preisänderungsrisiko** gefangen wäre. Und es sieht weiterhin so aus, als ob die ganz überwiegende Mehrzahl privater Anleger zumindest in Deutschland sich entschieden hätte, sich vor dem Preisänderungsrisiko mehr zu fürchten als vor der Inflation, denn sie halten hohe Anteile an Geldvermögen. Dies beweist eindeutig die Statistik der Deutschen Bundesbank. An dieser Stelle kann geholfen und eine klare Empfehlung ausgesprochen werden:

Während das Preisänderungsrisiko kurzfristig stark, aber langfristig abnehmend und gering ist, verhält es sich beim Inflationsrisiko exakt umgekehrt.

Somit wird das Preisänderungsrisiko (= Kursänderungsrisiko) regelmäßig überschätzt und das Inflationsrisiko unterschätzt (vgl. weiterführend Kapitel B.5 „Mit Sicherheit arm gespart").

Eine hilfreiche Unterscheidung in Geldvermögen und Sachvermögen finden Sie in der nachfolgenden Abbildung:

	Geldvermögen	Sachvermögen = Realvermögen
liquide	– Bargeld – Termingeld – Geldmarktfonds – Anleihen und Rentenfonds – Finanzderivate (Optionsscheine, Terminkontrakte) – Zertifikate (Garantie~, Bonus~, Discount~) – Devisen, Fremdwährungskonten, Fremdwährungsanleihen	– Aktien / Aktienfonds* – Gold und andere Edelmetalle – Rohstoffe (nachwachsende und nicht nachwachsende) – Anteile an offenen Immobilienfonds *(Sachvermögen ist grundsätzlich nie ganz so liquide wie die meisten Geldvermögenspositionen)*
nicht liquide	– Renten / Rentenansprüche gegenüber Staat bzw. Unternehmen – Kapitallebensversicherungen	– Immobilien (eigen- bzw. fremdgenutzt, Grundstückseigentum) – Unternehmensbeteiligungen* – Geschlossene Fonds* – Schmuck, Kunstgegenstände in allen Erscheinungsformen sowie weitere (exotische) Sammlerstücke wie z. B. Rotwein, Whisky, Oldtimer-Autos, Lifestyle-Möbel

* Von der Statistik der Deutschen Bundesbank als Geldvermögen gezählt. Jedoch: Sie stehen für Realvermögen, das sich in der Krise anders entwickelt als reines Geldvermögen (Bargeld, Anleihen, Lebensversicherungen, Termingelder etc.) und nicht der Inflation unterliegen.

Abb.: Vierfelder-Matrix der Anlageklassen und -vehikel

Die vier Wege des Investors zur Geldanlage

Will ein privater Investor Geld anlegen, lassen sich folgende vier Wege unterscheiden:

1. **Die Anlageklasse eignet sich zur Direktanlage, es gibt nur eine Erscheinungsform**
   Beispiel: Erwerb einer Aktie, wenn es bei diesem Unternehmen nur einen Typ von Aktien gibt. Oder: Investition in die Anlageklasse „Immobilien" durch Bau oder Erwerb eines Mietshauses.

2. **Die Anlageklasse eignet sich zur Direktanlage, es gibt jedoch verschiedene Erscheinungsformen**
   Beispiel: Anlageklasse physisches Gold; der Private kann Goldstaub, Goldnuggets, Goldmünzen oder Barren erwerben.

3. **Die Anlageklasse eignet sich sowohl zur Direktanlage als auch zur Anlage über Anlagevehikel**
   Nochmals das Beispiel Gold: Neben physischem Gold kann der Anleger auch virtuelles Gold – also Anrechte auf Gold – erwerben. Dies wären z. B. Gold-Zertifikate, Goldsparpläne, Goldpreisindexierte Anleihen, Anteile von Goldminenunternehmen, ETFs auf Goldaktien oder das sogenannte Xetra-Gold (Kapitel D.3, „6.000 glänzende Jahre“).

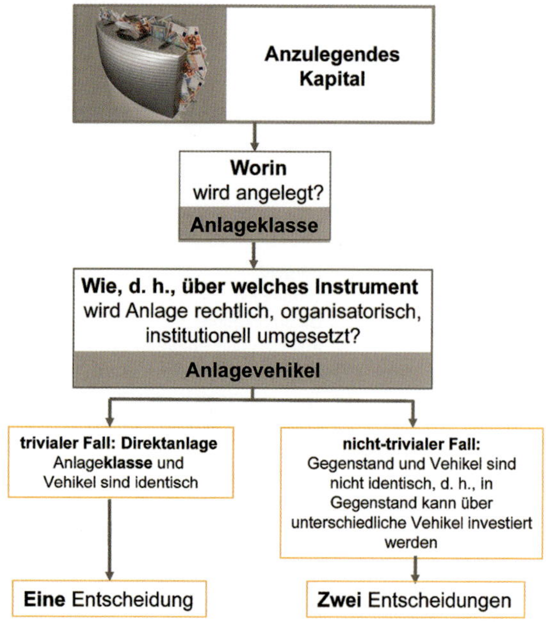

Abb.: Visualisierung Anlageklasse versus Anlagevehikel

4. **Das direkte Investment in die Anlageklasse scheidet faktisch aus**
   Dies wird meistens daran liegen, dass das Anlageobjekt vom Volumen her die finanziellen Möglichkeiten des privaten Anlegers übersteigt oder ein zu großes Einzelrisiko darstellen würde.

   Beispiel: Viele Anleger können sich weder einen eigenen Wald, ein eigenes Tankschiff noch eine komplette Gewerbeimmobilie leisten. **In diesen Fällen verbleibt lediglich noch der Weg über das Anlagevehikel.**

„Aus groß mach klein“: Anlagevehikel erleichtern dem Normalverbraucher den Teil-Zugang zu „großvolumigen“ Einzelanlagen.

Die unter (4) geschilderte Problematik zeigt eine wesentliche Daseinsberechtigung vieler Anlagevehikel. Erst durch das Vehikel wird nämlich ein „sperriger“ Anlagegegenstand (z. B. eine Immobilie, aber auch eine teure Aktie) in viele kleinere Stücke zerteilt und damit auch dem Kleinsparer oder Normalsparer zugänglich gemacht.

Diese sogenannte „**Losgrößentransformation**" ist der aus Kundensicht wichtigste Grund für die Nachfrage von Anlagevehikeln.

Hart, aber wahr

Bei vielen Anlageentscheidungen lässt sich beobachten, dass zwar eine **geeignete Anlageklasse** gefunden wurde, jedoch die **mangelnde Qualität und/oder überhöhte Kosten des Anlagevehikels** den Erfolg zunichtemachen.

Eigeninteresse und Profitstreben vieler Finanzprodukteverkäufer führen zu einem Beratungsprozess, in dem die Vorteilhaftigkeit der Anlageklasse in den Mittelpunkt gestellt wird (tolle Aktien, gut vermietete Gewerbeimmobilien). Dabei wird von den **hohen Kosten des Vehikels** abgelenkt. Zudem werden diese in komplexen und intransparenten Strukturen und dem Kleingedruckten versteckt. Am Ende stehen trotz der korrekten Entscheidung hinsichtlich der Anlageklasse nur unbefriedigende Ergebnisse und oft sogar Verluste.

Wie sieht nun der Entscheidungsprozess des privaten Anlegers aus und wo lauern die Fallen?

Ein kleiner Entscheidungsbaum macht den Sachverhalt transparent und verständlich.

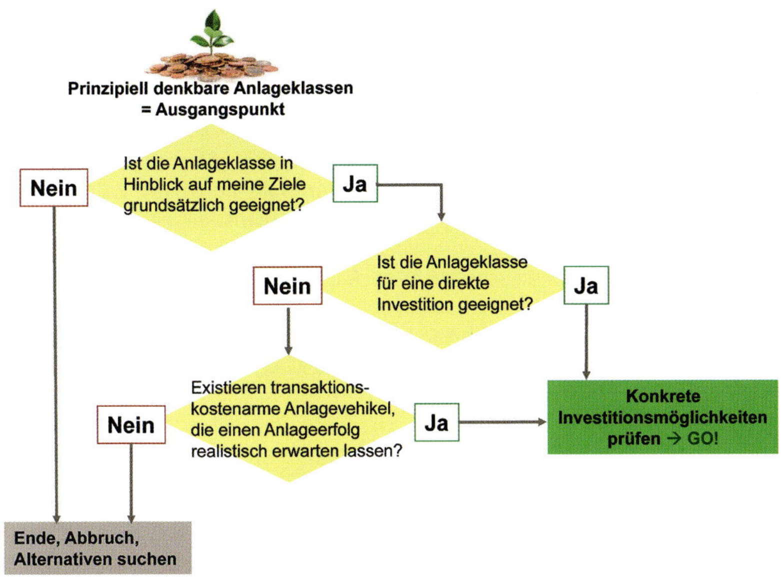

Abb.: Entscheidungsbaum für Ihre konkreten Anlagen. (Häufig scheitert der Anlageerfolg nicht an der Anlageklasse, sondern an mangelnder Qualität oder überhöhten Kosten des Anlagevehikels.)

Am Anfang sollte stets die **Frage nach der Anlageklasse** stehen: Ist die betrachtete letztendliche Mittelbindung in Hinblick auf die Anlageziele und bereits andere bestehende Anlagen geeignet? Nur wenn diese Frage klar mit „Ja" beantwortet werden kann, stellt sich überhaupt die zweite Frage – ansonsten geht es „Zurück auf Los" und es müssen andere Anlageklassen geprüft werden. Im positiven Fall lautet die zweite Frage: Ist eine **Direktanlage** ohne den Umweg über ein Anlagevehikel grundsätzlich möglich und auch im konkreten Fall anstrebenswert? Wenn diese Frage bejaht werden kann, ist der Weg zur konkreten Investitionsentscheidung frei.

Beispiel bis hier

Erste Frage: Ist die Anlageklasse Gold für Ihre aktuellen Anlageziele und Ihr bisheriges Portefeuille geeignet? Antwort: Ja.

Zweite Frage: Passen ein paar Goldmünzen noch in Ihr ohnehin schon bestehendes Bankschließfach? Antwort: Ebenfalls ja. → Dann also los!

Wird die Frage nach der Direktanlagemöglichkeit jedoch mit „Nein" beantwortet, so ist zu prüfen, ob es für die gewünschte Anlageklasse auch geeignete Anlagevehikel gibt. Die **Eignung** sollte hierbei insbesondere anhand der Kriterien **„Qualität/Risiko"** als auch der **Kosten des Vehikels** geprüft werden.

Wichtig: Selbst wenn die Entscheidung über die Anlageklasse gut und richtig ist, nützt es nichts, wenn der Anlageerfolg durch (überhöhte) Kosten des Vehikels zunichtegemacht wird oder der Anleger unnötige oder unangemessene Risiken des Vehikels tragen muss.

Beispiel für unnötige/unangemessene Risiken

Der Investor möchte in die **Anlageklasse Gold** investieren, entscheidet sich jedoch gegen physisches Gold. Sein Berater empfiehlt ihm ein **Gold-Zertifikat**. Würde nun in einer Finanzkrise der Goldpreis stark steigen, jedoch die Bank, die das Zertifikat herausgegeben hat, in Konkurs fallen, so würde der Anleger einen **Totalverlust** erleiden, denn: richtige Anlageklasse, aber falsches Vehikel. Auch wenn der Anleger kein physisches Gold möchte, sollte er ein Vehikel wählen, bei dem er nicht das unnötige Konkursrisiko der Bank trägt. Der Konkurs von Lehman Brothers zeigt das deutlich, hier haben die Anleger (darunter auch viele deutsche Private) ca. 450 Mrd. US-Dollar verloren[46].

[46] Einen Teil ihrer Forderungen erhielten die Anleger in den Insolvenzverfahren von Lehman Brothers. In Deutschland wurden Anlegern zudem teilweise Schadensersatzansprüche gegen Banken wegen mangelnder Aufklärung zugesprochen.

Beispiel für unangemessene Kosten

Ein naturverbundener und wanderfreudiger Privatanleger würde liebend gerne 50.000 Euro in die **Anlageklasse „Wald"** investieren. Für ein Direktinvestment ist das jedoch viel zu wenig – so ab 5 bis 10 Mio. Euro könnte man darüber nachdenken. Im Internet und in Geldanlagezeitschriften findet der Anlagewillige jedoch zahlreiche Hinweise auf scheinbar lukrative Investitionsmöglichkeiten in Wald, die auch für überschaubare Kapitaleinsätze – z. B. ab 5.000 Euro – geeignet sind. Das klingt zu gut, um wahr zu sein, und weil solche Angebote dann meistens weder gut noch wahr sind, liest sich der Interessierte tief in das Kleingedruckte ein. Nach nur wenigen Stunden intensiver Analyse sowie weiteren Recherchen hat er nicht nur verstanden, dass er Teilhaber eines **Geschlossenen Fonds** würde (der Fonds ist also das Vehikel), sondern auch, dass mindestens 28 % seines Geldes durch sogenannte „weiche Kosten" dieses Fonds aufgezehrt würden.

Ergebnis: Der Wald selbst mag als Assetklasse eine profitable Anlage darstellen, aber solange der Anleger keinen Weg findet, ohne **die hohen Kosten eines Geschlossenen Fonds** zu dieser Anlageklasse zu kommen, sollte er diesen Plan lieber aufgeben. Nun ist er in einem kostengünstigen Aktien-ETF investiert und geht in seiner Freizeit lieber im Wald spazieren ...

Zentrale Ergebnisse

- Bei jeder Geldanlageentscheidung ist klar zwischen Anlageklasse und Anlagevehikel zu unterscheiden.
- Die Anlageklasse erklärt, **worin** Ihr Geld letztendlich gebunden ist, das Vehikel erklärt, **über welchen Weg** und in welcher (rechtlichen) Hülle es gebunden ist.
- Ein klug strukturierter Anlageprozess sollte im ersten Schritt die Anlageklasse festlegen, im zweiten Schritt – falls nötig – das am besten geeignete Vehikel suchen.

Konkrete Handlungsempfehlungen

- Prüfen Sie, ob neben den Risiken der Anlageklasse selbst durch das Anlagevehikel weitere Risiken auftreten.
- Hinterfragen und vergleichen Sie die Kosten, die bei der Nutzung unterschiedlicher Anlagevehikel für die identische Anlageklasse auf Sie zukommen.
- Wägen Sie den Nutzen von Losgrößentransformation und Umverpackung gegenüber den zusätzlichen Kosten und Risiken ab.
- Haben Sie – gerade bei langfristigen Investments – den Mut zu unverpackten Investments, also der Direktanlage in die Anlageklasse, ohne die Inanspruchnahme von Vehikeln.

Quellennachweis und weiterführende Literatur

Bernstein, W. J.: Die intelligente Asset Allocation. Wie man profitable und abgesicherte Portfolios erstellt, München, 3. Auflage 2013

Jacob, M.: Asset Management: Anlageinstrumente, Marktteilnehmer und Prozesse, Wiesbaden 2012

Menzel, T./Rodenwaldt, J.: Asset Allocation: So gestalten Sie Ihr Portfolio sicher und profitabel – in jeder Lebenslage, Frankfurt a. M. 2012

3 Wurstsuppe

Ein Bio-Metzger für die Geldanlage – strukturierte und gemanagte Anlageformen

Was Sie in diesem Kapitel erfahren:

- Was strukturierte Anlageformen sind und was sie mit Wurstsuppe gemeinsam haben.
- Was ein Finanzdienstleister so „verwurstelt".
- Wem Strukturierung von Finanzprodukten nützt.
- Wie gesund originäre, also unstrukturierte Produkte sind – auch in der Geldanlage.
- Wie Sie das „Bio-Siegel" bei Anlageprodukten erkennen können.

Ein überraschend gutes Bild für die Entscheidung zwischen originären und strukturierten Anlageformen stellt die unterschiedliche Vorgehensweise zweier Konsumenten dar, die Fleischhunger haben und beide im Ergebnis eine Suppe mit Fleisch haben wollen.

Abb.: Ein „ehrliches Stück Fleisch"

Der erste Kunde (Herr **Sorgfalt**) geht zu dem Metzger seines größten Vertrauens (manche sagen auch, des geringsten Misstrauens) und lässt sich von diesem ein **„ehrliches Stück Fleisch"** – sagen wir Rindfleisch – zeigen und dann abwiegen. Dabei werden noch Fett und Sehnen sowie ggf. knorpelige Teile entfernt (das wird später noch wichtig). Im Idealfall kann der Metzger sogar über die Herkunft des Fleisches und die Haltung des Tieres Auskunft geben – aber wir wollen hier gar nicht zu sehr ins Detail gehen. Das ganze Stück Rindfleisch zerteilt Herr Sorgfalt dann in kleine Würfelchen, die er anschmort und aus denen er letztlich eine Gulaschsuppe zubereitet.

Abb.: Der „Happy Sausages Man"

Der zweite Kunde (Herr **Arglos**) kauft beim nächsten Superbilligmarkt im schlimmsten Fall eine fertige Wurstsuppe in der Dose, also eine Suppe, die **Wurstbestandteile** enthält. Am besten nicht darüber nachdenken, wie hoch der Wurstanteil in der Suppe ist (okay, zum Ausgleich gibt es ja Geschmacksverstärker und eine lange Reihe anderer E-Zusätze).

Man kann sich unschwer vorstellen, worin der Unterschied zwischen dem reinen Fleisch aus obigem Beispiel und den verwendeten Würsten hier besteht. Beispielsweise lassen sich die für den Kunden Sorgfalt entfernten Sehnen, Knorpel und Fettstücke bestens „recyceln“, wenn der Fleischwolf nur fein genug zerkleinert. Schon vor vielen Jahren erfreute der Kabarettist Dieter Nuhr sein Publikum mit dem absichtlichen Versprecher über Würste: „Auch die Augen isst man mit“ …

Nichts, was der Koch seiner Familie auftischen würde

Vergleichen Sie den typischen Fettgehalt von originärem Fleisch (meist 3–5 %, nur selten über 8 %) mit dem typischen Fettgehalt von handelsüblicher Wurst (meist bei 30–40 %, in der Spitze sogar bei 50 %). Natürlich gibt es Ausnahmen – so kann Ihr Metzger in der Nachbarschaft aus Ethos und Qualitätsstreben seine Würste nur aus den besten Fleischstücken zubereiten – hmm, aber was macht er mit dem Rest?

Von diesem „fetten Vergleich“ ausgehend ist auch die grundsätzliche Schlussfolgerung für die Entscheidung zwischen originären und strukturierten Anlagevehikeln klar: Bei originären Anlageprodukten ist die Gefahr erheblich geringer, dass Ihnen minderwertige, illiquide oder mit besonderen Risiken bzw. Makeln behaftete Bestandteile „untergejubelt“ werden.

Die nachstehende Vier-Felder-Matrix systematisiert die wichtigsten Anlageformen nach den beiden Dimensionen, ob die Anlage strukturiert und/oder ob sie gemanagt ist.

gemanagt \ strukturiert	Ja	Nein
Ja	**strukturierte und gemanagte Anlageformen** - Klassischer Investmentfonds (= aktiver Fonds) - Klassische Renten- und Kapitallebensversicherung - Fondsgebundene Renten und Lebensversicherung - Vielzahl von Angeboten auf dem „grauen“ Kapitalmarkt	**unstrukturierte, aber gemanagte Anlageformen** Nur wenig Beispiele, da dem Managen von Anlagen meist ein Strukturieren vorausgeht - Immobilie mit Fremdverwaltung - Verpachteter Wald - Vermögensverwaltung (wenn diese mit unstrukturierten Produkten arbeitet)
Nein	**strukturierte, aber nicht gemanagte Anlageformen** - Anlagezertifikate/ Investment-Zertifikate - Indexierte Anleihen - Klassische Passive Fonds/ Indexfonds - Börsengehandelte Indexfonds = ETFs - ……	**unstrukturierte und nicht gemanagte Anlageformen = „originäre“** - Klassische Aktien - Klassische Anleihen - Immobilien - Gold als Barren oder Münzen - „einfaches“ Sparbuch oder Einlagenkonto - ……

Abb.: Matrix zur Unterscheidung von Anlageprodukten

Prädikat wertvoll – trotzdem mit Vorsicht zu genießen

Sicherlich gibt es auch strukturierte Anlagen, die nicht kritikwürdig sind. Beispielsweise stellen alle Indexprodukte sowie die **indexbasierten ETFs** strukturierte Anlagevehikel dar. Weil sie sehr transparent sind und i. d. R. gut nachvollziehbare, angemessene Kosten haben, sind sie meist trotzdem empfehlenswert. Dennoch bleibt selbst bei ETFs die **grundsätzliche Vorsicht**, dass bei „Innovationen“ oder neuen Erscheinungsformen dieser Vehikel das Eigeninteresse des Strukturierenden (Originators) zu minderwertigen bzw. weniger empfehlenswerten Produkten führen kann. Auch die an anderer Stelle erläuterten Netto-Policen (Kapitel D.8) können eine sinnvolle Strukturierung darstellen, bedürfen aber einer sorgfältigen Auswahl und intensiver kritischer Analyse.

Besehen Sie sich das Produkt also von allen Seiten. Nicht, dass es Ihnen wie beim Schinkenkauf geht: Selbst ein Stück Schinken ist nicht mehr „originär“, nachdem es für Sie geschnitten und nett drapiert wurde: vorne hui, hinten pfui.

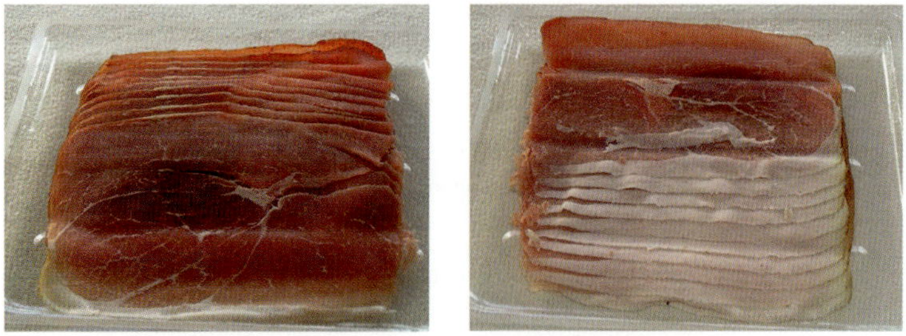

Abb.: Ein und dieselben Schinkenscheiben, aus unterschiedlicher Richtung betrachtet.

Was für den Metzger die Wurst, sind für Finanzdienstleister strukturierte Produkte

Hätte der Metzger keine Würste, könnte er einige Dinge nicht verwerten. Hätten die Finanzdienstleister keine strukturierten Produkte … Beispiel: Bei den **allermeisten Investmentzertifikaten** ist die Bilanz eindeutig kritisch. Hier wird nur allzu oft das „hineingewurstelt, was der Metzger an Minderwertigem durch den Fleischwolf dreht". Finanzinstitutionen haben aus ihrer Arbeit ebenfalls minderwertige Aktiva übrig, so z. B. illiquide, risikobehaftete, aktuell nicht marktfähige Positionen. In der Finanzbranche bekannt ist der Ausspruch: **„Und was ich nicht verkaufen kann, das schau ich als Investment an."** Bis hier also der Unterschied zwischen dem ehrlichen Stück Fleisch (originäres Produkt) und der Wurst (strukturiertes Produkt).

Hart, aber wahr

Strukturierung nützt in erster Linie dem Finanzdienstleister und nur selten dem privaten Kunden.

Erkennen Sie Strukturierung als möglichen Versuch einer hübschen Umverpackung zweitklassiger oder wenig liquider Anlagen, die der Finanzdienstleister sonst nicht oder zumindest nicht zu diesem Preis an den Mann/die Frau bringen kann.

Als seriöser Autor möchte ich strukturierte Produkte aber nicht pauschal oder generell als negativ bewerten. Denn es wäre ja unfair, eine ganze Produktklasse schlechtzureden, nur weil vielleicht 95 % der angeboten Produkte schlecht bzw. minderwertig sind …

Man kann auch Würste noch weiter verwursteln

Wenn nun eine dritte Partei die Würste kauft und zu Wurstsuppe weiterverarbeitet, liegt eine Steigerung der Problematik vor. Denn durch die dritte Partei (im Beispiel strukturiert der Hersteller von Wurstsuppe in Dosen nochmals) kommen **erneute Transaktionskosten** (im Beispiel die verschiedenen Geschmacksverstärker und E-Zusatzstoffe) und **weiteres Eigeninteresse** hinzu.

Die nachfolgende Tabelle stellt diesen Sachverhalt übersichtlich zusammen:

Bezeichnung	**Originäre Anlage/ Originäres Produkt**	**Strukturierte Anlage/ Strukturiertes Produkt**	**Mehrfach strukturierte Anlage/ mehrfach strukturiertes Produkt**
Beispiele aus der Produktwelt	Stück Fleisch	Wurst	Wurstsuppe
	Apfel	Apfelsaftkonzentrat	Apfelsafthaltiger Energy-Drink[*1]
	Reines Weizenmehl	Weizenmehlmischung	Tiefkühl-Spinat-Pizza[*2]
	Kakao-Bohne	Kakaomasse	Schokoriegel[*3]
Beispiele aus der Finanzdienst-leistungswelt	Aktie	Aktienfonds, Aktienzertifikat	Mischfonds über mehrere Anlageklassen hinweg (Multi-Asset-Fonds) ebenso: Zertifikatefonds
	Anleihe	Anleihefonds, Anleihezertifikat	
	Immobilie	Immobilienfonds, Immobilienzertifikat	
	Goldmünze/-barren	Gold-ETF, Goldzertifikat	
	Ackerland, Flugzeuge, Filmproduktionen	Jeweiliger Geschlossener Fonds	Nicht existent
	Für Anleger i. d. R. nicht erkennbar	Für Anleger i. d. R. nicht erkennbar	Alle Arten von Hedgefonds

Für den tiefer gehend interessierten Leser

[*1] Inhaltsstoffe: Wasser, Zucker, Traubensüße, Säuerungsmittel Citronensäure, Apfel- und Zitronensaftkonzentrat, Schwarztee-Extrakt, Guarana-Extrakt, Kernobstaroma, andere Aromen, Koffein.

[*2] Inhaltsstoffe: Weizenmehl, Wasser, pflanzliches Öl, pflanzliches Fett, jodiertes Speisesalz, Backhefe, Zucker, modifizierte Stärke, aufgeschlossenes Sojaeiweiß, Säuerungsmittel Milchsäure, Hefeextrakt, Dextrose, Karottenpulver, Zwiebelpulver, Pfeffer, Cayennepfeffer, Karamell, Knoblauch, zerkleinerte Tomaten, Käse (schnittfester Mozzarella, Edamer), Spinat

[*3] Inhaltsstoffe: Kakaomasse, Kakaobutter oder Butterreinfett, Milchpulver, Zucker, künstlicher Geschmacksstoff Vanillin

Wurst bleibt Wurst – auch mit Vitaminen

Und wo wir gerade bei Inhaltsstoffen sind: Stellen Sie sich nun vor, der Staat würde Wurst gegenüber Fleisch fördern – indem er für die Wurstsuppe Vitamine und wertvolle Spurenelemente verordnen und dann für diese *gesunde Kost* den Preis subventionieren würde. Dann hätten Sie vielleicht ein besseres Gefühl – wegen der (Wurst-) Zulage und der Vitamine und so. Aber den Sehnenknorpelfettmüll hätten Sie trotzdem auf dem Brot – und bezahlt. Es wird einzig noch ein bisschen schwerer für Sie, als Verbraucher richtig zu entscheiden, z. B. ob Sie Ihre Vitamine und Spurenelemente nicht besser durch ein originäres Produkt (sagen wir eine Möhre oder einen Apfel) erhalten würden.

Transfer: Lassen Sie gedanklich die Möglichkeit zu, dass Sie vielleicht selbst bei Verzicht auf Vermögenswirksame Leistung, Riester oder Rürup mit einem „einfach genialen" eigenverantwortlichen Sparkonzept ohne staatliche Bevormundung und Einschränkungen Ihre finanziellen Ziele viel effizienter erreichen könnten.

Der Bio-Metzger bei der Geldanlage

Um bei unserer Wurstmetapher zu bleiben: Natürlich gibt es den Edel-Bio-Metzger. Der bietet eine Top-Qualität an Wurstspezialitäten aus bestem Bio-Fleisch. Ihm kann man sogar beim Wursteln zuschauen (Show-Cooking). Inhaltsstoffe und Preise hängen offen aus. Hier kostet Ihre Wurst oder Ihr Saumagen auf den ersten Blick etwas mehr als beim „Müll-Metzger" – aber dafür zahlen Sie auch nur die (im wahrsten Sinne) *Lebensmittel* und nicht versteckt die minderwertigen Bestandteile.

Um den Transfer zur Finanzbranche zu leisten: Ein fair und transparent handelnder Honorarberater mit angemessenen, nachvollziehbaren Konditionen könnte Ihr „Bio-Metzger" bei der Geldanlage und Altersvorsorge sein (vgl. Kapitel B.4 zur echten Honorarberatung sowie Kapitel D.8 „Das Beste oder nichts" zu Netto-Policen).

Zentrale Ergebnisse

- Originäre Anlagen sind weniger durch Eigeninteresse des Finanzdienstleisters gefährdet als strukturierte.
- Falls die Wahl jedoch auf eine strukturierte Anlage fällt, dann bitte nur einmal strukturiert und wenig komplex und bitte: transparent.
- Mehrfach strukturierte Produkte haben maximales Eigeninteresse der Beteiligten und regelmäßig auch die höchsten Kosten und sollten daher – von sehr wenigen Ausnahmen abgesehen – gemieden werden.

Konkrete Handlungsempfehlungen

- Prüfen Sie Ihr Anlageportfolio unter dem Gesichtspunkt, ob Sie originäre oder strukturierte Produkte besitzen.
- Falls Sie strukturierte Produkte haben: Hinterfragen Sie Ihre damaligen Kaufmotive.
- Wurden Sie zum Kauf gedrängt bzw. bewerten Sie diese Produkte mit Ihrem heutigen Wissen als nicht vorteilhaft? Dann empfiehlt sich eine Umschichtung bzw. spätestens nach Endfälligkeit eine Wiederanlage in unstrukturierte (originäre) Produkte.
- Prüfen Sie die bezahlten Einmalkosten sowie die jährlich wiederkehrenden Kosten und hinterfragen Sie, ob Sie künftig nicht erheblich kostengünstiger die gleiche Anlageidee verfolgen können.
- Prüfen Sie stets, ob Sie das Anlageziel, für das Ihnen ein strukturiertes Produkt angeboten wurde, nicht ebenso mit einem unstrukturierten Produkt erreichen können.

Teil D – Einzelanalyse wichtiger Anlageklassen und Anlagevehikel

1 Lassen Sie andere für sich arbeiten

Aktien – die wahrscheinlich wichtigste Anlageklasse

Was Sie in diesem Kapitel erfahren:

- Dass Aktien historisch die wichtigste Anlageklasse für Private überhaupt waren ...
- ... und Aktien auch für die Zukunft als unverzichtbare Assetklasse gelten.
- Wie die „normale" Psyche das Risiko von Aktienkursschwankungen überschätzt.
- Dass Aktienmärkte eine beunruhigende Tendenz zur Übertreibung haben, aber eben auch eine beruhigende Tendenz zur Beseitigung dieser Übertreibungen (= Rückkehr zum Mittelwert).
- Wie Aktienbesitz mit minimalen Transaktionskosten möglich ist und das Halten von Aktien sogar die sensationelle Gesamtkostenquote von Null ermöglicht.
- Warum Dividenden einen relevanten Teil der Gesamtperformance von Aktien ausmachen und – vor allem langfristig – ein interessantes passives Einkommen bilden.
- Warum Sie auch für die Zukunft in Hinblick auf Aktien optimistisch sein dürfen.

Es wird wohl keine andere Anlageklasse als so spekulativ oder zumindest risikoreich empfunden wie Aktien. Wenn man in Deutschland bekennt, dass man Aktien besitzt oder gar Aktieninvestments empfiehlt, dann wird man häufig als Zocker oder zumindest als extrem risikofreudiger Mitmensch gesehen. Oder als jemand, der es „sich leisten kann", sein Geld der Willkür der Finanzmärkte zu überlassen.

Aktienkurse können schwanken – ja, sogar sinken!

Tatsächlich muss man einräumen: Ja, Kurse können schwanken und Aktien können – sogar ganz empfindlich – an Wert verlieren. Ja, mit Einzelwerten kann man im Extremfall durchaus auch einen Totalverlust erleiden. Und ja, selbst eine marktbreite

Streuung (= Diversifikation) schützt nicht vor erheblichen temporären Verlusten, wie die nachfolgende Darstellung der stärksten Kursbewegungen des Deutschen Aktienindex in den letzten Jahren zeigt.

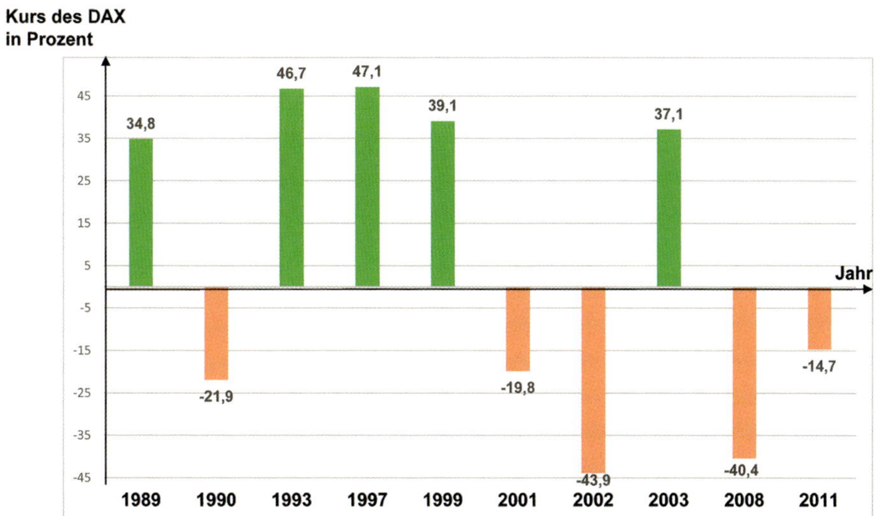

Abb.: Extreme Kursausschläge im DAX seit 1988

Die Abbildung zeigt ausgewählte Jahre, in denen der DAX extreme Kursausschläge verzeichnete – nach oben (nette Gewinne) und nach unten (herbe Verluste).
Wer mag tatsächlich um die 40 % seiner Geldanlage verlieren? Das tut schon weh – und ist Realität der letzten Jahre. Darf man als seriöser Berater und Fachmann allen Ernstes seinen Mitmenschen Aktien als Anlageklasse anraten? Mal sehen ...

Die ausgeprägte Abneigung gegen Aktien hängt einerseits mit diesen erheblichen Kursschwankungen zusammen. Sie wird andererseits noch dadurch verstärkt, dass man die Gründe der Kursschwankungen nicht nachvollziehen kann. Aktienmärkte neigen zu Übertreibungen. Hier hilft das folgende Bild, das *André Kostolany*[47] gezeichnet hat:

Ein Wanderer (die Volkswirtschaft) und sein junger, temperamentvoller Hund (die Aktienbörse) machen sich auf einen langen schönen Weg durch den Wald. Während der Wanderer – zwar mal schneller und mal bedächtiger, aber trotzdem stetig – voranschreitend durch den Wald läuft, springt der junge Hund mal voran und bleibt auch mal zurück, wenn er etwas Interessantes gewittert hat. Am Ende des Tages wird der junge Hund jedoch trotzdem an den Füßen des Wanderers sitzen, der sich nach der Tour eine gute Brotzeit gönnt.

---

[47] *André Kostolany* (1906–1999), Schriftsteller, Spekulant und Verfechter der Geldanlage in Aktien.

Die Kursschwankungen von Aktien stellen eben regelmäßig Übertreibungen dar – allerdings in beide Richtungen, nicht nur nach unten. Das gehört einfach dazu. Man sollte mit diesen Übertreibungen rechnen, sich jedoch nicht allzu sehr von ihnen beeindrucken lassen, sondern sie einfach aussitzen, wie der amerikanische Ökonom *John Kenneth Galbraith*[48] sagte.

Die Börse ist wie ein Paternoster. Es ist ungefährlich, durch den Keller zu fahren, man muss nur die Nerven behalten

Natürlich können Sie das Börsengeschehen auch mit einer Achterbahn vergleichen. Oder mit Tag und Nacht oder dem Lauf der Gezeiten … Entscheidend ist, dass das Auf und Ab einfach dazu gehört. Man darf nicht die Nerven verlieren, sich nicht von Emotionen leiten lassen. Eine **angemessene Streuung der Einzelanlagen** und eine **lange Haltedauer** sind die Erfolgstreiber.

Hartmut Walz erklärt: „Mit dem Paternoster durch den Börsencrash"
Weblink: https://www.youtube.com/watch?v=0XBMOO1RIjE

Im Folgenden wird eine Versachlichung der Wahrnehmung von Aktien als spekulatives Investment versucht. Die zentrale Frage lautet: Ist die Vermeidung von Aktien als Anlageklasse durch weite Teile der deutschen Bevölkerung berechtigt? Das Deutsche Aktieninstitut ermittelte für das Jahr 2017, dass noch immer über 84 % der deutschen Bevölkerung über 14 Jahre Aktien oder Aktienfonds meiden.

Bilder lenken unser Verhalten:
Die Ablehnung von Aktien resultiert aus einem völlig falschen Bild.

Bei der Bewertung des Risikos von Aktien sind bei vielen Menschen sehr starke Emotionen beteiligt. Sätze wie „Aktien sind eine reine Wette", „Dann kann ich auch Lotto spielen" oder „Die Börse ist ein Spielcasino" weisen auf Metaphern und innere Bilder hin, die stark verhaltensbeeinflussend sind. Gerade diese Bilder sind jedoch in einem ganz wesentlichen Punkt falsch und daher auch in die falsche Richtung verhaltensbeeinflussend.

[48] „The stock market is like a paternoster. It is safe to drive through the cellar. You must keep only the nerves."

Unser Anlageverhalten folgt dem Bild, das wir im Kopf haben. Das stärkere Bild verdrängt das schwächere Bild.

Und daher soll den unzutreffenden Bildern von Aktien als reine Wette bzw. Börse, als Spielcasino oder Lotto-Veranstaltung ein nützlicheres Bild entgegengesetzt werden, mit dem die Sichtweise vom Kopf auf die Füße gestellt werden kann. Bei der klassischen Wette handelt es sich um ein *Null-Summen-Spiel*, d. h., der Gewinn des einen ist exakt der Verlust des anderen. Beim Spielcasino oder der Lotterie ist es noch schlechter: Hier gehen die Spieler im Schnitt mit weniger Geld heraus, als sie hineingegangen sind, d. h., auf Dauer verlieren sie Geld. Der **Erwartungswert des Wettens** ist also Null und der **Erwartungswert von Glückspielen** ist ausnahmslos negativ.

Auf den Erwartungswert kommt es an

Der **Erwartungswert** errechnet sich aus der Multiplikation von Eintrittswahrscheinlichkeit eines Ereignisses und dem Ergebnis dessen, was man erhält oder bezahlen muss, wenn das Ereignis eintritt.

Das **Gesetz der großen Zahlen** besagt, dass bei unabhängigen unsicheren Ereignissen der tatsächliche Gewinn oder Verlust sich immer stärker dem Erwartungswert annähert, je öfter man sich dem Risiko aussetzt.
Beispiel: Wenn man nur einmal Roulette spielt, dann wird man entweder gewinnen oder verlieren. Wenn man aber einhundert Mal spielt, wird man – wenn der Roulettetisch in Ordnung ist – ein Ergebnis erhalten, welches sehr dicht an den 97,297 % des gesamten Einsatzes liegt. Und wenn man eintausend Mal spielt, dann wird es sehr langweilig.

Erklärung: **Roulette** ist eines der fairsten Glücksspiele überhaupt. Es gibt 3 Möglichkeiten, 18-mal schwarz, 18-mal rot und die grüne Null. Wenn Sie nun auf Ihre Glückszahl 7 setzen, so ist die statistische Wahrscheinlichkeit 1/37, dass Sie gewinnen. Sie erhalten im Glücksfall jedoch nur das 36-fache Ihres Einsatzes, sodass Sie einen statistischen Erwartungswert von 36/37 erreichen, also ca. 97,297 %. Ein Gedankenexperiment macht das deutlich: Würden Sie am Roulettetisch auf alle 37 Zahlen setzen, so würden Sie garantiert einen Treffer und 36 Verluste haben. Für den Treffer erhalten Sie den 36-fachen Einsatz zurück und das sind exakt die 36/37, also grob die 97,297 %, die oben bereits erwähnt wurden.

Auf die gleiche Weise erhält man den Erwartungswert anderer **Spiele und Wetten**: Würden Sie mit zwei Freunden jeweils den gleichen Betrag wetten, und zwar mit dem einen, dass Ihre Heimmannschaft ein bestimmtes Fußballspiel gewinnt, und mit dem anderen, dass sie entweder unentschieden spielt oder verliert, so hätten Sie – da keine Kosten oder Gebühren anfallen – danach exakt wieder Ihr Geld zurück.

Auf **Lotto** oder die **Süddeutsche Klassenlotterie** bezogen kann man den Erwartungswert ermitteln, indem man die ausgeschütteten Gewinne durch die Summe aller Spieleinsätze teilt. Nachstehend ein paar ausgewählte Ergebnisse im Vergleich:

Bezeichnung	Erwartungswert
Klassische Wette unter Freunden (und daher ohne Kosten)	1,0
Typische Sportwette (mit Kosten und Gewinn des Anbieters)	0,75 bis 0,9
Roulette	0,97297
Süddeutsche Klassenlotterie	0,5136
Deutscher Lotto- und Totoblock – Zahlenlotterie LOTTO 6aus49	0,45

Allen oben dargestellten Erwartungswerten ist gemeinsam, dass sie kleiner, höchstens noch gleich eins sind. Das heißt, dass die Spieler in Summe verlieren bzw. der einzelne Spieler auf Dauer verliert.

Und nun kommt der springende Punkt: Die Börse ist – zumindest kurzfristig – ebenfalls unsicher und kann auf den Laien zunächst wie ein Casino wirken. Jedoch ist der **Erwartungswert von Börsenanlagen eben größer als 1 und zwar ganz signifikant größer als 1**!
Die nachstehende Abbildung zeigt den zentralen Unterschied zwischen Spiel, Wette oder Spielcasino einerseits und Börsenmärkten andererseits.

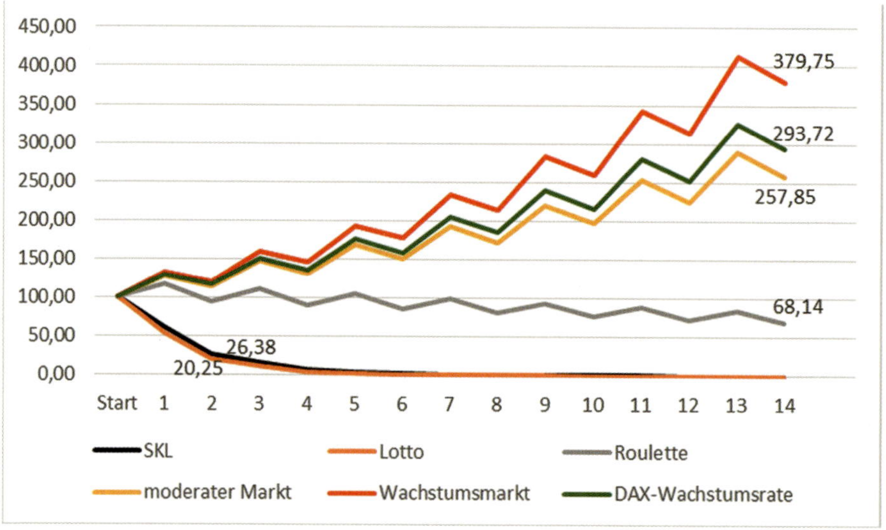

Abb.: Glückspiel versus Börse – auf den Erwartungswert kommt es an.

Interpretation der Abbildung:
Während die schlechten Erwartungswerte der Süddeutschen Klassenlotterie und des Lottos den „Spieleinsatz“ so rapide „abstürzen“ lassen, dass ihre Funktionen sehr schnell kaum noch unterscheidbar sind, hält sich das Kapital beim Roulettespielen noch erstaunlich wacker, sinkt jedoch mit wachsender Dauer unter Schwankungen auch ab, da im Schnitt 1/37 des Einsatzes verloren geht.

Hart, aber wahr

Typische Wetten mit Erwartungswert 1,0 sind bestenfalls ein Zeitvertreib, alle anderen Spiel- oder Wettformen ein **Nervenkitzel mit Suchtpotential, jedoch mit negativer Aussicht**. Alle kommerziellen Spiele oder Wetten haben Erwartungswerte unter 1. Je kleiner der Erwartungswert, desto ungünstiger die Situation für den Teilnehmenden. Vergessen Sie Lotto oder die Süddeutsche Klassenlotterie!

Man muss den Nervenkitzel des Risikos schon sehr zu schätzen wissen – für Spiele und Wetten mit negativem Erwartungswert gilt ansonsten: einfach lassen!

Hingegen entwickeln sich die drei Funktionen der Aktienmärkte – wenn auch unter kräftigen Schwankungen – allmählich nach oben. Ersichtlich wird, dass der Wachstumsmarkt (rote Funktion) zwar am kräftigsten schwankt, jedoch über die Zeit auch am stärksten wächst.

Und noch ein wichtiges Detail: Wenn der Anleger erst einmal ein paar Jahre durchgehalten hat, dann finden die Schwankungen in einem Bereich statt, wo er auf alle Fälle gut in der Gewinnzone ist – nur eben mal mehr, mal weniger. Das sollte ihm Gelassenheit zum weiteren Durchhalten geben!

**Die Zeit heilt alle Wunden –
so auch bei vorübergehenden Aktienkursverlusten**

Es gibt seit vielen Jahrzehnten keine Anlageklasse mit einer höheren Langfristperformance als Aktien. Lediglich Immobilien sind einigermaßen vergleichbar, aber regional sehr unterschiedlich und mit höheren Mindestanlagen und dem daraus folgenden **Klumpenrisiko** verbunden.

Eine Analyse der langfristigen Entwicklung verschiedener Aktienmärkte (also ihrer Erwartungswerte) kommt – wissenschaftlich belegt und unumstritten – ohne Ausnahme auf positive Durchschnittswerte. Diese liegen ganz überwiegend in der Spanne zwischen 1,08 und 1,11 (entsprechend einer durchschnittlichen jährlichen Steigerungsrate von 8–11 %).

Für den deutschen Aktienmarkt ermittelte das Deutsche Aktieninstitut als durchschnittliche jährliche Rendite der 10-Jahres-Zeiträume von 1965–2015 den Wert 8,1 % p. a. Nachfolgend eine Übersicht ausgewählter Beispiele; entsprechende Langfristwerte für andere regionale Märkte haben eine ähnliche Größenordnung.

Name des Marktes	Zeitdauer der Analyse	Gesamtperformance
Deutscher Aktienindex (DAX)	50 Jahre (1965–2015)	7,8 %
Deutscher Aktienindex (DAX)	20 Jahre (1995–2015)	8,1 %
Dow Jones (USA, 30 wichtigste Industrieunternehmen)	34 Jahre (1980–2014)	11,9 % (reiner Kursanteil davon 8,9 %)
MSCI World (Weltindex)	25 Jahre (1989–2014)	9,7 % (reiner Kursanteil davon 6,7 %)
Hang Seng (HSI in Hongkong)	30 Jahre (1985–2015)	11,04 % (reiner Kursanteil davon 8,04 %)
Dimensional Global Targeted Value Index	25 Jahre (1989–2014)	9,5 %
MSCI Emerging Markets	25 Jahre (1989–2014)	8,61 %

Für den tiefer gehend interessierten Leser

Eine belastbare Darstellung der Gesamtperformance (also Kursentwicklungen und Dividendenzahlungen sowie ggf. noch Bezugsrechte etc.) bei unterschiedlichen Aktienmärkten über längere Zeiträume ist gar nicht so einfach. Denn nur für wenige Märkte stehen langfristige **Performanceindizes** zur Verfügung, die alle relevanten Faktoren einschließen. Einfach und vorbildlich ist hier der **DAX**, dessen bekannteste und täglich in der Presse veröffentlichte Version ein Performanceindex ist. Er wurde am 1. Juli 1988 offiziell eingeführt. Gemeinsam entwickelten die Arbeitsgemeinschaft der Deutschen Wertpapierbörsen, die Frankfurter Wertpapierbörse sowie die Börsen-Zeitung den DAX, der vor allem von Frank Mella, damals Redakteur bei der Börsen-Zeitung, bis ins Jahr 1959 rückgerechnet wurde. Für den Bezugszeitpunkt 31. Dezember 1987 ist der DAX dann auf 1.000 Indexpunkte normiert worden[49].

Erheblich schwieriger wird es bei ausländischen Märkten, für die z. T. als Langfristreihen nur die **Kurs**daten zur Verfügung stehen, wodurch Dividenden, Bezugsrechte und Aktiensplits nicht mit einbezogen werden. Praktiker rechnen dann oftmals einfach noch 3 % Rendite für Dividenden etc. hinzu, was zwar nicht präzise ist, aber der Wirklichkeit im Durchschnitt recht nahekommt. Zusätzliche Varianten und Verwirrungen entstehen, da bei manchen Indizes die Rendite vor oder nach den Quellensteuern des Landes angegeben wird.

Gleichwohl: Auch wenn man über einen halben Prozentpunkt Marktrendite nach oben oder unten trefflich streiten könnte, bleibt die Aussage, dass Gesamtrenditen zwischen 8 % und 11 % p. a. im langfristigen Durchschnitt Realität waren. Damit ist die Aktie als Anlageklasse erste Wahl und im gesamten Anlageportfolio grundsätzlich unverzichtbar.

---

[49] https://de.wikipedia.org/wiki/DAX

Was sich biegt, das bricht nicht

Es ist ein aussichtsloses Unterfangen, mit ZDF (Zahlen, Daten, Fakten) gegen Gefühle ankämpfen zu wollen. Denn schon der Volksmund weiß: ***Fakten sind nur Fakten, aber Emotionen sind Realität!*** Gleichwohl wird im Folgenden der Versuch gemacht, die Ängste gegenüber den „gefährlichen Aktien" zu versachlichen und die einseitig negativen Bilder durch realistischere und auch positivere Bilder zu ersetzen.
Das obige Bild der Börse als Paternoster ist sehr dicht an der Wirklichkeit. Denn sehr schnell folgen auf negative Börsenjahre wieder gute Jahre – oftmals sogar mit überaus starken Gegenkorrekturen. Was sich biegt, das bricht eben nicht, sondern biegt sich wieder in die Gegenrichtung zurück. Ein Blick auf das ***Histogramm*** des Deutschen Aktienmarktes ergibt ein positives Bild:

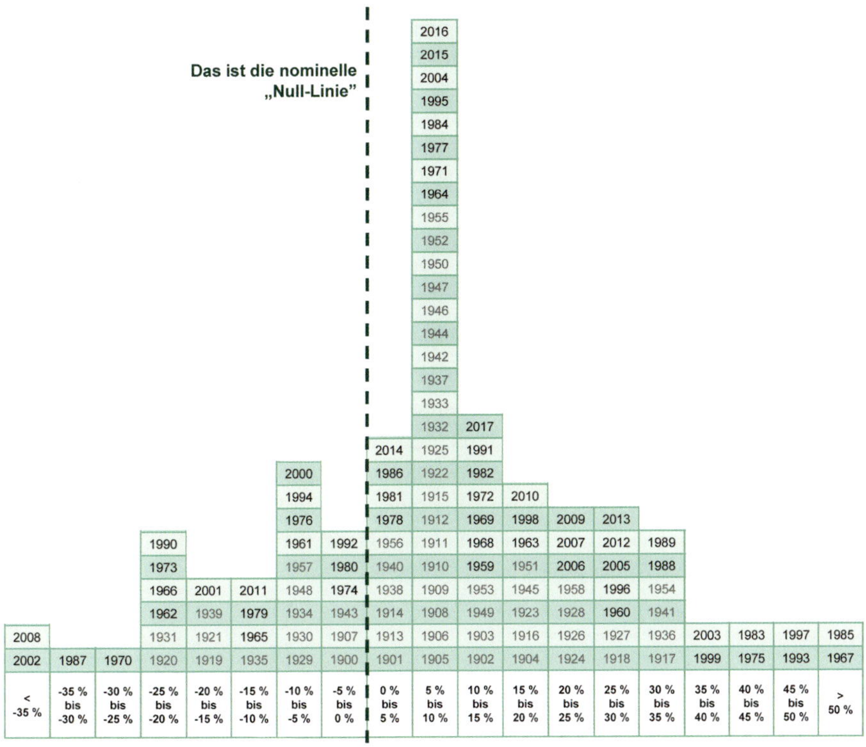

Abb.: Histogramm von Jahresrenditen am Beispiel von Aktien Deutscher Markt 1900–2017[50]

[50] Quelle: http://www.boerse.de/historische-kurse/Dax/DE0008469008. Deutsche Börse, aktuelle Daten sowie offizielle Rückrechnung des DAX Performance Index, historisch bis 1959 nach Frank Mella, noch frühere Werte (gegraut) aus unterschiedlichen Quellen – ggf. nicht valide.

Auf die Erholungskraft der Aktienmärkte, wie auch der Wirtschaft, durfte man zu Recht vertrauen und musste lediglich die schwachen Phasen aussitzen können. Nur wer unten ausstieg oder aussteigen musste (z. B. weil er Aktien auf Kredit kaufte), hat Geld verloren. Des Weiteren zeigt das Histogramm, dass insgesamt die Zahl der positiven Jahre diejenigen der negativen bei Weitem übersteigt. Erkennbar ist auch, dass die Kursschwankungen über die Jahre hinweg eine klar und **nachhaltig positive Tendenz** aufweisen. Mit anderen Worten: Die Mittelwerte, um die die Schwankungen stattfinden, steigen beständig an.

Für den tiefer gehend interessierten Leser

Rückkehr zum Mittelwert:
Regression to the mean – wenn Abwarten hilft

Bei vielen Alltagsphänomenen – keineswegs nur Aktienkursen – ist eine Schwankung um einen Mittelwert zu beobachten. Nehmen Sie z. B. die Kreuzschmerzen Ihres Kollegen oder die leichte Depression Ihrer Nachbarin: Mal ist es besser, mal etwas schlechter. Häufig ergreifen die Betroffenen irgendwelche Maßnahmen (zur Massage gehen oder den Gesprächstherapeuten treffen). Es besteht nun die Gefahr, dass die Betroffenen eine darauffolgende Verbesserung ihres Zustandes auf diese getroffene Maßnahme zurückführen. Dies kann aber eine **Überinterpretation** sein, da eben auf einen besonders schlechten Tag ohnehin ein besserer gefolgt wäre.

Eine gute Empfehlung in diesen Fällen lautet: **Einfach mehr Gelassenheit entwickeln**, abwarten und sehen, ob sich das „Problem" nicht genauso von selbst wieder löst, wie es gekommen ist. Exakt das gilt auch für die zyklischen Aktienmärkte.

Die folgende Abbildung des „Rendite-Dreiecks" des Deutschen Aktieninstituts zeigt am Beispiel des Deutschen Aktienindex (DAX) die Rendite p. a. von Aktien nach unterschiedlichen Einstiegszeitpunkten und Haltedauern. In der Senkrechten wird der Kaufzeitpunkt und in der Waagerechten der Verkaufszeitpunkt dargestellt und da der Verkauf lieber nicht vor dem Kauf liegen sollte (man denke an Einsteins Zeitmaschine), ergibt sich eine von rechts oben nach links unten fallende Grenzlinie und somit ein Dreieck (und kein Quadrat). Dem vom Deutschen Aktieninstitut eingefügten Lesebeispiel ist nichts hinzuzufügen.

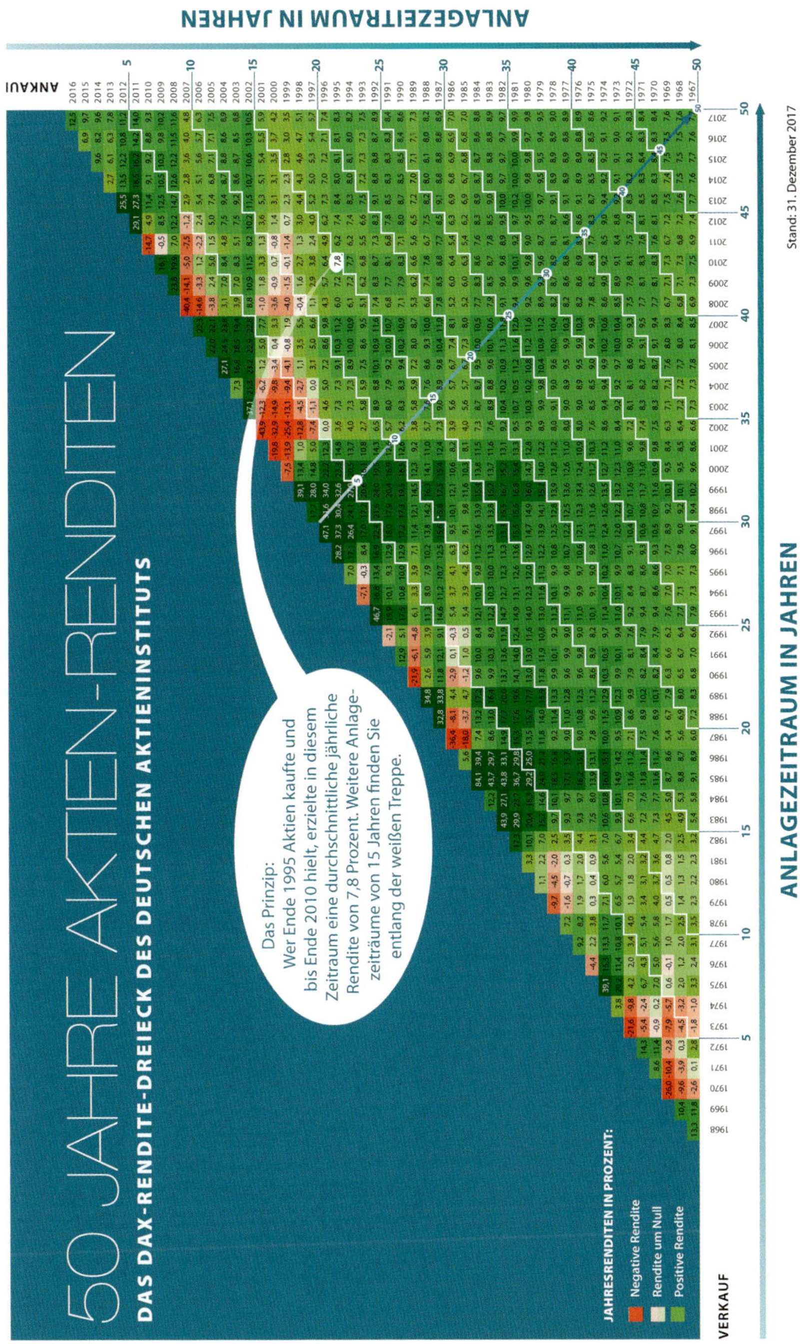

Abb.: Das DAX-Rendite-Dreieck des Deutschen Aktieninstituts

Die wichtigsten Schlussfolgerungen aus dem DAX-Rendite-Dreieck[51]:

1. **Kurzfristige Aktienengagements** sind wirklich aufregend und sowohl extreme Gewinne als auch hohe Verluste kommen bei z. B. ein- oder zweijährigen Haltedauern häufig vor.
2. **Mit steigenden Haltedauern** nimmt das Risiko aber stetig ab und bei Haltedauern über 13 Jahren gibt es im gesamten Betrachtungszeitraum keinen Fall negativer Rendite. Aber selbst bei nur fünf- oder sechsjähriger Haltedauer sind Verluste eine Seltenheit.
3. Betrachtet man den Bereich rechts unten (das sind die langen Haltedauern), so gibt es keine Überraschungen mehr, sondern eine Fülle positiver Daten, die zwar schwanken, aber nur in geringem Ausmaß.

Je länger die Haltedauer von Aktien, desto kleiner das Risiko

Die nachstehend aus dem DAX-Rendite-Dreieck abgeleitete Abbildung zeigt diesen Zusammenhang noch deutlicher auf.

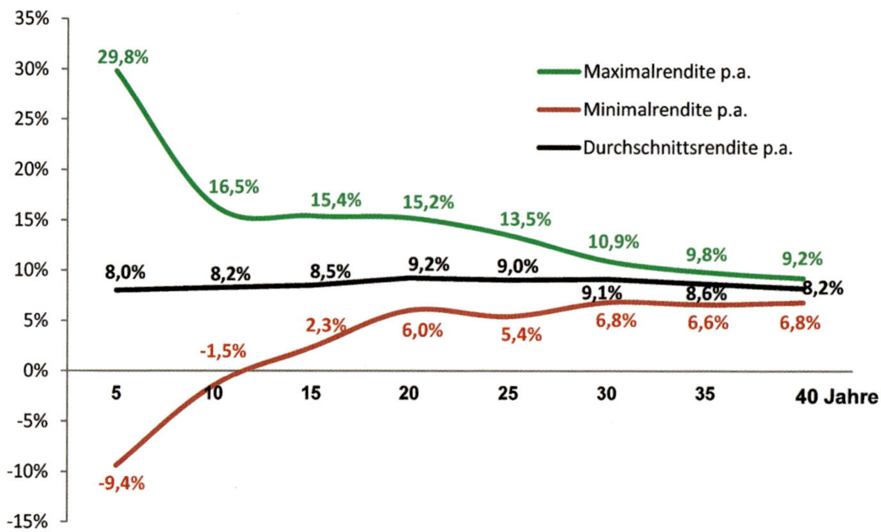

Abb.: Der liegende Trichter: Aktienrenditen nach Haltedauern

Das Bild benötigt kaum noch eine Erläuterung. Wer für ein, zwei Jahre Haltedauer an den Aktienmärkten unterwegs war, bei dem lagen Lust und Frust wirklich dicht beieinander. Ab 13 Jahren Haltedauer entstand jedoch selbst im schlimmsten Fall kein Verlust mehr und bei langen Anlagedauern wurde der liegende Trichter sehr eng – für den einen oder anderen Anleger schon „lang"-weilig?

[51] Die Aussagen beziehen sich auf Jahresbetrachtungen, jeweils vom 31.12. zum 31.12.

Dividende ist der neue Zins

Schauen Anleger nur auf den ***Kurs*** von Aktien, so vergessen oder unterschätzen sie den positiven Effekt von Dividendenzahlungen. Als grobe Faustformel kann man sagen, dass etwa 40 % des langfristigen Gesamtertrags (= Performance) von Aktien aus Dividenden und die restlichen 60 % aus Kursgewinnen stammen.
Zudem schwanken die Dividendenzahlungen weitaus weniger stark als die Aktienkurse, was an mehreren Gründen liegt; der wichtigste ist die seitens vieler Unternehmen angestrebte und offensiv kommunizierte **Dividendenkontinuität**. Da die Firmenlenker wissen, dass Aktionäre stabile Einkünfte schätzen, schütten sie in „goldenen Zeiten" relativ geringere Gewinnanteile (= **kleinere Ausschüttungsquote**) und in „mageren Zeiten" höhere Anteile aus (= **größere Ausschüttungsquote**) und „puffern" somit die Gewinnschwankungen. Konkret auf den DAX bezogen bedeutet dies: Während es in schlechten Jahren zu Kursverlusten von über 40 % kam, betrug die maximale Dividendensenkung nur die Hälfte – etwas über 20 %.

Langweiler ins Depot!

Manche Unternehmen versprechen sogar (das ist aber kein juristisch einklagbarer Anspruch), dass sie in guten Zeiten die Dividende steigern und in schlechten zumindest halten, nie jedoch senken oder ausfallen lassen wollen. Diese Unternehmen werden auch als **Dividenden-Aristokraten** bezeichnet. Bekannte Klassiker wie *Procter & Gamble* sowie *Coca-Cola* steigerten die Ausschüttung durchgängig seit mehr als 50 Jahren. Ähnlich interessant: *Novartis* und *Nestlé*. Es ist eine Tatsache, dass der Erhalt von Dividendenzahlungen den Aktionären psychologisch hilft, mit der Gefahr von Kursverlusten besser umzugehen.

Hart, aber wahr

Ein langfristiges Engagement in Dividenden-Aristokraten oder sonstiges diversifiziertes Portefeuille von ausschüttungsstarken Aktien führte in den letzten Jahrzehnten dazu, dass der Anleger über die Zeit ein passives (= arbeitsfreies) Einkommen erhielt, welches erheblich schneller wuchs als die Inflationsrate.

Konzept der „individuellen Dividendenrendite"

Die individuelle Dividendenrendite berechnet die Rentabilität einer Aktie oder eines Index mit der Formel: aktuell erhaltene Dividende x 100 / historisch eingesetztes Kapital.

Dies ist ein zwar durchaus kontrovers diskutierter Ansatz, denn der Anleger könnte die Aktie ja heute zu einem – meist deutlich – höheren Kurs als dem Anschaffungskurs veräußern. Da jedoch nahezu alle Unternehmen nur einen Teil des Gewinns ausschütten (z. B. im Durchschnitt ca. 40 %) und der verbleibende Teil im Unternehmen reinvestiert wird und damit **zum künftigen Gewinnwachstum** beiträgt, zeigt die individuelle Dividendenrendite, dass der Spruch „Dividende ist der neue Zins" durchaus berechtigt ist.
Denn: Hätte der Anleger in Rentenwerte investiert, dann hätte er zwar Zinsen erhalten, jedoch nicht an einem Gewinnwachstum teilnehmen können. So gesehen ist die **individuelle Dividendenrendite** der richtige Maßstab, um einen fairen Vergleich mit einer Festzinsanlage durchzuführen.

Beispiel

Ein ehemaliger Mitarbeiter und heutiger Rentner von BMW hat zur Vermeidung des Klumpenrisikos seine BMW-Mitarbeiteraktien stets verkauft und – da er die SIEMENS-Spülmaschine so gut einräumen kann ... – in den Jahren 1988 bis 1995 jeweils ein paar SIEMENS-Aktien erworben. Sein Durchschnittskaufkurs betrug ca. 32 Euro. Die wechselhafte Kursentwicklung der SIEMENS-Aktie hat er „verschlafen" und es so auch verpasst, die Aktie zur Jahrtausendwende zu knapp 200 Euro zu verkaufen, da er zu diesem Zeitpunkt gerade mit seiner Frau im Asien-Urlaub war. Stand 2016 ist die Aktie auf knapp 100 Euro „zurückgefallen". Doch hat SIEMENS für das Jahr 2015 gerade eine Dividende von 3,50 Euro pro Aktie ausgeschüttet, welche die Analysten – auf den aktuellen Kurs bezogen – als Dividendenrendite von knapp 4 % berechnen. Der Anleger berechnet seine individuelle Dividendenrendite jedoch auf sein eingesetztes Kapital von durchschnittlich 32 Euro und kommt auf 3,5 x 100 / 32 = 10,94 %. Welch ein schönes Zubrot zur Rente – auf geht's in den nächsten Urlaub! Sorry, aber das muss gesagt werden: **Mit Bundesanleihen hätte das nicht geklappt**.

Hurra – eine Krise!

Während andere Aktienmärkte über viele Jahre Wachstumsraten von 9 % bis 11 % (vor Kosten) erbrachten und auch die letzten Jahrzehnte der DAX-Entwicklung nur wenig darunterlagen, ergibt sich für die letzten 40 Jahre des Deutschen Aktienmarktes ein etwas schlechteres Bild. Gemäß der Berechnungen des Deutschen Aktieninstituts (siehe oben) beträgt die DAX-Rendite in diesem Zeitraum ca. 8,2 % (der man eine durchschnittliche Inflationsrate von knapp 3 % gegenüberstellen muss). Aber es war ja auch eine ganz, ganz schlimme Zeit, wenn Sie nur an die lange Liste der Katastrophen und Krisen denken ... Lassen Sie uns diese nochmals Revue passieren – die Älteren unter uns erinnern sich ...[52]

[52] Dies ist eine unvollständige und rein subjektive Aufzählung.

2017	Nordkorea weitet sein Raketenprogramm aus, droht der USA und der Welt
2016	Donald Trump wird 45. Präsident der Vereinigten Staaten von Amerika
2015	Mario Draghi schockiert die Finanzmärkte („Whatever-it-takes-Rede")
2015	Flüchtlingskrise und vermehrt Terroranschläge in Europa
2014	Ebola-Epidemie in Afrika, Auftreten der Terrormiliz IS, Ukraine-Krise
2013	Vogelgrippe (Geflügelpest) H7N9 und NSA-Affäre
2011	Reaktorunfall im japanischen Fukushima,arabischer Frühling, EHEC-Epidemie
2010/2011	Eurokrise (Griechenland, Spanien, Portugal, Italien ...)
2010	Explosion der Bohrinsel Deepwater Horizon im Golf von Mexiko
2007/2008	Finanzkrise (Kreditkrise, Suprime-Krise)
2004	Tsunami im Indischen Ozean
2002/2003	SARS-Pandemie
2001	Terroranschläge in den USA (u. a. auf das World Trade Center in New York)
2000	Platzen der Dotcom-Blase
1999	Kosovokrieg
1998/1999	Russlandkrise (Rubel-Krise und Wirtschaftskrise in Russland)
1998-2002	Argentinien-Krise
1997	Vogelgrippe (Geflügelpest) H5N1 – Übergang auf den Menschen
1995	Bombenanschlag in Oklahoma City, Ende des Bosnienkrieges
1992	BSE (Rinderwahn) (2000/2001 erste amtliche Fälle in Deutschland)
1991	Zusammenbruch Sowjetunion, 2. Golfkrieg, Beginn Jugoslawien-Kriege
1990	Deutsche Wiedervereinigung, Ende der Apartheid in Südafrika, Einbruch des Japanischen Leitindex NIKKEI um fast die Hälfte
1989	Ende des Kalten Krieges, Massaker auf dem Platz des Himmlischen Friedens in Peking, Fall der Berliner Mauer,
1987	Schwarzer Montag an der Börse New York, danach fielen die Börsen weltweit
1986	Reaktorkatastrophe von Tschernobyl
1982	Falklandkrieg, Libanonkrieg
1981	Friedensbewegung gegen Rüstungswettlauf im Kalten Krieg, im Zuge der Solidarność-Bewegung in Polen Verhängung des Kriegszustandes, Attentat auf den ägyptischen Präsidenten, AIDS offiziell anerkannt
1980	Einmarsch der Sowjetunion in Afghanistan, Beginn des 1. Golfkriegs, Boykott der Olympischen Spiele in Moskau, Gründung der Partei *Die Grünen*
1979	Islamische Revolution und Geiselkrise in Iran mit Flucht des Schah
1978	Aufstand in Soweto, Südafrika, Militärputsch in Afghanistan
1977	RAF-Terror in Deutschland, Flugzeugkatastrophe von Teneriffa
1975	erste Warnungen zum Ozonloch

In diesem katastrophalen und krisenhaften Umfeld ist der DAX um jährlich ca. 8,2 % gestiegen – und zwar inklusive Zinseszinseffekt, also exponentiell.
Rechnet man diese 8,2 % in einen Wachstumsfaktor um (1,082) und potenziert man diesen für die nächsten 40 Jahre, so erhält man einen kumulierten Wachstumsfaktor von über 23, d. h., der DAX würde nach 40 Jahren bei unverändertem Wachstum um diesen Faktor zunehmen. Ausgehend von ganz grob 12.000 Indexpunkten im Jahr 2018 wären das also grob 280.000 Indexpunkte. Chapeau!!!

Wir sollten aber keine Prognose anstellen und wir sollten nicht die Inflation vergessen. Falls uns tatsächlich viele Jahre der Nullzinspolitik bei gleichzeitigem Fehlen von Inflation bevorstehen, sollte man von den 8,2 % zumindest den Inflationsanteil von ca. 3 % abziehen und lieber mit ca. 5 % kalkulieren. Trotzdem: Wenn Sie konsequent und langfristig einen guten Teil Ihrer Ersparnisse in Aktien oder aktienbasierte ETFs investieren, die Diversifikation berücksichtigen und Ihre Kosten gering halten, dann mache ich mir überhaupt **keine Sorgen um Ihr Alterseinkommen**. Und soweit Sie langfristig gut planen und durchhalten, könnte eine **Netto-Police auf Basis von Aktien-ETFs** noch die steuerliche Komponente optimieren (vgl. Kapitel D.8).
Machen Sie sich nicht zu viele Sorgen – Optimismus ist Pflicht und Hilfe lauert überall!

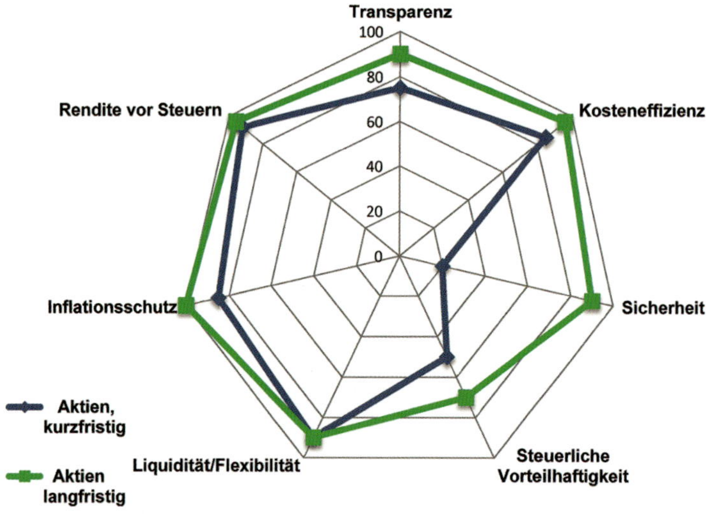

Abb.: Kurzfristige und langfristige Aktienanlage in der einfach genialen Siebeneck-Prüfung

Eine kurze Interpretation der Kriterien für die Siebeneck-Prüfung:

Die Einschätzung der **Transparenz** ist notwendigerweise eine Durchschnittsangabe. Während die Publikationspflichten in entwickelten Industriestaaten und hier insbesondere für große Unternehmen sehr ausgeprägt sind, ist in jungen und noch sich entwickelnden „Emerging Markets“ mitunter das Gegenteil der Fall. Insgesamt hat der Langfristanleger jedoch aufgrund seiner Erfahrungen einen kleinen Transparenzvorsprung.

Die Differenz beim Kriterium **„Kosteneffizienz“** ist durch die Transaktionskosten des kurzfristigen Handelns schnell erklärt. Allerdings erhält selbst der kurzfristige Aktienbesitz hier im Vergleich zu anderen Anlageformen noch eine recht gute Bewertung. Geradezu traumhaft ist die Kosteneffizienz eines langfristig orientierten Direktanlegers in Aktien, wenn er auf ein kostenloses Depot eines Discountbrokers zurückgreift. Er kommt Jahr für Jahr auf laufende Kosten (veraltet: Gesamtkostenquote TER) von ***Null***.

Der Zugewinn an **Sicherheit** durch langfristige Anlagedauern wurde oben bereits ausführlich erläutert.

Die höhere **steuerliche Vorteilhaftigkeit** der Langfristanlage ergibt sich dadurch, dass Kursgewinne erst bei Verkauf der Aktien zu versteuern sind. Der Langfristanleger versteuert Jahr für Jahr lediglich die erhaltenen Dividenden, während die einbehaltenen Gewinne die Substanz mehren und ertragreich „vor KESt“ für ihn weiterarbeiten, sodass es zu einem Zinseszinseffekt auf die gesparten Steuern kommt. Dieser Effekt ist bei langfristigem Halten der Anlage nicht zu unterschätzen.

Die **Liquidität** der meisten Aktienmärkte ist vergleichsweise hoch, also auch hier eine ziemlich gute Bewertung.

Da Aktien Sachwerte darstellen, bieten sie weitgehenden **Schutz vor Inflation** – was kurzfristig nicht ganz so zuverlässig funktioniert wie langfristig.

Die **Rendite vor Steuern** dieser Anlageklasse sollte fairerweise sowohl bei kurzfristiger als auch langfristiger Anlagedauer unterschiedslos als sehr hoch bewertet werden – nur die Streuung und das Risiko unterscheiden sich, nicht jedoch der Erwartungswert. Historisch gelten Aktien über viele Jahrzehnte hinweg als die **Anlageklasse mit eindeutig höchster Rendite**, daran ändern auch spektakuläre Aktiencrashs nichts.

Hart, aber wahr

Der ursprüngliche Text zu diesem Kapitel wurde am 24.06.2016 geschrieben, also dem Tag des verkündeten **Brexits.** Die Aktienmärkte wiesen an diesem Tag herbe Verluste aus und die Pessimisten überschlugen sich in schrillen Kommentaren. Die Mehrzahl der Marktteilnehmer hatte einen gegenteiligen Ausgang der Wahl erwartet und den DAX auf 10.257 Zähler gesetzt. **Nur drei Tage später** holte die Reue die Anleger ein und die Märkte empfanden 9.268 Indexpunkte (also ziemlich genau 10 Prozentpunkte weniger) als fair. Für aktive Investoren und all solche, die glaubten, in die Zukunft schauen zu können, also ein klares Signal zum Ausstieg (natürlich mit Transaktionskosten). Zum Jahresende 2016 – also kein halbes Jahr später – stand der DAX aber schon bei 11.400 Punkte und hatte damit nicht nur alle Verluste ausgeglichen, sondern im Verhältnis zum 27.06. überraschende 23 % gutgemacht.

Das war nicht vorauszusehen. Aber die ganzen „Aussteiger" haben sicher den zeitnahen Einstieg verpasst, sind anziehenden Kursen hinterhergelaufen und haben diese dann zusätzlich getrieben. Im November 2017 stand der DAX dann sogar über 13.400 Punkte, was ebenfalls niemand vorausgesehen hätte.

Wichtigste Regel: Alles kann passieren – auch das Gegenteil. Deswegen rät der Autor, die Füße still zu halten und passiv bzw. regelgebunden und langfristig zu investieren.

Zentrale Ergebnisse

- Das tragbare Risiko hat viel mit Ihrem Zeithorizont zu tun.
- Was kurzfristig riskant ist, kann langfristig seriös und ruhig sein.
- Für langfristig orientierte Anleger ist der Verzicht auf Risikomanagement das beste Risikomanagement, da die Kurssicherungskosten/Garantiekosten ganz sicher eines bewirken: Sie reduzieren die Rendite erheblich.
- Dividenden werden meist in ihrer Bedeutung unterschätzt.
- Die Dividenden eines diversifizierten Portefeuilles oder entsprechenden ETFs werden höchstwahrscheinlich stärker steigen als die Inflationsrate und so zu einem wertvollen passiven Einkommen für Sie beitragen.

Konkrete Handlungsempfehlungen

- Hinterfragen Sie eine ggf. bestehende Abneigung gegen Aktien. Bestehen bei Ihnen negative Bilder wie „Zocken", „Spielcasino", „Wetten"?
- Machen Sie sich bewusst, dass die „normale" menschliche Psyche eine starke Tendenz zur Überschätzung spektakulärer Risiken besitzt, während sie unspektakuläre Risiken (z. B. die „normale" jährliche Inflation) ignoriert bzw. unterschätzt.
- Schauen Sie (z. B. im Internet) historische Kursverläufe von Aktien oder Indizes an und prüfen Sie, wie viel von den spektakulären Kursverlusten der letzten Krisen denn übriggeblieben ist. Das hilft zur Versachlichung.
- Stellen Sie sicher, dass Ihre Anlagen positive Erwartungswerte haben.
- **Spekulieren Sie nicht** – versuchen Sie auch kein Market Timing. Sondern:
  - Bestimmen Sie Ihren angemessenen Risikograd und Aktienanteil, mit dem Sie an der Party teilnehmen können.
  - Bleiben Sie mit diesem Teil konsequent auf der Party, auch wenn die Musik mal leiser oder mal lauter spielt.

  Denn niemand weiß, wann die Musik aufhört und wann sie wieder einsetzt.

Quellennachweis und weiterführende Literatur

Graham, B.: Intelligent Investieren: Der Bestseller über die richtige Anlagestrategie, München, 7. Auflage 2014 (Eine leider handwerklich schlechte Übersetzung eines genialen Grundlagenbuches zu Aktien, trotzdem lesenswert. Wer des Englischen mächtig ist, sollte unbedingt die Originalversion lesen.)

Kostolany, A.: Die Kunst, über Geld nachzudenken, Berlin 2015

Siegel, J. J.: Aktien für die Ewigkeit: Das Standardwerk für die richtige Portfoliostrategie und eine kontinuierliche Rendite, München 2016 (Eine seriöse Langfristanalyse von Aktien als Anlageklasse, die überzeugend darlegt, dass man mit breiter Diversifikation und langem Atem eine Realrendite erzielt, die nach menschlichem Ermessen ansonsten von keiner Anlageklasse erreicht wird.)

Walz, H.: Einfach genial entscheiden, Freiburg, 2. Auflage 2015, Kapitel 25, „Der Hund, der nicht bellt"

Anmerkung: Es gibt unzählige Bücher mit Aktientipps und Handelsstrategien, die Ihnen schnellen Reichtum und exorbitante Gewinne mit Aktien versprechen. Sicher verstehen Sie, dass keines dieser Bücher in meiner Literaturempfehlung auftaucht.

2 Jede Bewegung schwächt oder: Die Erfindung des Rades in der Geldanlage

ETFs sind gegenüber aktiven Investmentfonds oder Investmentzertifikaten die bessere Alternative

Was Sie in diesem Kapitel erfahren:

- Was ETFs sind und wie Sie verschiedene Arten unterscheiden können.
- Wie Sie ETFs in Ihrem Portefeuille einsetzen.
- Warum ETFs aktiv gemanagten Fonds vorzuziehen sind.
- Weshalb man auch mit ETFs „zocken" kann - dies aber unterlassen sollte.
- Die zehn zentralen Gründe, die gegen aktive (= traditionelle) Investmentfonds sprechen.
- Dass auch ETFs ein paar dunkle Seiten haben, mit denen man aber gut umgehen kann.
- Dass preiswerte, transparente, regelgebundene Anlageklassen-Fonds eine bedenkenswerte Alternative zu ETFs darstellen.

Passives bzw. regelgebundenes Investieren, also die Orientierung an einem Index als Referenzgröße für einen bestimmten Gesamtmarkt, hat seit ca. 2010 enorm an Bedeutung und Interesse gewonnen. Hierbei versucht der Anleger, mit möglichst kostengünstigen Anlagevehikeln – meist börsennotierten Fonds (ETFs) oder preiswerten, transparenten, regelgebundenen Anlageklassen-Fonds – der Performance eines Marktes oder Index möglichst nahe zu kommen. Diese Vorgehensweise wird auch als Index-Tracking und die Abweichung zwischen erzielter Rendite und Indexrendite als „Tracking-Error" bezeichnet. Die **Marktrendite** wird mit dem Fachausdruck **Beta** bezeichnet. Gelingt es einem aktiven Anleger, bei gleichem Risiko den Markt zu schlagen (= outperformen), d. h. eine über dem Gesamtmarkt liegende Rendite zu erreichen, so wird diese als **Alpha** bezeichnet.

Das sind ETFs

Exchange Traded Funds sind keine Anlageklasse, sondern Anlagevehikel[53], die verschiedene Anlageklassen abbilden können. Sie sind **börsengehandelte Investmentfonds**, die der Anleger typischerweise nicht von der Fondsgesellschaft, sondern über die Börse, also dem **Sekundärmarkt**, erwirbt. Dabei wird das übliche Aufgeld (bei traditionellen Fonds häufig 5 %) durch eine minimale Spanne zwischen Kauf und Verkauf (oftmals unter 0,2 % ersetzt). Während traditionelle Fonds lediglich einmal täglich ihren Wert mitteilen, erfolgt die Kursfestsetzung beim ETF i. d. R. sekündlich. Die **jährlich wiederkehrenden Kosten**, die durch die Kennziffer Laufende Kosten (Ongoing Charges, veraltet: Gesamtkostenquote TER) wiedergegeben werden, beginnen bei – und man achte auf die Kommastelle – 0,07 % und gehen selten über 0,8 % hinaus, während diese bei traditionellen Fonds überwiegend zwischen 1,5 % und 2,2 % liegen.

In den meisten Publikationen über ETFs werden diese mit Indexfonds gleichgesetzt, was jedoch nicht ganz richtig ist. Zwar ist der größte Teil von ETFs indexgebunden, jedoch gibt es auch andere ETFs, z. B. Strategie-ETFs. Und es gibt umgekehrt auch Indexfonds, die keine ETFs sind. Damit es nicht zu einfach wird, gibt es schließlich auch aktiv gemanagte Fonds, die börsennotiert sind. Und sogar ganz seltene aktive ETFs, auf die hier nicht weiter eingegangen wird[54]. Also wie immer: Die Welt ist bunt.

Die folgenden Ausführungen konzentrieren sich jedoch zunächst auf die mit Abstand am weitesten verbreiteten Typen, nämlich **passive, indexnahe, börsengehandelte Fonds**. Erst am Ende des Kapitels wird über aktuelle Sonderformen, wie „Smart-Beta-ETFs“ und regelgebundene institutionelle Anlageklassen-Fonds, berichtet.

---

[53] Bereits im Jahr 1975 legte der Amerikaner John Bogle den ersten börsengehandelten Indexfonds für Privatanleger auf. In Europa war der erste ETF im Jahr 2000 am Handelsplatz Xetra in Frankfurt handelbar. 2012 gab es auf Xetra über 1.000 ETFs. Stand 2016 sind ca. 450 Mrd. Euro in ETFs in Europa investiert. Das ist viel Geld, gleichwohl nur etwa 5 % des Volumens aktiver Fonds.

[54] Balchunas, E.: The Institutional ETF Toolbox: How Institutions Can Understand and Utilize the Fast-Growing World of ETFs (Bloomberg Press), Hoboken, New Jersey 2016, Kapitel 12.

Abb.: Die Rollenteilung zwischen verschiedenen Partnern dient dem Endkunden

Und auch wenn viele ETFs indexgebunden sind, heißt das noch lange nicht, dass die Anleger mit ihnen ausschließlich eine passive, d. h. prognosefreie Strategie verfolgen. Durch die Indexbindung wird lediglich das **Stock Picking**, also die Einzelauswahl, ausgeschlossen, nicht jedoch das **Market Timing**, also der Kauf oder Verkauf des Index via ETF in Hinblick auf erwartete Kurssteigerungen oder Einbrüche. Wissenschaftliche Untersuchungen beweisen, dass ETFs besonders für Market Timing verwendet werden. Sowohl Institutionelle als auch Private „zocken" mit ETFs, was das Zeug hält. Und spielen damit im Durchschnitt ein Verliererspiel, wie durch wissenschaftliche Studien nachgewiesen wird. Sollten Sie zum Zocken neigen, empfehle ich Ihnen allein zur Vermeidung von Spekulationsverlusten die Inanspruchnahme eines echten Honorarberaters (siehe Kapitel B.4). Die Honorarkosten werden in der Regel weit unter den Kosten des Spekulierens liegen.

Anlageobjekte, auf die sich das Anlagevehikel ETF bezieht, sind (nach abnehmender Bedeutung): **Aktien und Anleihen**, danach bleiben ein paar Ränge unbesetzt, gefolgt von **Geldmarktpapieren, Rohstoffen** und **Derivaten**.

Wissenswerte Typen von ETFs sind:

- **ETFs auf den Gesamtindex**, das ist der Klassiker – hierbei denkt der Deutsche sofort an einen DAX-ETF. Jedoch geht es erheblich breiter und besser diversifiziert. Statt 30 deutschen Einzeltiteln im DAX bietet der MSCI World bereits über 1.600 und der MSCI All Country World Investable Market Index (ACWI IMI) über 8.500 weltweit diversifizierte Einzeltitel.
- **ETFs auf einen Branchenindex** also z. B. Automobil, Banken, Nahrungsmittel.
- **ETFs auf einen Regionalindex**, wie z. B. Emerging Markets.
- **Strategie-ETFs (= Smart-Beta-ETFs):** Hierunter fallen recht unterschiedliche Sonderformen, z. B. spezielle Indizes, die sich auf Aktien mit besonders hoher Dividendenzahlung, einem guten Buch-/Marktwertverhältnis oder anderen vermeintlichen besonderen Erfolgsfaktoren auszeichnen. Die Orientierung an derartigen Faktoren führt auch zur Bezeichnung **„Faktor-ETFs".**
- **Short-ETFs:** Hier handelt es sich um einen **inversen ETF** auf einen Gesamtindex, der ETF steigt also im Wert, wenn der Index fällt und umgekehrt. Wie unschwer erkennbar, findet er Verwendung, um entweder auf fallende Kurse zu spekulieren oder aber eine Bestandsposition gegen Kursverluste zu sichern.
- **Gehebelte ETFs:** Hier werden die Kursbewegungen des zugrunde gelegten Index verstärkt – also mit einem **Multiplikator** (oftmals zwei oder vier) wiedergegeben. Es gibt auch inverse gehebelte ETFs. Wie war das doch: Die Welt ist bunt …

Die **Vorteile von indexgebundenen ETFs** werden insbesondere in der Gegenüberstellung mit ihrem typischen Kontrahenten, dem traditionellen, aktiv gemanagten Investmentfonds sichtbar. Neben dem bereits dargestellten **Kostenaspekt** und der hohen **Liquidität** durch fortlaufenden Handel wird vor allem die hohe **Transparenz** geschätzt, denn der Anleger kann exakt nachvollziehen, in welchen Werten er investiert ist, während aktive Investmentfonds mehr oder weniger eine „black box" darstellen. ETFs ermöglichen jegliche gewünschte Diversifikation, ohne irgendwelche Mühe, bei gleichzeitig **kleinen Losgrößen** (= Mindestvolumina). Sie bieten eine volle Beteiligung an den Erträgen des Anlagegegenstandes (bei ETFs auf Aktien also Dividendenbeteiligung), je nach Wunsch als **Ausschüttung** oder automatischer **Wiederanlage** (= Thesaurierung). In Hinblick auf steuerliche Behandlung sowie das Insolvenzrisiko des Emittenten ziehen sie mit aktiven Fonds gleich (in beiden Fällen sind die gesparten Mittel in einem **Sondervermögen** geschützt). Die Gesamteinschätzung der **Sicherheit** geht ebenfalls mit leichtem Vorteil an den ETF, da die prognosefreie Anlagestrategie vor einer Reihe möglicher Fehler des aktiven Managements schützt.

Verdichtet man diese Ergebnisse zu dem einfach genialen Siebeneck, so ergibt sich das nachfolgende Bild:

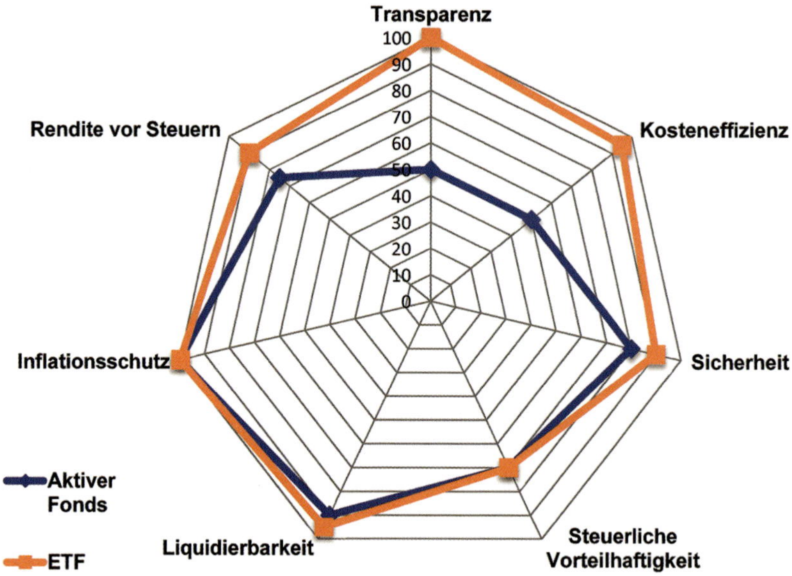

Abb.: Indexgebundene ETFs versus traditionelle aktiv gemanagte Investmentfonds in der Siebeneck-Prüfung

Jede Bewegung schwächt: Die zehn zentralen Gründe, warum ein aktiver Fonds im Vergleich zum prognosefreien ETF regelmäßig die schlechtere Wahl ist

Auch wenn provisionsgetriebene FPV Ihnen regelmäßig zu aktiv gemanagten Fonds raten, gibt es aus wissenschaftlicher Sicht keine guten Gründe dafür. Jedoch umso mehr dagegen:

1. Im **Durchschnitt** liegen aktive Fonds vor Kosten mit passiven Fonds gleichauf.
2. Aktive Fonds haben jedoch ganz erheblich höhere laufende Kosten als passive Fonds (das kann durchaus Faktor 10 bis 12 ausmachen).
3. Um Kosten zu sparen, jedoch auch aus **Angst vor Fehlentscheidungen** lehnen sich Manager aktiver Fonds häufig stark an Indizes an (= Index Hugging). Der Kunde erhält also de facto eine nahezu passive Geldanlage zu überhöhten Kosten. Das Problem des Index Hugging ist so stark, dass es sogar vom Bundesaufsichtsamt für Finanzdienstleistungen geahndet wird.

4. Aktive Fonds erleiden zusätzliche Nachteile dadurch, dass Kauf- und Verkaufsaktivitäten des Fondsmanagers zu **negativen Kursreaktionen** führen (= Market Impact)[55].
5. Schließlich sind aktive Fonds durchschnittlich erheblich schwächer investiert, d. h., halten eine **höhere Cash-Quote**. Natürlich kann das in bestimmten Situationen vorteilhaft sein, aber langfristig ist eben der Erwartungswert des „Investiertseins" höher als der Erwartungswert des „Kassehaltens", sodass sich auch hier ein Nachteil für den aktiven Fonds ergibt (Fachausdruck: **Opportunitätskosten**).
6. Schließlich bieten aktive Fonds **weniger Transparenz** und eine erschwerte Kontrolle durch den privaten Anleger, wodurch **eigennütziges Verhalten des Fondsmanagements** sowie z. B. der hinter der Fondsgesellschaft stehenden Bank Raum erhält (vgl. auch Kapitel B.4, „Kein Fallschirm für den Piloten").
7. Es besteht bei aktiven Fonds stets die **Gefahr der versteckten Risikoerhöhung**, da eine hierdurch erzielbare Mehrrendite gut darstellbar ist, die ursächliche Risikosteigerung jedoch verborgen werden kann.
8. Sofern die Fondsgesellschaft Teil einer Bank ist, besteht die Gefahr, dass aus Sicht der Bank unerwünschte bzw. **schlecht veräußerbare Assets** in aktive Investmentfonds **„abgeschoben"** werden. Praktikerspruch: „Und was ich nicht veräußern kann, das seh ich als Investment an!"
9. Werbeaussagen aktiver Fonds **„schönen" die Darstellung des tatsächlichen Anlageerfolgs**, z. B. durch Vergleich mit sachlich nicht vergleichbaren Maßstäben und Benchmarks, **manipulatives Herausgreifen** zufällig erfolgreicher Einzelfonds sowie „günstiger" Zeiträume oder Bezugszeitpunkte. Wenn bei rund 50.000 aktiven Fonds weltweit ein paar hundert oder auch wenige tausend davon „den Markt geschlagen haben" und dies auch nur für einen kurzen Zeitraum, dann fehlt es einfach an **statistischer Signifikanz**.
10. Aus historischem Erfolg aktiver Investmentfonds kann leider kaum auf künftigen Erfolg geschlossen werden. Die **fehlende Performance-Konsistenz** bedeutet, dass auch mit Fonds, die in der Vergangenheit überdurchschnittlich gut waren, wahrscheinlich eine unterdurchschnittliche Rendite erzielt wird[56].

---

[55] Als Market Impact wird die „Markteinwirkung" bzw. „Marktbeeinflussung" durch den Handelnden selbst bezeichnet. Durch sein Handeln (Verkaufen, Kaufen) erhöht der Handelnde zwangsläufig Angebot oder Nachfrage am Markt und beeinflusst damit – völlig unvermeidbar – die Marktpreise: Durch Erhöhung des Angebotes sinken die Preise, durch Erhöhung der Nachfrage steigen die Preise. Somit wirkt der market impact für den Handelnden stets negativ. Studien beziffern die Wirkung des market impact bei sehr aktiven Fonds auf 0,5 % bis 0,8 % Renditeverlust p. a.

[56] Vgl. Ritzau, M.: Die große Fondslüge. Falsch beraten von Finanztest, Sparkassen, Banken & Co, Marburg 2016, Seite 133–152.

Methoden der Indexnachbildung

Wie schafft es ein ETF nun aber, einem abstrakten Index in der Wertentwicklung zu folgen (= Index-Tracking)?

- **Vollständige physische Indexabbildung (Full Replication):**

  Der Laie nimmt meist an, dass der ETF die im Index befindlichen Aktien einfach exakt in einem Verhältnis kauft, welches der Indexzusammensetzung entspricht, und anschließend in das Fondsvermögen einbringt. Das ist auch tatsächlich eine Möglichkeit (wenn auch keineswegs die einzige). Sie kommt insbesondere bei einfachen Indizes mit nur wenigen Anlagen (wie z. B. dem DAX) zur Anwendung. Diese Vorgehensweise wird als Full Replication bezeichnet.

- **Sampling-Methoden (unvollständige, aber physische Indexabbildung):**

  Bei **sehr umfangreichen Indizes,** wie z. B. dem MSCI World mit über 1.600 Einzelwerten, spielen die enthaltenen Werte mit sehr kleinen Gewichten nahezu keine Rolle mehr. Also reduziert der ETF-Anbieter die Anzahl der eingestellten Aktien.

  Beim **Representative-Sample-Ansatz** ignoriert er einfach die Werte mit den geringsten Gewichten – er schneidet an irgendeiner Stelle ab. Ganz nach dem Motto: 20 % der Werte decken über 80 % der Indexentwicklung ab.

  Beim **Optimized-Sample-Ansatz** wendet der ETF-Anbieter ein – individuelles und nicht publiziertes – Verfahren an, mit dem er versucht, eine kleinere Gruppe von Aktien zu finden, die in ihrer Preisentwicklung gleichwohl dem Gesamtindex weitgehend entspricht.

- **Synthetische Nachbildung (Swap-basierte ETFs):**

  Eine für den „Normalsterblichen" kaum vorstellbare Möglichkeit der Indexabbildung funktioniert wie folgt: Der ETF investiert seine Mittel zu mindestens 90 % völlig unabhängig vom abzubildenden Index (z. B. in relativ sichere, zinstragende Wertpapiere). Mit maximal 10 % schließt er einen **Swap-Vertrag** (= **Tauschvertrag**) mit einem Partner – meist einer Investmentbank – ab. Diese erhält die Rendite der im Portfolio befindlichen Wertpapiere und liefert im Gegenzug die Performance des vereinbarten Index. Entwickelt sich der Index nun besser als die im ETF-Sondervermögen angelegten Assets, so muss der Tauschpartner die Differenz beibringen. Umgekehrt kann es auch vorkommen, dass der ETF-Anbieter an den Swap-Partner bezahlen muss (z. B. wenn der Index gefallen ist). Die synthetische Nachbildung hat viele Vorteile (geringe Transaktionskosten, extrem präzises Index-Tracking). Gleichzeitig steht diese Konstruktionsweise aber wegen möglicher **Ausfallrisiken** des Swap-Partners – insbesondere in extremen Finanzmarktsituationen – in der Kritik.

Für den tiefer gehend interessierten Leser

Alle in der EU zugelassenen Investmentfonds und somit auch ETFs unterliegen den Vorschriften der UCITS[57]-Richtlinien. Das heißt, sie unterliegen bestimmten europaweit vereinheitlichten Regelungen, u. a. zugunsten des Anlegerschutzes. Für die Umsetzung in Deutschland wurde z. B. das Kapitalanlagegesetzbuch (KAGB) erlassen, welches das Investmentgesetz (InvG) ersetzte. Das KAGB sieht z. B. Erlaubnis-, Anzeige-, Verhaltens- und Organisationspflichten für Kapitalverwaltungsgesellschaften vor. Ebenso Regelungen über die zulässigen Vermögensgegenstände, in die ein UCITS/OGAW investieren darf (eligible assets). Die sogenannte UCITS-III-Richtlinie erweiterte die zulässigen Vermögensgegenstände. Nennenswert ist, dass Swaps (derivative Austauschverträge) bis zum Volumen von 10 % des Sondervermögens zulässig sind, was die Konstruktionsweise synthetischer ETFs ermöglicht. Somit erscheint das Kontrahentenrisiko auf diese 10 % begrenzt. Die ETF-Anbieter nehmen jedoch für sich in Anspruch, dass sie i. d. R. mit maximal 5 % Swap-Anteil auskommen und das Kontrahentenrisiko durch zusätzliche Besicherung der Swap-Verträge auf unter 2 % reduzieren. Seit 2016 ist am ETF-Markt die klare Tendenz weg von Swap-basierten ETFs hin zu vollständiger oder vereinfachter Indexabbildung (Full Replication bzw. Optimized Sampling) zu erkennen.

Abgrenzung von ETFs zu Investmentzertifikaten

Nun noch eine nützliche Abgrenzung von ETFs als passive, indexnahe, börsengehandelte Fonds zu Investmentzertifikaten. Letztgenannte sind (meist in der Laufzeit unbegrenzte) Anleihen von Investmentbanken, deren Wert an einen Index oder die Entwicklung eines anderen Anlagegutes gebunden ist. Wichtige Kriterien sind:

Kriterium	ETF	Investmentzertifikat
Vermeidung des Emittentenrisikos	Ja, durch Anlage als Sondervermögen	Nein, volles Emittentenrisiko, da kein Sondervermögen
Handelsort	Börse (transparent, höhere Liquidität)	Over the counter (weniger transparent, bzw. geringere Liquidität), An- und Verkauf durch den Emittenten selbst
Transaktionskosten	Geringer	Höher
Transparenz	Höher, jedoch Vorsicht vor Mitläuferprodukten, die das gute Image von ETFs nutzen (kritische Prüfung stets notwendig)	Geringer, z. B. Auftreten extrem undurchschaubarer und schlecht verständlicher Erscheinungsformen, Überflutung des Marktes mit Vielzahl von Varianten

[57] UCITS = Undertakings for Collective Investment in Transferable Securities, deutsch: OGAW = Organismen für gemeinsame Anlagen in Wertpapieren

Kriterium	ETF	Investmentzertifikat
Laufzeit	Grundsätzlich unbegrenzt – keine Ausnahmen bekannt	Sowohl zeitlich begrenzte als auch unbegrenzte Varianten möglich
Gesamtbewertung	Durchgängig positiv – lediglich kritische Überprüfung von Nachahmern und „Wölfen im Schafspelz" nötig.	Eher kritisch. Eigeninteressen der Emittenten überwiegen. Versteckte Risiken und interessengeleitete Intransparenz. Emittentenrisiko wird regelmäßig nicht oder nicht adäquat vergütet.

Zusammenfassend kommt die vergleichende Bewertung von ETFs mit Investmentzertifikaten zum Ergebnis, dass der private Anleger – soweit im konkreten Fall möglich – **stets den ETF dem entsprechenden Investmentzertifikat vorziehen** sollte.

Hart, aber wahr

In vielen Investmentzertifikaten sind exorbitante Margen versteckt, dazu Mechanismen, die dem Anleger oft kaum eine Chance lassen, seine Wette zu gewinnen. So ist eine milliardenschwere Maschinerie entstanden, die nur ein Ziel zu kennen scheint: den Anlegern unauffällig das Geld aus der Tasche zu ziehen. „Ob long, ob short, ein Teil vom Geld ist immer fort", höhnt Markus Straub von der Schutzgemeinschaft der Kapitalanleger in München.

Und noch eine wichtige Abgrenzung: Exchange Traded Commodities = ETCs

ETCs klingen so ähnlich, unterscheiden sich rechtlich jedoch klar von ETFs: ETCs bilden kein Sondervermögen, sondern stellen unbefristete Schuldverschreibungen dar, mit der Folge, dass sie bei einer Insolvenz des Emittenten wertlos werden können. Dies rückt sie in die Nähe von Investmentzertifikaten. Um das sogenannte **Emittentenrisiko** zu vermindern, versprechen einige Anbieter von ETCs mittlerweile die Risikoreduktion durch Hinterlegung von physischen Sicherheiten. Wie belastbar derartige Konzepte in Extremsituationen sind, muss sich erst noch erweisen.

Hinsichtlich des Anlagegegenstands ermöglichen ETCs die **virtuelle Investition in einzelne Rohstoffe oder Rohstoffkörbe** (= **Commodity Baskets).** Wer sich sicher ist, in die Anlageklasse „Rohstoffe" investieren zu wollen, für den kann das Vehikel ETC interessant sein. Auf alle Fälle sollte beim Investment größerer Beträge in ETCs verschiedener Anbieter diversifiziert werden, um ein möglicherweise verbleibendes Emittentenrisiko zu minimieren. Zu Rohstoffinvestments vergleiche Kapitel D.3.

Empfohlene Schrittfolge für die erfolgreiche Nutzung von ETFs

Welche Schritte sind nun erforderlich, um erfolgreich in ETFs zu investieren?

1. Die gewünschte und geeignete **Anlageklasse** finden.
2. Recherchieren, ob es gängige und verbreitete **Indizes** in dieser Anlageklasse gibt.
3. Feststellen, welche **ETFs auf diese Indizes** es gibt.
4. **Kosten** vergleichen. Bei den Kosten kann der Private sich nur auf die laufenden Kosten (veraltet: TER) verlassen, es kann weitere Kosten geben, die jedoch nicht identifizierbar sind[58].
5. Die **Fondsgröße** (Fondsvolumen) recherchieren. Je größer, desto besser.
6. Den **Gründungszeitpunkt** des Fonds recherchieren. Je länger es ihn schon gibt, desto besser.
7. Entscheidung treffen, ob **physische Replikation oder synthetische Abbildung** gewünscht wird. Im Zweifel physische Replikation bevorzugen.
8. Entscheidung treffen, ob **Ausschüttung oder Thesaurierung** gewünscht wird.
9. Entscheidung treffen, **ob Wertpapierleihe ausgeschlossen** werden soll (aktuell nur bei wenigen Fonds möglich, wird jedoch verstärkt angeboten).
10. Wenn ein Sparplan gewünscht ist, **Sparplanfähigkeit** des Fonds sicherstellen und **Sparplankosten** vergleichen.

Mit diesen Schritten ist man dem Ziel i. d. R. schon sehr nahe. Jedoch bleibt noch eine „Luxus-Sorge", die angesprochen werden sollte.

Smart-Beta-ETFs: schlau – oder nur Schau?

Wie beschrieben gibt es ETFs auf populäre Indizes bereits ab 0,07 % laufenden Kosten (veraltet: TER) p. a. Insbesondere in der jüngeren Vergangenheit werden alternativ sogenannte „Smart-Beta-ETFs" (auch Faktor-ETFs) angeboten, die i. d. R. etwas teurer sind, aber behaupten, durch einen intelligenteren Indexaufbau eine höhere Rendite im Vergleich zu traditionellen ETFs zu erzielen. Dies wohlgemerkt ebenfalls mit einem prognosefreien Ansatz, also ohne aktives Management.

Die folgenden Überlegungen stellen **Luxussorgen** dar bzw. betreiben **Optimierungsversuche auf sehr hohem Ausgangsniveau**. Es ist wichtig, dass Sie in Aktien langfristig investiert sind – entweder direkt oder über ETFs. Wenn Ihnen das also alles zu kompliziert wird, dann erwerben Sie einfach ein paar breit diversifizierende „Brot-und-Butter-ETFs" mit niedrigen laufenden Kosten und genießen Sie Ihr Leben. Sie werden auf alle Fälle signifikant **erfolgreicher sein als 90 % Ihrer Zeitgenos-**

[58] Viele ETFs werden über Tochterunternehmen von Banken und Finanzdienstleistern, welche in Luxemburg oder Irland ansässig sind, angeboten, was für den typischen Anleger jedoch irrelevant ist.

sen, die ihre Ersparnisse in Spar- oder Einlagekonten, Bausparverträge oder klassische Lebens- oder Rentenversicherungen oder in aktiv gemanagte Fonds mit hohen Transaktionskosten einbringen.

Falls Sie aber noch ein wenig „intelligenter“ investieren wollen, treten Sie ein in die Welt der Smart-Beta-ETFs, Strategie-ETFs sowie Faktor-ETFs.

Der Index ist nicht der Markt!
Smart-Beta-ETFs und Faktor-Prämien

Beim passiven Investieren stellt sich die berechtigte Frage nach dem Zustandekommen der Referenzgröße, nämlich dem Index. Nach welchen Gesichtspunkten wurde der Index konstruiert und wie gut repräsentiert er wirklich den künftigen Markt?
Auch **Smart-Beta-ETFs** stellen prognosefreies, regelgebundenes Investieren dar, sind also ein **strukturiertes Anlagevehikel**, jedoch **kein gemanagtes Produkt**.
Ausgangspunkt der Smart-Beta-ETFs ist die Erkenntnis: **„Der Index ist nicht der Markt.“** Wenn ein Anleger also einen hervorragend funktionierenden ETF besitzt, der nahezu exakt den Index abbildet, so erhält er die Indexrendite – aber nicht die Marktrendite. Die heikle Frage ist nun also, wie gut traditionelle Indizes den Markt wiedergeben und ob man mit einem anderen – intelligenteren – Index nicht näher an die zukünftige Rendite des Gesamtmarktes herankäme. Exakt an dieser Stelle setzt die Smart-Beta-Strategie an.

Mögliche Schwachpunkte traditioneller Indizes als Ausgangspunkt

Hinterfragt man die bekannten Indizes hinsichtlich ihres Zustandekommens (insbesondere der Gewichtungsfaktoren), so ergeben sich gewisse Schwächen, die nicht schlimm im Sinne von existenzbedrohend sind, aber trotzdem Raum für mögliche Verbesserungen lassen:

Betrachten wir als Beispiel den bekanntesten deutschen Index, den DAX:

Kritikpunkt 1: Er ist mit nur 30 Werten sehr schmal aufgestellt. Fachleute bemängeln, dass er keinen einzigen Nahrungsmittelhersteller und kein Rohstoffunternehmen enthält.

Kritikpunkt 2: Im Jahr 2008/2009 betrug das Gewicht der in einem Übernahmegefecht durch Porsche stehenden VW-Aktie ca. 30 % des DAX. Die mit einem – kurzfristig extremen Kurs – von über 1.000 Euro gehandelte VW-Aktie „verzerrte“ den DAX, der doch den Markt der wichtigsten und größten deutschen Unternehmen widerspiegeln sollte, in geradezu manipulativer Weise. Grund: Die Berechnungsformel des DAX gewichtet die 30 Einzeltitel mit ihrer **Marktkapitalisierung** (exakt: Anzahl der im **Streubesitz** befindlichen Aktien multipliziert mit dem Kurs), was dazu führt, dass steigende Aktienpreise eines Wertes ein steigendes Indexgewicht ergeben – sozusagen **ein sich selbst verstärkender Effekt**.

> Die – simple und sehr minimalistische – Antwort auf dieses Phänomen ist der Ansatz, die in den Index aufzunehmenden Aktien zwar nach der Marktkapitalisierung oder dem Free-Float auszuwählen, den Index selbst jedoch nicht nach diesen Kriterien zu gewichten, sondern einfach jeder Aktie den gleichen Anteil zuzuschreiben (beim DAX wäre dies 100 % / 30 Aktien = 3,33 % Indexgewicht für jede Aktie).

Zwischenergebnis: Ein einfacher Smart-Beta-Fonds kann bereits darauf beruhen, eine andere („smarte") Gewichtungsregel für die Indexzusammensetzung zu definieren.

Ein Smart-Beta-Fonds kann jedoch die Indexgewichtung noch unter Berücksichtigung anderer Faktoren vornehmen, von denen man sich für die Zukunft eine vergleichsweise bessere Wertentwicklung als bei dem simplen Marktkapitalisierungsindex verspricht. **Ziel von Smart-Beta** ist es also, gegenüber dem einfachen Indexinvestieren sogenannte **Faktor-Prämien** (= Prämien für wertschaffende Faktoren) zu erzielen.

Die am häufigsten genannten Smart-Beta-Faktoren sind die folgenden sieben (Stand 2018, ohne Anspruch auf Vollständigkeit):

1. **Größe** (= Size, Nutzung der Erfahrung, dass kleine Unternehmen im Schnitt dynamischer wachsen als größere)
2. **Wert** (= Value), Bewertung (z. B. Verhältnis von Kurs zu Gewinn pro Aktie, Verhältnis von Buchwert zu Marktwert)
3. **Profitabilität** (Kurzdefinition: Wie ertragsstark war die Aktie in Hinblick auf die Summe aller relevanten Faktoren, also Dividende plus Kursgewinn plus weiterer Faktoren wie z. B. Bezugsrechte?)
4. **Volatilität** (Kurzdefinition: Intensität der bisherigen Kursschwankungen)
1. **Momentum** (= relative Kursentwicklung der jüngsten Vergangenheit)
2. **Bilanzqualität** (= Einhalten von „seriösen" Bilanzrelationen z. B. beim Verschuldungsgrad)
3. **Gewinnrevisionen** (Wie häufig kam es zu Gewinnwarnungen, mussten also die Gewinnankündigungen zurückgenommen werden?)

Interessant – der rückschauende Vergleich zeigt: Hätte man ETFs an Indizes gebunden, welche die Aktienauswahl unter Berücksichtigung der o. a. Faktoren getroffen hätten, dann wären sie häufig besser als große traditionelle Indizes gewesen. Trotzdem ist Vorsicht angebracht: Erstens beweist die **Rückschau (= Backtesting)** überhaupt nichts für die Zukunft und zweitens zeigen die verfügbaren Untersuchungen einen **raschen Favoritenwechsel**. So waren in bestimmten Jahren die kleineren Unternehmen erfolgreicher, in anderen siegte der Momentum-Ansatz und dann wieder jener mit dem höchsten Buchwert/Marktwert-Verhältnis.

Single-Smart-Beta-Strategien wenden **durchgängig** einen der oben genannten Erklärungsansätze (oder einen anderen) an, d. h., bilden z. B. einen Index, in dem konsequent die kleineren Unternehmen einbezogen werden (Unternehmensgröße), oder bevorzugen Unternehmen, die sich in der jüngsten Vergangenheit besonders gut entwickelt haben (Momentum).

Multi-Smart-Beta-Strategien (auch **Multi-Faktoren-Ansätze** genannt) kombinieren gleich mehrere der Single-Smart-Beta-Kriterien. Das bedeutet, dass z. B. ein Index so gebildet wird, dass zwei, drei oder alle sieben oben genannten Faktoren – gleich oder unterschiedlich gewichtet – einbezogen werden. Damit wollen die Anbieter die Standard-Indizes auch auf Dauer schlagen. Ein auf alle Fälle interessanter Ansatz, für den es jedoch kaum belastbare wissenschaftliche Studien, sondern nur Simulationen, Backtesting-Ergebnisse und Erfolgsmeldungen einzelner Initiatoren gibt ☺.

Empfehlung: Soweit Smart-Beta-ETFs bzw. Faktor-ETFs mit **geringeren laufenden Kosten** angeboten werden, kann ein Investor mit hohen Investitionsvolumina diese seinem Portfolio als Beimischung hinzufügen. Der Beweis des Funktionierens von Smart-Beta-Strategien ist jedoch allenfalls für Größe (Size) und Wert (Value) geführt und es ist fraglich, ob der Anleger einen Mehrwert erhält, der erheblich höhere laufende Kosten von z. B. 1% p. a. rechtfertigt[59]. Im Ergebnis sollte hier wohl die Lindy-Regel angewandt werden (vgl. Kapitel B.3).

Preiswerte, transparente, regelgebundene Anlageklassen-Fonds als Alternative zu ETFs

Aus Gründen der Ehrlichkeit enthält dieses Buch mehr Warnungen vor Produkten und Vehikeln, die **nicht funktionieren** oder **überteuert** sind, als Empfehlungen für Produkte und Vehikel, die **gut funktionieren** und **erfolgversprechend** sind.
Daher soll an dieser Stelle unbedingt eine **positive Alternative** vorgestellt werden, die der Anlage in breit diversifizierende ETFs ebenbürtig – und je nach Anlegertyp – sogar vorzugswürdig ist.

Es handelt sich um das Vehikel **„regelgebundene Anlageklassen-Fonds“**. In Deutschland ist dieses Vehikel gemäß meiner Recherche bisher ausschließlich durch den Anbieter DFA (= *Dimensional Fund Advisors*) vertreten – vielleicht, weil mit diesem Ansatz für den Anbieter nicht so viel Geld zu verdienen ist wie mit aktivem Fondsmanagement. *Dimensional* ist eine in den USA seit 1981 erfolgreich tätige Kapitalanlagegesellschaft. Die Fondsgesellschaft orientiert sich konsequent an wissen-

[59] Der Autor hat bei seinen Recherchen einen Smart-Beta-Fonds gefunden, der sich seine smarte Passivität mit jährlichen Kosten von 2,69 % vergüten lassen will. Wachsamkeit und strikte Kostenorientierung ist also auch bei ETFs geboten.

schaftlich bewiesenen Erkenntnissen des Investierens. Und sammelt somit möglichst effizient und kostenarm die Marktrendite ein, anstatt durch „hin und her" den Markt schlagen zu wollen. Gleich mehrere Nobelpreisträger im Bereich der Finanzmarktforschung arbeiten diesem Fonds zu bzw. bringen ihre Forschungsergebnisse dort ein. Und **„Smart-Beta-Effekte"** bzw. **Faktorrenditen** (vgl. die Ausführungen in diesem Kapitel) werden bei *Dimensional* auch genutzt, soweit dies von den Kosten her sinnvoll ist.

Die DFA-Fonds sind mit **jährlichen Gesamtkosten von 0,4 bis 0,5 %** recht kostengünstig (bei ETFs geht die Spanne von 0,07 % für sehr einfache Produkte bis selten über 0,8 %). Zudem folgen die DFA-Fonds einfachen und transparenten Grundsätzen. Sie sind daher als regelgebundene Form des Investierens zu kategorisieren. Also nicht ganz passiv, aber dichter am passiven Ansatz als am aktiven. Und das spart auch versteckte Transaktionskosten und hält den „Market Impact" sehr gering. In der Rückschau der letzten 20 Jahre wäre eine Anlage in diese regelgebundenen Fonds in einer Gegenüberstellung *nach Kosten* im Vergleich zu ETFs der gleichen Risikoklasse überlegen gewesen. Was – in kritischer Sicht – natürlich keine Garantie für die Zukunft ist.

DFA-Fonds waren **ursprünglich nur für institutionelle Investoren** gedacht und werden daher häufig auch als „institutionelle Anlageklassen-Fonds" bezeichnet. Der Privatanleger kann sie **derzeit ausschließlich über einen (Honorar-)Berater** beziehen, wodurch einerseits jährliche Betreuungsgebühren von ca. einem Prozentpunkt entstehen, die der mündige Selbstentscheider mit einem selbstgebastelten ETF-Portfolio vermeiden kann. Andererseits erhält der Kunde im Gegenzug ein Produkt, welches de facto häufig noch ein wenig besser als das ETF-Portfolio ist. Und als Gegenleistung für die Betreuungsgebühr eben auch eine Betreuung, die handwerkliche Optimierungen in der Finanzplanung des Privaten umfasst. Und diesen vor allem vor den Kosten und Verlusten typischer Fehler der Anlagepsychologie bewahrt.

Kurzum: Wer sehr professionell und erfahren ist und sich wirklich alles ganz alleine zutraut, der wird sich sein ETF-Portfolio selbst erstellen (theoretisches Idealbild des mündigen Selbstentscheiders).

Wer jedoch selbstkritisch ist, die versteckten Kosten anlagepsychologischer Fehler erkannt hat und ganz froh ist, bei Bedarf und in kritischen Situationen einen vertrauensvollen Berater an der Seite zu haben, wird mit preiswerten, transparenten, regelgebundenen Anlageklassen-Fonds zufriedener sein.

Egal wie Sie zwischen diesen beiden Alternativen entscheiden – im Vergleich zu den traditionellen aktiven und teuren Fonds werden Sie viel erfolgreicher sein.

Zentrale Ergebnisse

- ETFs sind grundsätzlich das wichtigste Anlagevehikel für den Privaten, wenn dieser auf den Kapitalmärkten investieren will.
- Je nach Anlegertyp und Bedürfnissen sind institutionelle Anlageklassen-Fonds als gleichberechtigte Alternative zu sehen.
- Das große Interesse an ETFs hat zu Modeerscheinungen geführt – seit ca. 2010 gibt es einen regelrechten ETF-Hype.
- Natürlich gibt es daher auch weniger leistungsfähige Anbieter, die entweder überhöhte Kosten oder weniger sinnvolle Indizes an den privaten Anleger bringen wollen.
- Für den Laien oder Einsteiger sind unkomplizierte ETFs mit Bindung an einen bekannten Index empfehlenswert.
- Ist der Anleger sehr risikobewusst, so sollte er einen ETF wählen, der die im Index enthaltenen Wertpapiere tatsächlich auch im Fonds hat (= Prinzip der physischen Replikation).
- Es sind ETFs erhältlich, bei denen das Verleihen von Wertpapieren durch den ETF-Anbieter an Dritte ausgeschlossen wird. Anleger, die Wertpapierleihe ablehnen, können diese ETFs bevorzugen, zahlen jedoch etwas höhere laufende Kosten.
- ETCs sind Exchange Traded Commodities und völlig anders konstruiert als ETFs. Sie sind am besten mit einer Anleihe ohne Laufzeitbegrenzung vergleichbar, deren Wertentwicklung an einen Rohstoffpreis oder die Entwicklung eines Korbes aus mehreren Rohstoffen geknüpft ist. Hier ist das Bonitätsrisiko des Emittenten zu beachten.

Hart, aber wahr

Selbst viele institutionelle Anleger verwenden ETFs zur Anlage großer Vermögen. Und was für den Profi vorteilhaft ist, kann doch für den privaten Anleger nicht so schlecht sein ...

Konkrete Handlungsempfehlungen

- Wann immer Sie bei der Umsetzung eines konkreten Anlageziels (z. B. „Ich möchte in den Vietnamesischen Aktienmarkt investieren" oder „Ich möchte in die Gesundheitsbranche investieren") die Wahl zwischen einem ETF und einem Investmentzertifikat haben, sollten Sie dem ETF den Vorzug geben.
- Wenn Sie einen ETF gemäß Ihres Anlageziels suchen, dann helfen die folgenden Regeln:
  - Bei gleicher Indexbindung an den niedrigen Kosten orientieren.
  - Ansonsten lieber einen Fonds mit größerem als kleinerem Volumen wählen, um Gefahr der Schließung zu verringern. ETFs mit einem Volumen unter 50 Mio. sind potenzielle Schließungskandidaten und somit kritisch zu bewerten.
- Zudem haben die größeren ETFs auch geringere Bid-Ask-Spannen, d. h., der Anleger hat geringere Transaktionskosten bei Ankauf und Verkauf.
- Erwarten Sie, dass Sie beim persönlichen Gespräch mit Ihrem FPV stets gegen ETFs beraten werden und dass man Sie höchstwahrscheinlich auf Investmentzertifikate „umstellen" möchte. Die geringen Gebühren von ETFs passen eben einfach nicht zu persönlichen provisionsgetriebenen Vertriebsformen ...
- Smart-Beta-ETFs bzw. Faktor-ETFs versprechen trotz passiven Investierens eine etwas höhere Rendite. Das Konzept klingt interessant, ist jedoch noch kaum erprobt. Keinesfalls rechtfertigt Smart-Beta höhere laufende Kosten von z. B. 1 % pro Jahr.
- Beziehen Sie preiswerte, transparente, regelgebundene Anlageklassen-Fonds als ebenbürtige Alternative zu ETFs (insbes. Smart-Beta-ETFs) in Ihre Überlegungen ein.
- Indexnahe ETFs ersparen dem Anleger viele psychologische Fallen, die mit der Auswahl von Einzeltiteln (Stock Picking) einhergehen. Umso größer ist die Gefahr des Market Timing, also dass der Privatanleger versucht, durch (kurzzyklisches) Kaufen und Verkaufen von ETFs den Markt zu schlagen – auch das ist reine Spekulation und statistisch gesehen ein Verliererspiel.

Quellennachweis und weiterführende Literatur

Balchunas, E.: The Institutional ETF Toolbox: How Institutions Can Understand and Utilize the Fast-Growing World of ETFs (Bloomberg Press), Hoboken, New Jersey 2016

Bhattacharya, U. et all: The Dark Side of ETFs and Index Funds (2013) http://www.uts.edu.au/sites/default/files/FDG_Seminar_140917.pdf

Böschen, M./Gottschalck, A.: Kassenschlager, in: Manager Magazin 2/2015, S. 90–94 (lesenswerter Artikel über negative Auswüchse bei aktiven Fonds)

Bogle, J. C.: Keine Investment-Zauberformel. Börsengewinne mit gesundem Menschenverstand, Kulmbach 2007

Carossa, C.: Passive Investing. The Emperor Exposed? in: Journal of Financial Planing, Oct. 2005, S. 54–62 (streitbarer Artikel, der die Daseinsberechtigung aktiver Fonds auch für die Zukunft verteidigt)

Kommer, G.: Souverän investieren mit Indexfonds und ETFs: Wie Privatanleger das Spiel gegen die Finanzbranche gewinnen, Frankfurt a. M., 5. Auflage 2018

Marquardt, M.: Seelenfrieden für Ihr Vermögen. Eine Geschichte, die Ihnen Ihr Banker nie erzählen würde, Berlin 2014

Möhring, H.-J.: Gebühren fürs Nichtstun, in: CAPITAL INVEST 06/2016, S. 148–149

Ritzau, M.: Die große Fondslüge. Falsch beraten von Finanztest, Sparkassen, Banken & Co, Marburg 2016

Ritzau, M.: Für Spitzenfonds braucht man keine Spitzenmanager, in: Fondsprofessionell, Heft 01/2017, Seite 220-222 (Ritzau analysiert und beweist akribisch, dass es keine vernünftige Strategie ist, auf die Gewinnerfonds der Vergangenheit zu setzen.)

Seubert, U./Müller, S./Weber, M.: Die Risiken begrenzen, in: Die Bank. Dezember 2011, S. 12–16

3 6.000 glänzende Jahre

Gold, andere Edelmetalle und Rohstoffe als Anlageklasse

Was Sie in diesem Kapitel erfahren:

- Warum Gold weltweit als das Ur-Geld schlechthin gilt und was Gold als Ur-Geld von allen menschgemachten Währungen unterscheidet.
- In welchen Situationen physisches Gold und in welchen virtuelle Anlagevehikel auf Goldbasis vorzugswürdig sind.
- Warum es keineswegs identisch ist, ob man in Gold oder in Goldminenaktien anlegt.
- Was man bei Anlagen in Silber, anderen Edelmetallen und Rohstoffen im Gegensatz zur Goldanlage beachten sollte.
- Warum die sogenannten „Haltekosten" insbesondere bei Rohstoffen ins Gewicht fallen.

Eine kurze Zusammenfassung der Anfänge des Goldes

Gold ist, gemeinsam mit Grund und Boden, die **älteste Anlageklasse der Menschheit** und hat mindestens 6.000 Jahre Geschichte – nämlich seit Beginn aller menschlichen Aufzeichnungen. Das ist schon einmal sehr beachtlich und mit Blick auf manche recht junge Finanzinnovation unserer Tage ein Umstand, der uns Respekt abnötigt (vgl. Kapitel B.3 zum Lindy-Effekt).

6.000 Jahre alt und kein bisschen out

Als erste haben die Ägypter Gold systematisch und in größeren Mengen abgebaut und zwischen 4.000 und 2.000 v. Chr. circa 750 Tonnen reines Gold gewonnen. Seit dieser Zeit wurde Gold in unterschiedlichsten Kulturen und Ländern (z. B. Babylon, China, Äthiopien, Griechenland, Inka) gesucht, geschätzt und gehortet. Gemeinsam mit Silber wird Gold auch schon früh in Texten erwähnt – und zwar in der Bibel. Erste Münzprägungen aus reinem Gold gab es ca. 560–540 v. Chr. in Griechenland (lydischer Monarch Kroesus). Alexander der Große (356–323 v. Chr.) machte Goldmünzen dann zum **Hauptzahlungsmittel** in der Welt, indem er sie bis nach Indien verbreitete.
Der erste bekannte Münzfälscher war übrigens der römische Kaiser Nero, der schon im 1. Jahrhundert n. Chr. mit der systematischen Verschlechterung von Goldmünzen (durch Verwendung von Legierungen mit sinkendem Goldanteil) begann.

Die folgenden Jahrhunderte sind, stark verkürzt gesagt, eine sich immer wiederholende Folge von – im Vergleich zu Gold – sehr kurzlebigen Währungen. Die „Restlebenserwartung“ von Währungen sank insbesondere, sobald sie sich vom Gold lösten:

- entweder, weil der Goldanteil in den Münzen sank, die Goldmünzen bei gleichem Nennwert verkleinert, dünner gemacht oder aus minderwertigen Legierungen hergestellt wurden;
- oder aber weil die Währung keine vollständige Golddeckung mehr aufwies, sondern nur noch zu (meist im Zeitablauf sogar noch sinkenden) Teilen goldgedeckt war (Goldkernwährung) oder die Golddeckung völlig aufgegeben wurde.

Völlig losgelöst

Heute wird Gold vom ganz überwiegenden Teil der Bevölkerung nicht mehr als Geld oder Währung betrachtet und der Euro – wie auch alle anderen wichtigen Weltwährungen – besitzt keinerlei Verbindung oder Verknüpfung mehr zu Gold.
In einer viel beachteten Rede erklärte 2012 der Präsident der Deutschen Bundesbank Dr. Jens Weidmann: „Geld ist, was Geldfunktionen erfüllt … als Tauschmittel, als Zahlungsmittel und als Wertaufbewahrungsmittel … Gold ist somit gewissermaßen der zeitlose Klassiker in seiner Funktion als Tausch-, Zahlungs- und Wertaufbewahrungsmittel.“

Und jetzt kommt´s …!

„Heutiges Geld ist durch keinerlei Sachwerte mehr gedeckt. Banknoten sind bedrucktes Papier – die Kenner unter Ihnen wissen, dass es sich im Fall des Euro eigentlich um Baumwolle handelt –, Münzen sind geprägtes Metall.“

So der Präsident der Deutschen Bundesbank! Und weiter …

„Notenbanken schaffen Geld, indem sie Geschäftsbanken gegen Sicherheiten Kredite gewähren oder ihnen Aktiva wie zum Beispiel Anleihen abkaufen. Die Finanzkraft einer Notenbank ist dabei **prinzipiell unbegrenzt**, da sich eine Notenbank das Geld, das sie vergibt oder mit dem sie bezahlt, vorher nicht etwa beschaffen muss, sondern es quasi aus dem Nichts erschaffen kann.“

Rede von Dr. Jens Weidmann, Präsident der Deutschen Bundesbank: „Papiergeld – Staatsfinanzierung – Inflation. Traf Goethe ein Kernproblem der Geldpolitik?“ Frankfurt a. M., 18.09.2012
Weblink: http://bit.ly/28TYuKM

Zentrale Aussage: „Heutiges Geld ist durch keinerlei Sachwerte mehr gedeckt.“ Diese Art von Geld bezeichnet man als Fiat-Geld. Und das hat nichts damit zu tun, dass der EZB-Chef Draghi Italiener ist (siehe Glossar).

Das Problem verschärft sich, wenn wir an das diskutierte **Bargeldverbot** denken, auch noch in Verbindung mit womöglich drohenden „Strafzinsen“ für den, der sein Geld auf dem Konto liegen lässt (vgl. Kapitel A.2 zum Bargeldverbot).

Gold ist geprägte Freiheit

Ergebnis: Da Gold über ca. 6.000 Jahre faktisch die Funktion von Geld erfüllte, während die Lebenserwartung von Papiergeld durchgängig recht kurz war, ist es naheliegend, Gold als Anlageklasse in den Entscheidungsraum einzubeziehen.

Praktische Bewertung von Gold als Anlageklasse

Die folgenden Überlegungen beziehen sich zunächst auf physisches Gold, also Goldanlagen in Form von Goldbarren, Goldmünzen, Goldnuggets oder Goldstaub.

Hart, aber wahr

Goldschmuck stellt eine denkbar schlechte Alternative als Geldanlage dar, da der Metallwert nur einen untergeordneten Anteil des Kaufpreises des Schmuckstücks ausmacht. Müsste der Käufer eines Goldringes diesen sofort wieder verkaufen, so erhielte er nicht einmal die Hälfte seines Geldes zurück. Zudem unterliegt zu Schmuck verarbeitetes Gold der Mehrwertsteuer. Der Erwerb von Goldschmuck ist also rein unter ästhetischen Aspekten und der Freude am Tragen und Anschauen sinnvoll.

Empfehlenswerter erscheint doch da der Erwerb der Spirituose „Danziger Goldwasser“. Noch ist es (nur) bei älteren Damen als Höhepunkt des Kaffeekränzchens beliebt ... – aber vielleicht ändert sich das ja bald. Denn hier erhält der Käufer in einem süßen Likör schwebende hauchdünne Goldblättchen. Also pures Gold. Ein Sachwert. Außerdem wird auf dem Flaschenetikett neben 22%igen Blattgoldstückchen auch eine Rendite ... ähm ein Alkoholgehalt von 38 % garantiert.

Gold weist eine Kombination von Vorteilen und Eigenschaften auf, die ansonsten nur andere Edelmetalle und Diamanten haben (die dann aber gleichzeitig weitere Nachteile, wie z. B. Mehrwertsteuerpflicht, besitzen).

„Nach Golde drängt, am Golde hängt doch alles."

Die nachstehende Übersicht versucht eine ausgewogene Darstellung der einzelnen Kriterien zur Bewertung von Gold als Assetklasse:

Wesentliche Vorzüge von physischem Gold aus Sicht des privaten Anlegers
▪ Gold ist zeitstabil, beliebig teilbar und verformbar, altert nicht, rostet nicht, läuft nicht einmal an, ist extrem beständig gegenüber chemischen Einflüssen, schrumpft nicht, bleibt also immer, wie es war, und kann wieder und wieder umgeschmolzen werden.
▪ Gold ist prinzipiell knapp: Ein Würfel der weltweit geförderten Goldmenge hätte eine Kantenlänge von rund 20 Metern – das sagt doch mehr als alle Angaben in Kilo oder Tonnen. Gleichwohl: In der gesamten Menschheitsgeschichte wurden lediglich 166.600 Tonnen Gold gefördert, in den letzten Jahren kommen ca. 2.500 Tonnen p. a. hinzu, wovon über die Hälfte in Schmuck „verbraucht" wird.
▪ Die Kosten der Goldgewinnung steigen im Zeitablauf; die Ausweitung des Goldangebotes zu niedrigen Preisen ist damit faktisch ausgeschlossen.
▪ Die Goldmenge kann im Gegenteil zur Geldmenge nicht durch Regierungen oder Zentralbanken nach Bedarf erhöht werden. Zentralbanken können zwar beliebig Geld drucken, aber kein Gold produzieren. Eine künstliche Herstellung von Gold oder ein „Schürfen" auf anderen Planeten usw. wird zwar immer mal wieder in den „Raum" gestellt, ist aber Stand 2018 noch völlig unrealistisch.
▪ Der An- und Verkauf von Gold in physischer Form gewährleistet legale Anonymität und damit perfekten Datenschutz ... Der Barkauf von Gold, z. B. in Ladengeschäften von pro aurum, Ophirum oder Degussa Goldhandel, wird in Fachkreisen Tafelgeschäft genannt. Er ist anonym bis zum Gegenwert von unter 10.000 Euro pro Transaktion und Person erlaubt (bis 2017 lag sie noch bei unter 15.000 Euro). Freilich wird eine Senkung der Betragsgrenze politisch weiter diskutiert.
▪ Gold hat eine hohe Wertdichte, es ist in Mengen, die für den durchschnittlichen Privatanleger relevant sind, hinreichend gut transportierbar.
▪ Gold ist – von wenig relevanten Ausnahmen abgesehen – weltweit handelbar. Und es ist auch weltweit begehrt bzw. akzeptiert. Gold wird nirgendwo abgewiesen.
▪ Eine Anlage in physischem Gold führt nie zu Bonitätsrisiken, also der Gefahr des Zahlungsausfalls durch einen Dritten – es schuldet Ihnen keiner etwas.
▪ Gold kann nie „pleitegehen" und überlebt jeden Währungszusammenbruch. Und Währungskrisen und -zusammenbrüche gibt es in der Geschichte des Geldes mehr als genug: Sie sind - langfristig gesehen – die Regel, nicht die Ausnahme.
▪ Gold kann zwar im Preis schwanken (wenn man es in einer Währung bewertet – genauso könnte man aber auch behaupten, dass der Wert der Währung schwankt, wenn man sie in Gold bewertet), aber Gold hat seit vielen Jahrtausenden seine Kaufkraft erhalten bzw. leicht gesteigert.
▪ Gold ist – gemeinsam mit Grund und Boden – der älteste und langfristig anerkannte Sachwert → das lässt auch für die Zukunft hoffen ... (vgl. Kapitel B.3 zum Lindy-Effekt).

Wesentliche Vorzüge von physischem Gold aus Sicht des privaten Anlegers

- Die Preisentwicklung von Gold verhält sich oftmals unabhängig oder sogar invers zur Preisentwicklung vieler anderer Anlageklassen.
- Der Erwerb von Gold ist (anders als bei Silber, Platin, anderen Edelmetallen oder auch Edelsteinen wie Diamanten) mehrwertsteuerbefreit, und zwar unabhängig von der Erscheinungsform (z. B. Barren, Münzen, Nuggets, Goldstaub). Diese steuerliche Behandlung entbehrt zwar jeglicher Logik, macht aber Gold als Anlageklasse vergleichsweise attraktiv.

Kurzum und Schlussfolgerung: Gold ist unersetzlich, wenn es darum geht, ein Portfolio zu diversifizieren, zu stabilisieren und abzusichern. Es ist ein wichtiger Fuß des Tausendfüßlers und ein unverzichtbarer Bestandteil jeder prognosefreien Anlagestrategie.

Weitere positive Aspekte von Gold:
ein paar abstrakte – politische – makroökonomische Gesichtspunkte

- Gold gilt auch als ein Symbol von Freiheit – auch der Freiheit des Einzelnen vor dem Staat, insbesondere der Freiheit des Einzelnen vor der Ausweitung der staatlichen Geldproduktion.
- „Gold und wirtschaftliche Freiheit sind untrennbar. Ohne Goldstandard gibt es keine Möglichkeit, Ersparnisse vor der Konfiszierung durch Inflation zu schützen. Gold steht symbolisch als Beschützer der Eigentumsrechte ..." (Alan Greenspan)

Wesentliche Nachteile von physischem Gold

- Die Goldgewinnung/Goldförderung erfolgte historisch teilweise unter ethisch fragwürdigen/menschenunwürdigen Bedingungen.
- Auch heute können Ethik und Arbeitsbedingungen der Goldgewinnung/Goldförderung nicht vollständig überprüft und sichergestellt werden. Wohl gilt dieser Kritikpunkt ebenfalls für viele andere Rohstoffe, Produkte und zahlreiche Konsumgüter. Jedoch ist bei Gold (wie bei anderen Metallen) die Rückverfolgung der Produktionskette besonders schwer, da Gold durch Umschmelzen immer wieder „neu" ist – es gibt keine DNA des Goldes.
- Die ökologischen Folgen der Goldgewinnung/Goldförderung sind negativ (z. B. vergiftet das Auswaschen des Goldes mit chemischen Substanzen Mensch und Natur). Oftmals werden Umweltschutzanforderungen nicht eingehalten. Insgesamt stellt sich auch hier wieder die mangelnde Rückverfolgung des Gewinnungsprozesses als Problem dar.
  (Daraus könnte man folgenden Gedanken ableiten: Die Menschheit sollte das Gold einfach dort lassen, wo es ist, also gut verteilt im Schoße der Natur.)
- Ein weiterer Gedanke: Goldgewinnung und -sammlung sind widersinnig. Zuerst holt man das Gold aus der Erde und dann versteckt man es wieder in der Erde – nur eben in Form von Barren und Münzen und in schweren Safes eingelagert.
- Gold macht „keine Jungen", also „arbeitet nicht", es bringt keine Zinsen, keine Dividenden und schafft kein Wachstum.
- Kapitalbindung in Gold ist auch volkswirtschaftlich gesehen unproduktiv. Das in Gold gebundene Geld kann nicht als Kredit einem Dritten zur Schaffung von Wert dienen oder als Beteiligung „arbeiten"; es ist der volkswirtschaftlichen Kapitalbildung entzogen.

Wesentliche Nachteile von physischem Gold
▪ Bei Kauf und Verkauf von physischem Gold fallen Transaktionskosten an, diese lassen sich beispielsweise auf jeweils 1,5 % des Wertes beim Kauf oder Verkauf einer Unzen-Münze beziffern (bei einem Kilobarren wären es noch 0,9 %).
▪ Die Lagerung von physischem Gold verursacht Kosten (z. B. Safe- oder Schließfachgebühr) und ist mit Risiken (Verlust, Raub) verbunden.
Schlussfolgerung: Man kann physisches Gold als Anlageklasse durchaus auch kritisch sehen. Insbesondere die ethischen und umweltschutzbezogenen Argumente sind ernst zu nehmen (wenngleich sie durch zeitgemäße und nachhaltige Methoden der Goldgewinnung und -förderung relativiert werden können). Die Argumentation der „unproduktiven" Kapitalbindung überzeugt nicht, denn in einer klugen Portefeuillebildung (Tausendfüßler-Strategie) wird mit dem Goldanteil ja nicht das Ziel verfolgt, Wachstum zu generieren. Vielmehr wird das Gold als langfristige Wertversicherung und als nützliches Gegengewicht zu den anderen Anlageklassen gesehen.

Als wichtigste Gründe für Investitionen in Gold geben Private neben dem Kurssteigerungspotential vor allem den langfristigen Werterhalt und den Schutz vor Inflation und einer Währungsreform an.

Hartmut Walz über den Kaufkrafterhalt von Gold
Weblink: https://www.youtube.com/watch?v=0jf9WVdY_oY

Für den tiefer gehend interessierten Leser

Interessante Thesen zur Kursentwicklung von Gold:

Die **klassische Lehre** besagt: Wenn die Zinsen steigen, dann steigen damit die Opportunitätskosten des Goldbesitzes – z. B. die Kosten eines Kredites, mit dem man den Goldkauf finanziert hat. **Folglich sollte der Goldpreis sinken, wenn die Zinsen steigen.**

Aktuell in der Niedrigzinswelt → Zinsfalle (Kapitel A.2): Viele risikoscheue Anleger investieren traditionell entweder in Gold oder in Anleihen. Vor dem Hintergrund nachhaltig sinkender Zinsen bevorzugten sie Anleihen, da sinkende Zinsen zu Kursgewinnen bei den Anleihen führten. Wenn nun aber die Zinsen steigen, dann drohen bei den Anleihen (hohe) Kursverluste. Folglich verkaufen die Investoren angesichts steigender Zinsen ihre Anleihen und investieren wieder verstärkt in Gold.

Im Ergebnis sollte also bei einem Auslaufen der Nullzinspolitik die Nachfrage nach Gold und damit auch der **Goldpreis gerade wegen der steigenden Zinsen zulegen**. Das Ende einer Niedrigzinswelt könnte somit – in völligem Widerspruch zu der klassischen Lehre (Opportunitätskostengedanke) – den Startschuss für einen Goldpreisboom bilden.

Kurzum: Dauerhaft hohe (Real-)Zinsen sind schlecht für den Goldpreis.

Aber: Steigende Zinsen (umso mehr, wenn man von einem niedrigen Niveau ausgeht) sind gut für den Goldpreis! Den Rest muss der Autor der Glaskugel überlassen ...

Anlage in Gold über virtuelle Vehikel

Neben der Investition in physisches Gold (Goldmünzen, Barren, Nuggets ...) gibt es auch zahlreiche Anlagevehikel, mit denen sich eine **virtuelle Goldanlage** realisieren lässt. Vor- und Nachteil all dieser Vehikel ist gleichzeitig, dass der Anleger nur einen **schuldrechtlichen Anspruch** auf Gold besitzt. Dieser kann entweder darin bestehen,

- zu einem späteren Zeitpunkt eine bestimmte Menge Goldes physisch ausgeliefert zu bekommen oder
- den Marktwert der im Vehikel definierten Menge ausgezahlt zu bekommen.

Es kann auch Gold sein, wenn es nicht glänzt

Im Ergebnis spart sich der Investor in beiden Fällen im Investitionszeitpunkt Transport, Lagerung und Versicherung des physischen Goldes sowie die damit verbundenen Transaktionskosten. Außerdem hat er bei einigen virtuellen Anlageformen die Chance auf eine **Hebelwirkung**, d. h., er kann mit dem gleichen Kapitaleinsatz einen größeren Wertzuwachs (aber auch Verlust) erzielen (vgl. folgenden Kasten *Für den tiefer gehend interessierten Leser*).

Gleichzeitig geht er jedoch neue Risiken ein (z. B. Ausfall oder betrügerisches Vorgehen des Vertragspartners, nur schuldrechtlicher Anspruch statt echtem, sachenrechtlichen Besitz und Eigentum) und verzichtet auf den unmittelbaren und direkten Zugriff auf sein Gold.

Die wichtigsten Anlagevehikel, die auf Gold basieren, sind:

- **Goldkonten**

  Hier wird jede Spareinzahlung in Währung sofort zum aktuellen Tageskurs in Gramm (oder Tonnen ☺) Gold umgerechnet. Bei Abhebungen wird gerade invers vorgegangen.

- **Goldsparpläne**

  Sie entsprechen den Goldkonten, wobei aufgrund regelmäßiger Einzahlungen der Cost-Averaging-Effekt (vgl. Kapitel B.9) genutzt wird.

- **Goldindexierte Anleihen**

  Das sind Schuldverschreibungen, bei denen sich Verzinsung und/oder Rückzahlung am Goldpreis orientieren.

- **Aktien von Goldminen**

  Näheres siehe im folgenden Kasten *Für den tiefer gehend interessierten Leser.*

- **Aktive Investmentfonds, die in Goldminenaktien investiert sind**
  Vgl. hierzu ebenfalls den Kasten *Für den tiefer gehend interessierten Leser.*

- **Passive Investmentfonds (= ETFs), die in Goldminenaktien investiert sind**
  Vgl. hierzu sowohl das Kapitel D.2 über ETFs,
  als auch den Kasten *Für den tiefer gehend interessierten Leser.*

- **Anlagezertifikate/Investmentzertifikate auf Gold**
  Falls börsennotiert = ETCs, also Exchange Traded Commodities, Näheres dazu im Kapitel D.2 über ETFs. Da sowohl ETCs als auch Investmentzertifikate im Gegensatz zu „echten" ETFs kein Sondervermögen darstellen und der Anleger daher das Emittentenrisiko (Ausfallrisiko) trägt, rate ich hiervon klar ab.

- **Sonderform: Euwax-Gold, Xetra-Gold**
  Ausnahmen von oben genannter Einschränkung stellen Euwax-Gold (Boerse Stuttgart Securities GmbH) sowie Xetra-Gold (Deutsche Börse Commodities GmbH) dar, obwohl auch diese **ETCs** und damit Zertifikate sind. Und obwohl auch für diese Schuldverschreibungen gilt, dass der Anleger letztlich das **Emittentenrisiko** trägt, keine Einlagensicherung besteht und die Emittenten das Produkt dem Kunden gegenüber kündigen können. Diese **kostengünstigen** Wertpapiere sind jedoch **mit physischem Gold unterlegt** (Euwax zu 100 %, Xetra zu 95 %). Der Anleger hat grundsätzlich einen **Anspruch auf die physische Auslieferung des Goldes** (zu unterschiedlichen, aber jeweils überschaubaren Kosten). Wäre es in einem extremen Krisenfall nicht gleichwohl vorteilhafter, das Gold bereits vorher zu besitzen ...?

  Wichtig: Entgegen jeglicher Logik wird sowohl Euwax- als auch Xetra-Gold steuerlich wie physikalischer Goldbesitz behandelt. Gewinne bis unter 600 Euro genießen eine **Steuerfreigrenze**. Und ab einer Haltedauer von über einem Jahr sind Gewinne **vollständig steuerfrei**, da sie als private Veräußerungsgewinne von der KESt ausgenommen werden.

Die nachfolgende Abbildung fasst die Bewertung von Gold sowohl für die physische als auch virtuelle Anlageform nach den bekannten sieben Kriterien zusammen.

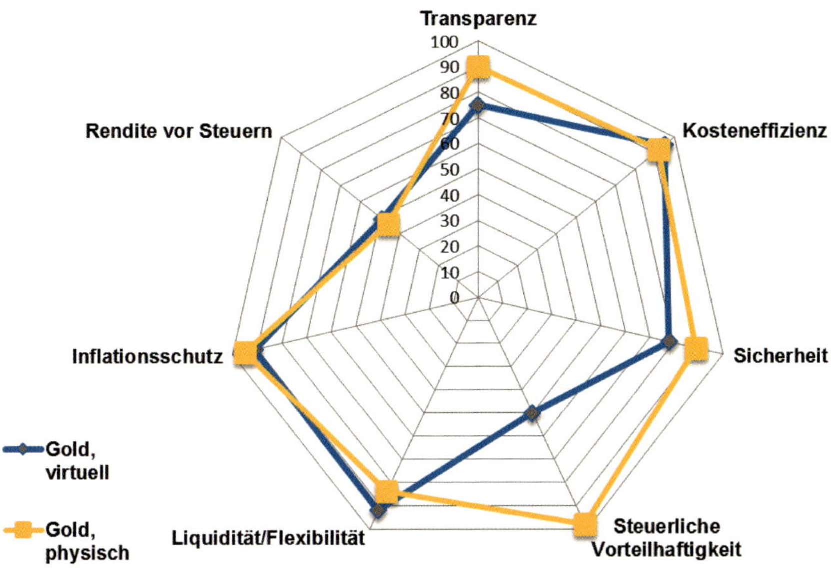

Abb.: Physisches und virtuelles Gold in der einfach genialen Siebeneck-Prüfung

Für den tiefer gehend interessierten Leser

Die Hebelwirkung auf die Goldpreisänderung bei Goldminenaktien

Oftmals streben Investoren eine bestimmte Quote für Goldanlagen innerhalb ihres Portfolios, z. B. 10 % oder 20 %, an; dies um beispielsweise ein gewünschtes **Gegengewicht** für Inflationsrisiken oder zu Preisänderungen anderer Anlageklassen zu besitzen.

Um die gewünschte Absicherung eines Portfolios zu erreichen, sollen 100.000 Euro in Gold angelegt werden.

Steigt nun beispielsweise aufgrund von Inflation der Goldpreis um 20 %, so ergibt sich ein Gewinn von 20.000 Euro, womit beispielsweise ein gleich hoher Inflationsschaden bei Anleihen im Portfolio ausgeglichen werden kann.

Wird aber nicht direkt in Gold investiert, sondern in **Goldminenaktien**, so kann es zu einer **Hebelwirkung (Leverage)** kommen, wie die nachfolgende – stark vereinfachte, aber trotzdem den Zusammenhang korrekt wiedergebende – Beispielrechnung zeigt:

Ausgangssituation: Goldpreis pro Feinunze 1.000 Euro			
Individuelle Daten im Vergleich[60]	**... bei Mine A**	**... bei Mine B**	**... bei Mine C**
Variable Produktionskosten pro Feinunze	700	800	900
Umsatzerlös minus variable Kosten pro Feinunze (Deckungsbeitrag)	300	200	100

Erster Fall: Goldpreis steigt um 10 %, d. h. pro Feinunze auf 1.100 Euro. Die Kosten aller drei Minen bleiben unverändert.			
Umsatzerlöse minus variable Kosten pro Feinunze (Deckungsbeitrag)	400	300	200
Veränderung des Deckungsbeitrages in Prozent der Ausgangssituation	+ 33 %	+ 50 %	+ 100 %

Negative Situation: Goldpreis fällt um 5 %, d. h. pro Feinunze auf 950 Euro. Die Kosten aller drei Minen bleiben nach wie vor unverändert.			
Umsatzerlöse minus variable Kosten pro Feinunze (Deckungsbeitrag)	250	150	50
Veränderung des Deckungsbeitrages in Prozent der Ausgangssituation	- 16,67 %	- 25 %	- 50 %

Es wird erkennbar, dass bereits Mine A eine erheblich höhere prozentuale Wertveränderung aufweist als die ursächliche prozentuale Preisveränderung des Goldes. Der „Hebel" beträgt 33 % geteilt durch 10 %, also 3,3. Die entsprechenden Hebel für Mine B betragen 5 und für Mine C sogar 10.

Vereinfacht bedeutet dies, dass der Investor aus dem obigen Beispiel, der eine Goldanlage von 100.000 Euro benötigt, keineswegs eben diesen Betrag in eine Aktienanlage einer Goldmine investieren dürfte, sondern lediglich ein Drittel des Volumens in Aktie A oder ein Fünftel in Aktie B oder ein Zehntel in Aktie C. (Oder eben entsprechende Anteile bei einer Kombination des Investments in alle drei Aktien zwecks Diversifikation.)

Veränderungen in den oben aufgezeigten Hebelwirkungen können zusätzlich dadurch entstehen, dass die Minengesellschaften einzelne Minen mit hohen Produktionskosten schließen oder neue Produktionstechnologien mit niedrigeren Förderkosten finden. Diese beiden Gründe erklären auch, warum sich die Kurse von Goldminenaktien sehr unterschiedlich entwickeln, obwohl der Goldpreis für alle der gleiche ist.

[60] Die fixen Kosten der drei Minen wurden aus Vereinfachungsgründen unbeachtet gelassen, was der Aussagekraft keinen Abbruch tut, da sie kurzfristig ohnehin keiner Veränderung unterliegen.

Praktische Bewertung von Silber und anderen Edelmetallen als Anlageklasse

Silber wurde über viele Jahrhunderte vergleichbar zu Gold auch als Währung verwendet, hat diese Funktion aber bereits früher und auf Dauer verloren. Gleichwohl wird Silber – wie auch andere Edelmetalle (Platin, Palladium, seltener Iridium, Osmium, Rhenium, Rhodium, Ruthenium und sogar Quecksilber) – von Privaten und Institutionellen als Anlagemedium vor allem zum Schutz gegen Inflation gesehen.

Silber – das Gold des kleinen Mannes?

Gegen den physischen Kauf von Silber (ebenso der anderen Edelmetalle außer Gold) spricht in Deutschland derzeit die Mehrwertsteuerpflicht von 19 %, von der nur Gold ausgenommen ist.

Für den tiefer gehend interessierten Leser

Die Mehrwertbesteuerung von Silber lässt sich immerhin auf rund 7–8 % mindern. Fragen Sie Ihren Edelmetall-Händler nach Münzen oder Münzbarren[61], die er von außerhalb der EU importiert und Ihnen **differenzbesteuert** anbietet. Dabei wird nicht der Nettoverkaufspreis mit 19 % besteuert, sondern lediglich die Differenz zwischen Einkaufs- und Verkaufspreis des Händlers für Silbermünzen und Münzbarren, die er mit dem **verminderten Einfuhrumsatzsteuersatz** von 7 % von außerhalb der EU importiert und innerhalb der EU weiterverkauft. Es werden also zwar 7 % auf den Einfuhrzollwert fällig, aber 19 % nur auf die Gewinnspanne des Händlers.

Zusätzlich bewirkt der erheblich geringere Preis von Silber, dass man – je nach der aktuellen Preisrelation zu Gold – das fünfzig- bis über achtzigfache Volumen zu transportieren und lagern hätte. Die Gold-Silber-Ratio, also das Preisverhältnis zwischen den beiden Edelmetallen, lag Anfang 2018 bei ca. 80, war aber auch schon bei über 90 und unter 20.

Virtueller Silberstreif am Horizont

Bei Nutzung **virtueller** Anlageformen von Silber entfallen die beiden genannten Nachteile, d. h., Fonds oder ETCs auf Silber kommen ebenso in Betracht wie auf Gold. Der interessierte Private sollte sich jedoch dessen bewusst sein, dass sich die

---

[61] Münzbarren sind Silberbarren mit aufgeprägtem Nennwert, welche im Herausgabeland als offizielles Zahlungsmittel gelten, auch wenn sie stattdessen meist nur zur Geldanlage in Silber aufbewahrt werden.

Preise von Silber oder anderen Edelmetallen keineswegs parallel zum Goldpreis entwickeln – ganz im Gegenteil. Daher ist es erforderlich, sich mit jedem Edelmetall und insbesondere dessen Preishistorie individuell auseinanderzusetzen. Alternativ können Vehikel mit Bindung an mehrere Edelmetalle oder Rohstoffe (= **Basket**) erwogen werden. Die bei den virtuellen Anlageformen auf Gold genannten Überlegungen gelten entsprechend.

Käufer eines Neuwagens investieren übrigens „ganz nebenbei" in eine gewisse Menge an Edelmetallen, so z. B. Platin bzw. Palladium im Katalysator. Und wer aus medizinischen Gründen Edelmetalle im Körper trägt (Herzschrittmacher, künstliche Gelenke, Hüften, Zahngold), für den gibt es keine unmittelbarere Wertsteigerung ... ☺

Überschätzte Zollfreilager?

Zolllager sind Räumlichkeiten oder sonstige Stätten, in denen Waren unter zollamtlicher Überwachung gelagert werden können, um diese **für die Dauer der Lagerung**

- von der Erhebung von Einfuhrabgaben und sonstigen Abgaben sowie
- grundsätzlich von der Anwendung handelspolitischer Maßnahmen freizuhalten.

Man kann also von einer **unversteuerten und unverzollten** Zwischenlagerung sprechen. Es gibt öffentliche und private Zolllager. Für den Privatanleger gibt es immer wieder Empfehlungen zur Aufbewahrung von Edelmetallen in Zolllagern außerhalb der EU, insbesondere **in der Schweiz (diese heißen dort Zollfreilager)**.

Einige Überlegungen dazu. Vorab: Gold können Sie in Deutschland derzeit mehrwertsteuerfrei erwerben und ohne Weiteres lagern. Diese Zollfreilager in der Schweiz können also, wenn überhaupt, nur Sinn machen für Edelmetalle außer Gold, also **Silber, Platin, Palladium etc.** Eine Einlagerung ist mit einigen Formularen verbunden und **nicht anonym**. Eine Auslieferung bedarf der Terminvereinbarung. **Bei der physischen Auslieferung/Entnahme** aus dem Zollfreilager fallen in der Regel Verzollungsgebühren sowie schweizerische Mehrwertsteuer an. Bei Einführung der Edelmetalle nach Deutschland fällt zudem der deutsche Mehrwertsteuersatz an, welcher dann mit der schweizerischen Mehrwertsteuer gutgeschrieben wird.

Unterschätzte Haltekosten bei Rohstoffen mit geringer Wertdichte

Bereits bei Silber wurde das Problem der geringeren Wertdichte gegenüber Gold erkennbar. Interessiert sich ein Anleger nun für Investitionen in weitere – noch weniger wertvolle – Rohstoffe (wie z. B. Kupfer, Nickel oder Erdöl), so spielen neben den bekannten Kosten der Kapitalbindung (= Opportunitätskosten) die Kosten für Transport, Lagerung und Versicherung im Verhältnis zum Wert eine immer größere

Rolle. Aufgrund der kleinen **Wertdichte** scheidet das physikalische Investment i. d. R. völlig aus (Sie können nicht Erdöl im Swimmingpool lagern).
Das Ausweichen auf virtuelle Instrumente (Zertifikate, ETCs, Optionen, Futures) löst das Problem der **Haltekosten** (= **Cost of Carry**) jedoch nicht, sondern verlagert es lediglich auf eine andere Partei, die sich dafür entschädigen lässt.

Beispiel

Investiert ein Privater über einen ETC in den Rohstoff Kupfer und steigt der Kupferpreis binnen eines Jahres um 10 %, so beträgt sein Gewinn nicht 10 %, sondern 10 % abzüglich der Haltekosten. Betragen die Haltekosten bei Kupfer pro Jahr 5 % des Wertes, so hat sich der Gewinn des Anlegers bereits halbiert oder würde bei zweijähriger Haltedauer völlig verzehrt. Das **Übersehen der in virtuellen Anlageformen eingepreisten Haltekosten** führt daher häufig zu Enttäuschungen des uninformierten Anlegers.

Zentrale Ergebnisse

- Gold ist die älteste Anlageklasse der Menschheit.
- Gold bringt keine Zinsen, keine Dividenden und schafft kein Wachstum.
- Gold hat im Wesentlichen über Jahrtausende die Kaufkraft erhalten.
- Während Währungen kommen und gehen, ist Gold weltweit **das** klassische Tausch-, Zahlungs- und Wertaufbewahrungsmittel.
- Alle wichtigen Weltwährungen besitzen keine Golddeckung mehr = Fiat-Geld.
- Man kann physisches Gold als Anlageklasse aus ethischen und umweltschutzbezogenen Gründen kritisch sehen.
- Gold ist jedoch unersetzlich, wenn es darum geht, ein Portfolio zu diversifizieren, zu stabilisieren und abzusichern. Es ist ein unverzichtbarer Bestandteil jeder prognosefreien Anlagestrategie (vgl. Kapitel B.8 zur Diversifikation).
- Goldschmuck ist eine suboptimale Form der Goldanlage. Zu bevorzugen sind die originären Formen von Gold wie Münzen, Barren, Nuggets ...
- Es gibt zahlreiche Anlagevehikel, mit denen sich eine virtuelle Goldanlage mit wenig Transaktionskosten realisieren lässt.
- Alternativ können auch Vehikel mit Bindung an mehrere Edelmetalle oder Rohstoffe (= Basket) erwogen werden.
- Die Preise von Silber, anderen Edelmetallen oder Rohstoffen entwickeln sich keineswegs parallel zum Goldpreis – ganz im Gegenteil.
- Für die in Fachpublikationen erhobenen Vorwürfe, dass Zentralbanken und global tätige Geschäftsbanken die Preisbildung von Gold und Silber manipulieren, fehlt bis heute der Beweis. Einen Langfristanleger sollte dieser Gedanke auch nicht von einem Engagement abhalten.

Konkrete Handlungsempfehlungen

- Die empfohlene Goldquote im Privatvermögen wurde von Vermögensverwaltern früher mit einer Spanne von 5–10 % und wird heute wegen der Unsicherheit um den Euro meist mit 10–20 % angegeben.
- Jedoch sollte man dies abhängig von der Gesamtsituation des Privaten sehen, z. B., ob er Immobilien besitzt, vielleicht sogar verschuldet ist und dadurch von Inflation profitiert. Nur wenn der Private wenig andere Sachanlagen besitzt, sind die 10–20 % empfehlenswert, ansonsten eher eine niedrigere Quote.
- Die Entscheidung zwischen virtuellem oder physischem Goldbesitz kann anhand der vorliegenden Motive leicht gefällt werden: Während das Bedürfnis einer grundsätzlichen Inflationsabsicherung am preiswertesten durch virtuelle Anlageformen (Gold-ETFs, Gold-Aktien, Xetra- und Euxax-Gold etc.) erfüllt wird, erfordert das Bedürfnis nach Wertbesitz im extremen Krisenfall den physischen Goldbesitz.
- Beim Kauf aller Edelmetalle außer Gold sollte man beachten, dass Mehrwertsteuer anfällt, was tendenziell die Nutzung virtueller Anlageformen vorteilhafter macht.
- Wenn Sie Wert auf Anonymität legen, haben Sie eine legale Möglichkeit durch Barkauf von Gold bis zum Gegenwert von unter 10.000 Euro pro Transaktion und Person in seriösen Ladengeschäften.
- Berücksichtigen Sie die Haltekosten, die bei Gold lediglich im Zinsverlust sowie ggf. in den Kosten für ein Schließfach bestehen, jedoch bei anderen Edelmetallen und insbesondere bei Rohstoffen aufgrund der kleineren Wertdichte recht hoch werden können.

Quellennachweis und weiterführende Literatur

Braun Alexander, M.: So geht Gold: Die unvergängliche Währung: Chancen, Risiken und Hintergründe, München 2016

Lips, F.: Die Gold-Verschwörung: Ein Blick hinter die Kulissen der Macht von einem Privatbankier aus der Schweiz, Rottenburg a. N. 2013

Reinhart, C./Rogoff, K.: Dieses Mal ist alles anders. Acht Jahrhunderte Finanzkrisen, München, 5. Auflage 2011

Rickards, J.: Gold: Wie Sie sich vor Inflation, Zentralbanken und finanzieller Repression schützen, München 2016

Rogers, J.: Rohstoffe - Der attraktivste Markt der Welt: Wie jeder von Öl, Kaffee und Co. profitieren kann, München, 8. Auflage 2016

4 Schlüssel zum Glück?

Immobilien als Anlageklasse

Was Sie in diesem Kapitel erfahren:

- Wie gut und angenehm sich selbstgenutztes Wohneigentum anfühlt – emotionale Rendite.
- Wie sich selbstgenutzte und vermietete Immobilien in der einfach genialen Siebeneck-Prüfung darstellen.
- Warum Sie sich bei selbstgenutzten Immobilien nicht völlig der emotionalen Rendite hingeben sollten.
- Weshalb die selbstgenutzte Immobilie zum größten Feind Ihrer privaten Altersvorsorge werden kann.
- Wieso fremdgenutzte Immobilien eine gewisse unternehmerische Selbstständigkeit bedeuten.
- Warum Sie durch Immobilien nicht zu immobil werden dürfen.
- Was von den verschiedenen Anlagevehikeln zu halten ist, mittels derer Sie in Anteile von Immobilien investieren können.

Woran denken Sie bei inflationssicheren Geldanlagen? An Sachwerte, richtig? Und welche? Immobilien, richtig? So geht es den meisten. Die Anlageklasse Immobilien eignet sich für eine Direktanlage. Doch lohnen sich Immobilienanlagen wirklich? Und für wen?

Der eine scheint mit zwei Multitools als Hände geboren worden zu sein. Der andere ist dagegen froh, wenn kein Wasserhahn tropft und das Dach dicht ist. So verschieden gestalten sich auch die Immobilienbesitze. Der eine hat sieben Wohneinheiten, die er vermietet und Renditeobjekte nennt – und er hat Spaß daran sowie die nötige Expertise dafür. Dem anderen wäre dies ein Grauen. Er wohnt maximal im eigenen Heim und kann sich darüber hinausgehenden Immobilienbesitz nicht vorstellen. Eine Steigerung seines Wohntraum-„Himmels" wäre wahrscheinlich das betreute Wohnen …

Direkte Investition in den Sachwert Immobilie

Eine Immobilie kann man entweder selbst nutzen oder sie als Wohn- oder Gewerbeimmobilie vermieten bzw. verpachten. In jedem Falle macht sie doch mehr Aufwand und Mühe, als beispielsweise ein paar ETFs im Depot oder ein bisschen Gold im Safe zu haben.

Unterzieht man selbst- und fremdgenutzte (vermietete) Immobilienengagements der Siebeneck-Prüfung, entsteht folgendes Bild:

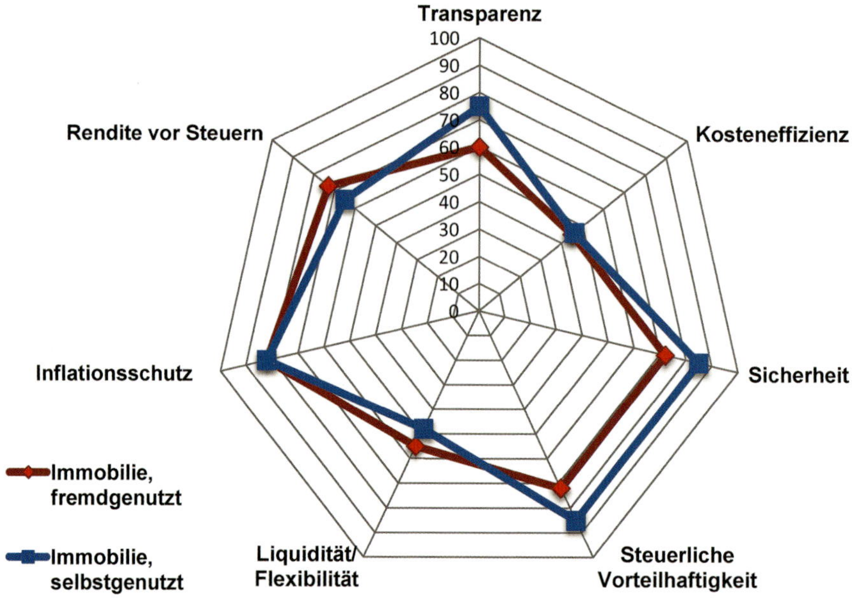

Abb.: Direktinvestment in selbst- versus fremdgenutzte (vermietete) Immobilien in der Siebeneck-Prüfung

Eine kurze Interpretation der Kriterien: Es gibt wohl kaum inhomogenere Märkte als Immobilienmärkte. Was in der einen Straße noch eine gute Lage ist, kann in der anderen Straße schon zu laut (für eine Wohnimmobilie) oder zu ruhig (für ein Einkaufsgeschäft) sein. Zwar helfen Internet, Makler und Mietspiegel bei der Bewertung, aber **transparent** ist der Markt eher nicht, da sich jede Immobilie als einzigartig darstellt. Genauso schwer ist es, das einzelne Objekt vom Dach bis zum Keller sicher zu bewerten. **Kosteneffizient** ist der Erwerb einer Immobilie ebenfalls nicht: Allein die Kaufnebenkosten (Grunderwerbssteuer, Notar- und ggf. Maklerkosten, Grundbuchkosten usw.) summieren sich ohne Weiteres auf 10 % der Kaufsumme.

Sicherheit: Wie sich Umgebung und Struktur im Immobilienumfeld entwickeln, muss hingenommen werden. Als zusätzliches Risiko kommt im Vermietungsfall stets das Bonitäts- und Wohlverhaltensrisiko des Mieters (**Mietnomaden**) und unter Umständen die eine oder andere mietrechtliche Änderung oder Entscheidung zuungunsten von Vermietern hinzu. Nicht zu unterschätzen ist das **Klumpenrisiko**, also die Tatsache, dass i. d. R. ein ganz erheblicher Teil der Reserven in einem einzigen

Objekt gebunden ist. Nur wenige, sehr Wohlhabende können über mehrere Objekte diversifizieren. (Vgl. Club-Deals, Kasten *Für den tiefer gehend interessierten Leser.*)

Hinsichtlich der **steuerlichen Vorteilhaftigkeit** schneiden Immobilien recht gut ab. Bei der fremdgenutzten Immobilie sind neben der Absetzbarkeit von Renovierungs- und Erhaltungsaufwendungen mindestens die Abschreibung von 2 % p. a. auf den Gebäudeanteil des Objektes möglich. Diesem steuerlichen Aufwand entspricht jedoch oft kein tatsächlicher. Vielmehr kann der Private die häufig erzielbare Wertsteigerung des Objektes nach dem Verkauf sogar steuerfrei vereinnahmen.

Die Steuerfreiheit des Verkaufserlöses gilt auch beim eigengenutzten Haus[62]. Zusätzlich rechnet der Fiskus bei der eigengenutzten Immobilie die ersparten Mietausgaben nicht steuererhöhend an. Ein **Vergleich** zeigt dies deutlich: Anleger A erwirbt mit Eigenmitteln eine Wohnimmobilie und erspart fortan monatlich 1.000 Euro Mietaufwand. Anleger B wohnt für 1.000 Euro monatlich zur Miete und legt Eigenmittel in gleicher Höhe so gut an, dass er monatlich 1.000 Euro Erträge erhält. Vor Steuern ziehen Anleger A und B gleich. Nach Steuern bleiben B davon aber nur noch ca. 720 Euro. Somit stellt sich der **Selbstnutzer steuerlich besser**. Eine überzeugende und durch Simulationen nachgewiesene Analyse dieses in der Literatur völlig übersehenen Aspekts haben *Dennis Eisele* und *Gösta Jamin* veröffentlicht[63].

Bei der **Liquidierbarkeit** sehen Immobilien dagegen wieder sehr schlecht aus: Bis das Geld auf dem Konto erscheint, vergehen mitunter viele mühevolle Monate – kein Vergleich zu Aktien oder ETFs, die in normalen Marktphasen innerhalb von Sekunden liquidiert sind. Und **flexibel** sind Immobilien ebenfalls überhaupt nicht. Sie sind – wie der Name schon sagt – immobil und machen auch oft den Eigentümer immobil. Nur in den seltensten Fällen gelingt dem Eigentümer eine solch intelligente Architektur, dass die Immobilie von der Nutzfläche her kostengünstig mitwachsen oder – ebenso wichtig – mitschrumpfen kann. Dies wäre z. B. gegeben, wenn der Zuschnitt die flexible Umwidmung eines oder mehrerer Räume zu der einen oder anderen Nutzerpartei ermöglicht. Oftmals erleben jedoch Ältere nach dem Auszug der Kinder und/oder Tod des Partners eine völlig überdimensionierte eigengenutzte

---

62 Grundsätzlich sind Gewinne aus privaten Veräußerungsgeschäften steuerpflichtig (§ 23 EStG). Steuerfreier Verkauf einer Immobilie unter Beachtung der sogenannten Spekulationsfrist (Veräußerungsfrist): für fremdgenutzte Objekte 10 Jahre, für zu eigenen Wohnzwecken genutzte Objekte nicht mehr als drei Objekte innerhalb von etwa fünf Jahren (sog. Drei-Objekt-Grenze, dann liegt kein gewerblicher Grundstückshandel vor).

63 *Eisele, D./Jamin, G.:* Die private Wohnimmobilie als Kapitalanlage. Eine investitionstheoretische Betrachtung unter Berücksichtigung von Steuern, in: WiSt Wirtschaftswissenschaftliches Studium, 46. Jg. 2017, Heft 9 S. 61ff. sowie Heft 10, S. 53ff.; *Scherff, D.:* Der Charme der eigenen Immobilie, in F.A.S. Frankfurter Allgemeine Sonntagszeitung vom 16.04.2017, S. 29 mit Bezug auf die Berechnungen von *Eisele* und *Jamin*.

Immobilie als **„Klotz am Bein“** und verzögern aufgrund verständlicher emotionaler Barrieren die überfällige Trennung von der Immobilie.

Die **Rendite vor Steuern** wird gerne unterschätzt, da sie mit Zinsrenditen verglichen werden, die jedoch einen Inflationsanteil enthalten. Beispielsweise entsprach eine langjährige Durchschnittsverzinsung von 5,8 % bei Anleihen bei gleichzeitiger Inflation von 3 % auch nur einem Realzins von 2,8 %. Unterstellt man, dass die Immobilie im Regelfall mindestens die Inflationsrate durch Wertzuwachs kompensieren kann, so sind Mietrenditen von 2,5 % bis 3,5 % durchaus akzeptabel.

Emotionale Rendite der selbstgenutzten Wohnimmobilie

Beim **selbstgenutzten Wohneigentum** kommen weitere Aspekte hinzu, die zwar nicht im einfach genialen Siebeneck enthalten, aber trotzdem relevant sind:

- Kein Vermieter kann Ihnen kündigen oder macht Ihnen irgendwelche Vorschriften. Als Eigentümer sind und bleiben Sie planungssicher und autark. Und Sie halten die Haustiere, die Sie mögen. Und wenn Sie Ihren Keller schalldicht ausbauen wollen, dann wird Sie niemand daran hindern.
- Sie sind weitgehend[64] Herr Ihrer eigenen Immobilie: Sie entscheiden, ob Sie wertsteigernd investieren wollen oder sich auf ein Minimum beschränken.

Konkurrenz zwischen eigener Wohnimmobilie und Altersversorgung

Die mit großem Abstand wichtigsten Lebensinvestitionen des durchschnittlichen Deutschen sind …

1. die private Altersvorsorge und
2. die selbstgenutzte Wohnimmobilie.

Während bei den meisten Menschen das Thema Altersvorsorge grundsätzlich eher mit negativen Gefühlen belegt ist, sind die Überlegungen für den Kauf oder Bau eines Eigenheims mit stark positiven Bildern und Emotionen (also der „emotionalen Rendite) verbunden.

[64] Ein paar kleine Einschränkungen gibt es leider schon. So hat z. B. die perfekte Lobbyarbeit der Brandmelderindustrie dazu geführt, dass jeder Eigenheimbesitzer gesetzlich gezwungen wurde, in Wohnräumen Bandmelder zu installieren, obwohl die Anzahl der bei der Montage von der Leiter Gefallenen die Anzahl der verhinderten Brandopfer um ein Vielfaches übersteigt. Auch die eine oder andere Sanierungspflicht (Stichwort Energieeinsparverordnung – EnEV) kann den Kostenplan gehörig durcheinanderwirbeln. Und ein Dachziegel (Stichwort Verkehrssicherungspflicht) darf natürlich auch niemandem auf den Kopf fallen.

Angesichts des hohen Investitionsvolumens und der langjährigen Verpflichtungen, die der Erwerb selbstgenutzten Wohneigentums für die meisten mit sich bringt, ist es offensichtlich, dass die emotionale Rendite mit den „harten ökonomischen Kriterien" abgewogen werden sollte. Wohl dem, der genügend verdient, geerbt oder eine „Starthilfe" erhalten hat, um sich beides leisten zu können. Falls es jedoch zu einem Konflikt zwischen Altersvorsorge einerseits und Immobilienerwerb andererseits kommt, ist der **gute Rat zwar nicht teuer, aber unpopulär**.

Verzichten Sie nicht auf Ihre Altersvorsorge zugunsten einer selbstgenutzten Immobilie. Die selbstgenutzte Immobilie ist ein **Konsumgut** – zwar ein relativ wertbeständiges im Vergleich zu Möbeln oder Autos, aber trotzdem ein Konsumgut. Nach menschlichem Ermessen wird die Wertentwicklung Ihrer selbstgenutzten Immobilie hinter der Wertentwicklung einer wirklich guten Altersvorsorge (z. B. Sparplan in ETFs bzw. institutionellen Anlageklassen-Fonds) hinterherhinken.
Geht über Jahrzehnte die Sparfähigkeit vollständig in die Tilgung der Immobilie, so droht ein „Ende mit Schrecken". **Von der Immobilie kann man nichts „abbeißen"**, kein Brot und keine Kleidung kaufen. Die durch Selbstnutzung ersparte Kaltmiete ersetzt oftmals nicht annähernd den monatlichen Fehlbetrag, der durch eine leistungsfähige Altersversorgung erbracht werden könnte.

Für den tiefer gehend interessierten Leser

(K)Ein Herz für arme Immobilienmillionäre

Es gibt etliche Menschen, die im Alter in ihrem eigenen schuldenfreien Haus wohnen, denen aber die Liquidität für das tägliche Leben fehlt. Dies beispielsweise, weil die selbstgenutzte Immobilie über 90 % des Gesamtvermögens dieser Menschen ausmacht und die begrenzten Alterseinkünfte weder ein adäquates Leben noch eine angemessene Instandhaltung der Immobilie ermöglichen. Es klingt nach einem Luxusproblem, ist für die Betroffenen aber existenziell und mit einem enormen Verlust an unbeschwerter Lebensqualität im Alter verbunden. Oft leben diese Menschen nach Tod des Partners und Auszug der Kinder allein in einer völlig überdimensionierten Immobilie, deren Renovierungsstau von Jahr zu Jahr anwächst. An dieser Stelle gerät die „emotionale Rendite" des Eigenheims schnell zur „emotionalen Last".

Radikallösung: Völlig emotionslos angepackt, besteht die „Lösung" des Luxusproblems darin, die zu groß gewordene Immobilie zum Marktpreis zu verkaufen und eine viel kleinere – ggfs. barrierefreie – Wohnung zu erwerben oder zu mieten. Die Instandhaltungs- und sonstigen laufenden Kosten der neuen Wohnung sollten erheblich geringer sein. Außerdem wird die durch den Verkauf der Immobilie gewonnene Liquidität – einigermaßen sinnvoll angelegt und eingeteilt – den Spielraum der Senioren für viele Jahre wiederherstellen.

Die emotionale Bindung und historische Verbundenheit zur Immobilie verhindern allerdings häufig diese, nur scheinbar einfache Lösung. Möchte der/die Betroffene aber weiter in der Immobilie bleiben, gibt es noch folgende weitere Möglichkeiten – die jedoch alle nicht sonderlich befriedigend sind:

Verkauf der Immobilie bei gleichzeitigem lebenslangen Wohnrecht

Dies ist grundsätzlich möglich, jedoch i. d. R. für alle Beteiligten mit hohen Risiken verbunden und im Ergebnis wenig effizient. Der Veräußernde hat das Risiko, dass bei frühzeitigem Ableben das Wohnrecht zu wenig wert war. Die Logik des Kaufenden ist exakt umgekehrt, er fürchtet – wirtschaftlich gesehen – das Langlebigkeitsrisiko des Inhabers des Wohnrechtes. Nicht unberechtigt ist zudem die Furcht des Erwerbers, dass die Immobilie in der verbleibenden Nutzungsphase des Verkäufers unzureichend gepflegt und instandgesetzt wird, sodass ein unnötig hoher Wertverfall eintritt.

Umkehrdarlehen

Eine weitere Möglichkeit für einen solchen älteren Menschen ist ein **Umkehrdarlehen (auch: Umkehrhypothek, Reverse Mortgage, Immobilienverzehrkredit)**. Man beleiht seine eigene Immobilie und erhält eine monatliche Rente oder einen Einmalbetrag ausgezahlt. Man bleibt Eigentümer und wohnt weiter im eigenen Heim. Zins- oder Tilgungszahlungen leistet man nicht. Diese werden jedoch fällig, wenn der ältere Mensch auszieht, verstirbt oder die Immobilie veräußert.

Es gibt nur wenige Anbieter für Umkehrdarlehen und diese sind insgesamt **teuer** (Zinssatz fürs Darlehen, anfallende Gebühren). Es bedarf einiger Voraussetzungen für ein Umkehrdarlehen, allem voran: eine eigene schuldenfreie Immobilie. Die Lösung über ein Umkehrdarlehen mindert die Erbmasse. Zudem kann die Immobilie nicht mehr anderweitig als Sicherheit verwendet werden. Und falls der sich durch die Umkehrhypothek Verschuldete ein biblisches Alter erreichen sollte, droht Überschuldung oder eine Zwangsversteigerung der Immobilie – keine schöne Perspektive.

Im Ergebnis ist festzustellen, dass es (zumindest außerhalb der vertrauensvollen Bande einer gut funktionierenden Familie) **keine einfache oder elegante Lösung** für dieses Problem gibt. Zu stark sind die (verständlichen) Interessengegensätze und zu hoch die (objektiv nachvollziehbaren) Transaktionskosten.

Es bleibt der **schwache Rat**, sich schon in jungen oder mittleren Jahren nicht allzu sehr in die eigenen vier Wände zu verlieben und zu verhindern, dass sich das Nettovermögen zu einem hohen Anteil in der einen selbstgenutzten Immobilie ansammelt. Hielte ein vorausschauender Privater den **Anteil seiner Wohnimmobilie bei einem Drittel bis der Hälfte** seines gesamten Nettovermögens (ja – da wird die Immobilie kleiner, hat weniger Quadratmeter und weniger Garten), dann kann das Problem des „armen, illiquiden" Immobilienmillionärs kaum auftreten.

Trautes Heim, Glück allein

Im Ergebnis lässt sich also feststellen, dass viele Entscheider eine **emotional verzerrte Wahrnehmung** zugunsten der selbstgenutzten Immobilie haben, die ersparte Miete und die Wertentwicklung der Immobilie systematisch überschätzen (Besitzliebe) und die Folgekosten verdrängen. Andererseits soll anerkannt werden, dass die Selbstnutzer bedingt durch die Umstände (die Bank verlangt eben Zins und Tilgung) eine Spardisziplin zeigen, die Nichteigentümer oft eher vermissen lassen. Und fällt der

Vorsorgende auf einen wenig leistungsfähigen Lebensversicherer herein und bemerkt erst nach Jahrzehnten, dass er rückwärts gespart hat, so wäre auch hier das – maßvoll dimensionierte Eigenheim – noch die bessere Wahl gewesen.

In den Literaturhinweisen finden Sie die Bücher von *Kommer* und *Winterlich*, die ich weiterführend zu diesem Thema wärmstens empfehle.

Für den tiefer gehend interessierten Leser

Willkommen im Club –
Direkte Immobilien-Investments über Club-Deal-Strukturen

Privatanleger schließen sich mitunter in sogenannten Club-Deals zusammen und bündeln ihre Mittel, um gemeinsam eine oder mehrere Immobilien (Diversifikation, Verminderung von Klumpenrisiko) zu erwerben oder zu errichten. Das können Wohn- oder Gewerbeimmobilien, Solar- oder Windparks, Biomassekraftwerke oder Ärztehäuser sein, die selbst genutzt oder vermietet oder saniert und dann wieder verkauft werden sollen.

Oft sind es nur wenige Anleger, die sich jeweils in einem Club-Deal zusammenschließen. Sie kennen sich untereinander meist gut und verfolgen gemeinsame Ziele. Trotzdem wird ein eindeutiger und umfänglicher (Gesellschafts-)Vertrag zur Regelung aller Einzelheiten ratsam sein, insbesondere wann und zu welchen Bedingungen die Immobilie(n) ggf. wieder verkauft werden sollen.

Meist wird aus Gründen der Haftungsbeschränkung sowie wegen steuerlicher Gestaltungsmöglichkeiten eine GmbH oder GmbH & Co. KG gegründet. Insgesamt macht auch dieses Investment Arbeit und bedarf der Hinzuziehung von Fachkompetenz. Es ist jedoch berechenbar, transparent und hält die eigene Kontroll- und Einflussnahme aufrecht. Die Bedenken, die allgemein für Immobilieninvestments bestehen (siehe oben), gelten freilich auch hier.

Virtuelles Betongold

Um in die Anlageklasse „Immobilien" zu investieren, bieten sich neben dem direkten Investment in Immobilien die nachfolgenden Anlagevehikel an:

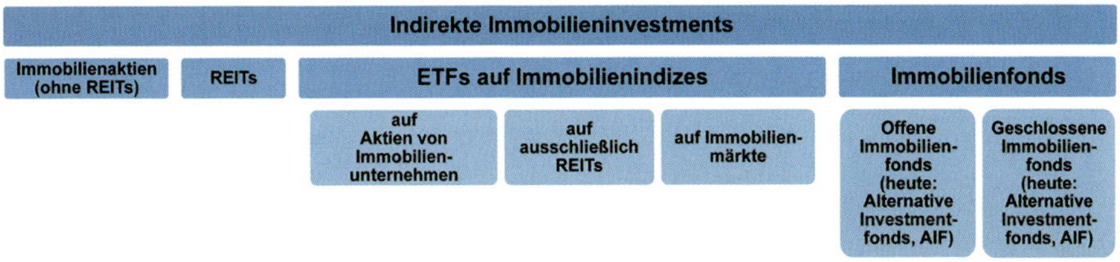

Abb.: Möglichkeiten, indirekt in die Anlageklasse Immobilien zu investieren

Immobilienaktiengesellschaften (ohne REITs, s. u.) sind in Deutschland z. B. ADLER Real Estate AG, Deutsche Wohnen SE, DIC Asset AG, LEG Immobilien AG, PATZRIZIA Immobilien AG, TAG Immobilien AG, TLG IMMOBILIEN AG, Vonovia SE. Die Aktien finden sich sowohl in DAX, MDAX als auch SDAX.

Eine besondere Form der Immobilienaktienunternehmen in Deutschland sind sogenannte **REITs (Real Estate Investment Trusts).** Deutsche REITs sind ausschließlich deutsche Immobilien-Aktiengesellschaften mit börsennotierten Anteilen, die gewissen Kriterien unterliegen. Die wichtigsten Kriterien sind:

- 90 % Mindestausschüttungsquote des Jahresgewinns an die Aktionäre,
- maximale Fremdkapitalquote von 45 %,
- Mindestnennbetrag des Grundkapitals 15 Mio. Euro,
- Erwerbsverbot von Bestandsmietwohnimmobilien (vor 01.01.2007 erbaut),
- mindestens 15 % der Aktien in Streubesitz.

Werden diese Kriterien erfüllt, erfolgt eine Befreiung der REIT-AG auf der Gesellschaftsebene von der Körperschafts- und Unternehmensteuer[65]. Die REIT-Dividenden unterliegen beim Anleger der üblichen KESt.
Diese sehr strengen Regularien führen dazu, dass es in Deutschland (noch immer) wenige Beispiele für REITs gibt, derzeit lediglich fünf: alstria office REIT-AG, Fair Value REIT-AG, HAMBORNER REIT AG, Deutsche Konsum REIT-AG (seit 2016), Deutsche Industrie REIT-AG (seit 2017).

Es gibt etliche **börsengehandelte Indexfonds (ETFs)**, welche die Wertentwicklung des Immobiliensektors auf verschiedenen Märkten abbilden – so z. B. Europa, Asien oder global (vgl. zu ETFs Kapitel D.2).

Bei immobilienorientierten ETFs sind drei grundsätzliche Möglichkeiten zu unterscheiden:

1. Index auf Aktien von Immobilienunternehmen
2. Index ausschließlich auf REITs
3. Index auf die Preisentwicklung der Immobilien selbst (= Immobilienmarkt)

Zu 1.: Es gibt verschiedene Index-Anbieter, welche die Performance **börsennotierter Immobilienunternehmen**, auch REITs, über alle Kontinente hinweg abbilden, z. B. die Serien von FTSE EPRA/NAREIT Developed Index oder von STOXX Global Real Estate Index (mit verschiedenen Varianten und Unterformen). Der MSCI ACWI IMI Real Estate Index spiegelt die Wertentwicklung der Aktien der wichtigsten globalen Immobiliengesellschaften und REITs wieder.

[65] REIT-Gesetz (REITG) von 2007.

Zu 2.: ETFs mit **Bindung an REITs** ermöglichen eine preiswerte Diversifizierung über REIT-Gesellschaften. Beachtenswert ist, dass die Anzahl der zur Verfügung stehenden REITs je nach Land sehr unterschiedlich ist. So macht ein Index auf deutsche REITs bei gerade einmal fünf Gesellschaften wenig Sinn. In anderen Ländern ist die Anzahl der REITs erheblich höher. Jedoch unterliegen dort REITs nicht den gleichen (strengen) Regelungen wie in Deutschland.

Zu 3.: In Deutschland versuchen mehrere Anbieter mit von ihnen erstellten Indizes die **Wertentwicklung des Immobilienmarktes** abzubilden. Jedoch gibt es derzeit noch keinen führenden Index und somit auch keinen ETF hierauf. Viel besser sieht es beim Blick auf den europäischen, nordamerikanischen oder asiatischen Immobilienmarkt aus. So hat sich z. B. in den USA nach der Finanzkrise der Jahre 2007–2009 der Case-Shiller-Index als allgemein anerkannter Standard etabliert.

Für ein indirektes Immobilieninvestment kommt auch der Kauf von Anteilen **Offener Immobilienfonds** (eine Erscheinungsform von Alternativen Investmentfonds, AIFs)[66] in Betracht. In den letzten Jahren wurde aber eine **Konstruktionsschwäche** Offener Immobilienfonds deutlich. Sie investieren in kurzfristig nicht liquidierbare Immobilienobjekte, während sie andererseits ihren Anlegern die jederzeitige Rückgabe von Anteilen versprechen. Daher müssen Anleger grundsätzlich Mindesthaltefristen von 12 Monaten sowie Kündigungsfristen (Rückgabefrist) von 24 Monaten einhalten. Zudem kann die Fondsgesellschaft einen einzigen Rücknahmetermin im Jahr festlegen. Ferner gibt es mittlerweile eine gesetzlich geregelte Rücknahmeaussetzung von maximal 36 Monaten. Gelingt es dem Fonds in dieser Zeit nicht, die benötigte Liquidität zur Rücknahme der Fondsanteile aufzubringen, so wird der Fonds aufgelöst.

Die Offenen Immobilienfonds sind börsennotiert. Gleichwohl gibt es erhebliche Margen zwischen An- und Verkaufspreisen (i. d. R. 5 %). Die Bewertung des Immobilienbestandes sowie der Mittelverwendung erfolgt durch eigene Kriterien der Fondsgesellschaften selbst und ist für den Anleger nur teilweise transparent. Zwar kann man als Anleger durch die Streuung des Immobilienbesitzes der Fonds eine gewisse Diversifikation erreichen, zu berücksichtigen bleibt jedoch, dass soweit die Immobilienfonds in Gewerbeimmobilien (wie Büroimmobilien, Logistikimmobilien, Einzelhandelsobjekte, Gewerbeparks, Hotelimmobilien) investieren, deren Mieterträge stark konjunkturabhängig sind.

---

[66] Heute korrekt: Alternative Investmentfonds (= AIFs).
Seit Einführung des Kapitalanlagegesetzbuchs (KAGB) von 2013 in Verbindung mit dem AIFM-Umsetzungsgesetz zählen alle früher als Offene Spezialfonds und Offene Investmentfonds geltenden Fonds, die keine OGAWs (Organismen für gemeinsame Anlagen in Wertpapieren) sind, nunmehr als AIF – mithin auch Offene Immobilienfonds.

Für den tiefer gehend interessierten Leser

Crowdinvesting – eine Form des indirekten Immobilien-Investments

In den letzten Jahren ist das sogenannte Crowdinvesting für Immobilien aufgekommen. Über Internetplattformen soll der Private bereits zu kleinen Anlagebeträgen investieren können. Es bestehen nur geringe Erfahrungen zu dieser Anlageform. Meist sind neben den Kleinanlegern die Banken und Projektentwickler am Immobilieninvestment beteiligt, welche über die Summe der Kleinanleger (Crowd, Schwarm) fehlendes Eigenkapital für ihr Projekt einwerben. Mangels Veröffentlichung von konkret belastbaren Zahlen, Berechnungen und Vorgehensweisen ist das Investment sehr intransparent. Da die Privatanleger meist in Form von Nachrangdarlehen oder Genussrechten investieren, besteht für sie im Insolvenzfall die (sehr wahrscheinliche) Gefahr, vollständig mit ihren Forderungen auszufallen.

Klar abzuraten ist von einer Geldanlage in **Geschlossene Investmentfonds (einer nicht empfehlenswerten Unterklasse von Alternativen Investmentfonds, AIFs)**[67]. So kam die Stiftung Warentest in einer 2015 veröffentlichten Studie zum Ergebnis, dass 57 % der in Deutschland untersuchten Geschlossenen Immobilienfonds einen Kapitalverlust erzeugten und nur sehr wenige eine Rendite von 4 % erreichten. Lediglich 6 % aller Fonds erreichten die im Prospekt in Aussicht gestellten Prognosedaten[68].

Hart, aber wahr

Geschlossene Fonds würde ich nur auf Empfehlung von wirklich guten Freunden kaufen. Wirklich gute Freunde würden mir aber keine Geschlossenen Fonds empfehlen ...

Zwar sind mit Bestehen des KAGB 2013 Geschlossene Fonds (geschlossene AIF) angemessen reguliert. Jedoch sind es für den Privatanleger trotzdem nur schwer durchschaubare **Black Boxes**, deren Wirtschaftlichkeit er nicht einschätzen kann. Der Anleger geht letztlich eine unternehmerische Beteiligung ein. Es müssen ihm aber bei weitem nicht alle Kosten angegeben werden, die letztlich seine Rendite schmälern. Auch reden wir über sehr lange Haltedauern, ohne ein Rückgaberecht an den Fonds vor Ende der Laufzeit oder eine realistische Sekundärmarktfähigkeit. Geschlossene Fonds besitzen meist die Rechtsform der GmbH & Co. KG, für den Anleger droht Totalverlust auf das von ihm eingebrachte Kapital.

[67] Heute korrekt: Alternative Investmentfonds (= AIFs) oder auch Geschlossenes Investmentvermögen. Dies sind im Wesentlichen die Fonds, die früher als „geschlossene Investmentfonds" bezeichnet wurden. Rechtsquelle: Kapitalanlagegesetzbuch (KAGB) von 2013 i. V. m. dem AIFM-Umsetzungsgesetz.

[68] Quelle: https://www.test.de/Geschlossene-Fonds-Die-schlimme-Bilanz-einer-Branche-4910691-0/.

Zentrale Ergebnisse

- Aufgrund hoher Transaktionskosten (die zugleich versunkene Kosten darstellen) eignen sich Immobilien nur bei langen Haltedauern.
- Immobilien unterliegen wie alle Sachwerte Preisschwankungen. Diese sollten nicht unterschätzt werden. Während das Grundstück keiner Alterung unterliegt, sollten Verschleiß, Alterung und damit möglicher Wertverlust des Gebäudes bedacht werden.
- Gesetzesänderungen, wie z. B. die Energieeinsparverordnung, können Immobilien im Altbestand erheblich entwerten.
- Die Konzentration auf Einzelkriterien ist gefährlich: Beispielsweise weisen gerade perspektivlose Immobilien in schlechtem Zustand oder schlechter Lage signifikant höhere Mietrenditen auf.
- Selbstgenutzte Immobilien sind im Wesentlichen als Konsumgüter zu betrachten – und nicht als Investitionsgüter.
- Fremdgenutzte Immobilien machen den Investor de facto zum Unternehmer – nicht jedem liegt diese Rolle.

Konkrete Handlungsempfehlungen

- Führen Sie eine umfassende Gesamtbewertung sowohl der Lage als auch der Substanz der Immobilie durch, auch wenn dies aufwändig ist. Nehmen Sie auch kostenpflichtige Hilfe von Fachleuten (Bauingenieur, Sachverständiger, Bodengutachten usw.) in Anspruch.
- Bedenken Sie vor dem Erwerb fremdgenutzter Immobilien, ob Sie bereit sind, sich „Arbeit zu kaufen". Falls nicht, sind Investments in REITs, Immobilienaktien oder ETFs auf Immobilienaktien bedenkenswert.
- Verdeutlichen Sie sich vor dem Erwerb einer fremdgenutzten Immobilie auch das Klumpenrisiko. Dieses bezieht sich nicht nur auf das Objekt selbst, sondern auch auf den Mieter (Schlagwort: Mietnomaden).
- Machen Sie sich bewusst, dass selbstgenutzte Immobilien i. d. R. durch positive Emotionen stark verzerrt wahrgenommen werden, und versachlichen Sie.

Quellennachweis und weiterführende Literatur

Eisele, D./Jamin, G.: Die private Wohnimmobilie als Kapitalanlage. Eine investitionstheoretische Betrachtung unter Berücksichtigung von Steuern, in: WiSt Wirtschaftswissenschaftliches Studium, 46. Jg. 2017, Heft 9, S. 61ff. sowie Heft 10, S. 53 ff.

Hinterberger, M.: Wie das Heim zu Geld wird, in: €uro am Sonntag, Heft 39/2017, S. 80 f.

Kommer, G.: Kaufen oder Mieten? Wie Sie für sich die richtige Entscheidung treffen, Frankfurt a. M., 2. Auflage 2016

Scherff, D.: Der Charme der eigenen Immobilie, in F.A.S. Frankfurter Allgemeine Sonntagszeitung vom 16.04.2017, S. 29 mit Bezug auf die Berechnungen von Eisele und Jamin

Winterlich, J.: ErfolgReich mit Immobilien-Investments. Die Kunst, wie Privatinvestoren mit Wohnimmobilien Geld verdienen, Freiburg 2016

Zu REITs: http://bit.ly/2b3SFxX

Zu Club-Deals: http://bit.ly/2bjFGHo

Zu Crowdinvesting: http://bit.ly/2b6Yby2

5 Selbst für Spießer nur bedingt geeignet

Bausparverträge

Was Sie in diesem Kapitel erfahren:

- Wie Bausparverträge und Bausparkollektive konstruiert sind.
- Dass entgangene Zinsen in der Ansparphase und nicht etwa die Gebühren die wichtigsten Kosten eines Bausparvertrages sind.
- Warum ein Bausparvorausdarlehen eine schlechte Idee ist.
- Und weshalb Bausparen heute nur noch selten vorteilhaft ist.
- Dass nur irrationale Ängste und die Psychologie sowie staatliche Förderung noch für Bausparen sprechen – und das Bessere eben der natürliche Feind des Mittelmäßigen ist.
- Schließlich ein seltener Fall, in dem sich Bausparkredite doch lohnen.

Auch in der Niedrigzinsphase schließen die Deutschen noch Millionen von Bausparverträgen ab. Insgesamt nennen die Deutschen über 30 Mio. Bausparverträge ihr Eigen. Für Banken und Bausparkassen stellten die hiermit vereinnahmten Vertriebsprovisionen eine wertvolle Einnahmequelle dar. Für den privaten Kunden sind Bausparverträge jedoch meist ein schlechtes Geschäft.

Die Idee des **kollektiven Bausparens** ist folgende: Jemand spielt mit dem Gedanken, irgendwann in der Zukunft zu bauen. Dafür spart er schon einmal an. In dieser Zeit der Ansparphase bekommt er nur sehr niedrige Zinsen und stellt sein Geld für Kredite anderer Kunden innerhalb eines Bausparkollektives zur Verfügung. Wenn er dann in der Zukunft aber irgendwann tatsächlich baut und eine Finanzierung benötigt (Darlehensphase), muss er für dieses, aus dem gleichen Kollektiv später erhaltene Darlehen auch nur vergleichsweise geringe Zinsen zahlen (so jedenfalls **vor** der Niedrigzinswelt, in der wir jetzt leben). Und vor allem: Er hat **Planungssicherheit**, d. h., er kennt bereits heute den künftigen Zinssatz. Soweit also die ursprüngliche Idee.

Die Idee des Kollektivsparens: Eine Mischkalkulation – sowohl für den Sparer als auch für die Bausparkasse

Heute, in Zeiten sehr niedriger Zinsen, können die Bausparkassen jedoch mit dem Kollektivdarlehen regelmäßig die Darlehenszinsen anderer Finanzierer, z. B. der Hypothekenbanken, nicht mehr unterbieten. In vielen Fällen verzichten daher heute Bausparer auf das zugeteilte Bauspardarlehen und schließen anderweitig Darlehensverträge ab, die nicht nur einen (noch) niedrigeren Zins aufweisen, sondern auch im Hinblick auf die Höhe der Belastung und die angestrebte Laufzeit erheblich flexibler sind als das Bauspardarlehen. In diesen Fällen haben die Bausparer die schlecht verzinsliche Ansparphase vergeblich durchgehalten. Achtung: **Vergeblich heißt hier nicht umsonst**, denn umsonst war es nicht, sondern es hat Gebühren und Renditeverluste gekostet.

Somit sprechen die objektiven Daten und Rahmenbedingungen also gegen Abschlüsse bei einer der 20 deutschen Bausparkassen. Aufgrund des niedrigen Zinsniveaus raten Verbraucherschützer und Experten einhellig vom Abschluss von Bausparverträgen ab und empfehlen höherverzinsliche Ansparalternativen. Die Abschlussgebühr bei Bausparverträgen von 1 %-1,6 % – so die Verbraucherschützer – werde regelmäßig durch die minimalen Zinsgutschriften während der gesamten Ansparphase nicht einmal zurückgewonnen. Das heißt, der Kunde spart sich ärmer. Zusätzlich machen die Bausparkassen seit 2013 negative Schlagzeilen, weil sie höher verzinsliche Altverträge kündigen[69]. Wie kommt es dann, dass sich Bausparverträge trotzdem (noch) fast von selbst verkaufen?

Das große Interesse an Bausparverträgen kommt sicherlich nicht von der Attraktivität hoher Zinssätze in der Ansparphase, sondern liegt vielmehr an der **Zinsgarantie** in einer späteren Darlehensphase des Vertrages.

Plausibel, aber falsch

Die plausible, aber falsche Überlegung ist, dass der Darlehensnehmer bei Zuteilung des Vertrages – also je nach Vertragstyp in vier bis sechs Jahren – ein Bauspardarlehen mit bereits heute garantiertem Festzins erhält. Der heutige Bausparer könne sich damit – so das falsche Argument – bereits heute den Niedrigzins für einen zukünftigen Zeitpunkt sichern. Der beispielhaft im Kasten wiedergegebene Werbetext einer bekannten Bausparkasse zeigt dies eindeutig.

[69] Vgl. Kasten *Für den tiefer gehend interessierten Leser* auf S. 270.

Typische Formulierung der Internet-Werbung von Bausparkassen

Läuft Ihre Zinsbindung bald aus? Noch sind die Zinsen niedrig! Dann organisieren Sie doch jetzt Ihre Anschlussfinanzierung - mit einem Bausparvertrag aus unserem Haus.

Das Motiv, sich über das Ansparen eines Bausparvertrages ein künftiges, günstiges Festzinsdarlehen zu sichern, klingt höchst plausibel. Aber es ist in mehrerlei Hinsicht falsch und ein Bausparvertrag in der gegenwärtigen Situation meist unvorteilhaft.

Ein kurzer Blick auf die Anatomie einer Bausparfinanzierung

Beim **echten** Bausparen handelt es sich um die Koppelung eines Sparvorgangs (also Bildung von Geldvermögen) zugunsten eines Bausparkollektivs mit einem Anrecht auf ein späteres Festzinsdarlehen aus eben diesem Kollektiv. Bei **Bausparvorausdarlehen (auch Bausparsofortdarlehen genannt)** kombiniert der Kunde ein Darlehen mit unmittelbarer Auszahlung, welches tilgungsfrei gestellt wird, mit einem anzusparenden Bausparvertrag. Bei dessen Zuteilung wird das Vorausdarlehen auf einen Schlag durch Auszahlung des Bauspardarlehens ersetzt. Dieses wird dann durch monatliche Zins- und Tilgungszahlungen „abgestottert".

Unechte Bausparer – auch als ***Freundsparer*** bezeichnet – bilden lediglich Geldvermögen und stärken damit das Kollektivguthaben, ohne später das Festzinsdarlehen in Anspruch zu nehmen. Der Verzicht auf das Bauspardarlehen kann hierbei geplant oder einfach einer Veränderung der Lebensumstände und Ziele des Bausparers geschuldet sein. Einige Bausparkassen haben sogar *Freundsparer* damit geworben, dass diese bei Verzicht auf das Darlehen eine Mehrverzinsung oder Prämie erhalten.

Für den tiefer gehend interessierten Leser

Unter bestimmten Voraussetzungen wird das *Freundsparen* sogar noch durch **staatliche Prämien** gefördert - mit dem fragwürdigen Argument, dass der Freundsparer ja das Kollektiv stärke und damit der Gesellschaft diene. In Wahrheit ist die Subventionierung des *Freundsparens* aber wohl besser mit der guten Lobbypolitik der Finanzdienstleister erklärbar - wieder mal ein Schalk, wer Böses dabei denkt ... Es ist höchst fragwürdig, wenn der Staat aus Steuergeldern Bausparprämien für „Freundsparer" zahlt und somit Sparvorgänge subventioniert, die mit dem Weg zur eigenen Immobilie nichts zu tun haben, sondern mit der Finanzierung einer Weltreise oder eines Sportwagens. Außerhalb des Bausparens ist kollektives Zwecksparen nämlich gesetzlich verboten, § 3 Abs. 1 Nr. 2 Gesetz über das Kreditwesen (Kreditwesengesetz - KWG).

Es kann durchaus sein, dass ein risikoscheuer Kleinsparer durch Kombination von staatlicher Förderung (z. B. Wohn-Riester) und Bonusverzinsung mit dem *Freundsparen* zumindest auf eine magere Rendite in der Nullzinswelt kommt. Doch bleibt auch hier zu fragen, ob diese magere Rendite nicht mit weniger Aufwand und weniger staatlicher Abhängigkeit (jede staatliche Förderung bedarf mindestens eines sorgfältig ausgefüllten Antrags und der penibel-exakten Beachtung von Bedingungen) z. B. über einen ETF-Sparplan erreicht werden kann (vgl. Kapitel D.2 sowie D.8).

Überdies ist zu beachten: Mitunter lockt man den Kunden mit jährlichen 46.50 Euro Zulage des Staates, aber verschweigt die gleichzeitig belastete jährliche Kontoführungsgebühr von 15 Euro, die davon bereits wieder ein Drittel auffrisst. Oder es gibt zwar keine Kontoführungsgebühr, dafür aber statt der 1,0 % eben 1,6 % Abschlussgebühr …

Welche Größen sind für die Vorteilhaftigkeit eines Bausparvertrages relevant?

Die Vorteilhaftigkeit eines Bausparvertrages wird durch folgende Treibergrößen beeinflusst:

1. **Abschlussgebühr** (= Kosten für den Bausparvertrag), 1 % bis 1,6 % der Bausparsumme, fällt zum Zeitpunkt des Abschlusses an.
2. Kosten für das Bauspardarlehen (= **Darlehensgebühr**), häufig 2 % des Bauspardarlehens, fällt erst zum Zeitpunkt der Darlehensinanspruchnahme und auch nur dann an, wenn das Bauspardarlehen tatsächlich in Anspruch genommen wird. (*Freundsparer* zahlen also nur die Abschlussgebühr, nicht jedoch die Darlehensgebühr.)
3. Höhe der **Guthabenzinsen** in der Ansparphase.
4. Höhe der **Darlehenszinsen** in der Darlehensphase.
5. **Dauer** von Ansparphase und Darlehensphase (beides abhängig von Anspar- und Tilgungsmodell, jedoch auch der Zuteilungsberechnung[70]).

[70] Mit der Zuteilungsberechnung steuert die Bausparkasse den Zeitpunkt, ab dem der Bausparer berechtigt ist, das Darlehen zu erhalten. Vereinfacht gesagt wird hiermit ein Gleichgewicht zwischen der Gesamtsumme der Sparleistungen und der Gesamtsumme der vergebenen Bauspardarlehen im Kollektiv erreicht.

In einem Beispiel veranschaulicht sieht das so aus:

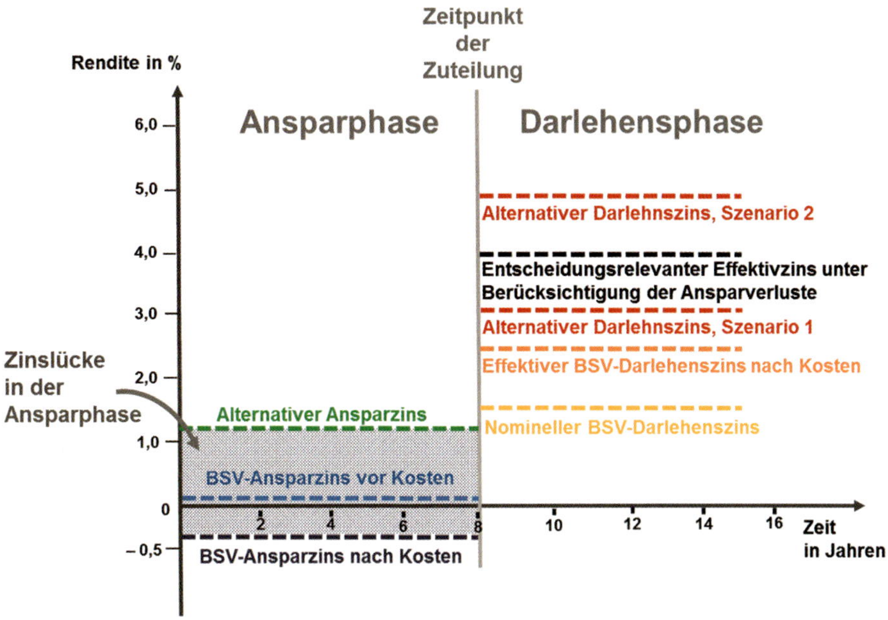

Abb.: Bausparbeispiel (BSV = Bausparvertrag)

Erläuterung des oben abgebildeten Beispiels

Eine Bausparkasse bietet dem Interessenten im Jahre 0 folgende Kondition:

- BSV-Ansparzins 0,1 % p. a. (vor Kosten, hellblau)
- Abschlussgebühr (= Kosten für den Bausparvertrag) 1,0 % einmalig entspricht BSV-Ansparzins nach Kosten inkl. Kontoführungsgebühr minus 0,3 % (dunkelblau)
- Ansparphase ca. 8 Jahre
- Nomineller BSV-Darlehenszins 1,4 % p. a. (vor Kosten, gelb)
- Kosten für das Bauspardarlehen (= Darlehensgebühr) 2 % einmalig
- Effektiver Darlehenszins nach Kosten 2,55 % p. a.(orange)
- Darlehensdauer ca. 7 Jahre

Die ansonsten bestehenden Möglichkeiten stellen sich wie folgt dar:

- Alternativer Ansparzins 1,2 %
- Erwarteter alternativer Darlehenszins: 3,0 % (rot, Szenario 1)
- Erwarteter alternativer Darlehenszins: 4,9 % (rot, Szenario 2)

Falsche Betrachtung: Falsch wäre es, wenn der Interessent nur den effektiven Bauspar-Darlehenszins nach Kosten (orange) mit den erwarteten alternativen Darlehenszinsen (rot), Szenario 1 oder 2, vergleichen würde. Denn: Somit würde er die erlittene Minderverzinsung (= Opportunitätsverlust) in der Ansparphase nicht berücksichtigen. Die Bausparanlage erbringt nach Kosten minus 0,3 % p. a. Ansparzins. Am Markt könnte der Interessent sein Geld jedoch zu 1,2 % p. a. anlegen. Die Differenz beträgt satte 1,5 % Opportunitätsverlust p. a.!

Richtige Betrachtung: Richtigerweise muss der Interessent den entscheidungsrelevanten Effektivzinssatz (schwarz) ermitteln – und zwar unter Berücksichtigung der Minderverzinsung in der Ansparphase. Im Beispiel wären das der Bauspar-Darlehenszins nach Kosten (orange) mit 2,55 % p. a. zuzüglich der Opportunitätsverluste aus der Minderverzinsung in der Ansparphase. Der Interessent käme somit auf einen entscheidungsrelevanten Effektivzinssatz von knapp unter 4 %.
(Anmerkung: Die Minderverzinsung darf nicht einfach addiert werden, da sich die Werte jeweils auf ein Jahr beziehen und die Zeiträume unterschiedlich lang sind).

Daraus abgeleitete richtige Entscheidung: Nur wenn der Interessent erwartet, dass die Zinsen zu Beginn der Darlehensphase so stark steigen, dass sie über dem entscheidungsrelevanten Effektivzins (schwarz) liegen, lohnt sich der Bausparvertrag. Im Beispiel wäre dies das Szenario 2 mit einem erwarteten alternativen Darlehenszins von 4,9 %. Dann wäre ein durch den Bausparvertrag „gesicherter“ Effektivzins von knapp unter 4 % relativ vorteilhaft. **Dieses Szenario 2 mit derart steigenden Darlehenszinsen am Markt ist aber eher unwahrscheinlich**.

Bei konstant niedrigen Zinsen und selbst noch bei mäßigen oder mittelstarken Zinserhöhungen (Szenario 1) ist der Bausparvertrag jedoch unvorteilhaft: Der entscheidungsrelevante Effektivzins des Bausparvertrages (schwarz) liegt über dem alternativen Darlehenszinssatz von Szenario 1. Das Bauspardarlehen wäre per Saldo für den Interessenten teurer als ein alternatives Darlehen am Markt. Lediglich den effektiven Darlehenszins des Bausparvertrags nach Kosten (orange) mit dem alternativen Darlehenszins zu vergleichen, ist unvollständig – die erlittene **Minderverzinsung (= Opportunitätsverlust) in der Ansparphase** bliebe unberücksichtigt.

Hieraus lassen sich folgende Aussagen über jeden Bausparvertrag machen.

Der Bausparvertrag ist **umso vorteilhafter** für den Kunden,

- je **geringer die Differenz** zwischen dem geringeren Ansparzins und dem ansonsten am Markt erzielbaren Anlagezins (alternativer Ansparzins) ist,
- je **kürzer die Ansparfrist** dauert, in welcher der Bausparer die Differenz zwischen dem geringeren Ansparzins und dem ansonsten am Markt erzielbaren Anlagezins (alternativer Ansparzins) erleidet,

- je **höher der Zinsvorteil** des festverzinslichen Bauspardarlehens gegenüber einer marktüblichen Immobilienfinanzierung (z. B. Hypothekendarlehen) ist und
- je **länger** der Bausparer diesen **Zinsvorteil** des Bauspardarlehens genießen kann.

An dieser Stelle schlägt die Psyche dem Privatkunden häufig ein Schnippchen, was den Vertriebserfolg der Bausparkassen erklärt.

Die erkaufte Planungssicherheit – mit Sicherheit teuer

Der durchschnittliche Kunde wünscht Planungssicherheit und weiß das in der Zukunft liegende Bauspardarlehen **mit garantiertem festem Zinssatz** zu schätzen. Diese Planungssicherheit schätzt er sogar, wenn der Zinssatz selbst gar nicht so niedrig ist.
Was der durchschnittliche Kunde jedoch völlig unterschätzt oder sogar übersieht, ist die Tatsache, dass er in der Ansparphase des Bausparvertrages eine rentablere Anlagealternative nicht wahrnimmt. Das heißt, es **entgehen ihm höhere Anlagezinsen**, wodurch ihm sogenannte **Opportunitätsverluste** entstehen. Rechnet man diese entgangenen Zinsen auf das erhaltene Bauspardarlehen um, so verteuert sich dieses recht schnell um etliche Prozentpunkte und ist damit keineswegs mehr billig.

Hart, aber wahr

Einen Teil des Bauspardarlehens bräuchte der Kunde gar nicht, wenn er statt zu Negativzinsen im Bausparvertrag renditestärker in alternativen Anlagen angespart hätte, da er so nämlich bereits mehr Eigenkapital gebildet hätte.

Seltene Fälle vorteilhafter Bausparverträge
Financial Engineering

Es gibt Konstellationen, bei denen die Einbeziehung eines BSV-Darlehens **in die Gesamtfinanzierung** vorteilhaft für die Summe der Finanzierungskosten aller Fremdmittel ist. Und zwar, obwohl die Finanzierungskosten des Bausparvertrages selbst überhaupt nicht besonders günstig sind. Dies hat mit Bonitätsprämien der übrigen Finanzmittelgeber zu tun. Das nachfolgende Rechenbeispiel zeigt den Zusammenhang (Werte in Euro):

Kriterium	Situation ohne BSV	Situation mit BSV
Preis der Immobilie inkl. Nebenkosten	500.000	500.000
eingebrachte Eigenmittel	75.000 (in Form liquidierter Anlagen)	75.000 (davon 20.000 = 40 % Ansparleistung in einem zuteilungsreifen BSV mit Bausparsumme 50.000)
Finanzierungsbeitrag Bauspardarlehen	0	30.000 (Darlehen = 60 % der Bausparsumme von 50.000)
Restfinanzierung über im Grundbuch konkurrierende Dritte	425.000 (500.000 - 75.000)	395.000 (500.000 - 75.000 - 30.000)
Klassifikation der „Restfinanzierung"	Über 80 % von 500.000	Im Rahmen der 80 % von 500.000
Durchschnittszins Bauspardarlehen	-	4 % (realistische Annahme)
Durchschnittszins Restfinanzierung	1,8 % (wegen schlechterer Risikoklassifizierung über 80 %)	1,4 % (wegen besserer Risikoklassifizierung im Rahmen der 80 %)
Durchschnittszins Gesamtfinanzierung	1,8 %	1,58 % (Herleitung wie folgt)

Herleitung:

Der arithmetisch gewichtete **Durchschnittszins Gesamtfinanzierung** in der Variante **mit BSV** wurde wie folgt berechnet:
Für 30.000 der 425.000 oder ca. 7,06 % der Gesamtfinanzierung fallen 4 % Zinsen an. Für 395.000 der 425.000 oder ca. 92,94 % fallen 1,4 % an. Daraus ergibt sich ein arithmetisch gemittelter Zins i. H. v. 1,58 % (nämlich 4 % x 0,706 plus 1,4 % x 0,9294, was zu 0,28 % plus 1,30 %, also 1,58 % führt).

Interpretation des Ergebnisses:

Da Bauspardarlehen von bis zu 30.000 Euro gemäß § 12 Absatz 1 der Bausparkassen-Verordnung (BausparkV) nicht ins Grundbuch eingetragen werden müssen (Blankodarlehen), freuen sich die übrigen Mittelgeber über den freien Rang im Grundbuch.
Die Fremdmittelgeber honorieren also die Ansparleistung des Schuldners im BSV (Bausparer) sowie die ungesicherte Risikoübernahme durch die Bausparkasse für die 30.000 Euro und verbessern damit die Bonitätseinschätzung für die Restfinanzierung mit der Folge der Zinssenkung von 1,8 % auf 1,4 %. Mit anderen Worten: Es wird – völlig legal – so getan, als ob die Bausparschuld i. H. v. 30.000 Euro als Eigenmittel des Immobilienkäufers vorlägen. Und damit wird die verbleibende Finanzierung im obigen Beispiel in die Risikoklassifizierung „im Rahmen von unter 80 % des Objektes (395.000 / 500.000 = 79 %) einsortiert. In der Variante „ohne Bausparvertrag“

wäre die kritische 80 %–Grenze mit den Kennziffern 425.000 / 500.000 = 85 % klar „gerissen“ worden.

Kritisch ist anzumerken, dass ein solches „Financial Engineering“ schon ganz schön „hohe Schule“ und es eher **unwahrscheinlich** ist, dass der fällige BSV sich so harmonisch als Finanzierungsbaustein in das Gesamtgefüge integrieren lässt. Wenn der Finanzierungswillige den zuteilungsreifen BSV schon viele Jahre bei unbefriedigendem Ansparzins mit sich herumträgt, wäre vielleicht mit einem realistischen Zinssatz für die 30.0000 Euro in Höhe von 5 % oder 6 % zu rechnen. Ebenso wird es ungünstiger, wenn die Zeit bis zur Zuteilung noch mit einem Bauspar-Vorausdarlehen überbrückt werden muss.
Auch lässt sich das Beispiel **nicht beliebig skalieren**, d. h., bei einem höheren Bauspardarlehen darf die Bausparkasse gemäß § 12 Absatz 1 BausparkV nicht mehr auf den Grundbucheintrag verzichten. Und bei einem niedrigeren lohnt die Mühe für den geringen Finanzierungsbetrag der Bausparkasse irgendwann nicht mehr.
Also wohl eher ein **Sonderfall für „Finanzingenieure“** (Lebens- und Familienplanung rund um den BSV abgestimmt) oder Glückspilze (hat gerade gepasst).

Für den tiefer gehend interessierten Leser

Im März 2016 ist die europäische **Wohnimmobilienkreditrichtlinie (WIKR)** in Deutschland umgesetzt und im Dezember 2016 präzisiert worden. Damit haben Anbieter von Immobilienfinanzierungen den Verbraucher umfassend aufzuklären und dies zu dokumentieren. Das ist **vorteilhaft**, weil hier alle Kosten und Gebühren aufzulisten sind – und letztlich **ein Effektivzins angegeben werden muss**. Beim Bausparvertrag ist das der entscheidungsrelevante Effektivzinssatz (in der obigen Abbildung schwarz gestrichelt), d. h. die Summe aus effektivem Darlehenszins nach Kosten und erlittener Minderverzinsung (= Opportunitätsverlust) aus der Ansparphase. Damit werden Finanzierungen vergleichbar.

Zudem wurden die **Vorfälligkeitsentschädigung** sowie das **Widerrufsrecht** neu geregelt. Auch müssen Banken und andere Finanzdienstleister die Fähigkeit ihrer Kunden, den Immobilienkredit auch tatsächlich tilgen zu können (Kreditwürdigkeit), strenger als bisher prüfen. Das könnte freilich dazu führen, dass Kunden für den Abschluss der Immobilienfinanzierung zumindest einige Auflagen erfüllen müssen, so z. B. den Abschluss bestimmter Immobilienversicherungen, einer Berufsunfähigkeitsversicherung o. Ä. **Immobilienverzehrkredite** (Kredite, die ältere Menschen auf ihr Haus aufnehmen, um davon zu leben) wurden von der WIKR ausdrücklich ausgenommen.

Bausparkassen leben vom Irrtum ihrer Kunden

Der Satz „Wir leben vom Irrtum unserer Kunden“ stammt vom Vorstand einer bekannten Bausparkasse. Der „Irrtum“ des Kunden ist jedoch keineswegs ein fataler

Fehler, sondern einfach der Tatsache geschuldet, dass der Kunde seine Zukunft nicht perfekt vorausplanen kann.
Der maximale Irrtum tritt ein, wenn der Kunde über viele Jahre mit einem niedrigen Zinssatz (z. B. 0,1 %) angespart hat, dafür noch Gebühren (z. B. 1,6 %) bezahlt hat und letztlich kein Bauspardarlehen in Anspruch nimmt (weil er es eben doch nicht ins Eigenheim schafft oder weil die Immobiliendarlehen günstiger sind als die Bauspardarlehen).
Ein Irrtum zugunsten der Bausparkasse tritt jedoch auch ein, wenn der Bausparer sein Vorhaben nicht genau bei Zuteilung realisiert, sondern erheblich früher (teure Zwischenfinanzierung) oder erheblich später (zu lange Ansparphase zu Mini-Zinsen und damit größere Zinsverluste).

Da die Ansparzinsen, die Zinsen des Bauspardarlehens und die Kosten/Gebühren des Bausparvertrags zum Entscheidungszeitpunkt bekannt sind, reduziert sich die Entscheidung im Wesentlichen auf die Frage: **Wie teuer wäre die Baufinanzierung ohne Bausparvertrag, also z. B. ein Hypothekenkredit?**
Natürlich kann niemand in die Zukunft schauen und auch unwahrscheinliche Entwicklungen können eintreten. Gleichwohl zeigt die extrem flache Zinsstrukturkurve des Euro (vgl. Kapitel A.3), dass die Masse der Marktteilnehmer sich in den nächsten Jahren aus vielen guten Gründen keine starken Zinserhöhungen in der Eurozone vorstellen kann. Ebenso wenig Vorstandsvorsitzende von Bausparkassen[71]... ☺

Bausparszenarien

Sollte das **unwahrscheinliche Szenario sehr starker Zinserhöhungen** aber eintreten, (z. B. nach einem Zusammenbruch der Eurozone und einer Rückkehr zur Deutschen Mark), dann käme es wahrscheinlich zu so schlimmen Verwerfungen, dass die Bausparkassen dies nicht verkraften.

In einem **milden Szenario** würden viele Bausparer ihre Darlehen abrufen. Dem würden die Bausparkassen damit entgegentreten, dass sie einfach die Zuteilung des Bauspardarlehens hinauszögern. (Ein seit Jahrzehnten in der Branche kursierender Witz aus der letzten Hochzinsphase, in der exakt dies passierte, besagt, dass BHW lediglich die Abkürzung für „*Bausparen heißt warten*" sei.). Die Bausparer müssen in diesem Fall zu den dann hohen Marktzinsen zwischenfinanzieren (meist bei der gleichen Bausparkasse, die mit Geldern außerhalb des Kollektivs „aushilft". Ein Schalk, wer Böses dabei denkt. Es ist halt wie immer: Am Ende gewinnt die Bank ...).

---

[71] „Wir stellen uns auf eine lange Niedrigzinsphase ein", so der LBS-West-Vorstandschef Jörg Münning am 15. September 2015 bei der Vorstellung des „Zukunftsprogramm LBS 2020" in Münster. Stand 2018 hat er Recht behalten.

In einem **extremen Szenario** hingegen werden entweder die Bausparkassen pleitegehen oder der Gesetzgeber könnte sie retten, indem er ihnen einen Ausstieg aus den Verträgen ermöglicht. Letzteres ist keineswegs Spekulation oder reine Theorie, sondern in der Vergangenheit in vergleichbarer Weise bereits vorgekommen.

Für den tiefer gehend interessierten Leser

In den letzten Jahren haben die deutschen Bausparkassen über 200.000 Bausparverträge einseitig **gekündigt**. Dabei handelt es sich um alte Verträge, die noch hoch verzinst und seit mehr als zehn Jahren zuteilungsreif sind. Die Bausparer lassen also die Ansparphase weiterlaufen, ohne die Darlehensphase in Anspruch zu nehmen. In der Folge kam es zu zahlreichen Gerichtsverfahren. In den behandelten Einzelfällen bestätigte der BGH die Kündigungen durch die Bausparkassen. Dies betraf Fälle, in denen die Kunden die komplette Bausparsumme angespart hatten – und nach Ansicht der Richter ja damit kein Darlehen mehr benötigten. Und es betraf Fälle, in denen die Bausparsumme zwar noch nicht vollständig angespart war, aber die Kunden über zehn Jahre lang ihren Anspruch auf ein Baudarlehen nicht geltend gemacht hatten und den BSV nur als reine Sparanlage laufen ließen. Dies widerspräche Sinn und Zweck des Bausparens, so die Richter. Ausnahmen kann es dagegen für Verträge mit Zins- oder Treuebonus geben. Die Bausparkassen halten weitreichende Kündigungsklauseln für sinnvoll, signalisieren jedoch ein gewisses Einlenken[72].

Forward-Darlehen – oft die bessere Alternative zum Bausparvertrag

Ein Forward-Darlehen ist ein Festzinskredit über eine fix vereinbarte Laufzeit, der jedoch **nicht mit dem Zeitpunkt der Vereinbarung** beginnt, sondern **Monate oder sogar Jahre später**.

Mit anderen Worten: Sie können bereits **heute den Zinssatz für eine Schuld fixieren**, die Sie erst in Monaten oder Jahren eingehen wollen. Das bedeutet genau die Sicherung eines Zinssatzes heute für die Zukunft – mit der die Bausparkasse wirbt. Nur erreicht man dieses Ziel ohne eine unattraktive Ansparphase mit Mini-Zinsen, in welcher man sein Geld auch besser anlegen könnte. (Mehr über **Forward-Darlehen** erfahren Sie auch in Kapitel A.3).

Nachstehend nur **zu den konkreten Marktangeboten**: Sie können Forward-Darlehen unproblematisch direkt bei (Hypotheken-)Banken erhalten. Einen breiten und transparenten Markt für derartige Forward-Darlehen gibt es derzeit für **Vorlaufzeiten von bis zu fünfeinhalb Jahren** (also 66 Monaten). Tagesaktuelle Konditionen können Sie jederzeit im Internet abrufen, ein typisches Beispiel können Sie

[72] So Bernd Hertweck, Mitglied des Vorstands des Verbandes der Privaten Bausparkassen Anfang 2018.

der nachfolgenden Tabelle entnehmen. Bei den recherchierten Marktkonditionen handelt es sich um Zinssätze führender Anbieter für Privatkunden bester Bonität. Es kann gut sein, dass Sie im konkreten Fall etwas höhere Sätze zahlen müssten, weil Sie eine höhere Beleihung vornehmen wollen, schlechtere Sicherheiten haben oder eine nicht so vorbildliche Bonitätseinschätzung erhalten. Bei der Darstellung geht es aber weniger um die absolute Höhe als um die Differenzen für unterschiedliche Vorlaufzeiten, mit denen man sich Zinssicherheit verschaffen kann. Denn: Falls Sie eine etwas schlechtere Bonität hätten, würden Sie auch für „normale" Darlehen einen etwas höheren Zinssatz bezahlen müssen.

Die nachstehende Übersicht zeigt die Zinssätze eines Darlehens mit Laufzeit von zehn Jahren, aber unterschiedlichen Anfangszeitpunkten.

Gewünschte Vorlaufzeit	Kreditbeginn	Kreditende	Festzinssatz
Keine = „traditionelles Sofortdarlehen"	sofort	Nach10 Jahren	1,05
6 Monate	In einem halbem Jahr	Nach 10,5 Jahren	1,09
1 Jahr	In einem Jahr	Nach 11 Jahren	1,21
2 Jahre	In zwei Jahren	Nach 12 Jahren	1,46
3 Jahre	In drei Jahren	Nach 13 Jahren	1,58
4 Jahre	In vier Jahren	Nach 14 Jahren	1,69
5 Jahre	In fünf Jahren	Nach 15 Jahren	1,78

Sie können der Tabelle entnehmen, dass ein Darlehen mit einer zehnjährigen Laufzeit umso teurer ist, je länger die Vorlaufzeit ist, die Sie wünschen. Sie sehen aber gleichzeitig, dass dieser Zinsaufschlag recht moderat ist, d. h., eine Vorlaufzeit von fünf Jahren führt lediglich zu einer „Versicherungsgebühr" von 0,78 % und einem Gesamtzins von 1,78 %.

Ein rationaler Entscheider sollte sich also keine Bausparfinanzierung mit Effektivzins von 3–5 % Zinsen ***„sichern"***, wenn er den Festzins viel preiswerter über das Forward-Darlehen erhält.

Als **„Faustformel" für die Abschätzung von Forward-Darlehen** wird auch genannt, dass man pro Monat gewünschter Vorlaufzeit für die Zinssicherung mit einer Verteuerung des Zinssatzes um 0,01 bis 0,02 Prozentpunkte rechnen muss. Das wären dann z. B. bei fünf Jahren 0,6 bis maximal 1,2 Prozentpunkte. Stellt man diese Zahlen mit den echten Zinskosten eines Bauspardarlehens (bitte mit Berücksichtigung des Zinsschadens in der Ansparphase) gegenüber, so fällt die Entscheidung in vielen Fällen sehr leicht.

Wo ist der Haken?

Einen echten Haken gibt es beim Forward-Darlehen nicht, jedoch ist zu beachten, dass der Abschluss eines Forward-Darlehens einen **verbindlichen Vertrag** darstellt, der erfüllt werden musst. Schließt ein Bau- oder Kaufwilliger beispielsweise heute ein Forward-Darlehen mit fünfjähriger Vorlaufzeit ab und möchte dies in fünf Jahren nicht in Anspruch nehmen, da sich seine Ziele oder Lebensumstände (Krankheit, Scheidung, Arbeitslosigkeit) geändert haben, so muss er dem Darlehensgeber eine sogenannte **Vorfälligkeitsentschädigung** vergüten. Das tut weh. Während sich nämlich der Gebührenschaden eines nicht in Anspruch genommenen Bauspardarlehens auf viele Jahre verteilt und nicht sichtbar wird, stellt die Vorfälligkeitsentschädigung eine explizite Zahlung dar, die dem Entscheider bewusst wird.

Verdichtet man die oben beschriebenen Merkmale und Erkenntnisse zu dem einfach genialen Siebeneck, so ergibt sich das nachfolgende Bild:

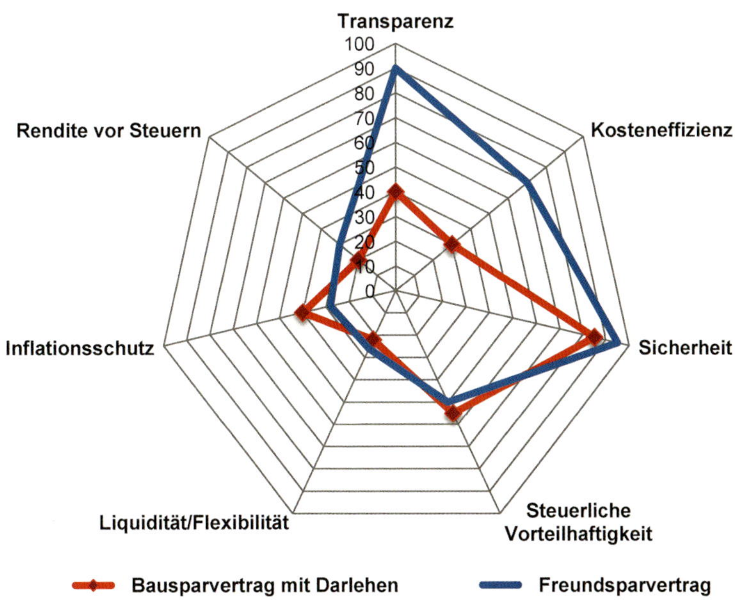

Abb.: Bausparvertrag mit Darlehen und Freundsparvertrag in der Siebeneck-Prüfung

Der Bausparvertrag mit tatsächlicher Inanspruchnahme des Darlehens nach der Ansparphase (rote Linie) stellt ein fixes Bündel aus Anspar- und Darlehensprozess dar, welches vor allem relativ hohe Sicherheit bietet. Man weiß – abgesehen von Extremsituationen, die die Zuteilung des Darlehens gefährden – recht genau, was man bekommt. **Der Bausparvertrag ist insgesamt weder transparent, noch kostengünstig, noch inflationssicher. Er hält den Sparer unflexibel**.

Nur wenig besser ist die Einschätzung für den Freundsparer, der auf die Darlehensphase verzichtet. War das Freundsparen von Anfang an geplant und ein entsprechender Tarif gewählt, so mag sich inklusive staatlicher Förderung eine magere Positivrendite ergeben. Insgesamt könnte aber auch der Freundsparer bessere Anlagemöglichkeiten nutzen.

Konkrete Handlungsempfehlungen

- Wenn Sie keinen Bausparvertrag besitzen, unterlassen Sie den Neuabschluss eines solchen. Die einzige Ausnahme finden Sie auf Seite 265.
- Vermeiden Sie grundsätzlich das Instrument „Bausparvorausdarlehen", selbst wenn der Darlehenszins günstig erscheint. Die Unvorteilhaftigkeit der Konstruktion ist im schlechten Ansparzins auf den Bausparvertrag versteckt.
- Falls Sie einen Altvertrag besitzen, kommt es auf die Höhe des Ansparzinses an, ob Sie diesen weiterführen. Die Entscheidung über eine Fortführung kann durch einfachen Vergleich mit alternativen Anlagemöglichkeiten erfolgen – bereits bezahlte Bauspargebühren sind in die Rechnung nicht einzubeziehen, da sie versunkene Kosten darstellen.
- Selbst bei zuteilungsreifen Bauspardarlehen ist es in der Niedrigzinswelt oftmals nicht vorteilhaft, das angebotene Bauspardarlehen anzunehmen. Durch Gegenüberstellung der Effektivzinssätze des Bauspardarlehens unter Berücksichtigung von Gebühren und sonstigen Kosten (z. B. Restschuldversicherung) mit den entsprechenden Kosten alternativer Finanzierungsformen kann die Entscheidung getroffen werden.
- Falls Sie in den nächsten Monaten oder Jahren mit hoher Wahrscheinlichkeit oder Sicherheit (z. B. auslaufende Zinsfestschreibung) einen Immobilienkreditbedarf erwarten und Sorge haben, dass die Zinsen stark ansteigen könnten, ist ein Forward-Darlehen und nicht ein Bausparvertrag die richtige Problemlösung. Konkrete Zinssätze für Forward-Darlehen finden Sie tagesaktuell im Internet; aktuell sind Perioden bis 5,5 Jahren im Angebot – es ist eher noch mit einer Ausweitung der Vorlaufzeiten zu rechnen.
- Streben Sie ohnehin kein Bauspardarlehen an (Freundsparer), so hinterfragen Sie die erzielbare Anspar-Rendite und vergleichen Sie diese mit Alternativanlagen.
- Nur für sehr risikoscheue Kleinsparer, die auf staatliche Förderung schielen und sich keinerlei andere Ansparmöglichkeiten zutrauen, könnte das Bausparen überhaupt infrage kommen.
- Lassen Sie sich durch staatliche Prämien nicht in Ihrer Entscheidung beeinflussen, denn die könnten Sie ja auch auf vorteilhaftere Alternativen, z. B. mit ETF-Fonds, erhalten.

Hart, aber wahr

Kurzum: Bausparverträge waren in früheren Zeiten ein gutes Instrument, um den „Normalbürger" ins Eigenheim zu bringen. Heutzutage sind sie angesichts besserer und preiswerterer Alternativen weitgehend verzichtbar.

Zentrale Ergebnisse

- Der Abschluss eines Bausparvertrages mit dem Ziel, ein späteres Bauspardarlehen zu erhalten, lohnt sich in der gegenwärtigen Niedrigzinsphase ganz wahrscheinlich nicht.
- Um den Bausparvertrag vorteilhaft werden zu lassen, wäre eine starke Zinssteigerung in den nächsten Jahren nötig. Hiervon gehen aber selbst die Bausparkassen nicht aus. Für die Eurozone wären solch hohe Zinsen das Ende.
- Die Verwendung eines Bausparvertrages als Instrument zur Geldanlage (sogenanntes *Freundsparen*) lohnt sich in den meisten Fällen ebenfalls nicht, da selbst bei den besten Vertragstypen nach Inflation, Gebühren, Kosten und Steuern keine positive Entwicklung zu erwarten ist.
- Die Zinssicherung künftiger Darlehen durch einen Bausparvertrag (z. B. Bausparsofortdarlehen, Bausparvorausdarlehen) ist prinzipiell möglich, aber sehr teuer. Nach menschlichem Ermessen ist nur in recht unwahrscheinlichen Extremszenarien (z. B. Zusammenbruch des Euro und Rückkehr zu nationalen Währungen) mit einem so starken Zinsanstieg zu rechnen, dass sich die Zinssicherung über einen Bausparvertrag lohnen würde. In solchen Extremszenarien ist jedoch die Existenz der Bausparkasse bzw. ihre Fähigkeit, den Vertrag zu erfüllen, infrage gestellt.

Quellennachweis und weiterführende Literatur

Andreas, C.: Interview in AssCompact 04/2017, Seite 70 f.

Haas, K.-G./ Krisch, R./ Siepe, W./ Steeger, F.: Unser Bauherren-Handbuch, Berlin, 3. Auflage 2016

Hölting, M.: Immobilienfinanzierung: Die beste Strategie fürs Kaufen und Bauen, München, 9. Auflage 2016

Looman, V.: Licht im Dunkel des Bausparens, in: F.A.Z. Frankfurter Allgemeine Zeitung vom 31.05.2016, S. 25

Martens, A.: Nicht nur für Spießer, in: Fonds Professionell, Heft 3/2015, S. 172–176

6 Ver*un*sicherte Versicherte

Den Neuabschluss von Versicherungsverträgen mit Sparcharakter können Sie sich sparen

Was Sie in diesem Kapitel erfahren:

- Was die zentralen Probleme traditioneller Versicherungs- und Vorsorgeprodukte (d. h. Kombiprodukte Versichern und Sparen) sind.
- Dass Sie derzeit – abgesehen von echten Netto-Policen – keine Neuverträge abschließen sollten.
- Weshalb die Transparenz bei jüngeren Verträgen zwar besser aussieht, aber nach wie vor unzureichend ist.
- Warum bestehende Kapitallebensversicherungen und Rentenversicherungen umso eher durchgehalten werden sollten, je länger sie schon bestehen und je kürzer die verbleibende Restlaufzeit ist.
- Dass die ohnehin schon geringe Garantieverzinsung von 0,9 % p. a. sich keineswegs auf das von Ihnen eingebrachte Geld bezieht.
- Dass gerade die Produkte, die staatlich gefördert werden, die höchsten Kosten haben.
- Was „sozialverträgliches Frühableben" und „Sterblichkeitsgewinne" bedeuten.
- Dass Sie bei Rürup keine Chance mehr haben, im Rahmen einer Kapitelauszahlung an Ihr Geld zu kommen, und unbedingt sehr lange leben sollten, damit sich die *Rürup-Rente* für Sie lohnt.

Vor wenigen Jahren erregte eine große deutsche Versicherungsgesellschaft überraschende Aufmerksamkeit mit Werbeclips, in denen ein junger Mann sich darüber beklagt, dass er Versicherungsbedingungen nicht versteht und sich einfach „ver***un***sichert" fühlt.

Werbeclip mit dem Verunsicherten
Weblink: https://www.youtube.com/watch?v=9kXpp8wwHeY

Hier der wesentliche Teil des Wehklagens:

„Liebe Versicherungen, was ist eigentlich schiefgelaufen zwischen uns?

Hab ich irgendwas getan, dass ihr so komisch seid? So fremd?

Ich weiß zum Beispiel, was ich nicht getan habe. Ich habe nicht Jura studiert. Und ihr schickt mir Briefe, die höchstens mein Anwalt versteht.

Ich finde mein Leben schon kompliziert genug. Und wenn ihr es versichern wollt, wird daraus Weltraumforschung. Ihr hebt ab Richtung Mars und ich bleibe hier unten stehen – und verstehe ... nichts.

*Ich will versichert werden. Nicht ver**un**sichert.*

Sollten wir nicht mal anfangen, uns auf Augenhöhe zu treffen?

Ich bin bereit. Und wenn ihr es seid, bin ich dabei.

Und wenn ihr mich besuchen kommt, bringt ein, zwei offene Worte mit und lasst keine offenen Fragen da.

*Könnt ihr nicht einfach mal aufhören, mich zu ver**un**sichern? Und anfangen, mich zu versichern?"*

Quelle: https://www.youtube.com/watch?v=9kXpp8wwHeY

Nun, die Werbekampagne war kein Erfolg. Sie wurde recht bald eingestellt und die Mehrzahl der Verbraucher fühlt sich beim Thema Versicherung auch heute noch ver***un***sichert.

Wie gerne würde ich Sie vom Gegenteil überzeugen. Nur bin ich nach sorgfältiger Recherche und Analyse selbst nicht ver***un***sichert, sondern mir in meinem Urteil völlig sicher: Die allermeisten Altersvorsorgeprodukte halten bei Weitem nicht, was sie versprechen, und sind **unvorteilhafte Mogelpackungen** mit **negativer** Verzinsung. Die Einzelanalyse anhand des einfach genialen Siebenecks kommt leider zu sehr klaren und niederschmetternden Ergebnissen und gilt sowohl für die **klassischen Lebens- und Rentenversicherungen als auch Riester- und Rürup-Verträge**. (Auf die beiden letztgenannten wird weiter unten noch detailliert eingegangen.) Aufgrund völlig anderer „Spielregeln" bzw. Strukturen wurden sowohl **Fondsgebundenen Versicherungsprodukten** (vgl. Kapitel D.7) als auch **Netto-Policen** (vgl. Kapitel D.8) jeweils eigene Kapitel gewidmet.

Nachfolgend erfahren Sie, warum vom Neuabschluss traditioneller Lebens- oder Rentenversicherungsverträge eindeutig abzuraten ist und auch bei erst wenige Jahre alten Verträgen dem bereits verlorenen Geld nicht noch gutes Geld hinterhergeworfen werden sollte.

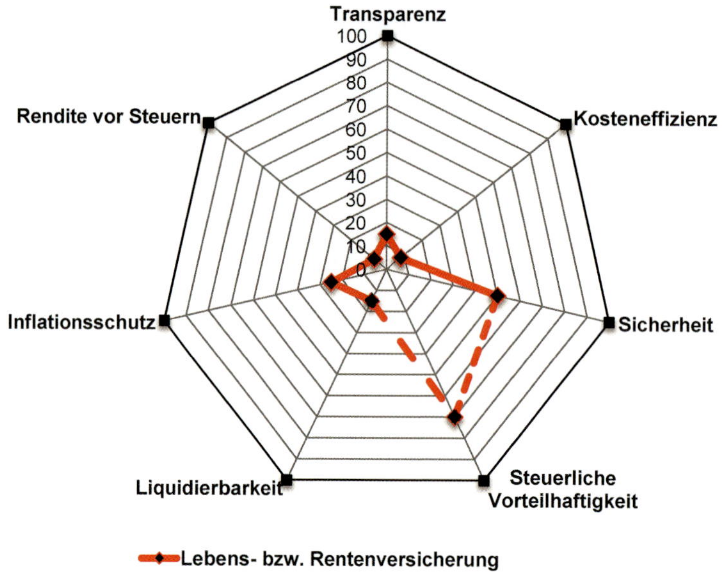

Abb.: Klassische Lebens- und Rentenversicherungsverträge in der einfach genialen Siebeneck-Prüfung: ein trauriges Bild.

Die **Transparenz** der versicherungsgebundenen Vorsoreprodukte ist nach wie vor unzureichend. Zwar gibt es seit 2008 ein Produktinformationsblatt, aus dem sich einige entscheidungsrelevante Daten entnehmen lassen. Das Ergebnis ist jedoch bestenfalls eine **Scheintransparenz**. Denn der Gesetzgeber hat – offenbar einer erfolgreichen Lobbypolitik geschuldet – zahlreiche Lücken gelassen und erlaubt es den Versicherern auch, ihre Kalkulationen weitgehend nach Belieben vorzunehmen. Im Ergebnis ist es wie bei einem Fahrradschlauch, der nach dem Überfahren von Scherben etliche Löcher hat: Auch wenn der Gesetzgeber das eine oder andere geflickt hat, bleiben eben noch etliche übrig und die Luft entweicht. Ein krasser Fall von **Politikversagen**.

Ergebnis: Es gibt kaum Anlagevehikel, die hinsichtlich der Transparenz noch schlechter sind als die hier betrachteten Vorsorgeprodukte. Und die im Zusammenhang mit der Niedrigzinspolitik auf den Markt kommenden „Innovationen“ der Versicherungsbranche (Schlagwort: Index-Police) sind noch komplizierter und intransparenter. In Fachzeitschriften kann man die Bedenken und Sorgen tief ver***un***sicherter **Makler** und **Versicherungsmittler** lesen, die die Unverständlichkeit dieser Produkte beklagen. Allein dieser Missstand rechtfertigt schon den Schluss, bis auf Weiteres keine Neuabschlüsse zu tätigen – die Alternativen: entweder die überschaubaren steuerlichen Vorteile bzw. Zulagen ignorieren und kostenarm ohne Versicherungsvertrag sparen oder aber eine **Netto-Police mit Hilfe eines Honorarberaters** abschließen.

Hart, aber wahr

„**Die Produktwelt in der Lebensversicherung** ... ist vor allem komplizierter geworden. Und Versicherungsmakler ziehen daraus ihre Konsequenzen. Am Rande von Maklerveranstaltungen äußerte sich ... immer mehr Unmut. Selbst die Ansprechpartner bei den Versicherungsgesellschaften könnten die Produkte nicht erklären ... Die Makler reagieren mit Blockade. ... Makler ziehen sich aus dem Lebengeschäft zurück"[73].

Kosteneffizienz: Nach wie vor leidet die Branche unter ihren extrem hohen Kosten. Kostensenkungsversuche sind auch objektiv nicht einfach, da in guten Jahren und Jahrzehnten eine teure Infrastruktur aufgebaut wurde („Versicherungspaläste", große Verwaltungen mit vielen gutbezahlten Mitarbeitern und folglich großen fixen Personalkosten). Die Versicherungsbranche Deutschlands beschäftigt insgesamt eine knappe halbe Million Menschen und alleine für den persönlichen Versicherungsvertrieb gibt sie pro Jahr ca. 8 Mrd. Euro aus[74]. Nachdem die BaFin (= Aufsichtshörde für Banken und Versicherer) im Jahr 2008 die Begrenzung der Abschlusskosten von maximal 4 % des Beitragsvolumens aufgehoben hat, belasten einige Versicherer über 7 % und/oder verstecken zusätzliche Vertriebskosten in ihren jährlichen Verwaltungskosten.

Abb.: Kopfkissensparen gewinnt an Attraktivität

Ergebnis: Das Geschäftsmodell der Versicherer passt aufgrund **unangemessen hoher Vertriebs- und Verwaltungskosten** überhaupt nicht in die Niedrigzinswelt. Das Vorsorgeziel der Kunden wird nicht anannähernd erreicht – im Klartext: Negativrenditen lassen sich selbst auch mit Geld unter dem Kopfkissen übertreffen.

Beim **Aspekt der Sicherheit** denkt der Anleger an sein eingebrachtes Kapital sowie die darauf anfallende Rendite. Dieses Verständnis kollidiert mit dem staatlichen Interesse an der Sicherheit des Finanzsystems, also z. B. der weiteren Lebensfähigkeit von Versicherern. Der Gesetzgeber hat schon bisher gezeigt, dass er **Systemsicherheit über Verbraucherschutz** stellt, d. h., er hat und wird auch künftig durch flexible Gesetzesanpassungen das Funktionieren der Lebensversicherungsbranche sicherstellen. Beispielsweise wird er einer Insolvenz mehrerer großer Versicherer „vorbeugen". Bei einem Anhalten der Niedrigzinsphase wird er durch *„flexible Gesetzesänderungen"* wohl erlauben, dass Versicherer ihre bisherigen Versprechen und Zusagen bre-

[73] Quelle: *Horn, B.*, Trübe Aussichten für die Lebensversicherung, in AssCompact, Juli 2016, S. 3.

[74] Quelle: GDV, Die deutsche Lebensversicherung in Zahlen, 2015, S. 29.

chen dürfen. Was das konkret bedeutet? Dass z. B. der **Garantiezins selbst für bestehende Verträge nachträglich gesenkt** werden könnte. Dies hätte zur Folge, dass die Kunden noch weniger Geld erhalten und noch stärkere negative Realverzinsungen erleiden, aber die Versicherungsgesellschaft in ihrem Bestand geschützt wird. Im Ergebnis: Ein Totalverlust des eingebrachten Geldes ist recht unwahrscheinlich, aber von Sicherheit des Erreichens des Anlage- oder Vorsorgeziels kann keine Rede sein. Also bestenfalls eine knapp mittelmäßige Bewertung.

Bei Erfüllung der Voraussetzungen des Alterseinkünftegesetzes (AltEinkG) (vgl. Tabelle im Kasten *Für den tiefer gehend interessierten Leser*) ist die **steuerliche Behandlung** der Sparerträge vorteilhaft. Dieser Aspekt alleine überzeugt jedoch nicht: Denn wenn ein Anlagevehikel vor Steuern unvorteilhaft ist und z. B. lediglich geringe nominelle Erträge erwirtschaftet, die nach Inflation aber zu negativen realen Erträgen führen, dann kann dies durch eine geringere Besteuerung auch nicht kompensiert werden. Zudem ist die steuerliche Vorteilhaftigkeit des Versicherungssparens stets im Vergleich mit der Besteuerung sonstiger Kapitaleinkünfte zu sehen. Der vom Gesetzgeber ab Januar 2018 zuletzt mit dem Investmentsteuerreformgesetz (InvStRefG) demonstrierte Wille, selbst den Bestandsschutz für Altanlagen anzutasten, beunruhigt. Es steht zu befürchten, dass auch künftig weiter in die Besteuerung von Altersvorsorgeverträgen – direkt oder indirekt – eingegriffen wird. Dies ist bei Verträgen mit langer zeitlicher Bindung negativ zu bewerten.

Für den tiefer gehend interessierten Leser

Steuerliche Behandlung der Lebens- und Rentenversicherung		
Regelungszeitraum	Verträge, die bis einschl. 31.12.2004 abgeschlossen wurden	Verträge, die nach 31.12.2004 abgeschlossen wurden
Rechtsquelle	§ 20 Abs. 1 Nr. 6 EStG	Alterseinkünftegesetz (AltEinkG) §§ 20 Abs. 1 Nr. 6 EStG, 32d Abs. 2 Nr. 2 EStG
Mindestbeitragsdauer	5 Jahre (erster Beitrag spätestens bis 31.03.2005 gezahlt)	5 Jahre
Mindestvertragslaufzeit	12 Jahre	12 Jahre
Auszahlung	Keine einschränkende Bedingung hinsichtlich des Auszahlungszeitpunktes	Auszahlungsbeginn frühestens mit Abschluss des 60. Lebensjahres (bei Verträgen, die nach 31.12.2011 abgeschlossen wurden: 62. Lebensjahr)

Steuerliche Behandlung der Lebens- und Rentenversicherung		
Besteuerung, wenn Ablaufleistung in einem Betrag ausgezahlt	Völlige Steuerfreiheit der Ablaufleistung	Besteuerung der Ablaufleistung: die Hälfte der Erträge mit dem tariflichen ESt-Satz (volle Besteuerung nach Abgeltungsteuer, wenn Voraussetzungen des § 20 Abs. 1 Nr. 6 Satz 6 EStG nicht erfüllt sind!)
Besteuerung einer Rente	Besteuerung des Ertragsanteils, abhängig vom Alter bei Auszahlung	Besteuerung des Ertragsanteils, abhängig vom Alter bei Auszahlung

Ein geradezu katastrophales Bild gibt das Kriterium **Flexibilität/Liquidierbarkeit.** Nahezu jeder zweite Vorsorgevertrag wird innerhalb der ersten fünf Jahre aufgelöst. Und von den Vorsorgeverträgen mit langer Laufzeit wird nur ein Fünftel bis ein Viertel überhaupt planmäßig durchgehalten. Die **nicht planmäßige Abwicklung der Vorsorgeverträge** ist also nicht Ausnahme, sondern Normalfall. Nun kann man einfach hinterfragen, wie lange Altersvorsorgeverträge laufen müssen, damit der Versicherte im Fall des Rückkaufs (= einvernehmliche Auflösung des Vertrages) sein eingesetztes Kapital zurückbekommt. Diese Zeitspanne wird auch als **Break-Even-Zeitraum** bezeichnet. Hierbei wird **ohne Inflationsausgleich** gerechnet – also eine sehr bescheidene Sichtweise. Die Break-Even-Zeiträume beginnen bei 12 Jahren (bei relativ kostengünstigen Direktversicherern) bis hin zu über 20 Jahren. Gerade einige bekannte und große Versicherer haben Break-Even-Zeiträume um 30 Jahre. Wenn in der obigen Grafik hier nicht der Nullpunkt markiert wurde, dann nur deshalb, weil dieser den Rürup-Verträgen vorbehalten bleibt, bei denen man überhaupt nicht mehr an sein Geld kommt.

Hart, aber wahr

Der hohen Zahl von über fünf Millionen neu abgeschlossenen Vorsorgeverträgen pro Jahr stehen **knapp vier Millionen gekündigte Verträge pro Jahr** gegenüber. Hier werden die Spuren des provisionsgetriebenen Vertriebs deutlich. Denn um einen Neuabschluss zu machen, wird der bestehende Vertrag des Kunden – i. d. R. mit einseitigen oder manipulativen Argumenten – schlechtgeredet und durch einen – meist ebenso schlechten – Neuvertrag ersetzt. Der Verlierer ist der Kunde, der ein weiteres Mal versunkene Kosten in Form von Abschlussprovisionen bezahlt. *Oehler, Andreas* (Uni Bamberg) errechnet einen durchschnittlichen Wechselverlust pro Kunde von 5.275 Euro und einen **jährlichen Gesamtschaden von ca. 16 Mrd. Euro für die Versicherten.**

Da die Gelder der Versicherten zu einem großen Teil in Anleihen oder anderen Positionen des Geldvermögens investiert sind, ist es um den **Inflationsschutz** schlecht bestellt. Der Versicherte erhält bei traditionellen Produkten eine **nominelle Garantiezusage** und die Chance auf ebenfalls **nominelle Überschüsse**. Bei innovativen Produkten entfällt ggf. die Garantie völlig – auf alle Fälle wird nie eine Garantie auf **reale** Größen gegeben. Je höher die Inflationsrate während der Vertragslaufzeit ist, desto leichter ist es für den Versicherer, die Garantiezusage der reinen Zahlen zu erfüllen. Eine Bindung an einen Preisindex oder eine andere Entschädigung für möglichen Kaufkraftverfall des Geldes (Geldwert) ist nicht vorgesehen. Wer also das Phänomen der **Geldillusion** verstanden hat, wird versicherungsgebundene Altersvorsorge negativ bewerten.

Wie gut ein Altersvorsorgevertrag ist, kann man immer erst im Nachhinein bewerten, wenn alle Zahlungen zwischen den Beteiligten geflossen sind. Orientiert man also die Bewertung der **Rendite vor Steuern** an abgelaufenen Verträgen, so misst man historische „Vor-Steuer-Renditen", die man den durchschnittlichen Inflationsraten oder der möglichen Rendite anderer Anlagen gegenüberstellen muss. Diese Betrachtung sollte sich auf die von den Versicherern angebotene **Ablaufleistung** beziehen, da ja die Rentenbezugsdauer nicht bekannt ist (grundsätzlich weiß keiner, wann er stirbt). Historische Rentenversicherungsverträge erreichen hierbei positive **Nominalrenditen** zwischen 1,0 % und 4,0 % (wohlgemerkt, auch hier wieder nur vor Inflation).

Bei kapitalbildenden Lebensversicherungen, die zusätzlich das Todesfallrisiko des Versicherten abdecken, sinkt die Nominalrendite meist auf 0,5–2,5 %. Nur die besseren ermöglichen hiermit also überhaupt einen **Inflationsausgleich**. Die enorme Streuung der Ergebnisse ist durch unterschiedliche Laufzeiten, aber auch unterschiedliche Anlagerenditen der Versicherer sowie deren Kostenverrechnung bedingt. Alles in allem jedoch kein Ruhmesblatt, wenn man bedenkt, dass es sich um eine Langfristanlage handelt, die eine Laufzeitprämie erwirtschaften sollte. Noch dazu: Diese Ergebnisse waren nur für die 20–25 % „Glücklichen" erzielbar, die ihre Verträge überhaupt bis zum Ende durchhielten. Bei den vorzeitig abgebrochenen Verträgen kommt es zumeist zu **negativen Renditen bis hin zum Totalverlust** (also minus 100 %) der bisher bezahlten Beiträge[75].

Für Vorsorgeverträge, die erst in den letzten Jahren abgeschlossen wurden oder aktuell zum Abschluss kämen, erwarten Versicherungsfachleute **negative Nominalrenditen** auf die bezahlten Beiträge von z. B. **minus** 3 % bis **minus** 5 %. Kurzum: Der Versicherte wird auch **nominell rückwärts sparen**, da die geringen Zinserträge nicht ausreichen werden, um die Kostenbelastung zu kompensieren. Die Versicherer haben die Problematik selbst auch realisiert und reagieren zum Teil mit einer **Aufgabe**

[75] Seit 2005 sichern diverse Urteile des Bundesgerichtshofs (BGH) und für Verträge seit 2008 auch das Versicherungsvertragsgesetz (VVG), dass der Kunde ein Recht hat, zumindest knapp 50 % seiner eingezahlten Beiträge zurückzuerhalten.

des Neugeschäfts. Das heißt, sie wickeln lediglich noch den Bestand ab[76]. Parallel dazu entwickeln sie „innovative Alternativen", die jedoch selbst von vielen Versicherungsmaklern nicht verstanden und daher abgelehnt werden.

Für den tiefer gehend interessierten Leser

Die wichtigsten Fragen zum „Run-Off" bei Lebens- und Rentenversicherungen

Was ist ein „Run-Off"?

Damit bezeichnet man den Weiterverkauf von bestehenden Versicherungsverträgen (konkret betroffen sind aktuell Lebens- und Rentenversicherungen) an eine Abwicklungsgesellschaft, welche diese weiterbetreut und in die Rechte und Pflichten eintritt. Dies geht ausnahmslos einher mit einer Aufgabe des Neugeschäftes bei diesen Vertragstypen, d. h., der Versicherer gibt diese Art von Geschäften auf und überträgt gleichzeitig den Altbestand an einen Dritten.

Welche Vertragsarten sind durch die Thematik „Run-Off" derzeit betroffen?

Es handelt sich insbesondere um kapitalbildende Lebens- und Rentenversicherungen sowie Riester- und Rürup-Verträge.

Kann ich als Kunde und Vertragspartner einem Weiterverkauf meiner Police widersprechen?

Die Antwort ist ein klares Nein. – Sie können überhaupt nichts dagegen tun.

Können die Versicherer durch den Weiterverkauf die staatliche Aufsicht unterlaufen?

Auch hier ein klares Nein. Denn auch die Run-Off-Gesellschaften unterliegen der Überwachung durch die BaFin.

Manche Versicherer behaupten, der Run-Off liege im Kundeninteresse, da die Abwicklungsgesellschaften z. B. keine Vertriebskosten mehr hätten und auch ansonsten effizienter arbeiten.

Ohne ins Detail zu gehen, sind diese Argumentationslinien mutig bis abstrus. Wer kein Neugeschäft mehr durchführt, muss eingestehen, dass sein Geschäftsmodell nicht mehr funktioniert. Und wenn eine Abwicklungsgesellschaft relevante Kostenvorteile gegenüber einem langjährigen Branchenunternehmen erzielt, dann zeigt das doch nur, dass man dort nicht kosteneffizient gearbeitet hat.

Wird der Versicherungsnehmer durch den Run-Off nun besser oder schlechter gestellt?

Ehrliche Antwort ist, dass man das nicht sagen kann, aber die Situation insgesamt äußerst unerfreulich ist. Die Run-Off-Gesellschaft wird dem Kunden exakt das geben, was dieser gesetzlich verlangen und einklagen kann – und keinen Cent mehr. Kulanz oder Rücksicht auf die Marke des ursprünglichen Versicherers wird es – insbesondere nach ein paar Jahren – nicht mehr geben. Im Ergebnis wird der Versicherungskunde die Zeche zahlen und der Staat wird ihm nicht wesentlich helfen, da ja die Regel gilt: Systemschutz geht über Verbraucherschutz.

---

[76] Vgl. *Ritter, M.*: Run-off in der Lebensversicherung, Karlsruhe 2014.

Das heißt: Das oberste Ziel ist, die Insolvenz großer Versicherungsunternehmen und damit eine Systemkrise zu verhindern. Und die Übertragung von Altbeständen an Run-Off-Abwickler kann hierzu ein nützlicher Baustein sein.

Was tue ich, wenn ich selbst von einem Run-Off betroffen bin?

Der eigentliche Run-Off selbst sollte keine – vor allem keine panische – Aktivität bei Ihnen auslösen. Wenn Sie gut informiert waren, haben Sie sich – ganz unabhängig vom Thema Run-off – Ihre Altverträge angeschaut. Und am besten mit professioneller Hilfe eines unabhängigen Gutachters oder Honorarberaters über die weitere Vorgehensweise entschieden. Wenn Sie das nicht getan haben, holen Sie diese Prüfung nun einfach nach.

Und die hieraus abgeleitete Entscheidung würde ich – völlig losgelöst vom Run-off – dann eben auch umsetzen.

Für den tiefer gehend interessierten Leser

Systemschutz geht über Verbraucherschutz:

Dass der Staat durch Gesetzesänderungen in den Bestandsschutz der Versicherten eingreift, klingt bitter, ist aber verständlich, da der Staat schlecht Steuergelder dazu verwenden kann, um die Lücke zwischen Garantiezins und tatsächlich erwirtschaftetem Zins nach Kosten der Versicherer zu schließen. Warum sollten sich auch Menschen, die sich z. B. aufgrund schlechter Einkommenssituation keinen eigenen Altersvorsorgevertrag leisten konnten, mit ihren Steuergeldern daran beteiligen, dass andere ihre **Garantierendite** erhalten? Im Ergebnis ist also nicht zu erwarten, dass der Gesetzgeber in großem Stile mit Steuergeldern Versicherungsunternehmen rettet, damit diese ihre Garantieversprechen einlösen können.

Ein erstes Beispiel für den Eingriff in den Besitzstand der Versicherten stellt das **Lebensversicherungsreformgesetz** (LVRG) dar, welches im Sommer 2014 erlassen wurde. Die Öffentlichkeit hat es kaum wahrgenommen und noch weniger verstanden. Das Gesetz reduzierte nicht nur den sogenannten Garantiezins auf zuletzt 0,9 % p. a. Das LVRG begrenzt auch die Beteiligung der Versicherten an den Bewertungsreserven. Demnach dürfen die Versicherer den Versicherten zum Vertragsende Bewertungsreserven nur noch weitergeben, wenn die Versicherer diese nicht zur Sicherung ihres Garantiezinsversprechens benötigen.

Oder anders ausgedrückt: Hier verlangt der Gesetzgeber, dass die Versicherer aus den Überschüssen der Versicherten einen neuen **Rückstellungstopf** finanzieren, die sogenannte **Zinszusatzreserve**. Durch diese Gesetzesänderung gingen vielen Versicherten sozusagen über Nacht **etliche tausend Euro verloren**, mit denen sie aufgrund der jährlichen Mitteilung zum Stand der Überschussbeteiligung – z. B. kurz vor Vertragsfälligkeit – noch sicher gerechnet hatten.

Damit möchte der Gesetzgeber ausdrücklich die Leistungsfähigkeit der Lebensversicherungen in Deutschland sichern – und dafür sorgen, dass sie auch künftig die Verträge gegenüber den Versicherten einhalten können. Die Ver***un***sicherung der Kunden ist verständlicherweise groß.

Die nachfolgend beschriebenen Kriterien **„Garantiekosten“** sowie **„Lebenslange Rente“** sind ebenfalls zwei heikle Punkte, die für das Verständnis aller Altersvorsorgeprodukte relevant sind.

Garantiekosten

Durch die bislang dominierenden **Produkte mit Garantieleistung** entgeht dem Versicherungsnehmer die Möglichkeit einer erheblich rentableren Anlage, da diese Garantie den Versicherer zur risikoarmen und damit unrentablen Anlage zwingt. Dies wird von den Fachleuten auch als **Cash-Falle** der Versicherer bezeichnet. Garantiekosten sind also keine direkten Kosten, sondern Opportunitätskosten (= Kosten einer attraktiveren Alternative, die man nicht wahrnehmen kann). Eine bemerkenswerte Studie der Frankfurt School of Finance[77] weist nach, dass die **Opportunitätskosten der Kapitalgarantie** umso höher sind,

- je länger der Vertrag läuft und
- je niedriger das Zinsniveau des Marktes ist

und diese aufgrund des Zinseszinseffektes bei einem langfristigen Vorsorgevertrag die Höhe der Einzahlungen übersteigen können.
Diese Ergebnisse verwundern überhaupt nicht, wenn Sie das Kapitel B.9, „Stress mich! Mach mich stark!“ gelesen haben.

Klare Schlussfolgerung: Es empfiehlt sich – rein sachlogisch – die Abkehr von Altersvorsorgeprodukten mit Kapitalgarantie. Jedoch lieben viele Deutsche gerade die Garantiezusage und durch Aufgabe der Garantieleistung würden die meisten Vorsorgeverträge ihr **zentrales Verkaufsargument** verlieren. Und warum sollte ein Anleger sein Geld in komplexe und intransparente Produkte mit hohen und überwiegend versteckten Kosten investieren, wenn er keine Garantiezusage erhält? Er wüsste ja nie, ob ein unbefriedigendes Anlageergebnis an der schlechten Entwicklung der Kapitalmärkte liegt oder an noch höheren versteckten Kosten der Versicherer. Wie war das doch mit den Vampiren, die die Buchhaltung der Blutbank übernommen haben? Es wird spannend, in den nächsten Jahren zu verfolgen, wie die Versicherer dieses Dilemma lösen werden: Garantiert arm – oder???

Ganz abgesehen davon bezog sich der Garantiezins schon immer **lediglich auf den Sparanteil** und keineswegs auf die gesamten vom Kunden bezahlten Beiträge, sodass von der angegebenen Garantieverzinsung auf den Sparanteil grob geschätzt 0,8–1,0 % abgezogen werden müssten, um die Verzinsung auf das eingesetzte Kapital zu errechnen. Bei 4,0 % Garantiezins vor über zwei Jahrzehnten blieben noch ca. 3,0 % übrig. Was passiert aber, wenn man von den ab 2017 gültigen Garantiezinsen von

---

[77] Siehe Literaturhinweis *Stotz, O.*

0,9 % den obigen Abzug vornimmt? Das kommt einer schlichten Garantie des **Erhalts der eingezahlten Beiträge** (wie bei Riester-Verträgen) sehr nahe. Kein Inflationsausgleich, keine Rendite – oh, sind wir doch bescheiden geworden!
Von einigen Anbietern neu geschaffene **Produkte ohne Garantien** ermöglichen eine rentablere Anlage, lösen jedoch das Problem der zu hohen Kosten nicht.

Hart, aber wahr

Mit traditionellen Lebens- und Rentenversicherungen wird der Anleger in absehbarer Zukunft keine positive Rendite erzielen. Die Frage ist nicht, ob er Geld verliert, sondern lediglich, wie viel Geld er verliert. **Vor Neuabschlüssen ist dringend abzuraten.** Dies gilt leider auch für neue Produktvarianten, die auf eine Garantiezusage verzichten.

Lebenslange Renten

Die meisten Anleger wünschen sich für ihre private Altersvorsorge nicht eine Einmalzahlung beim Renteneintritt, sondern eine laufende Rentenzahlung – am liebsten bis ans Lebensende. Dieses Phänomen ist bekannt und hat sowohl praktische als auch psychologische Ursachen.

Der Anleger liebt Renten

Die starke Vorliebe für ein monatliches oder jährliches Einkommen gegenüber dem Einmalerhalt eines „großen Batzens" führt dazu, dass Anleger beträchtliche Abschläge bei der „sicheren Rente" gegenüber einem fairen Wert hinnehmen. Dies gilt auch, wenn Versicherte am Ende der Ansparphase eine gegebene **Ablaufleistung** haben, aus der nun eine Rente gebildet wird. Für die Ermittlung einer fairen Rente sind nur drei Informationen erforderlich: (a) der zu verrentende Geldbetrag, (b) der zur Anwendung kommende Zinssatz und (c) die Dauer der gewünschten Rente.

Die **Höhe der erhältlichen Rentenzahlung** ist bei den gängigen Vorsorgeprodukten aus folgenden Gründen **enttäuschend** niedrig.

- **Erstens** wegen der **bereits eingetretenen Verlängerung der Lebenserwartung** der Versicherungsnehmer, wodurch das ersparte Kapital auf eine höhere Anzahl von Jahren verteilt werden muss. Nun, das ist ja eigentlich erfreulich – wir leben im Durchschnitt länger, hoffentlich gesund.
- **Zweitens** wegen der **niedrigen Anlagezinsen in der Entnahmephase in Verbindung mit weiterhin hohen Kosten in der Entnahmephase.** Wegen der Kapitalgarantie wird das Geld auch in der Rentenphase relativ sicher und damit niedrigverzinst angelegt. Auch wenn die Daten nicht offengelegt werden, ist es naheliegend, dass die laufenden Kosten der Versicherer der durch die Niedrig-

zinspolitik sinkenden Anlagerendite immer näherkommen oder diese sogar übersteigen, sodass das zu verteilende Kapital bereits vor jeder Entnahme schrumpft.

- **Drittens** wegen der von den Versicherern **eigennützig unterstellten weiteren Verlängerung der Lebenserwartung**. Niemand kann in die Zukunft sehen und es ist verständlich, dass die Versicherungsgesellschaften vorsichtig kalkulieren und die Lebenserwartung ihrer Kunden lieber über- als unterschätzen. Jedoch darf das Ausmaß der Überschätzung kritisiert werden. Durch sogenannte **„Methusalem-Kalkulationen"**, ein „gaaanz laaanges" Leben unterstellend, kommen so geringe Renten heraus, dass die Privatrente für den ***„Normalsterblichen"*** ein sehr schlechtes Geschäft darstellt. In vielen Fällen müsste der Versicherte rund 100 Jahre alt werden, um über die Rente den Gegenwert der ersparten Ablaufleistung zu erhalten. Um es positiv auszudrücken: Die **Sterblichkeitsgewinne** (= Fachausdruck dafür, dass der Versicherer durch Tod der Versicherten von weiteren Rentenzahlungen frei wird) sind bei vielen Gesellschaften zu einer wichtigen Einnahmequelle geworden (vgl. auch den nachstehenden Kasten *Für den tiefer gehend interessierten Leser* auf der folgenden Seite).

Hart, aber wahr

Wenn es Ihre wirtschaftliche Situation nur einigermaßen erlaubt, dann vermeiden Sie die Verrentung von Ablaufleistungen Ihrer kapitalbildenden Lebens- oder Rentenversicherung. Wählen Sie stattdessen die einmalige Ablaufleistung am Ende der Sparphase und legen Ihr Geld danach lieber selbst an. Das ist zwar steuerlich ein Nachteil, da Sie die **Erträge** der angelegten Ablaufleistung „normal" versteuern müssen. Jedoch ist dieser Nachteil erheblich geringer als der kumulierte Effekt von hohen laufenden Kosten in der Entnahmephase plus „Methusalem-Kalkulation".

Sollten Sie noch fachliche Zweifel haben, so können Sie die Höhe einer fairen Rente kostenlos durch Nutzung meines Rentenrechners[78] ermitteln. Ebenso können Sie damit „rückwärts" errechnen, wie viele Jahre Sie die von Ihrem Versicherer angebotene Rente erhalten müssten, um auf ein faires Ergebnis zu kommen. Das Ergebnis wird Sie nicht freuen – aber Ihre ganz eindeutige Entscheidung ermöglichen.

[78] www.schließlich-ist-es-Ihr-Geld.de/Arbeitshilfen

Für den tiefer gehend interessierten Leser

Wie Versicherer Renten und Risiken berechnen – die Wette auf Ihren Tod

Durch medizinischen Fortschritt und weitere Faktoren steigt die Lebenserwartung in unserer Gesellschaft. Also darf man für langfristige und zukunftsgerichtete Entscheidungen nicht von der aktuellen Lebenserwartung ausgehen, sondern sollte eine zukunftsgerichtete Lebenserwartung zugrunde legen. Beispielsweise rechnet das Statistische Bundesamt den Trend zu steigender Lebenserwartung für die Zukunft hoch und stellt diese Daten öffentlich zur Verfügung. Die Versicherer müssen sich jedoch nicht an diese Prognose halten, sondern können abweichende Annahmen treffen.

Und nun wird es lustig: Die Versicherer weichen mit ihren Annahmen stets sehr stark in die Richtung ab, die für den Versicherungsnehmer ungünstig ist. Das ist in Deutschland gesetzeskonform, die BaFin hält sich da heraus.

Die **Folge** ist: So lange ein Kunde den **Versicherungsschutz gegen frühen Tod** sucht (Risikolebensversicherung, kapitalbildende Lebensversicherung), unterstellen die Versicherer eine **geringere Lebenserwartung**. Sobald der Kunde den Versicherungsschutz für seine Altersvorsorge wünscht (eine **Altersrente,** Rentenversicherung**)**, unterstellen die Versicherer eine sehr **hohe Lebenserwartung** (Methusalem-Kalkulation).

Konkretes Beispiel: Während das Statistische Bundesamt für heute 30-Jährige (Durchschnittswerte für Männer und Frauen wegen der sogenannten Unisex-Tarife) von einer Gesamtlebenserwartung von im Mittel 87 Jahren ausgeht, nimmt die DAV-Sterbetafel 2004 R[79] für Rentenberechnungen eine über 12 Jahre höhere Lebenserwartung an und unterstellt eine Gesamtlebenserwartung von 99 Jahren (für heute Geborene sogar **105 Jahre**). Versicherer können jedoch individuell abweichende Annahmen treffen und z. B. von der o. a. Grundversion der DAV-Sterbetafel abweichen, indem sie 75 % oder 50 % der Sterblichkeitsannahmen unterstellen. Dadurch wird die durchschnittliche Rentenbezugsdauer eines heute 30-Jährigen um weitere 8 Jahre erhöht (Ende mit 107 statt 99 Jahren), was zu nochmals erheblich geringeren Renten führt (weil ja die gleiche Ablaufleistung auf noch mehr verbleibende Lebensjahre kalkuliert wird).

Sie fragen, was daran lustig ist? Der gleiche Versicherer, der z. B. bei der Rentenversicherung von 87 Jahren (Statistik) auf 99 Jahre hochgeht (also Plus von 12 Jahren), geht für denselben Menschen bei Lebens- oder Risikoversicherungsverträgen in seiner Kalkulation um 10 Jahre auf 77 Jahre zurück. Sind Sie jetzt ver***un***sichert oder einfach nur verärgert?

[79] Die Deutsche Aktuarvereinigung e. V. (DAV) ist die berufsständische Vertretung der Versicherungs- und Finanzmathematiker der Versicherungsunternehmen. Die DAV entwickelt z. B. Versicherungsprodukte und -tarife. Für die Rentenversicherungen verwendet die DAV Sterbetafeln des Statistischen Bundesamtes und passt sie für die Versicherungsunternehmen an.

Rechnet sich Riester?

Traditionelle Riester-Versicherungen

Die Riester-Rente gibt es seit 2002. Derzeit gibt es über 16 Mio. Riester-Verträge, davon sind über zwei Drittel klassische Versicherungsverträge. Es folgen fondsgebundene Riester-Verträge (grob 20 %), Wohn-Riester (also Bausparverträge, unter 10 %) und Riester-Banksparpläne (ca. 5 %). Die Marktanteile folgen damit exakt der unterschiedlichen Provisionshöhe der Alternativen. Während es für die Versicherungsverträge die höchsten Provisionszahlungen gibt, sind die Banksparpläne am geringsten mit Provisionen belastet. Zufälle gibt es – das glaubt man gar nicht!

Riester-Banksparpläne werden wegen der Nullzinspolitik kaum noch angeboten. Wer jedoch hohe Förderbeiträge erhält, könnte bei einem der wenigen Bankanbieter trotz Minizinsen ansparen und vermeidet die hohen Kosten der Versicherungs-Riester. Nicht toll, aber das kleinste Übel. Hingewiesen sei noch auf eine Einsicht der Stiftung Warentest (Finanztest Heft 01/2018), dass entgegen anderslautender Ankündigung durch die Politik Sparer für die Auszahlungsphase (Rentenphase) den Anbieter faktisch, nämlich mangels Angeboten, nicht wechseln können.

> Wenn Sie keinen Versicherungs-Riester besitzen, dann haben Sie bisher alles richtig gemacht. Sie sollten auch künftig keinen abschließen (und vielleicht diese Seite überspringen).

Die folgenden Ausführungen beziehen sich auf traditionelle Riester-Versicherungen.

Die **Konstruktionsweise der Riester-Rente** in einem Satz: Der Versicherungsnehmer bezahlt einen Eigenanteil, erhält staatliche Zulagen, genießt ggf. zusätzliche Steuerersparnisse und erhält nach dem Rentenbeginn eine lebenslange Rente[80].
Über **1.800** unterschiedliche Riester-Produkte sind für den Vertrieb beim Kunden zertifiziert, wobei jedoch weder die staatliche Zertifizierungsstelle noch die BaFin eine qualifizierte inhaltliche Prüfung vornimmt.

---

[80] Maximal 30 % des angesparten Kapitals können bei Rentenbeginn als Einmalauszahlung abgerufen werden. Riester-Beiträge sind als Sonderausgabe abzugsfähig. Die exakten Beiträge und erhaltenen Zulagen müssen dazu in das Steuerformular eingetragen werden. Pro Jahr sind maximal 2.100 Euro absetzbar. Die Zentrale Zulagenstelle für Altersvermögen (ZfA) übermittelt die Daten automatisch ans Finanzamt.

Hart, aber wahr

Der deutsche Staat subventioniert höchst ineffiziente Riester- und Rürup-Verträge mit Milliarden von Steuergeldern. Ineffizient deswegen, weil diese durchschnittlich **etwa doppelt so hohe Vertriebs- und Verwaltungskosten** haben als sonstige Vorsorgeverträge. Die Zertifizierungsstelle des Bundeszentralamts für Steuern (BZSt) erteilt gebührenpflichtig Zertifizierungen für Altersvorsorgeverträge (Riester-Rente) und Basisrentenverträge (Rürup-Rente). Die Zertifizierung dieser Verträge führt zu einer **falschen Beruhigung** der Anleger, da überwiegend formale und kaum inhaltliche Kriterien geprüft werden. Ein bildhafter Vergleich: Wenn Ihre Schwimmweste mit Blei gefüllt ist, sichert die formale Prüfung, dass in jeder Weste gleich viele Kügelchen sind. Schwimmen können Sie mit der Bleiweste aber trotzdem nicht.

Auffällig ist der hohe Anteil der Klein- und Kleinstverträge. Die überwiegende Mehrzahl der Versicherten werden **Riester-Renten von unter 100 Euro** pro Monat erhalten. Der Ökonom erkennt sofort, dass das Verhältnis von Kosten zur Sparleistung bei solch kleinen Volumina ungünstig sein wird. Die Höhe der abziehbaren Kosten ist für den Versicherer nicht gedeckelt. Die durchschnittliche **Kostenquote liegt bei ca. 30 % der gezahlten Beiträge** und ist damit ca. doppelt so hoch wie bei nicht staatlich geförderten Verträgen. Die Subvention kommt also überwiegend den Finanzdienstleistern zugute. Verbraucherschützer und Ökotest haben in Simulationen und Beispielrechnungen nachgewiesen, dass sehr häufig die **Vertragskosten die staatliche Förderung** übertreffen.

Das für Riester-Verträge gemachte Versprechen, dass zu Rentenbeginn zumindest die eingezahlten Gelder nominell, ohne jeglichen Zins, zur Verfügung stehen, ist aus Kundensicht schon schwach (**bloße Beitragsgarantie, keine Rendite, kein Inflationsausgleich**). Aber selbst dies ist noch gefährdet: Eine Kontrolle über die Einhaltung dieses Versprechens ist dem Kunden nicht möglich, da ihm sein zu verrentendes Kapital nicht mitgeteilt wird. Offenbar haben aber einige Versicherungsgesellschaften erkannt, dass sie bei den gegebenen Kostenstrukturen nicht einmal den nominellen Kapitalerhalt erzielen können und bieten von sich aus keinen Versicherungsriester mehr an (= Run-off auf Produktebene).

Bei den marktführenden Versicherern von Riester-Renten hat sich die **Höhe der garantierten Rente seit dem Start in 2002 mehr als halbiert**, was auf die mehrfach gesunkene Garantieverzinsung, die oben erklärte **Cash-Falle** sowie eine aus Kundensicht ungünstigere Sterblichkeitstabelle zurückzuführen ist. Bei identischer Sparleistung erhält der Riesterrentner, der heute einen Vertrag abschließt, also weniger als halb so viel Rente. Noch Fragen?

Hart, aber wahr

Angesichts der aktuellen Zins- und Kostensituation muss vom Abschluss von Riester-Versicherungen dringend abgeraten werden. Mit hoher Wahrscheinlichkeit werden die erhaltenen Zulagen und ggf. Steuervorteile durch die hohen Vertragskosten mehr als aufgezehrt.

Wenn Sie einen bereits weit fortgeschrittenen Riester-Vertrag besitzen und dicht vor der Rentenphase stehen: Machen Sie davon Gebrauch, dass Sie 30 % des Geldes als Einmalzahlung entnehmen können, und retten Sie somit, was noch zu retten ist. Bei laufenden Verträgen prüfen Sie die Möglichkeit des „Umzugs" zu einem preiswerten Online-Anbieter. Auch Stiftung Warentest bestätigt, dass ein faires Fintech mindestens 50 % der Kosten einspart (Wechselkosten bis 100 Euro werden übernommen).

Rechnet sich Rürup?

Rürup-Verträge, auch als Basisrente bezeichnet, wenden sich an Selbstständige und besserverdienende Angestellte. Während also bei Riester-Verträgen mehrheitlich Kleinverträge dominieren, geht es hier um geringere Stückzahlen (nur ca. 2 Mio.), aber erheblich größere Durchschnittsvolumina. Ein Alleinstehender kann bis zu 23.712 Euro p. a. (Stand 2018) steuerverlagernd in einen Rürup-Vertrag einzahlen und 86 % dieses Betrages als Vorsorgeaufwendung vom zu versteuernden Einkommen absetzen. Gerade bei Selbstständigen lockt diese scheinbare Steuersparmöglichkeit – verbunden mit dem guten Gedanken, etwas für die Altersvorsorge getan zu haben – häufig und verführt insbesondere in guten Jahren zu hohen Einzahlungen ganz nach dem Motto: Viel hilft viel. In Wahrheit ist es aber keine Steuerersparnis, sondern lediglich eine Verlagerung des Besteuerungszeitpunktes.

In der Rürup-Falle:
An dieses Geld kommen Sie nicht mehr heran!

Dabei wird jedoch häufig übersehen, dass der Versicherte an dieses Geld wirklich nie wieder herankommt, sondern **lediglich eine steuerpflichtige Rente** (kein Kapitalwahlrecht) mit Beginn frühestens ab vollendetem 62. Lebensjahr (bei Abschluss vor 01.01.2012: 60. Lebensjahr) erhält. Und zwar eine Rente, die der Versicherer wahrscheinlich mit einem Methusalem-Ansatz errechnet hat und die durch hohe Kosten zusätzlich geschmälert wird.

Rürup-Verträge können nicht gekündigt werden. Selbst eine Beleihung des eingezahlten Kapitals ist nicht möglich; ebenso wenig Teilauszahlungen oder eine Einmalauszahlung. Dies würde alles zu einer Rückforderung des erhaltenen Steuervorteils führen.

Eine Beitragsfreistellung ist zwar möglich, jedoch laufen ganz erhebliche Kosten weiter, so dass die Versicherten dem **Wegschmelzen ihres Altersvorsorgekapitals** zuschauen müssen.
Es gibt zahlreiche Fälle, in denen Rürup-Versicherte z. B. unverschuldet in Not gerieten oder aber durch eine Krebserkrankung weit vor dem 62. Lebensjahr berufsunfähig wurden und im Extremfall wussten, dass sie vor dem Erreichen dieses „Zielalters" versterben werden, ohne eine einzige Rentenzahlung erhalten zu haben. Eine **Vererbbarkeit besteht bei dieser Leibrente nicht**. Schon sehr zynisch, dass solche Versicherten nicht nur miterleben müssen, wie ihr angespartes Kapital nach Ausbleiben weiterer Einzahlungen Jahr für Jahr durch die Kosten schrumpft, sondern auch, dass ihr **„sozialverträgliches Frühableben"** zu erheblichen **Sterblichkeitsgewinnen** des Versicherers führt.

Kurzum: Die Empfehlung lautet ganz eindeutig, um Rürup-Verträge einen weiten Bogen zu machen, auf die Steuerverlagerung ins Alter ganz tapfer zu verzichten und sich lieber einer eigenverantwortlichen, flexibleren und transparenten Altersvorsorge zu widmen. Die in Kapitel D.8 beschriebene **Netto-Fondspolice** ist für viele die erheblich bessere Alternative.

Hart, aber wahr

Ein unabhängiger Honorarberater, der auch als gerichtlich zugelassener Sachverständiger tätig ist, hat in den letzten Jahren über 200 Riester- und Rürup-Verträge geprüft. Er fand keinen einzigen Fall, bei dem er dem Kunden eine gute Wahl bestätigen konnte. Natürlich kann der Autor nicht ausschließen, dass es unter den tausenden Angeboten und Kombinationen auch zwei oder drei vorteilhafte geben könnte. Wer glaubt, eine solche zu kennen, die einer Prüfung standhält, möge sich bitte beim Autor melden ...

Sie haben einen Altvertrag: Was können Sie tun?

1. Vertrag einschließlich planmäßiger Erhöhungen (= Dynamik) einhalten
2. Vertrag einhalten, jedoch Dynamik widerrufen
3. Vertrag beitragsfrei stellen
4. Vertrag beenden
5. Verkauf der Police oder
6. Prüfung der Möglichkeit eines Widerrufs (sog. „Widerrufs-Joker"), ggf. Rückabwicklung des Vertrages.

Für das korrekte Vorgehen kommt es dabei nur noch auf die entscheidungsrelevanten Daten an, d. h. nur auf jene Daten, die zukünftig von Belang und noch gestaltbar sind (Grundsatz der versunkenen Kosten, vgl. hierzu Kapitel B.10).

Dabei gilt: Nur wenn Sie sowohl analytisch als auch mathematisch sehr begabt und zudem extrem frustrationsresistent sind, sollten Sie die Sache selbst angehen und die zu erwartende entscheidungsrelevante Verzinsung abschätzen (Effektivzinsverlust). Ansonsten sollten Sie einen neutralen Honorarberater um Hilfe bitten, um die vorteilhafteste Vorgehensweise zu ermitteln (vgl. Kapitel B.4, „Kein Fallschirm für den Piloten"). Zielführend ist ein finanzmathematisches Gutachten, das neben Ihrer bestehenden Police obige sechs Optionen klar nebeneinanderstellt und zusätzlich mit einem optimalen Honorarprodukt (echte Netto-Police) vergleicht.

Einige Hintergrundinformationen zu den obigen Optionen:

1. **Weitersparen mit Dynamik**
   Gerade bei älteren Verträgen kann es aufgrund der früher bestehenden vollständigen Steuerbefreiung vorteilhaft sein, diese weiter zu besparen – sofern die laufende Kostenbelastung den Vorteil nicht wieder zunichtemacht. Eine konkrete Einzelanalyse ist unerlässlich. Jedoch ist eine Dynamik im letzten Laufzeitdrittel kaum sinnvoll.

2. **Weitersparen ohne Dynamik**
   Diese Empfehlung ist bei bereits länger laufenden Verträgen sehr häufig die richtige. Durch das Weitersparen werden die vergleichsweise hohen Garantiezinsen von Altverträgen genutzt und die ohnehin versunkenen Kosten einbezogen. Durch den Widerruf der Dynamik wird verhindert, dass neue Einmalkosten entstehen, da jede Dynamik zu zusätzlichen Abschlusskosten führt, welche sich aufgrund der geringeren Restlaufzeit immer weniger lohnen. Bei einer **Restlaufzeit von weniger als zehn Jahren** ist der Widerruf der Dynamik regelmäßig angeraten.

3. **Beitragsfreistellung (= Vertrag ruhen lassen)**
   Für eine Beitragsfreistellung kann sprechen, dass Sie steuerliche Vorteile „retten" und dass die Weiterführungsrendite (also von heute bis zur Endfälligkeit) besser als diejenige alternativer Anlagemöglichkeiten sein kann. Jedoch ist zu beachten, dass auch nach Beitragsfreistellung ein erheblicher Teil der Kosten trotzdem weiterläuft und renditemindernd wirkt. Die zukünftig nicht gezahlten Beiträge können Sie dafür aber anders, hoffentlich viel besser anlegen. Auch hier ist die konkrete Einzelanalyse unerlässlich.

4. **Vertragsbeendigung (Auflösung zum Rückkaufswert)**
   Wenn Sie Ihre fondsgebundene Lebens- oder Rentenversicherung vorzeitig beenden (= kündigen) wollen, müssen Sie die Kündigungsfrist in Ihrem Vertrag beachten (siehe Allgemeine Versicherungsbedingungen Ihres Vertrages). Zudem sollten Sie die steuerrechtliche Regelung beachten (siehe Kasten *Für den tiefer gehend interessierten Leser*). Wirtschaftlich ist die Kündigung stets ungünstig (zusätzliche Kosten, Verlust von Überschüssen etc.). Trotzdem ist oft ein Ende mit Schrecken besser als ein Schrecken ohne Ende.

5. **Verkauf (leider ein sehr unwahrscheinlicher Fall)**
   Der Entscheidung für einen Verkauf geht der absolut gleiche Analyseprozess voraus wie bei der Auflösung zum Rückkaufswert. Statt der Liquidation zum Rückkaufswert empfiehlt sich der Verkauf am Zweitmarkt, wenn der Verkaufspreis den Rückkaufswert übersteigt. Der Zweitmarkt für gebrauchte Lebens- und Rentenversicherungen ist jedoch ohnehin recht klein und intransparent, sodass die Identifikation eines seriösen und solventen (!) Partners schwierig werden kann. Interessant ist der Weiterverkauf bei klassischen Lebens- und Rentenversicherungen mit kurzen Restlaufzeiten. Bei Fondspolicen ist der Weiterverkauf zwar ebenso möglich, kommt jedoch in der Praxis kaum vor.

6. **Widerruf prüfen und Vertrag ggf. rückabwickeln (sog. „Widerrufs-Joker“)**
   Wer seine Lebensversicherung zwischen 1994 und 2007 abgeschlossen hat, wurde in fast allen Fällen nicht richtig über seine Widerrufsmöglichkeit belehrt. Dann lässt sich noch heute der Vertrag rückabwickeln. In diesem Fall erhält man seine eingezahlten Beiträge wieder zurück – zuzüglich einer oft recht guten Verzinsung. Im Erfolgsfalle kann die Differenz zur Kündigung bei mehreren zehntausend Euro liegen. Der Versicherte hat ein sogenanntes unbegrenztes Widerspruchsrecht, sofern ihn der Versicherer nicht ordentlich (nach)belehrt hat.

   Dieser Rechtsauffassung des EuGH aus dem Jahre 2013 ist der BGH mittlerweile bereits mehrfach gefolgt.

   Im Zweifelsfall prüft die Verbraucherzentrale Hamburg für 85 Euro in einem ersten Schritt Ihre Widerrufsbelehrung. Anschließend ist jedoch auch hier die konkrete Einzelanalyse der wirtschaftlichen Vorteilhaftigkeit des Widerrufs erforderlich, wozu Sie einen neutralen Gutachter oder Honorarberater benötigen. Und Sie sollten sich von Anfang an im Klaren darüber sein, dass Sie einen spezialisierten Rechtsanwalt beauftragen müssen – es gibt eine Vielzahl davon, die sich auf diese Thematik „eingeschossen“ haben. Eine bestehende Rechtsschutzversicherung wäre an dieser Stelle sehr beruhigend. Der Kunde muss den juristischen Weg beschreiten, der – oft, aber eben nicht immer – von Erfolg gekrönt ist. Und jeder muss sich selbst kritisch fragen, ob er Zeit, Mühe und Ärger, die dieser Weg mit sich bringen wird, investieren möchte oder lieber mit der Vergangenheit abschließt, um zukunftsgerichtet seine Finanzen zu optimieren. Es gibt vertrauliche Informationen von Brancheninsidern über enorm hohe Rückstellungen, die Versicherer für die Begleichung von Widerrufsprozessen gebildet haben. Offenbar bereitet sich die Branche auf eine hohe Zahl von Widerspruchsverfahren vor.

Zentrale Ergebnisse

- Die kapitalbildende Lebensversicherung ist ein Auslaufmodell (Schlagwort: Run-Off), gleiches gilt für die private Rentenversicherung.
- Sowohl das Regelwerk von Riester-Produkten als auch das der Rürup-Rente (= Basisrente) weisen erhebliche Konstruktionsfehler auf.
- Die Riester-Rente ist intransparent, komplex und i. d. R. überteuert. Es besteht eine hohe Wahrscheinlichkeit, dass die Summe der Gebühren die Höhe der Förderung übersteigt.
- Die Tatsache, dass Riester-Produkte zertifiziert sind, stellt kein Qualitätskriterium dar, da keine inhaltliche Prüfung erfolgt.
- Die Konzentration auf Steuervorteile bzw. staatliche Zulagen darf nicht dazu führen, kostenintensive und unrentable Versicherungsprodukte abzuschließen.
- Die Verrentung von Ablaufleistungen ist für den Versicherungsnehmer meist sehr ungünstig, „Methusalem-Kalkulationen" führen zu hohen Sterblichkeitsgewinnen der Versicherer.

Konkrete Handlungsempfehlungen

- Regel: Schließen Sie grundsätzlich keine Lebens- oder Rentenversicherung ab. Gleiches gilt für Riester- und Rürup-Produkte.
- Ausnahmen von der Regel sind sehr, sehr selten und nur empfehlenswert, wenn ein neutraler Sachverständiger Ihnen die konkrete Vorteilhaftigkeit transparent vorgerechnet hat.
- Trennen Sie Sparen und Risikoabsicherung, also meiden Sie Kombiprodukte.
- Lassen Sie sich auch nicht zum Abschluss irgendwelcher Produktinnovationen (Verzicht auf Garantie, Indexpolicen) überreden. Auch diese Produkte sind überteuert, d. h., der Wegfall der Garantiekosten allein ändert nichts an deren Unvorteilhaftigkeit.
- Wenn Sie langfristig sparen und steueroptimiert vorsorgen wollen, ist die Netto-Fondspolice eine mögliche Lösung. Sie entspricht dem Grundsatz der Trennung von Sparen und Risikoabsicherung (vgl. Kapitel C.3).
- Wenn Sie nicht planungssicher sind, d. h. die realistische Gefahr besteht, dass Sie Ihre Vorsorge nicht konsequent durchhalten, ist ein kostengünstiger ETF-Sparplan erwägenswert.
- Sofern Sie noch wählen können: Vermeiden Sie die Verrentung Ihrer Ablaufleistung. Nutzen Sie Ihr Kapitalwahlrecht und legen Sie das Ihnen ausgezahlte Geld selbst an.
- Nehmen Sie bei Altverträgen die Dynamik (automatische Beitragserhöhung) heraus.

- Ob Sie bei Altverträgen ohne Dynamik weiterzahlen, diese beitragsfrei stellen oder kündigen, ist eine Einzelfallentscheidung, die Sie lediglich gemeinsam mit einem neutralen Sachverständigen korrekt treffen können. Tendenziell gilt, dass ein Vertrag umso eher durchgehalten werden sollte, je älter er bereits und je kürzer die verbleibende Restlaufzeit ist.

Quellennachweis und weiterführende Literatur

Balodis, H./Hühne, D.: Die Vorsorgelüge. Wie Politik und private Rentenversicherungen uns in die Altersarmut treiben, Berlin 2013

Balodis, H./Hühne, D.: Garantiert beschissen!: Der ganz legale Betrug mit den Lebensversicherungen, Frankfurt a. M. 2015 (Anmerkung: Auch wenn der Titel etwas „deftig" erscheint, die Verfasser sind ausgewiesene Fachexperten und haben in akribischer Recherche nachgewiesen, wie unvorteilhaft, intransparent und kostenintensiv die am deutschen Markt angebotenen Versicherungsprodukte zum überwiegenden Teil sind. Keine schöne, aber eine sehr nützliche Lektüre.)

Enger, S.: Alt, arm und abgezockt. Der Crash der privaten Altersvorsorge und wie Sie sich darauf vorbereiten können, Berlin 2018 (Anmerkung: wenige konkrete Hilfen, aber gute Situationsbeschreibung)

Hagen, J./Jochims, D./Schmitt, T.: Vorsicht Vermittler! Die fiesen Tricks von Finanzberatern und Versicherungsvertretern, München 2014

Jalsovec, A.: Lebenslang in der Rürup-Falle, in: http://bit.ly/2b49poD

Oehler, A.: Die Verbraucherwirklichkeit: Mehr als 50 Mrd. Euro Schäden jährlich bei Altersvorsorge und Verbraucherfinanzen. Befunde, Handlungsempfehlungen und Lösungsmöglichkeiten, Gutachten im Auftrag der Bundestagsfraktion Bündnis 90/Die Grünen, Berlin/Bamberg Dezember 2012

Stiftung Warentest: Finanztest Heft 01/2018

Stotz, O.: Garantiekosten in der Altersvorsorge 2017, Update der Garantiekostenstudie. Professur für Asset Management Frankfurt School of Finance & Management,
Download: http://www.frankfurt-school.de/home/newsroom/news/2017/april/garantiekostenindex-neu-stotz.html

Ritter, M.: Run-off in der Lebensversicherung, Karlsruhe 2014

Tonn, S.: 1x Rente bitte! Die große Portion!, München, 2. Auflage 2018 (Anmerkung: sehr einfach gehalten, adressiert den mündigen Selbstentscheider)

7 Manchmal steckt mehr drin, als man denkt – und wenn es nur Kosten sind

Bei fondsgebundenen Lebensversicherungen kriegt der Versicherer was für Ihr Geld

Was Sie in diesem Kapitel erfahren:

- Alles über Kosten bei fondsgebundenen Lebensversicherungen (Fondspolicen).
- Kosten, von denen Sie bisher noch nicht einmal geträumt haben (Alpha, Beta, Kappa ...).
- Wie mehr oder weniger versteckte Kosten von fondsgebundenen Versicherungen das eigentlich schöne Anlageergebnis zunichtemachen.
- Wie viele unterschiedliche Kostenarten anfallen, und welche davon wo versteckt sind.
- Dass es durchaus sein kann, dass die Summe der Kosten die Summe der Beiträge übersteigt.

Nachfolgend wird Ihnen eine – geradezu typische – fondsgebundene Lebensversicherung (Fondspolice) vorgestellt, wie sie Millionen von Bundesbürgern (und vielleicht sogar Sie selbst) in den letzten Jahren abgeschlossen haben. Etwa 45 Mio. Policen dieser Art existieren in Deutschland – neben klassischen Lebens- und Rentenversicherungen, die nochmals die gleiche Summe ausmachen.

Bei der **fondsgebundenen Lebens- oder Rentenversicherung** handelt es sich um ein **Kombinationsprodukt**. Der Sparanteil geht in einen oder mehrere Investmentfonds. Oft kann der Kunde sogar den oder die Fonds aus einem durch die Gesellschaft vorgegebenen „Fondsuniversum" auswählen und die Wahl während der Laufzeit ändern (**switchen/shiften**)[81]. Der Ansparprozess spielt sich jedoch in einem Versicherungsmantel ab, was für den Kunden insbesondere steuerliche Vorteile hat (vgl. Tabelle „Steuerprivileg" im Kasten *Für den tiefer gehend interessierten Leser* in Kapitel D.6.

[81] Beim Switchen werden die monatlichen Sparraten in einen anderen Investmentfonds geleitet. Die bisher schon erworbenen Fondsanteile verbleiben jedoch im ursprünglichen Fonds. Hingegen bezieht sich das Shiften auf bereits investierte Mittel, die dem oder den bisherigen Fonds entnommen und in einen oder mehrere andere Fonds übertragen werden. Idealerweise sollte sowohl Switchen als auch Shiften ohne zusätzliche Transaktionskosten für den Kunden möglich sein.

Ein Kombiprodukt ist die Fondspolice auch deswegen, weil mit dem Sparprozess eine oder gleich mehrere Versicherungsleistungen verbunden sein können, z. B. ein Berufsunfähigkeitsschutz, eine Mindestrentengarantie oder ein Todesfallschutz.

Es könnte so schön sein

Grundsätzlich **könnte** eine Fondspolice also ein sehr sinnvolles und komfortables Produktbündel sein, welches dem Kunden – einmal mit Bedacht und Verstand korrekt ausgewählt und angemessen dimensioniert – ein bequemes „Rundum-Sorglos-Paket“ ermöglicht. Mit anderen Worten: eine einfach geniale Vorratsentscheidung, die – einmal getroffen – ohne ständigen Betreuungsaufwand des Anlegers effizient zum gewünschten Spar- oder Vorsorgeziel führen **könnte**.

Gegenüber klassischen Renten- oder Lebensversicherungen, bei denen der Sparanteil des Versicherungskunden in einen Deckungsstock eingebracht werden muss, kann der **Sparanteil bei der Fondspolice – je nach Risikoneigung – in Aktien- oder Mischfonds** investiert werden. Hierdurch erhält die Kapitalanlage eine sehr realistische Chance auf eine erheblich höhere Verzinsung als bei der klassischen Police. Die **bei klassischen Renten- oder Lebensversicherungen** im Deckungsstock eingebrachten Mittel müssen nämlich ganz überwiegend sehr risikoarm und damit extrem niedrigverzinslich angelegt werden (vgl. Kapitel B.5, „Mit Sicherheit arm gespart …“), da die klassischen Tarife eine **Garantieverzinsung** von lediglich 0,9 % p. a. **auf den Sparanteil** versprechen.

Abb.: Das ist die Ausgangslage

Gerade das Fehlen einer solchen Garantieverzinsung macht die Fondspolice grundsätzlich attraktiv, denn bei dem langfristigen Ansparprozess mit Nutzung des **Durchschnittskosteneffektes** konnte der Versicherungskunde bei nur geringem Risiko in den letzten Jahrzehnten eine Anlagerendite **vor Kosten** zwischen 8 % und 9 % p. a. erreichen.

Das führte **vor Kosten** zu großartigen Ergebnissen, die nach menschlichem Ermessen auch in der Zukunft wahrscheinlich sind. Also: Die Sonne scheint und das Leben ist schön.

Wenn da nicht die Kosten und wir beim zentralen Thema dieses Kapitels wären …

Die hier beispielhaft analysierte Fondspolice ist eine Rentenpolice (Fondsgebundene Rentenversicherung). Sie dient also der Altersvorsorge und besitzt **keinen Todesfallschutz** für den Versicherungsnehmer in der Ansparphase. Die Rentenpolice stammt von einem renommierten und bekannten Anbieter, der in Deutschland einen großen Marktanteil besitzt, jedoch an dieser Stelle von mir namentlich nicht genannt werden möchte. Exakt dieses Produkt wurde sogar von einer renommierten Ratingagentur als „Hervorragend" bewertet. Das sagt jedoch mehr über die fragwürdige Qualität von Ratings bzw. der Ratingorganisation aus als über die Qualität des Produktes.
Die dargestellten Kosten entsprechen der tatsächlich bei dem Produkt abgerechneten Höhe, **sind also nicht geschätzt oder angenommen.**

Ausgangsdaten Fondspolice

Ein Kunde schließt diese Fondspolice mit einem Monatsbeitrag von 100 Euro und einer Laufzeit von 30 Jahren ab. Folglich bezahlt er über die Laufzeit insgesamt:
100 Euro x 12 Monatsraten x 30 Jahre, also 100 Euro x 360 = 36.000 Euro.

Bitte fragen Sie sich an dieser Stelle, welche Kosten Sie für diese Fondspolice als angemessen empfinden würden.

unter 1.000 Euro	☐	bis 2.000 Euro	☐	bis 3.000 Euro	☐
bis 5.000 Euro	☐	bis 10.000 Euro	☐	über 10.000 Euro	☐

Bitte merken Sie sich Ihre Einschätzung – wir kommen später noch darauf zurück.

Die Strategie der kleinen Schritte

Die Strategie der kleinen Schritte[82] (= Strategie der kleinen Mittel) rät dem Anbieter einer Leistung, anstelle eines Gesamtpreises viele kleine Preis- oder Kostenkomponenten zu definieren. Am *„besten"* sollten diese auf unterschiedliche Berechnungs-

[82] In Abhängigkeit von der Art des Versicherungsproduktes und seiner ganz konkreten Ausgestaltung können sehr unterschiedliche Kostenarten anfallen. Die hinter dieser **Strategie der bewussten Kostenspaltung** stehende Vorgehensweise ist bei Fachleuten als **„Politik der kleinen Schritte"** bekannt. Die Vielzahl unterschiedlicher Kostenarten mit ebenso unterschiedlichen Bezugsgrößen und Sätzen lässt den durchschnittlichen Verbraucher/Versicherungsnehmer aufgeben/kapitulieren. Es ist ihm zu kompliziert, das alles zu verstehen. Oft ist er auch schon zufrieden, wenn er bei einer Kostenart (z. B. den Abschlusskosten oder dem Ausgabeaufschlag) einen Rabatt erhält, obwohl dieser Nachlass im Gesamtzusammenhang kaum Auswirkungen hat.

grundlagen bezogen sein und zu unterschiedlichen Zeitpunkten anfallen. Dadurch wird die Wahrnehmung des Gesamtpreises bzw. der Gesamtkosten beim Vertragspartner behindert. Die Fondspolice ist ein Musterbeispiel der Anwendung dieser Strategie.

In den Kostenkeller – die Kostentreppe nach unten

Sehen Sie selbst: Hier also die Auflösung – übersichtlich nach Kostenarten sortiert – Schritt für Schritt:

1. Alpha-Kosten (= Abschluss- und Vertriebskosten)

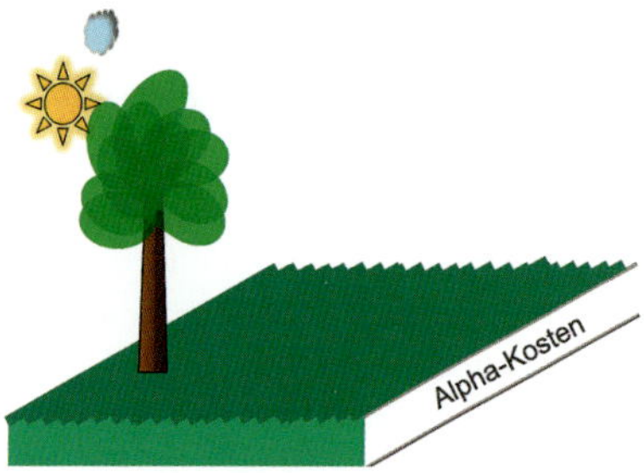

Abb.: Ab hier geht's bergab ...
Alpha-Kosten (Abschluss- und Vertriebskosten)

Wahrscheinlich werden Sie bei den Kosten der Fondspolice zunächst an **Vertriebskosten** denken. Diese liegen bei diesem Produkt bei ca. 4 % der Versicherungssumme und belaufen sich somit auf **1.440 Euro**.

Sie werden im Verlauf dieses Textes schnell eines anderen belehrt. In der Praxis werden die „gekürzten" Abschlusskosten heute einfach in anderen nicht vom Gesetzgeber „überwachten" Kostenarten versteckt. Die Höhe dieser Kosten können Sie bei Verträgen ab 2008 durch aufmerksame Lektüre des Produktinformationsblatts erkennen. Die Alpha-Kosten dieses Beispiels sind dabei am unteren Ende der am Markt vorzufindenden Werte.

Für den tiefer gehend interessierten Leser

Gemäß der Verordnung über Informationspflichten bei Versicherungsverträgen **(VVG-InfoV)** hat der Versicherer dem Versicherungsnehmer bei Vertragsabschluss einer Lebensversicherung ein Produktinformationsblatt zur Verfügung zu stellen, welches die **Abschluss- und Vertriebskosten** und die Verwaltungskosten sowie die **sonstigen Kosten** in Euro gesondert auszuweisen hat. Zudem begründet § 2 Abs. 1 Nr. 9 VVG-InfoV die Pflicht, bei Vertragsschluss (Ausnahme: reine Risikolebensversicherungen) die **Effektivkosten** anzugeben. Diese sind **gesetzlich definiert als „Minderung der Wertentwicklung durch Kosten in Prozentpunkten"**.

Durch die EU-Richtlinie **IDD** (Insurance Distribution Directive, Versicherungsvertriebsrichtlinie) soll Versicherungsvermittlung zugunsten des Kunden EU-weit harmonisiert werden. Erfasst sind dabei nicht nur die Vermittler, sondern insgesamt der Vertrieb von Versicherungen. Die Umsetzung der IDD in deutsches Recht wird durch Änderungen in der Versicherungsvermittlungsverordnung **VersVermV**, der Gewerbeordnung **(GewO)** usw. erfolgen und auch Beratungs- und Dokumentationspflichten bei Versicherungsanlageprodukten (zu denen auch fondsgebundene LV zählen) enthalten.

Damit der Kunde die **(Un)Abhängigkeit des Vermittlers** einschätzen kann, soll ihm der Vermittler vor Abschluss des Versicherungsvertrages mitteilen, **wie er vergütet wird**. Zum Beispiel durch den Kunden selbst (Gebühr), durch den Versicherer (z. B. Provision) oder eine Kombination (Vergütung durch den Kunden und den Versicherer = Mischmodell). Zuwendungen und ähnliche Abhängigkeiten sollen dem Kunden damit also offengelegt werden.

Stand März 2018 ist die Umsetzung der IDD in deutsches Recht noch nicht abschließend und eindeutig erfolgt.

Hier können Sie Updates dazu verfolgen:

https://wirth-rae.de/idd-insurance-distribution-directive.html

(Die Seiten der Bundesministerien sind hierzu derzeit leider nicht aktuell – was schon einen Hinweis auf die komplexe, sich ändernde Materie geben mag. Überdies sind diese Themen auch Inhalt der Koalitionsverhandlungen 2017/2018 gewesen.)

2. Beta-Kosten

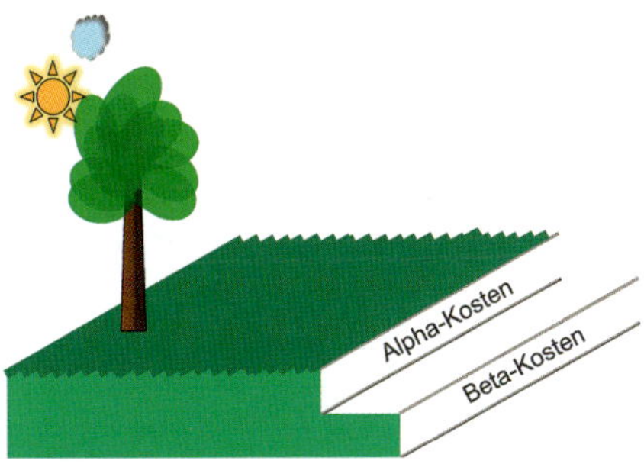

Abb.: Die Sonne verdunkelt sich ...
Beta-Kosten (Verwaltungskosten)

Als nächstes berechnet die Gesellschaft noch **Verwaltungskosten** von **6.660 Euro**, das sind immerhin schon 18,5 % der eingezahlten Beträge – und mehr als das Vierfache der Vertriebskosten. Auch diese Kosten können bei Verträgen ab 2008 im Produktinformationsblatt ersehen werden.

3. Kappa-Kosten

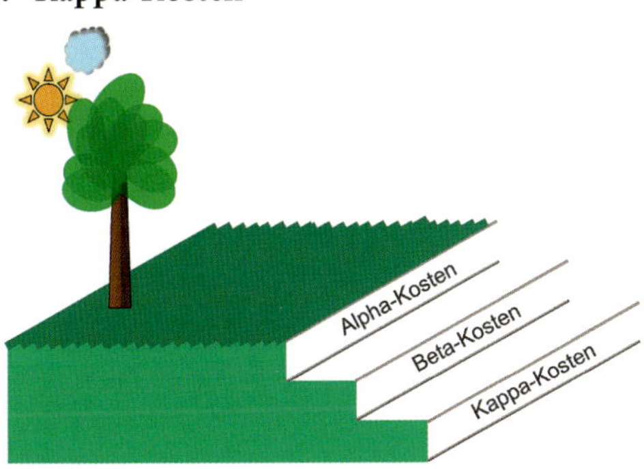

Abb.: Und Wolken ziehen auf ...
Kappa-Kosten (Fixe Verwaltungskosten)

Für den Laien unverständlich und überraschend ist die nächste Position, die **„Fixe Verwaltungskosten“** heißt. Wahrscheinlich hätten Sie erwartet, dass die Stückkosten in den Verwaltungskosten enthalten sind. Aber die erfolgreiche Lobbypolitik der Versicherer erlaubt eine zusätzliche Kostenposition, die Sie in diesem Fall um weitere **1.080 Euro** ärmer macht.

Der Wert ergibt sich im vorliegenden Fall aus 36 Euro fix pro Jahr bei 30jähriger Laufzeit. Er ist vom Vertragsvolumen unabhängig. Immerhin sind auch diese Kosten im Produktinformationsblatt ersichtlich.

4. Gamma-Kosten

Wenn Sie denken, das sei nun genug, dann täuschen Sie sich, denn es ist ja noch immer ein wenig Geld aus den Prämienzahlungen des Kunden übrig, das angelegt werden muss und dafür fallen natürlich **Kapitalanlagekosten** an.

Gamma-Kosten stellen Kapitalanlagekosten einerseits aus Sicht der Versicherungsgesellschaft selbst dar (= Gamma 1) und andererseits aus Sicht der Fondsgesellschaften, also z. B. für die Verwaltung der Mittel, Auswahl von Kapitalanlagegesellschaften (= Gamma 2).

4.1 Gammakosten für die Versicherungsgesellschaft

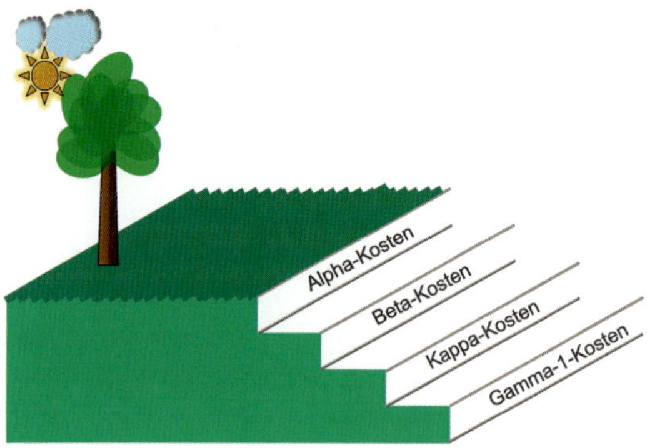

Abb.: Gamma-1-Kosten (Kapitalanlagekosten der Versicherungsgesellschaft)

Die Gammakosten für die Versicherungsgesellschaft (**also Gamma 1**) werden im vorliegenden Fall mit 0,84 % p. a. auf das jeweils vorhandene Anlagevolumen belastet, am Markt sind Werte bis zu 1 % p. a. auf das Anlagevermögen bekannt. Zwar lässt sich der Kostensatz von 0,84 % p. a. im Produktinformationsblatt ersehen, jedoch können Sie den Betrag in Euro nicht ermitteln oder abschätzen, da Sie die Entwicklung Ihres Anlagekapitals nicht kennen können. Der obige Betrag in Euro ließ sich also erst im Nachhinein bestimmen. Im konkreten Fall summieren sich diese Kosten auf **4.191 Euro** oder ca. 11,64 % der kumulierten Beitragszahlungen. Wenn Sie von den harmlos wirkenden 0,84 % nicht auf den hohen Eurobetrag von 4.191 Euro gekommen wären, sind Sie mit der Unterschätzung dieses Kostenblocks nicht alleine.

4.2 Gamma-2-Kosten = Reduction in Yield

Abb.: Gamma-2-Kosten (Kapitalanlagekosten der Fondsgesellschaft, Reduction in Yield, Laufende Kosten (veraltet Gesamtkostenquote TER)

Wahrscheinlich sind Sie jetzt etwas enttäuscht, weil es keinen neuen griechischen Ausdruck mehr für diese Kostenart gibt. Aber: Die Reduction in Yield spiegelt die **Anlagekosten auf Fondsebene** wider.

Die Fonds, in denen die Sparraten angelegt werden, verursachen verschiedene laufende – also jährlich wiederkehrende – Kosten, z. B. für das Fondsmanagement. Diese werden (leider unvollständig) in einer **Kennziffer Laufende Kosten (veraltet Gesamtkostenquote TER)** zusammengefasst, die sich im Beispielsfall über die Jahre auf stolze **12.148 Euro** belaufen.

Die Existenz dieser Kosten kann ein pfiffiger Kunde erkennen, soweit die Anlage in marktfähigen Fonds erfolgt, die eine WKN/ISIN besitzen. Hier genügen in der Regel ein paar Klicks im Internet, um die prozentuale Höhe der laufenden Kosten in den **„wesentlichen Anlegerinformationen"** (KIID) zu ersehen. Zu welch enormer Summe sich jedoch harmlos aussehende laufende Kosten von 1,25 % p. a. oder 1,62 % p. a. entwickeln, kann der Durchschnittskunde (promovierte Mathematiker sind keine Durchschnittskunden!) nicht erkennen.

Außerhalb der laufenden Kosten fallen auch Einmalkosten wie z. B. Agien (Ausgabeaufschläge, Rücknahmeabschläge) für den Erwerb von Fondsanteilen an. Auch diese gehen in die Reduction in Yield ein. Ebenso wie die laufenden Kosten ist die Reduction in Yield ein Schritt in die richtige Richtung – sie soll dem Kunden alle Kosten **des Investmentfonds** aufzeigen. Aber letztlich bleibt sie unbefriedigend, da nicht vollständig (siehe Glossar).

Diese Kosten werden nicht im Produktinformationsblatt **der Versicherungspolice** genannt, vielmehr wird in diesem Fall auf § 14 der Allgemeinen Versicherungsbedingungen sowie die Verkaufsprospekte der jeweiligen Fondsgesellschaften verwiesen. Der Autor wünscht viel Spaß und viele spannende Stunden bei der Suche nach den „richtigen" Informationen.

5. Transaktionskosten

Da – wie unter (4.2) gesagt – die laufenden Kosten nicht alle Kosten umfassen müssen (auch hier hat die Lobbyarbeit der Finanzdienstleister wieder ganz hervorragend funktioniert), gibt es noch Transaktionskosten der Geldanlage auf Fondsebene, z. B. Börsengebühren, Spreads und den Market Impact[83].

Transaktionskosten fallen auf Fondsebene – also nicht bei der Versicherungsgesellschaft – an. Im vorliegenden realen Beispielsfall belaufen sich die Transaktionskosten auf **6.711 Euro**. Sie sind für den Kunden überhaupt nicht erkennbar, lassen sich nicht aus einer Unterlage ermitteln, führen jedoch gleichwohl dazu, dass gegenüber dem Marktergebnis eine zusätzliche Lücke von 6.711 Euro entsteht. Transaktionskosten sind die **intransparenteste Kostenart** und wurden bis 2018 gesetzlich überhaupt nicht erfasst. Selbst in Jahresabschlüssen der Fondsgesellschaften muss diese Kostenart nicht vollständig ausgewiesen werden. Transaktionskosten sind eine völlig intransparente „Selbstbedienungsmöglichkeit" der Fondsgesellschaften.

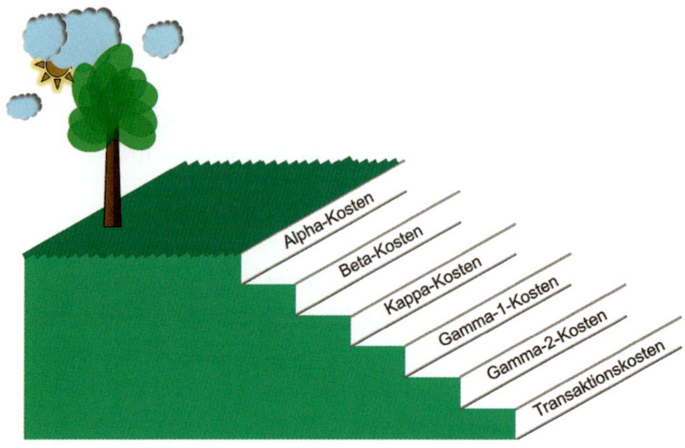

Abb.: Transaktionskosten

[83] Bei Spreads handelt es sich um Handelsdifferenzen zwischen An- und Verkaufspreisen von Wertpapieren oder Fonds. Market Impact bezeichnet die Tatsache, dass Kauf- und Verkaufsaufträge der Fondsgesellschaft stets eine ungünstige Auswirkung auf das Preisniveau am Markt haben (Verkaufsaufträge senken den Marktpreis, Kaufaufträge erhöhen ihn tendenziell).

6. Depot-/Performancegebühren

Schließlich fallen für die Depotbuchführung der Fondsanteile noch Depotgebühren an. (Vielleicht haben Sie selbst ja schon längst ein gebührenfreies Wertpapierdepot bei einem Online-Broker, aber das nützt Ihnen hier für die Fondspolice überhaupt nichts.)

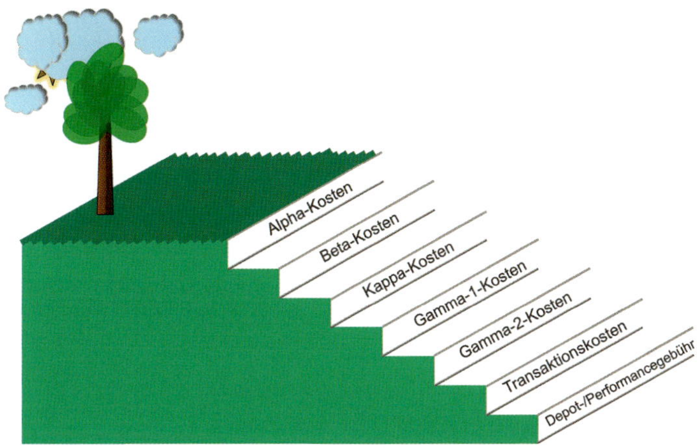

Abb.: Depot-/Performancegebühren

Außerdem werden, je nach Wertentwicklung der in den Fonds enthaltenen Anlagen (meist Aktien), noch erfolgsabhängige Gebühren (= **Performancegebühren**) in Rechnung gestellt.

Während die Höhe der Depotgebühren ermittelbar ist, kann die Höhe der Performancegebühren naturgemäß nur im Nachhinein zur Kenntnis genommen werden. Die Summe beträgt im vorliegenden Fall **3.053 Euro** und wurde gutachterlich aus den historischen Daten von Echtverträgen errechnet.

Im Kostenkeller angekommen

Wahrscheinlich ist Ihre Laune in den letzten zehn Minuten gesunken. Bitte vergessen Sie nicht: Ich bin hier nur der Überbringer der schlechten Botschaft – das Geld ziehen Ihnen andere aus der Tasche.

Lassen Sie uns nun tapfer die gesamten Kosten dieser Fondspolice betrachten und der Summe der Beiträge gegenüberstellen:

Position	Betrag
Summe aller Beiträge 100 Euro x 12 Monate x 30 Jahre	**36.000 Euro**
Abschluss und Vertriebskosten (Vers.)	1.440 Euro
Verwaltungskosten (Vers.)	6.660 Euro
Fixe Verwaltungskosten (Vers.)	1.080 Euro
Kapitalanlagekosten, Gamma I (Fonds)	4.191 Euro
Kapitalanlagekosten, Gamma II (Fonds)	12.148 Euro
Transaktionskosten (Fonds)	6.711 Euro
Depot- und Performancegebühren (Fonds)	3.053 Euro
Summe aller Kosten	**35.283 Euro**

Der Vergleich der Summe aller Beiträge (36.000 Euro) mit der Summe aller Kosten (35.283 Euro) war für mich jedenfalls eine schlimme Offenbarung. Sie selbst können nun die Summe aller Kosten (35.283 Euro) mit dem Wert vergleichen, den Sie oben bei der Abfrage angekreuzt haben … und werden wahrscheinlich genauso sprachlos sein, wie ich es war.

Trotz Sprachlosigkeit noch ein paar Fragen

Und wahrscheinlich kommen Ihnen an dieser Stelle ein paar Fragen in den Sinn, die ich gerne beantworte:

Sind diese Zahlen überhaupt möglich, da die Summe aller Kosten nahezu 100 % der Sparbeiträge ausmachen?
Ja, die Zahlen sind sehr wohl möglich Die Entnahme solch hoher Kosten ist möglich und leider auch völlig üblich, da sie über die Laufzeit verteilt erfolgt und damit nicht ausschließlich auf die Sparleistung zugreift, sondern einen (erheblichen) Teil der Anlageerträge aufzehrt.

Hat der Autor hier vielleicht doch ein sehr extremes Beispiel herausgesucht?
Nein, das Beispiel ist keineswegs extrem; es handelt sich um ein „hervorragend" bewertetes Produkt, das völlig im Marktdurchschnitt liegt – es gibt durchaus schlechtere Beispiele am Markt.

Wie ist bei derartigen Kostenbelastungen das Endergebnis für den Versicherungsnehmer ausgefallen?
Der Versicherungsnehmer ging im vorliegenden, realen Beispielsfall mit einer Nettorendite nach Kosten (aber vor Inflation!) in Höhe von 2,45 % p. a. nach Hause – wohlgemerkt, bei einer angenommenen Marktrendite von 9 % p. a. vor Kosten und Steuern bei einer 100%igen Aktienquote. Bei geringerer Aktienquote würde die Nettorendite nach Kosten unter 2,45 % p. a. sinken. Wahrscheinlich war er nicht begeistert, aber wahrscheinlich auch nicht massiv unzufrieden, da er der **Geldillusion** un-

terlag und ihm nicht bewusst wurde, dass die Rendite leicht unter der durchschnittlichen Inflationsrate der letzten Jahrzehnte lag. Diese betrug in Deutschland nämlich knapp 3 % p. a. in den letzten 30 Jahren. In Zahlen bedeutet dies, dass der Anleger für seine über 30 Jahre eingezahlten 36.000 Euro am Vertragsende den Betrag von 52.000 Euro zurückerhält, wenn er eine Kapitalabfindung wählt.

Kann es rein sachlogisch in anderen Fällen sogar sein, dass die Summe aller Kosten die Summe aller Beiträge übersteigt?
Ja, es kann sehr wohl sein, dass die Summe der Kosten die Summe der Beitragszahlungen übersteigt. Dies wird schon durch die Antwort auf die erste Frage erkennbar, denn es kann ein Teil der Anlageerträge zusätzlich durch laufende Kostenarten entnommen werden. Selbst bei einer Kostenquote von über 100 % der bezahlten Beiträge erhält der Versicherungsnehmer noch eine Ablaufleistung – nur eben eine viel zu geringe.

Könnte solch ein Vertrag nicht gerichtlich wegen „Wucher“ oder „Verstoß gegen die guten Sitten bzw. Treu und Glauben“ einfach angefochten werden?
Ein ganz klares Nein! Bei dem obigen Beispiel hätte eine gerichtliche Auseinandersetzung keinerlei Chance auf Erfolg für den Versicherungsnehmer. Erst bei einer Kostenquote von über 130 % haben deutsche Gerichte einen Wuchertatbestand gesehen – andere aber auch erst bei ca. 150 % ...

Warum weist die vor Vertragsabschluss vorgelegte „unverbindliche Muster- oder Modellrechnung“ gegenüber der vom Versicherungsnehmer tatsächlich erhaltenen Ablaufleistung einen gleich mehrfach höheren Wert aus?
Die zugehörige Musterrechnung simuliert das Anlageergebnis mit unterschiedlichen Verzinsungsannahmen, darunter auch eine Variante mit 9 % Rendite. Diese kommt auf stolze 156.000 Euro Ablaufleistung. Das liegt daran, dass der größte Kostenblock, die Kapitalanlagekosten (siehe Punkte 4.2 bis 6), in der Musterrechnung gesetzlich **nicht** berücksichtigt werden müssen. Alle Musterrechnungen zeigen somit – völlig legal – viel zu optimistische Ergebnisse. Um das Ergebnis der Musterrechnung zu erzielen, müsste der Kunde die 9 % Rendite nämlich nicht vor, sondern nach allen Kapitalanlagekosten erzielen, was völlig unrealistisch ist. Also: Vergessen Sie Ihre „unverbindliche Muster- oder Modellrechnung“, auch die 0 %-Spalte – sie sagen rein gar nichts aus, sondern stellen eine – leider gesetzlich erlaubte – Mogelpackung dar.

Das war starker Tobak – ich weiß

Mögliche Schlussfolgerungen und Empfehlungen:

Wenn Sie noch keine marktübliche Fondspolice abgeschlossen haben, dann sollten Sie das auch künftig nicht tun. Sparen Sie entweder außerhalb jeder Versicherung durch einen **kostengünstigen ETF-Sparplan** (zu ETFs vgl. Kapitel D.2); bei dieser Alternative haben Sie einen enormen Kostenvorteil, bleiben sehr flexibel und nehmen in Kauf, dass die Ausgestaltung sowohl in der Ansparphase als auch in der Entnahmephase **nicht steuerlich optimal** ist. Oder Sie schließen eine **provisionsfreie Netto-Police** ab (zur Netto-Police vgl. Kapitel D.8); in diesem Fall zahlen Sie zwar ein **Beratungshonorar** für einen unabhängigen Fachexperten, erhalten jedoch keine Mogelpackung, sondern ein transparentes und gleichzeitig steuerbegünstigtes Produkt, welches in der Summe erheblich geringere Kosten aufweist. Darüber hinaus erhalten Sie bei einem **guten Honorarberater** konzeptionelle Hilfe im Sinne einer ganzheitlichen Unterstützung – denn das Produkt alleine ist oft nicht die gesamte Lösung … (zum Honorarberater vgl. Kapitel B.4).

Falls Sie bereits eine Fondspolice abgeschlossen haben, wird die Sache komplizierter. Sie haben in diesem Fall die sechs Handlungsoptionen, die Sie in Kapitel D.6 ‚Ver*un*sicherte Versicherte', nachvollziehen können. Auch bei der Entscheidung über die Fortsetzung der Fondspolice kommt es lediglich auf die entscheidungsrelevanten Daten an (vgl. hierzu Kapitel B.10).

Es bleibt festzuhalten:
Je komplexer ein Vorsorge- oder Finanzprodukt ausgestaltet ist, desto vielfältiger sind die „kreativen" Gestaltungsmöglichkeiten von Kostenarten sowie das Verstecken von Kosten. Im Ergebnis sind daher komplexe Produkte auch meist besonders kostenintensiv. Angebotsberechnungen bleiben zudem regelmäßig ohne Aussagekraft, denn die ausgewiesenen Zahlen beinhalten keine oder nicht alle Kostenpositionen; ein realistischer Vergleich ist so nicht möglich. Beachtenswert ist auch hier das in Kapitel D.8 erwähnte Risiko des Versicherungsnehmers im Fall der Insolvenz des Versicherers.

Nun der Vollständigkeit halber – obwohl Sie schon ahnen, welch unerfreuliches Bild das abgeben wird:

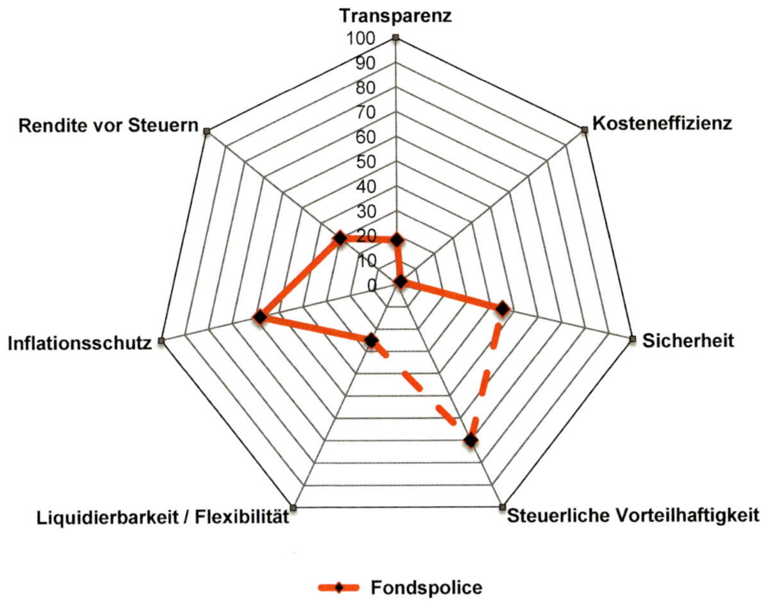

Abb.: Die typische fondsgebundene Lebensversicherung (Fondspolice) in der einfach genialen Siebeneck-Prüfung: leider nicht zu empfehlen. Zur Bewertung der steuerlichen Vorteilhaftigkeit vgl. Siebeneck-Prüfung in Kapitel D.6

Zentrale Ergebnisse

- Fondspolicen sind wahre Meisterwerke der Intransparenz und des Versteckens von Kosten.
- Die zugrundeliegende Strategie der Versicherer heißt „Prinzip der kleinen Schritte", d. h., ein in der Summe extrem hohes Kostenniveau wird durch eine Vielzahl kleiner Kostenkomponenten erzeugt.
- Die einzelnen Kostenkomponenten wirken dabei eher harmlos und vernachlässigbar, in ihrer Summe werden sie jedoch zum Renditekiller.
- Eine Kostenabschätzung ist dadurch erschwert, dass für viele Kostenarten unterschiedliche Berechnungsbasen zugrunde gelegt werden (Versicherungssumme, in diesem Jahr gezahlte Beiträge, erreichtes Anlagevolumen, Neuanlagebetrag, Stückkosten).
- Die weit überwiegende Zahl aktuell bestehender Fondspolicen erreicht aufgrund der hohen Kosten trotz bislang guter Anlagerenditen (oft 7–9 %) eine Nettorendite nach Kosten, die unter der durchschnittlichen Inflationsrate liegt.
- Kurzum, leider gilt der bekannte Satz: Ihr Geld ist nicht wirklich weg – es hat jetzt nur ein anderer.

Für den tiefer gehend interessierten Leser

Weitere Renditekiller: Neben den aufgeführten Kosten sind auch mögliche **Spekulationsverluste** durch das aktive Management zu bedenken. Wie gleichermaßen wissenschaftlich bewiesen als auch unmittelbar plausibel, kann durch Geldanlage auf den Finanzmärkten im Durchschnitt nur die **Marktrendite** erzielt werden. Alle aktiven Fondsmanager beziehen ihre Existenzberechtigung aus dem Anspruch, den Markt zu schlagen. Jedoch erzielen viele durch Fehlspekulationen **bereits vor Kosten** eine schlechtere Rendite als der Markt (vgl. Kapitel B.12 sowie Ritzau, M. „Die große Fondslüge").

Konkrete Handlungsempfehlungen

- Wenn Sie bislang keine traditionelle Fondspolice abgeschlossen haben, so tun Sie das auch künftig nicht.
- Sollten Sie „Altlasten" haben, so hinterfragen Sie gemäß dem Prinzip der versunkenen Kosten, ob „Durchhalten", Beitragsfreistellung oder Kündigung/Rückkauf Ihren Schaden minimiert. Zudem sollte die Möglichkeit des Weiterverkaufs des laufenden Vertrages an einen Dritten oder die Rückabwicklung durch Widerruf geprüft werden.
- Bedenken Sie dabei, dass auch für beitragsfreie Verträge noch erhebliche laufende Kosten anfallen können.
- Im Zweifel ist das Geld für ein finanzmathematisches Gutachten eines zertifizierten Honorarberaters gut angelegt, um dem schlechten Geld nicht noch gutes Geld hinterherzuwerfen.
- Wenn Sie Ihre Altersvorsorge durch konstante Sparbeiträge aufbessern wollen, so sind die besten Alternativen entweder ein kostengünstiger ETF-Sparplan (nicht steueroptimal) oder eine Netto-Fondspolice (= ETF-Sparplan im Versicherungsmantel, zwar etwas teurer, aber legal steuerlich begünstigt).
- Das Ausnutzen legaler Steuervorteile lohnt sich für Sie nur, wenn der Wert des Steuervorteils die Kosten des Versicherungsmantels klar übersteigt. Dies ist bei traditionellen Fondspolicen regelmäßig nicht, jedoch bei preiswerten Netto-Fondspolicen längerer Laufzeit der Fall. Eine Einzelfallbetrachtung ist unverzichtbar.

Quellennachweis und weiterführende Literatur

Lange, C.: Honorarberatung in der Altersvorsorge: Wie ein alternativer Beratungsansatz zum Erfolg führt, Hamburg 2013

Ortmann, M.: Kostenvergleich von Altersvorsorgeprodukten (Versicherungswissenschaftliche Studien), Baden-Baden 2010

Ritzau, M.: Die große Fondslüge. Falsch beraten von Finanztest, Sparkassen, Banken & Co, Marburg 2016

Teicher, R.: Honorarberatung aus Sicht von Kunden, Beratern und Produktgebern, Karlsruhe 2017

8 Das Beste oder nichts!

ETF-Sparpläne im Versicherungsmantel (Netto-Police)

Was Sie in diesem Kapitel erfahren:

- Was der Unterschied zwischen Brutto- und Netto-Policen ist und warum Sie bisher nur selten von einer Netto-Police gehört haben.
- Wie Sie eine kosten- und steuergünstige Kombination aus ETF-Sparplan oder institutionellem Fonds mit einer Netto-Police erzeugen.
- Welche Voraussetzungen an mögliche Steuerersparnis geknüpft sind.
- Welche Kosten für eine Netto-Police entstehen.
- In welchen Situationen es sich lohnt, einen ETF-Sparplan in den Versicherungsmantel zu packen und wann eben lieber nicht.

Nach der recht kritischen Bewertung von kapitalbildenden Versicherungen und Fondspolicen erstaunt es vielleicht, dass hier ein ähnlich konstruiertes Vehikel nun als unter Umständen empfehlenswert dargestellt wird. Zumal es ein „Bündel" darstellt, d. h., die Kombination eines **Sparplans in ETFs bzw. institutionellen Anlageklassen-Fonds einerseits und einem Versicherungsmantel andererseits.**

In Erinnerung an das Kapitel C.3 („Wurstsuppe") werden Sie jetzt vielleicht denken: Aha, da wurde mal wieder etwas „verwurstelt" … – ja, aber aus bestmöglichen Zutaten in einem transparenten Erstellungsprozess.

Eine zweckmäßige, transparente Kombination

Das hier vorgestellte Vehikel „**Sparplan in ETFs bzw. institutionellen Anlageklassen-Fonds kombiniert mit Netto-Police**" ist recht unbekannt, obwohl es keineswegs neu ist. Es wird jedoch lediglich von (guten) Honorarberatern empfohlen, da die meisten übrigen Finanzdienstleister an den weniger transparenten, traditionellen Fondspolicen („Brutto-Policen") erheblich besser verdienen.

Übrigens sogleich zur Klarstellung: Die unter der Bezeichnung „**Index-Police**" angebotene **Scheininnovation** hat nichts mit der Netto-Police zu tun. Im Gegenteil. Sie stellt regelmäßig eine provisionsintensive **Brutto-Police** dar. Index-Policen sind komplex, intransparent bis unverständlich und voller versteckter Kosten und Haken. Die schnelle Empfehlung zu **Index-Policen** lautet: **Finger weg davon!**

Was ist eine Netto-Police?

Gewöhnlich beinhalten die Beiträge, die ein Kunde auf seine Police zahlt, nicht nur den Spar- bzw. Versicherungsanteil, sondern auch die erfolgsabhängige bzw. umsatzbezogene Vergütung des Beraters/Vermittlers (z. B. Provision) sowie unterschiedliche weitere Absatz- und Verwaltungskosten.

Eine Netto-Police ist **frei von** diesen Vergütungen und Kosten und beinhaltet nur den reinen (netto) Spar- bzw. Versicherungsbetrag. Aus Nettotarifen sollen also **Provisionen, provisionsbezogene Kosten sowie sonstige zusätzliche Zuwendungen** an die Berater/Vermittler herausgerechnet sein („Nettoisierung“).

Uneinigkeit bzw. Uneinheitlichkeit besteht bezüglich weiterer Kosten, z. B. Verwaltungskosten. Eine gesetzliche Definition für Netto-Policen gibt es nicht. Insbesondere gibt es noch weitergehende Unterscheidungen (echte und unechte Netto-Policen), auf die hier nicht eingegangen werden kann[84].

Das Angebot an Netto-Policen ist bisher noch überschaubar, aber in jüngster Vergangenheit stark wachsend. Hier wandeln sich gerade Bedürfnisse und auch Selbstbewusstsein der Kunden. Vielleicht hat ja auch die erste Auflage dieses Buches zur Verbreitung der Netto-Police beigetragen ☺ – jedenfalls erreichten mich hunderte von Anfragen allein zu diesem Thema.

Enthüllen wir also die Kombination „Sparplan in ETFs bzw. institutionellen Anlageklassen-Fonds im Mantel der Netto-Police“.

Innen Sparplan ...

Basis ist ein Sparplan, bei dem der Anleger regelmäßige Zahlungen leistet, die gemäß seinen Vorgaben und seiner Risikoneigung idealerweise

- in einen oder mehrere börsenfähige **Indexfonds (ETFs) oder**
- in einen **transparenten passiven institutionellen Anlageklassen-Fonds**

fließen. Hierdurch wird einerseits eine regionale und branchenmäßige **Diversifikation** zwischen unterschiedlichsten Aktienwerten und – falls gewünscht – eine zusätzliche Mischung von Aktien und Rentenwerten erreicht. Andererseits wird durch die

[84] Vgl. Kapitel B.4 (zu Nettotarifen) sowie *Teicher, R.*: Honorarberatung aus Sicht von Kunden, Beratern und Produktgebern, Karlsruhe 2017.

über die Zeitachse verteilten Einzahlungen der Cost-Averaging-Effekt genutzt. Beides zusammen,

- die Diversifikation einzelner Titel (siehe Diversifikationsfächer in Kapitel B.8)

sowie

- die Diversifikation über die Zeitachse (siehe Cost Averaging in Kapitel B.9),

führt sozusagen zu einer **Diversifikation im Quadrat** (**=Diversifikation^2-Effekt**).

... außen Versicherungsmantel

Dieser Sparprozess wird nun in einen Versicherungsmantel gepackt. Wobei der Versicherungsmantel keine Versicherung gegen irgendetwas, also keinen Risikoschutz im eigentlichen Sinne beinhaltet (Todesfallschutz, Berufsunfähigkeitsschutz etc.). Sondern er stellt **lediglich eine Hülle** dar, um den gesetzlichen Anforderungen zu entsprechen, die an die **steuerliche Begünstigung des Vorsorgesparens** gestellt werden.

Zauberwort: Vorsorgesparen

Der Gesetzgeber gewährt diesen Steuervorteil deswegen, weil es sich um ein **langfristiges Vorsorgesparen** und nicht z. B. um ein möglicherweise kurzfristiges Konsumsparen handelt. Der Gesetzgeber findet es also besser, wenn Sie für gepflegte Mußestunden im Alter vorsorgen, als sich heute einen Flachbildschirm anzusparen. Das kann man so oder so sehen – aber wir tun ihm halt den Gefallen. Die gesetzlichen Voraussetzungen zur Nutzung des Versicherungsprivilegs finden Sie in Kapitel D.6.

Hart, aber wahr

Das gesetzliche Steuerprivileg für Sparprozesse im Versicherungsmantel kann man gesamtgesellschaftlich kritisch hinterfragen. Es lässt sich eher durch eine erfolgreiche Lobbypolitik als durch Sachargumente erklären. Gleichwohl ist das Versicherungsprivileg seit Jahrzehnten ein Fakt und juristisch sauber und zweifelsfrei. Der Privatanleger darf es also auch ohne schlechtes Gewissen nutzen. Heikel ist jedoch, dass während des Rennens die Pferde ausgetauscht werden können, d. h. der Gesetzgeber ohne allzu große Rücksicht auf Bestandsschutz die Steuergesetze ändern darf. Was zu einer Verbesserung, aber auch zu einer Verschlechterung des – ohnehin ja nicht kostenlosen – Steuerprivilegs für den Anleger führen kann.

Sind die Voraussetzungen des Vorsorgesparens erfüllt, können die Vorteile des sogenannten **Versicherungsprivilegs** genutzt werden, nämlich:

1. Die Erträge des Sparplans werden **lediglich zur Hälfte** mit dem tariflichen Einkommenssteuersatz des Versicherungsnehmers zum Zeitpunkt des Zuflusses besteuert.
2. **Anstelle der jährlichen** Besteuerung der Erträge mit der KESt bleiben die Erträge während der gesamten Laufzeit zunächst steuerfrei und die Besteuerung findet **erst am Laufzeitende** statt (§ 20 Abs. 1 Nr. 6 EStG).

Während der erstgenannte Steuervorteil offensichtlich ist, ist der zweitgenannte eher verdeckt und wird in seiner Auswirkung gerne **unterschätzt**. Denn: Durch die Verschiebung des Besteuerungszeitpunktes auf das Vertragsende bleiben die ansonsten abfließenden Steuerzahlungen **im** Vertrag und stehen – über viele Jahre hinweg – **zur Wiederanlage** zur Verfügung. Der Sparer kommt also zunächst in den Genuss des **exponentiellen Zinseszinseffektes auf die verzögerten Steuerzahlungen** und erhält dann noch zusätzlich den Vorteil des hälftigen Steuersatzes.

Prüfen Sie die Vorteilhaftigkeit dieses Privilegs!

Die kumulierte Wirkung dieses legalen Steuerprivilegs kann, insbesondere bei langen Laufzeiten von über zwanzig oder dreißig Jahren, erheblich sein – **wenn diese dann auch wirklich durchgehalten werden**. Trotzdem ist eine auf den konkreten Fall bezogene Prüfung und Beratung unerlässlich und kann durch ein Buch nicht ersetzt werden.

Daher wird auf eine rechnerische Gegenüberstellung des Sparplans in ETFs bzw. institutionellen Anlageklassen-Fonds einerseits und Netto-Fondspolice andererseits anhand eines „Musterbeispiels“ an dieser Stelle verzichtet. Denn erstens sind die Zahlen kleinteilig und die relevanten Annahmen sehr vielfältig. Und zweitens hilft eine Betrachtung von Durchschnittswerten recht wenig, da **Ihre konkreten Gegebenheiten entscheidend** sind.

Viel wertvoller ist die transparente Erklärung der Treiberfaktoren, die für oder gegen die Netto-Fondspolice sprechen – stets im Vergleich mit deren härtestem Wettbewerbsprodukt, nämlich einem kostengünstigen Sparplan in ETFs oder einem institutionellen Anlageklassen-Fonds.

Der Versicherungsmantel wärmt umso stärker, je …

1. länger die – auch tatsächlich durchgehaltene – Laufzeit ist. Hingegen ist das Volumen neutral, da sich bei ansonsten gleichen Anlagedaten sowohl die Steuerersparnis als auch die Mantelkosten volumen-proportional verhalten.

2. höher die im eigentlichen Anlagekern (z. B. Fonds) erzielte **Rendite** ist, auf die sich eine Steuerersparnis beziehen kann.
3. höher die jährlichen **steuerpflichtigen Anteile** des Anlagekerns (z. B. Fonds) sind.
   Anmerkung: Daher **verschlechtert** das seit Januar 2018 geltende **Investmentsteuerreformgesetz (InvStRefG)** die Vorteilhaftigkeit von Netto-Policen, da es steuerliche Abflüsse auf Ebene des Fonds erzwingt, die durch sogenannte Teilfreistellungen beim Anleger kompensiert werden. Letztere nützen dem Policen-Sparer wenig.
4. häufiger bzw. größer die Bewegungen/Umschichtungen während der Laufzeit sind, da diese im Versicherungsmangel steuerfrei bleiben.
5. höher die Steuersätze zum Besteuerungszeitpunkt sind. Ersetzen die Regierenden – wie Stand 2018 diskutiert – die aktuelle Kapitalabschlagsteuer (KESt) mit einheitlichem Satz von 25 % (plus Soli plus Kirchensteuer) durch die Tarifbesteuerung, so erhöht sich auf einen Schlag die steuerliche Attraktivität des Sparens im Mantel.

Nachstehend daher eine tabellarische Gegenüberstellung der beiden Alternativen anhand objektiver Kriterien.

Kriterium	ETF-Sparplan	Netto-Fondspolice
Transparenz, Einfachheit	Gute Transparenz und Einfachheit	Gute Transparenz, Einfachheit sinkt durch Versicherungsmantel
Kosteneffizienz	Maximale Kosteneffizienz bei Auswahl geeigneter ETFs und eines günstigen Brokers (unschwer möglich)	Wie ETF-Sparplan, jedoch zusätzliche Kosten des Netto-Versicherungsmantels von ca. 0,5 - 0,8 % p. a.
Sicherheit	Insgesamt hoch, Anlage im Sondervermögen, kein Bonitätsrisiko, Wahl des Marktrisikos gemäß Anlegerwunsch	Ebenfalls Sondervermögen, jedoch weitgehend unbekannte Problematik, dass dieses zunächst dem Versicherer zusteht und der Anleger im Insolvenzfall des Versicherers einer diffusen Rechtslage ausgesetzt ist und schlechtestenfalls nur einen schuldrechtlichen Anspruch besitzt. Risiko ist unwahrscheinlich, aber nicht ausgeschlossen. Möglicher Ausweg: Mantel eines Versicherers wählen, der unter schweizerischem oder luxemburgischem Recht steht. Dort echtes Sondervermögen.

Kriterium	ETF-Sparplan	Netto-Fondspolice
Liquidierbarkeit, Flexibilität	Maximale Liquidierbarkeit und Flexibilität, Auflösung börsentäglich mit geringen Kosten möglich	Jederzeitige Liquidierbarkeit gegeben, jedoch ggfs. unnötige Kosten des Versicherungsmantels, wenn steuerliche Mindestvoraussetzungen durch (vorzeitige) Entnahme verletzt werden.
Entnahme in Form von Renten möglich	i. d. R. nein	i. d. R. ja – das ist ein relevanter Vorteil
Inflationsschutz	Bei Auswahl von Aktien oder anderen Sachanlagen unproblematisch gegeben	
Rendite vor Steuern	Sehr dicht an der erzielbaren Marktrendite (unter Berücksichtigung der Risikoklasse)	Anlagerendite übertrifft die des ETF-Sparplans i. d. R. sogar, da der institutionelle ETF etwas besser zusammengesetzt ist. Vor-Steuer-Rendite wird jedoch durch die Kosten des Versicherungsmantels reduziert.
Steuervorteil in der Sparphase	Nein	Ja
Steuervorteil in der Entnahmephase	Nein	Ja
Steuervorteil im Erbfall	Nein	Ja, bei kluger Vorgehensweise möglich
Rendite nach Steuern insgesamt	Nachsteuerrendite beider Produkte ist im Vergleich zu vielen anderen Alternativen gut bis sehr gut	
Rendite nach Steuern im Detail	Vorzugswürdig bei kurzen und mittleren Laufzeiten sowie schlechter Planbarkeit des Sparprozesses	Vorzugswürdig bei langen Laufzeiten sowie hoher Verlässlichkeit des Sparprozesses (also geringer Gefahr, den Vertrag nicht durchzuhalten)

Verdichtet man die obigen Ergebnisse zu dem einfach genialen Siebeneck, so ergibt sich das nachfolgende Bild:

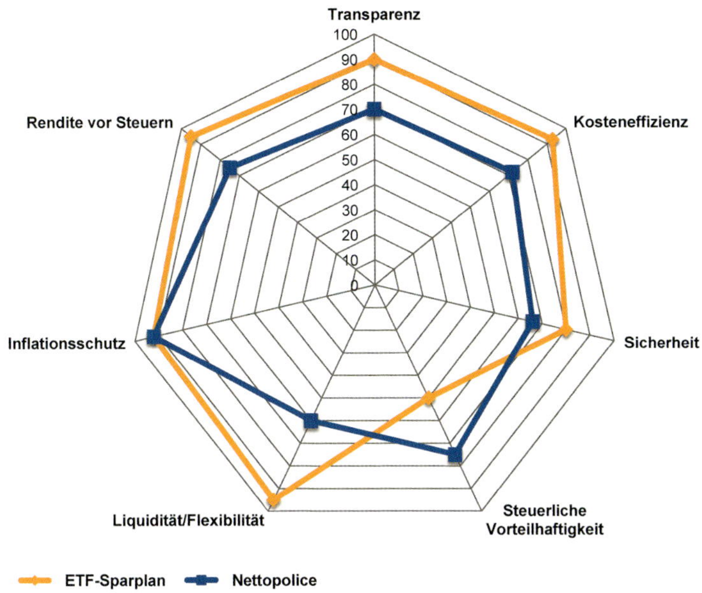

Abb.: ETF-Sparplan versus ETF-Netto-Police in der Siebeneck-Prüfung

Abschließende Interpretation

Sowohl der einfache Sparplan in ETFs bzw. institutionellen Anlageklassen-Fonds als auch seine Ummantelung durch eine Netto-Police sind – korrekt ausgewählt und angewendet – hervorragende Problemlösungen. Die Entscheidung hängt lediglich von der Gewichtung der Kriterien und den Zielen des Anlegers ab. Und auch davon, wie stabil die Lebensplanung des Anlegers ist, d. h., wie verlässlich er seine Sparleistung unangetastet ruhen lassen kann.

Gilt es, in einem **dauerhaften und langfristig planbaren Ansparprozess** z. B. eine Versorgungslücke für das Alter zu schließen, so ist rein von der Nachsteuer-Rendite her die **Ummantelungslösung überlegen**. Dies dann, sobald der zweifache Steuervorteil durch das Versicherungsprivileg die zusätzlichen Kosten für den Versicherungsmantel übersteigt. Das ist jedoch nach der Reform der Investmentbesteuerung zum Jahr 2018 bei zwölfjährigen Verträgen i. d. R. nicht mehr der Fall. Erst bei längeren durchgehaltenen Laufzeiten – ziemlich sicher ab 20 Jahren – kommt durch den Mantel so richtig Renditefreude auf. Besonders vorteilhaft ist die **Ummantelungslösung**, wenn nach Abschluss der Ansparphase nicht eine einmalige Kapitalentnahme, sondern eine **Verrentung** gewünscht wird, da der steuerliche Vorteil sich auch hierauf erstreckt.

Strebt der Anleger jedoch ein **kurzfristigeres Sparziel** an oder kann er seine **Sparfähigkeit nicht verlässlich planen,** so wird ein **Verzicht auf den Versicherungsmantel** vorzugswürdig sein. Bei Sparvorgängen unter zwölf Jahren und/oder geplanter Auflösung vor dem Alter von 62 Jahren greift das Steuerprivileg sowieso nicht, sodass die Kosten für den Versicherungsmantel ohnehin verloren wären. Gleiches gilt für die Fälle, in denen es zu einer ungeplanten vorzeitigen (Teil-)Auflösung des Vertrages kommt. Der **Kostenvorteil und die höhere Flexibilität** sprechen also in diesen Fällen für den **Verzicht auf den Versicherungsmantel.**

Zentrale Ergebnisse

- Durch das Einbetten eines langfristigen Sparplans in ETFs bzw. institutionellen Anlageklassen-Fonds in einen Versicherungsmantel lassen sich legale Steuervorteile erzielen.
- Diese entstehen zum einen durch die Besteuerung nur der hälftigen Erträge, zum anderen durch die Verschiebung des Besteuerungszeitpunktes an das Vertragsende.
- Dem Steuervorteil sind die Kosten für den Versicherungsmantel entgegenzustellen, die man je nach Laufzeit und Gegebenheiten mit 0,5–0,8 % p. a. veranschlagen sollte.
- Eine kritische Einzelanalyse ist immer empfehlenswert – eigentlich unverzichtbar. Gute Honorarberater führen für überschaubare Gebühren transparente Vergleichsrechnungen durch. An deren rechnerischer Richtigkeit gibt es wohl kaum Zweifel, jedoch sind die getroffenen Annahmen (Steuersätze, Häufigkeit der Umschichtungen etc.) sorgfältig zu hinterfragen
- Zusätzlich vorteilhaft ist der Versicherungsmantel in den Fällen, in denen nicht eine einmalige Ablaufleistung, sondern die Auszahlung in Rentenform gewünscht wird, da der Steuervorteil auch in der Rentenphase genutzt werden kann.

Konkrete Handlungsempfehlungen

- Gewinnen Sie im ersten Schritt Zielklarheit: Möchten bzw. müssen Sie flexibel bleiben oder können Sie verlässlich und mit hoher Planungssicherheit langfristig ansparen?
- Bedenken Sie, dass Sie Ihre Sparleistung auch spalten können: Der sichere Grundsparbeitrag geht in eine Netto-Police, zusätzliche Sparraten gehen in ETFs bzw. institutionelle Anlageklassen-Fonds.
- Recherchieren Sie Möglichkeiten zum Erhalt einer Netto-Police ggfs. unter Einschaltung eines seriösen Honorarberaters.
- Sprechen Sie das Insolvenzrisiko des Versicherers an. Verbleiben Ihnen Zweifel oder ein schlechtes Gefühl, so fragen Sie nach einem Versicherungsmantel Schweizer oder Luxemburger Rechts. Diese Lösungen gibt es und sie müssen keineswegs teurer sein als deutsche Netto-Policen.
- Lassen Sie sich bei der Netto-Police die auftretenden laufenden Kosten detailliert zeigen und ihre Wirkung in einer Simulationsrechnung darstellen.
- Stellen Sie die in einer Netto-Police zusätzlich auftretenden Kosten der zu erwartenden Steuerersparnis gegenüber. Niemals einseitig auf den Steuerersparniseffekt fokussieren – deswegen gibt es ja das Siebeneck.
- Eine Netto-Police muss alle Kosten transparent ausweisen. Falls dies nicht der Fall ist, handelt es sich um eine Mogelpackung („Wolf im Schafspelz"), sodass auch hier Vorsicht angebracht ist.

Quellennachweis und weiterführende Literatur

- **Beenken, M./Wende, S.**: Nettotarifangebot deutscher Versicherungsunternehmen, Mitteilung 1/2016 des Institut für Versicherungswissenschaft an der Universität zu Köln
- **Icha, A.:** Die Nettopolice. Chancen und Herausforderungen für Versicherungsunternehmen, Versicherungsvermittler und Versicherungsnehmer, Karlsruhe 2014
- **Martens, A.:** Turnier der Fondssparvarianten, in: Fondsprofessionell, Heft 04/2015, S. 300–302
- **Pohl, D.:** Der schwere Weg zu Nettotarifen, in: portfolio international, 20.06.2016
- **Teicher, R.:** Honorarberatung aus Sicht von Kunden, Beratern und Produktgebern, Karlsruhe 2017

9 Mehr als eine verrücke Spielerei?

Digitale Währungen – das „andere" Geld

Was Sie in diesem Kapitel erfahren:

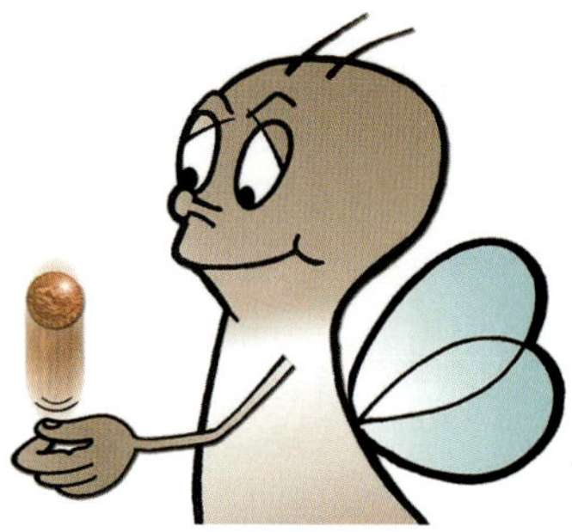

- Was „Kryptowährungen" sind: Abgrenzung zu elektronischen Währungen oder sonstigem digitalen Geld.
- Welche Erscheinungsformen von Kryptowährungen es gibt.
- Warum Kryptowährungen nicht per se unseriös sind.
- Wie stark die Parallelen zwischen dem historischen Goldrausch einerseits und der Euphorie um Kryptowährungen andererseits sind – und wie nützlich es ist, die Muster (wieder-)zuerkennen.
- Warum der *Bitcoin* nicht als Währung, sondern eher als „exotische Anlageklasse" betrachtet werden sollte.
- Worin die hoch (notenbank-)politische Dimension von Kryptowährungen besteht und weshalb die Notenbanken an der Herausgabe staatlicher Kryptowährungen arbeiten.
- Weshalb Kryptowährungen für einen Spekulanten ein legitimes Tummelfeld darstellen, jedoch weder für den ängstlichen Sparer noch für den langfristig denkenden Investor empfehlenswert sind.

Seit einigen Jahren existieren **Kryptowährungen** – auch unter dem Namen **„digitale Währungen"** oder **„Cyberwährungen"** bekannt. Und seither tauchen fast täglich neue Kryptowährungen auf. Das Wichtigste vorab: Hierbei handelt es sich trotz dieser Bezeichnungen meist **nicht** um offizielle Währungen oder Geld im herkömmlichen Sinne.

Bitcoins sind nur ein Beispiel von Kryptowährungen und dazu noch ein recht untypisches.

Viele mit den Details nicht so Vertraute denken bei digitalen Währungen sofort und ausschließlich an ***Bitcoin***. Diese sind Stand 2018 die mit Abstand bekannteste Erscheinungsform, und auch jene mit dem größten Marktwert. Das belegt einmal mehr, dass ein früher Außenauftritt, öffentlichkeitswirksame „Events" und Herdenverhalten kurzfristig erheblich wichtiger sind als die Qualität, Robustheit oder Transaktionskosten der Kryptowährung selbst.

Jedoch gibt es eine bunte Vielfalt verschiedenster Kryptowährungen mit sehr unterschiedlichen Ausgestaltungen.
Gemeinsam ist ihnen bisher lediglich die dahinterstehende Technologie, das sogenannte **Blockchain-System**.

Abb.: Bitcoin ist nur ein Beispiel für digitale Währungen

Blockchain, Distributed Ledger, Wallet & Mining

Blockchain kann – stark vereinfacht – ganz wie ein Grundbuchauszug als eine Art Dokumentation aller asymmetrisch verschlüsselten Transaktionen zwischen den Computern der Beteiligten verstanden werden. Sie erfasst jegliche Veränderung bzw. Neutransaktion exakt und unumkehrbar (fälschungssicher) und speichert diese dezentral auf einer Vielzahl angeschlossener Nutzungsrechner. Somit ist die Dokumentation verifiziert und nach menschlichem Ermessen nicht mehr manipulierbar. Das System Blockchain ist dabei ebenso unter dem Namen **Distributed Ledger Technologie**, **kurz DLT**, bekannt.

Bitcoin-Informationen über die Website bitcoin.org – gesponsert von der Bitcoin Foundation
Weblink: https://bitcoin.org/de/faq

Der Transfer und die Prüfung von Blockchains funktioniert mittels einer vom Gründer der jeweiligen Kryptowährung bereitgestellten Software auf den dezentralen Rechnern der Nutzer. Und zwar ohne eine „klassische Zentrale" oder „übergeordnete Instanz". Die für Bezahlvorgänge erforderlichen Daten werden dabei in einem offenen Netzwerk von Computer zu Computer transferiert. Der Anwender benötigt eine **digitale Geldbörse** (= **digital wallet**, das ist eine Softwareanwendung, App), in welche er sein Guthaben einbringt.

Zwar erfolgen die Transaktionen **anonymisiert**, d. h., es ist nicht zurückzuverfolgen, wer welche digitale Münze wofür verwendet hat. Andererseits ist jede anonyme Transaktion für sich im Internet nachvollziehbar und damit die **Echtheit** der digitalen Münze für jeden Nutzer der bereitgestellten Software nachprüfbar. Alle Beteiligten sollen Zugriff auf die gesamte Blockchain haben, in der alle Transaktionen gespeichert sind.

Abb.: Digitaler Goldrausch

In den Besitz der Krypowährung kann man auf unterschiedliche Art gelangen: Erstens durch sogenanntes **Mining**, d. h. durch Lösen von Aufgaben im Internet. Hier hat man sich die Cyberwährung quasi erarbeitet – ein komplizierter und rechenintensiver Prozess, auf den hier nicht näher eingegangen werden soll. Der zweite – für den Normalverbraucher leichter gangbare – Weg besteht darin, traditionelle Währungen in die digitale Währung seiner Wahl, z. B. *Bitcoins,* zu **tauschen**, also sich z. B. den Gegenwert in traditioneller Währung von seiner Kreditkarte oder über ein anderes Bezahlsystem abbuchen zu lassen. Drittens erhalten bei den meisten Kryptowährungen diejenigen Netzpartner, die beim Verifizieren von Zahlungstransaktionen mitwirken, hierfür eine **Belohnung/Entschädigung** in Form von (minimalen) Anteilen neuer, digitaler Währungseinheiten. Viertens kann man durch erhaltene **Bezahlungen** für irgendwelche Dienste oder Leistungen in Kryptowährung zum Besitzer werden. Das gilt natürlich nur für Marktteilnehmer, die diese Kryptowährung vorab als Zahlungs- bzw. Tauschmittel bei potenziellen Kunden zugelassen haben. Denn Kryptowährungen sind ja trotz des irritierenden Namens eben **kein gesetzliches Zahlungsmittel**. Mit anderen Worten: Sie könnten auch auf Ihre Internetseite schreiben, dass Ihre Kunden Ihre Leistungen mit Selbstgedrehten oder Kräuterlikör bezahlen können (was jedoch von den Transaktionskosten und Nebenwirkungen her deutliche Nachteile hätte).

Hart, aber wahr

In jüngerer Vergangenheit wurde eine unüberschaubare Vielzahl von Publikationen zu Kryptowährungen veröffentlicht. Der hohen Quantität entspricht jedoch keine hohe Qualität. Auch wenn es uncharmant oder sogar arrogant klingt: Der größte Teil von Beiträgen, gerade auch die Vielzahl preiswerter E-Books (Achtung, keine Qualitätskontrolle, keine formale Durchsicht), enthält massive Fehler, Auslassungen und Halbwahrheiten. Viele der Autoren scheinen nur zu schreiben, aber selbst nicht zu lesen. Denn nur so lässt es sich erklären, dass z. B. in einigen E-Books mit Jahrgang 2017 Visionen und Vor-Urteile publiziert worden waren, die bereits zwei bis drei Jahre zuvor in fundierten Quellen klar widerlegt wurden. Auf Basis von falschen Annahmen und Fehlinterpretationen kommt man dann zu falschen – meist euphorisch verzerrten – Schlussfolgerungen.

Der ein oder andere Sparer überlegt, einen kleinen Teil seines Geldes in einer solchen Kryptowährung **anzulegen** – gerade bei den Jüngeren haben schon etliche persönliche Erfahrungen gesammelt. Der typische Nutzer von *Bitcoin* ist technikaffin, jung, männlich, überdurchschnittlich gebildet und sehr selbstbewusst, was grundsätzlich auch die Gefahr der Selbstüberschätzung mit sich bringt.

Bevor die Euphorie an dieser Stelle zu groß wird, sollten Krypto-Fans zur Kenntnis nehmen, dass über die Hälfte aller bislang emittierten Kryptowährungen bis Anfang 2018 bereits wieder ihr Leben ausgehaucht haben – die **„Säuglingssterblichkeit"** ist also enorm hoch, was bei realistischer Betrachtungsweise auch keineswegs überrascht.

Digitaler Goldrausch

Clevere Mitmenschen haben ein Geschäftsmodell darin erkannt, **Kryptowährungen zu vermitteln**, selbst wenn sie von deren Scheitern überzeugt sind. Die **Parallelen zum Goldrausch** sind unverkennbar: Die Verkäufer von Schaufeln, Gummischuhen und Förderbändern sind auf alle Fälle reich geworden. Man kann diese Ausrüstungsgegenstände aber nur verkaufen, wenn Dritte euphorischer Stimmung sind und aufgrund irrationalen Überschwangs hochmotiviert nach Gold graben. Ob dies letztlich erfolgreich sein wird, ist für den Schippenverkäufer zunächst einmal egal. Bemerkenswerte Parallele: Die Zeiten ändern sich, die Muster bleiben. Was beim Goldrausch die Schippenverkäufer waren, sind heute z. B. Grafikkartenhersteller oder Betreiber von Handelsplattformen für Kryptowährungen …

Blockchain statt Banken?

Der staatlichen Obrigkeit und dem Währungsmonopol der Zentralbanken stehen viele Anhänger von digitalen Währungen eher kritisch-distanziert – manchmal geradezu feindselig – gegenüber. Sie sehen Kryptowährungen als eine informelle, **private**, **dezentrale** und ein wenig **„anarchische"** Alternative zum **Währungsmonopol des Staates**.

Zudem kommen verschiedene Fragen auf: Ob Anwendungen rund um die Blockchain-Technologie irgendwann die Banken überflüssig machen? Ob sie schneller, sicherer und preiswerter als klassische Banken-IT-Systeme funktionieren können? Oder ob es bald gar Kryptogeld von Zentralbanken als elektronische Form von Zentralbankgeld geben wird?

In diesem Zusammenhang gibt es Visionen von der Ablösung des klassischen Bankensystems bis hin zum Ende des staatlichen Geldes. Selbst seriöse Ökonomen und Vordenker bezeichnen die Erfindung des Blockchain- bzw. Distributed-Ledger-Konzeptes als den **disruptivsten Game-Changer** unserer Zeit – also eine Innovation, die sehr viele bestehende Geschäftsmodelle infrage stellen und Wirtschaftsabläufe und Machtverhältnisse ändern kann.

Wenn die Blockchain- bzw. Distributed-Ledger-Technologie wirklich technisch stabil funktioniert, könnte sie den bei vielen Geschäften noch zwischengeschalteten Mittler (Bank, Zahlungsplattform ...) überflüssig machen. Sie dokumentiert die Wert- oder Vermögensübertragung auch von physischen Gegenständen, Zertifizierung- und Verifizierungsdienstleistungen, wie die Absicherung von Urheberrechten, Verträgen, Treuhänderfunktionen und vieles mehr.

Daher verwundert es nicht, dass sowohl die Finanzbranche als auch die Staaten und Zentralbanken in den letzten Jahren sehr rührig geworden sind, um hier nicht den Anschluss zu verpassen.

Kryptowährungen von Zentralbanken

Deshalb ist es sehr wahrscheinlich, dass in absehbarer Zukunft Kryptowährungen von Zentralbanken begründet werden. Wie passt dies jedoch mit dem traditionellen Verständnis von Kryptowährungen zusammen?

Eine Kryptowährung bzw. Kryptogeld **nach traditionellem Verständnis** (das letztlich auf eine Veröffentlichung der Bank für Internationalen Zahlungsausgleich [BIZ] vom November 2015 zurückgeht) liegt vor, wenn folgende drei Merkmale **gleichzeitig** erfüllt sind:

- Die Währung ist mit **keiner Verbindlichkeit einer Institution** (z. B. Zentralbank) oder Privatperson verknüpft.
- Der Austausch der Währung **erfolgt direkt unter den Beteiligten** (ohne Zwischenschaltung einer zentralen Instanz, wie etwa einer Bank, Peer-to-Peer).
- Die Abwicklung der Übertragung von Währungseinheiten erfolgt **rein elektronisch**.

Bildlich lässt sich das dann wie folgt darstellen und durch Abgrenzungen verdeutlichen[85]:

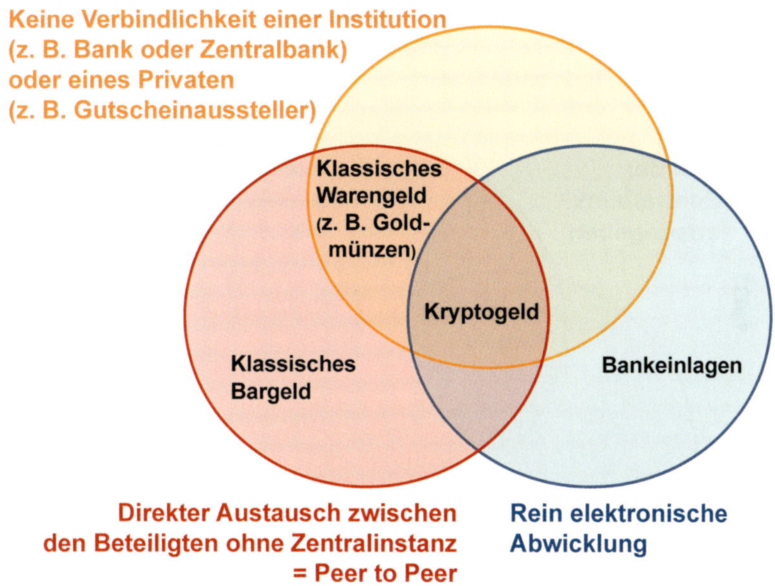

Abb.: Definition „Kryptogeld" nach traditionellem Verständnis, eigene Darstellung nach CPMI (November 2015)

Diese Definition kann jedoch **mittlerweile** als **überholt** angesehen werden.

[85] Die bildhafte Darstellung der Kryptogelddefinition ist angelehnt an den Bericht des Ausschusses für Zahlungsverkehr und Marktinfrastrukturen *(Committee on Payments and Market Infrastructures = CPMI)* zum Thema Kryptowährungen (*Digital Currencies*) von November 2015. Das CPMI ist ein Ausschuss innerhalb der Bank für Internationalen Zahlungsausgleich, BIZ (*Bank for International Settlements, BIS*). Quelle: Committee on Payments and Market Infrastructures: Digital currencies. CPMI report, BIS Bank for International Settlements, November 2015. https://www.bis.org/cpmi/publ/d137.htm

Bereits im Juni 2017 veröffentlichte ***Ole Bjerg*** eine **hierzu rivalisierende Definition „Digitalwährung einer Zentralbank"**. Sie behält lediglich das in blau gekennzeichnete Kriterium „rein elektronische Abwicklung" bei, ersetzt jedoch die anderen beiden Kriterien durch zwei neue, nämlich „generelle Verfügbarkeit" und „Ausgabe durch Zentralbank". Sind alle drei Kriterien erfüllt, so liegt nach seinem Verständnis eine Digitalwährung einer Zentralbank vor[86].

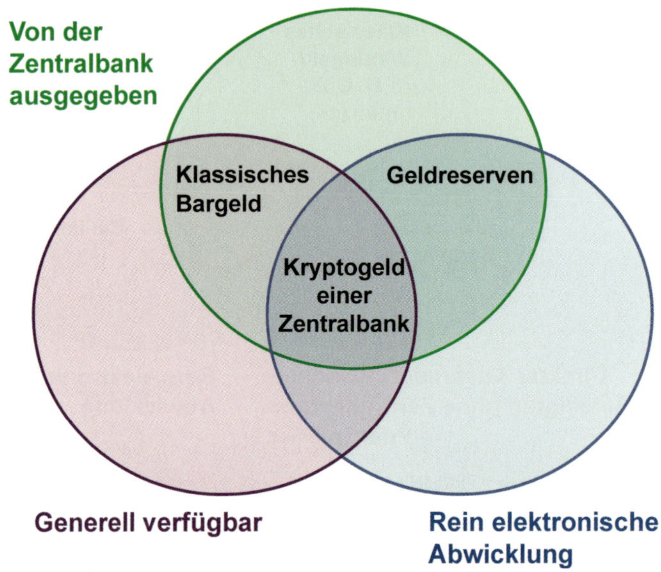

Abb.: Definition „Digitalwährung einer Zentralbank", eigene Darstellung nach Bjerd (Juni 2017)

Morten Bech **und** ***Rodney Garratt*** haben diese Überlegungen wiederum in ihrem BIZ-Quartalsbericht „Kryptowährungen von Zentralbanken" im September 2017 aufgenommen und erweitert. Sie haben die Merkmale des CPMI und von Bjerg kombiniert und eine neue Klassifizierung von Geld anhand einer sog. **Geldblüte (money flower)** vorgestellt[87].

---

86 *Bjerg, O.*: Designing New Money – The Policy Trilemma of Central Bank Digital Currency, in: Copenhagen Business School CBS Working Paper, Juni 2017.

87 Bech, M./Garratt, R.: Kryptowährungen von Zentralbanken, in: BIZ-Quartalsbericht, September 2017.

Als Weiterentwicklung dieser Geldblüte hat das **CPMI im März 2018** in seinem Report „Central Bank Digital Currencies“ (CBDC) eine **eigene Klassifizierung** vorgestellt[88].

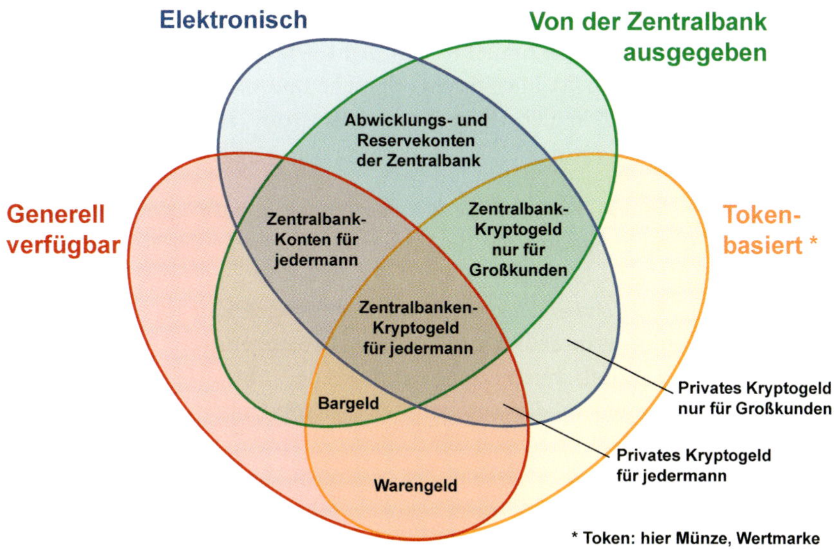

Abb.: Definition „Kryptogeld von Zentralbanken“, eigene Darstellung in Anlehnung an CPMI (März 2018)

Gemäß aktuellem Stand der Diskussion wird eine Differenzierung von Kryptowährungen für jedermann einerseits und solchen für Großkunden/Geschäftsbanken andererseits erwartet. ***Dass es*** zu Kryptogeld von Zentralbanken kommen wird, scheint kein Diskussionspunkt mehr zu sein.

Krypto entschlüsseln

In acht übersichtlichen Thesen erhalten Sie nachstehend Orientierung zum Thema Kryptowährungen/digitale Währungen im Allgemeinen und dem *Bitcoin* als bekannteste Erscheinungsform im Besonderen.

These 1: Die Gleichsetzung von Kryptowährungen mit „privaten, nicht staatlich regulierten“ Währungen ist eine unzulässige Verkürzung der Möglichkeiten.
Begründung: Mit hoher Wahrscheinlichkeit werden unter den wenigen „Überlebenden“ und Siegern im Wettbewerb der Kryptowährungen solche sein, die von **hoch-**

[88] Committee on Payments and Market Infrastructures: Central bank digital currencies. CPMI report, BIS Bank for International Settlements, März 2018. https://www.bis.org/cpmi/publ/d174.htm

offiziellen Zentralbanken herausgegeben werden. Diese Überlegung wird von Makroökonomen weitgehend geteilt – jedoch von „Schippenverkäufern" und Spekulanten einfach ignoriert. Wer sorgfältig recherchiert, kann sehr fundierte Analysen und Projektionen unterschiedlicher Zentralbanken zum Thema „E-Money" bzw. Krypto-Zentralbankgeld finden. Diese finden jedoch nicht den Weg bis zum Mann auf der Straße. Erstens, weil sie meist in englischer Sprache und recht komplex geschrieben sind und zweitens, weil in der Überschrift nichts von „10.000 % Rendite" oder „Reich in drei Monaten" steht.

These 2: Die Blockchain-Technologie hat das Potenzial zum „Next big Thing" – jedoch vielleicht nicht gerade für die Anwendung von Massenzahlungen bzw. Kleinzahlungen.
Begründung: Es ist durchaus denkbar, dass zukünftig viele **„smart contracts"** (beispielsweise Immobilientransaktionen) mit dieser Vorgehensweise fälschungs- und rechtssicher dokumentiert werden. Zum Zwecke der Abwicklung von Zahlungstransaktionen, insbesondere der sogenannten **Micropayments**, taugen die heute bekannten Erscheinungsformen von Blockchains (insbesondere *Bitcoin*) aber eher noch nicht. Ein Grundstück erwerben oder verkaufen Sie im Leben vielleicht zwei- oder dreimal, o. k. Die tägliche Trinkschokolade oder das Erholungsbier nach dem harten Arbeitstag mit einer durch jede Transaktion länger werdenden Blockchain zu verifizieren, macht jedoch kaum Sinn. Und die Blockchain wird mit der Zeit länger und länger und kann – nach heutigem Stand – niemals abgeschnitten werden, wenn die Sicherheit gewahrt werden soll. Daher sind die attraktiven Potentiale der bis heute bekannten Blockchain-Technologie ganz überwiegend **außerhalb von digitalen Währungen** zu erwarten.

These 3: Die Kosten von Transaktionen bei Kryptowährungen sind keineswegs niedrig und die benötigten Transaktionszeiten ebenso wenig kurz.
Begründung: Die angeblich minimalen Transaktionskosten und hohen Transaktionsgeschwindigkeiten blockchainbasierter Transaktionssysteme waren zwei Argumente, mit denen für die Attraktivität des *Bitcoins* geworben wurde. Dies ist jedoch einfach zu kurz gedacht. Die Rechnerleistung der beteiligten (dezentralen) Partner, die die Echtheit der Blockchain prüfen und bestätigen, wird nicht vom *Bitcoin*-User bezahlt, der gerade in einer Berliner Szenekneipe seine neue Bekanntschaft zu einem Cocktail einlädt. Sondern dadurch, dass die Partner mit Anteilen neuer *Bitcoins* für die Verifikation vergütet werden. Diese Vorgehensweise – auch Block-Reward genannt – verschleiert die wahren Kosten. Und sie wird zwangsläufig enden, wenn keine zusätzlichen *Bitcoins* mehr geschürft werden[89]. Dann werden sich die tatsächlichen Gesamtkosten des aufwendigen Blockchain-Verifizierens nicht mehr verschlei-

[89] *Sixt, E.*: Bitcoins und andere dezentrale Transaktionssysteme, Blockchains als Basis einer Kryptoökonomie, Wiesbaden 2017, S. 101.

ern lassen. Wie gesagt, kein Problem für Grundbuchumschreibungen. Aber für das abendliche Erholungsbier ist es eben nichts.

Über der gesamten Thematik liegt stets ein wenig Nebel. Und so gibt es eine erhebliche Streubreite, auch bei dem Versuch einer Plausibilisierung der „echten" Transaktionskosten. Aus der Vielfalt solcher Schätzrechnungen möchte ich lediglich eine wiedergeben, die die wichtigste Kostenart – nämlich Energiekosten – fokussiert. (Andere Kostenarten wie Abschreibungen auf die Rechner sind vergleichsweise gering, die Personalkosten faktisch bei Null). Legt man (Stand 2016) den näherungsweise ermittelten Gesamtenergieverbrauch auf die Anzahl der Transaktionen um, so erhält man reine Energiekosten von 5,24 US-$ pro *Bitcoin*-Transaktion. Die Gegenüberstellung zu den Energiekosten einer Visa-Zahlungstransaktion kommt zum Ergebnis eines Verhältnisses von über 5.000 zu 1[90]. Das heißt, die reinen Energiekosten sind bei Visa um diesen Faktor geringer! Oder mit anderen Worten: Lediglich zwei *Bitcoin*-Transaktionen verbrauchen genauso viel Energie wie drei amerikanische Haushalte an einem Tag.

These 4: Der erhebliche und steigende Energieverbrauch von Kryptowährungen der ersten Generation passt nicht zu Klimazielen und Nachhaltigkeit.
Begründung: Die dezentrale Bestätigung von mit jeder Transaktion immer länger werdenden Datenketten (= Blockchains) verbraucht wie in These 3 beschrieben eine Menge Strom. Ob das dem sympathischen Typ klar ist, der in der Berliner Szenekneipe seiner Neuentdeckung einen Cocktail mit *Bitcoins* bezahlt? Es ist ein wenig so, als wenn ein radikaler Öko für einen einwöchigen Selbstfindungsurlaub per Jet nach Neuseeland fliegt. Auch wenn er sich dort nur vegan ernährt und sein Handy per Solarzelle auflädt – Nachhaltigkeit geht anders. Sollte sich die These bewahrheiten, dass sich der faire Wert des *Bitcoins* langfristig auf Null oder dicht darüber einpendeln wird, dann muss man einfach konstatieren: Schade um die ganze Energie – den ganzen Strom und die Millionen Tonnen von Kohle, die überwiegend in China CO_2-wirksam „verheizt" wurden, nur um neue *Bitcoins* zu schürfen oder Transaktionen zu bestätigen.

These 5: Viele der bis heute als „Kryptowährung" firmierenden Kunstgebilde erfüllen nicht die drei zentralen Geldfunktionen – also sind sie keine Währungen. Dies gilt auch für den *Bitcoin*.
Begründung: Um als Währung zu gelten, muss ein Medium – da sind sich die Makroökonomen seit vielen Jahrzehnten einig – drei Funktionen erfüllen:
(1) Recheneinheit, (2) Zahlungsmittel und (3) Wertaufbewahrung.

---

[90] https://motherboard.vice.com/en_us/article/ae3p7e/bitcoin-is-unsustainable Oder (auch wenn die Qualität der Berichte nicht in jedem Fall überprüfbar ist): Es erscheint als abgesichert, dass allein Bitcoin-Transaktionen täglich mehr elektrische Energie benötigen als das gesamte Land Dänemark.

Sowohl beim *Bitcoin* als auch bei vielen sonstigen Kryptowährungen ist die konsequente Verwendung als allgemein anerkanntes Tauschmittel sowie auch eine Wertstabilität **nicht gegeben**. Auch wenn der „Mann auf der Straße“ *Bitcoin* & Co. als Kryptowährung interpretiert, definieren die Zentralbanker und Finanzexperten diese eher als eine Art „virtuellen Rohstoff“ – also wie virtuell geschaffenes „Gold“. Und nicht etwa als Geld.
Gerade beim *Bitcoin* lässt sich dies in 2017 sehr gut nachvollziehen. Neben Bezahl- und Spendenmöglichkeiten im Internet passen die Akzeptanzstellen deutschlandweit in überschaubare Listen. Grob die Hälfte dieser Akzeptanzstellen sind in der Stadt Berlin, und hiervon wiederum sind die meisten Cafés, Bars und Szenekneipen.

Kein gutes Zeichen, wenn man eine Währung sein will. Der Rückzug großer Online-Händler, die keine Bezahlung mit *Bitcoins* mehr akzeptieren, spricht die gleiche Sprache.

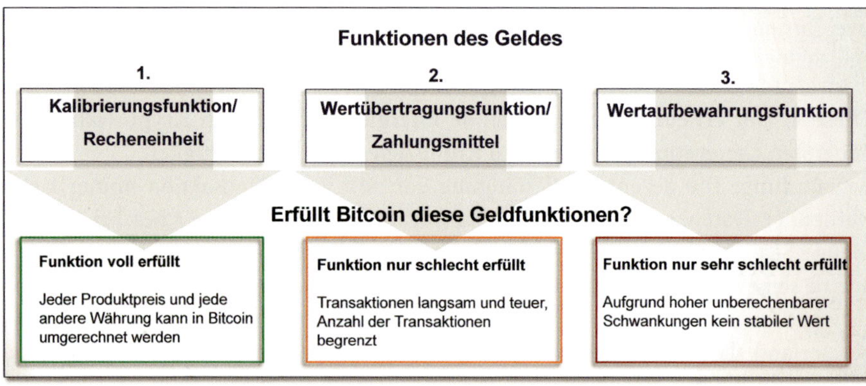

Abb.: Erfüllt *Bitcoin* die Funktionen des Geldes?

These 6: Das Know-Your-Customer (KYC)-Prinzip kann nicht auf Dauer verletzt werden.
Begründung: Jenseits der unangenehmen Enthüllungen von Panama- und Paradise-Papers, die zweifellos üble Schlupflöcher und Machenschaften aufdeckten, ist jedoch festzustellen, dass die internationale Staatengemeinschaft in Hinblick auf Transparenz und Durchsetzung vollständiger Besteuerung in den letzten Jahren erhebliche Erfolge erzielt hat. Ein ganz zentraler Garant hierfür ist das KYC-Prinzip.

Alle die Anonymität garantierenden Kryptowährungen verletzen dieses Prinzip und werden für Regierungen daher langfristig nicht zu akzeptieren sein. Dabei geht es weniger um so schlimme Machenschaften wie Kinderpornographie, Drogen- und Waffenhandel. Von größerer **staatlicher Systemrelevanz** ist, dass eine Ertrags- oder Umsatzbesteuerung ggfs. unterlaufen werden kann, sobald die Handelnden von traditionellen Währungen auf Kryptowährungen ausweichen. Solange die Volumina hinterzogener Steuern den Verwaltungsaufwand nicht lohnen, wird der Staat ggf.

nicht aktiv. Aber die jüngere Vergangenheit zeigt, dass auch *Google*, *Amazon* und *Apple* so allmählich zur Steuerkasse gebeten werden. Auch wenn die Mühlen langsam mahlen, sie mahlen ...

Die Informationslage zu diesem Punkt ist jedoch widersprüchlich. Es gibt auch seriöse Quellen, die zu dem Ergebnis kommen, dass beim *Bitcoin* zumindest bei den größeren Transaktionsvolumina meist das KYC-Prinzip eingehalten werde.

Denkt man diese Logik zu Ende, dann kann eine Kryptowährung der Zukunft entweder nur eine staatliche Kryptowährung sein (begrenzte Anonymität – „Schlüsselloch" für den Staat) oder es muss eine neue Generation von Kryptowährungen (Kryptowährung 2.0) entwickelt werden, die eine Einhaltung des KYC-Grundsatzes garantiert. Ebenso sind softwarebezogene Veränderungen im Sinne von „Aufrüstungen" bestehender Kryptowährungen grundsätzlich denkbar, jedoch aufgrund der basisdemokratischen Strukturen innerhalb der Community schwer umzusetzen, wie nicht zuletzt das Beispiel der Abspaltung (fork) zwischen *BitcoinCash* und *Bitcoin* zeigt. Auf alle Fälle wäre es naiv anzunehmen, dass Staaten einerseits die Schattenwirtschaft und Steuerhinterziehung bekämpfen, die Bargeldgrenzen senken und z. T. das Bargeld am liebsten abschaffen würden. Aber andererseits tatenlos zusehen, wie sich parallele Digitalwährungen etablieren, bei denen das KYC-Prinzip nicht eingehalten wird.

These 7: Der Erfolg einer Kryptowährung schadet ihr (vielleicht) langfristig am meisten.

Begründung: Eine nicht erfolgreiche Währung, die ein mickriges Nischendasein fristet, wird auf Dauer nicht überleben, sondern von anderen, erfolgreicheren Währungen verdrängt werden. Dies erscheint offensichtlich und gilt wohl auch für Kryptowährungen, wie die extrem hohe Sterblichkeitsquote bis 2018 bereits beweist. Paradoxerweise könnte jedoch bei den Kryptowährungen – Paradebeispiel wieder der *Bitcoin* – auch gerade der Erfolg als Totengräber wirken.

Solange nur ein paar Technikfreaks mit Kryptowährung bezahlen, und damit die traditionellen Währungen nicht in Frage stellen, sehen Zentralbanken und Regierungen sich nicht herausgefordert und spüren keinen großen Handlungs- bzw. Regulierungsdruck. Und exakt so ist es Stand 2018. Die ganzen Krypto-Geschichten füllen zwar täglich die Gazetten und Internetportale. Ihre relative Bedeutung im Vergleich zu etablierten Währungen ist jedoch vernachlässigbar. Es ist wie mit den Spatzen, welche die vespernde Wandergruppe nicht stören, solange sie nur die paar Brotkrumen aufpicken, die vom Tisch herunterfallen. Sobald die Spatzen jedoch auf den Tisch fliegen oder den Wanderern den Käse vom Brot picken, hört der Spaß auf. In dieser Phase wird sofort der Ruf nach strikter Regulierung – oder besser dem Verbot einer „anarchischen Kryptowährung" laut.

These 8: Gerade die Parallele mancher Kryptowährungen zu Gold ist ein Misserfolgsfaktor.

Begründung: Eine häufig verwendete Argumentation *für* **Kryptowährungen mit „eingebauter" Höchstgrenze** ist eine systembedingte, meist durch einen Algorithmus garantierte Obergrenze der Anzahl von Währungseinheiten. Auch hier kann der *Bitcoin* wieder als Beispiel dienen. Die Anzahl der *Bitcoins* ist durch einen Rechenalgorithmus auf 21 Millionen begrenzt. Das klingt zunächst einmal sehr plausibel und auch sympathisch. Denn wir alle erstarrten ja in ungläubigem Staunen darüber, wie die wichtigen Zentralbanken der Welt aus dem Nichts heraus neues Zentralbankgeld schafften (Fiat-Geld, vgl. Glossar). In der Tat sind frei manipulierbare Währungen ohne Sachwertbindung (= Fiat-Geld) gefährlich, zumindest dann, wenn die Handelnden damit nicht extrem verantwortungsvoll umgehen.

Dagegen verhalten sich Kryptowährungen mit definierter Obergrenze – ganz wie eine auf Gold basierende Währung – scheinbar vertrauenswürdiger. Es ist ausgeschlossen, dass weitere Einheiten/Coins/Token geschaffen werden, sobald die Obergrenze erreicht wird. Und da mit der Annäherung an die Obergrenze das Schürfen neuer Coins immer aufwendiger wird, führt dies zu einer preisberuhigenden Wirkung. Eine durch überbordende Geldmenge verursachte Inflation erscheint damit als ausgeschlossen.

Jedoch hat die Sache einen großen Haken. Denn in der Vergangenheit sind alle, wirklich alle Versuche, eine Währung an einen realen Wert (z. B. Gold) zu binden, gescheitert und wurden aufgegeben. Und zwar ganz einfach deshalb, weil die Förderung von Gold (also die verfügbare Goldmenge) nicht mit dem Wachstum der Wirtschaftsleistung mithalten konnte. Wenn also die Wirtschaftsleistung steigt, jedoch die Geldmenge nicht mehr mithalten kann, wird das Geld immer teurer. Die Preise fallen, verfallen, es kommt zwangsläufig zu Deflation. Und exakt das ist beim *Bitcoin* systemimmanent „eingebaut". Allein dieses Argument stützt die These, dass der *Bitcoin* sowie andere Kryptowährungen mit definierter Obergrenze scheitern müssen.

Hart, aber wahr

Ein paar Stimmen zu Kryptowährungen:

„Kann da jeder seine eigene Kryptowährung gründen und dann Milliardär werden? Und wird irgendwann der Strombedarf der Welt zum großen Teil nur noch dafür verwendet, tausende von Kryptowährungen am Laufen zu halten?"

„Kryptowährungen sind das überzeugendste Beispiel für die falsche Orientierung an den Siegern. Während Stand 2017 über die Hälfte der bisher geschaffenen Kryptowährungen – von der Öffentlichkeit völlig unbemerkt – wieder aufgegeben wurden, rechnet Dir jeder Teenager höhnisch vor, wie dumm Du sein musst, weil Du nicht mit ein paar Dollar Investment vor zehn Jahren zum Millionär geworden bist."

„Da stehen ja auch Zahlen, um mehrere Millionen Dollar soll es gehen. Aber geht es hier wirklich noch um richtige Werte? Oder geht es hier nur um irgendeinen abstrakten Vorgang, der eigentlich mit der realen Welt nichts mehr zu tun hat?"

Zentrale Ergebnisse

- Die Nutzung (oder gar die Generierung) von Kryptowährungen erfordert ein gewisses Verständnis für Virtualität und Technik und scheint derzeit nur einem sehr geringen Teil der Bevölkerung vorbehalten („Nerds", „Computerfreaks" mit entsprechender Hardware).
- Letztlich ist die Unabhängigkeit des Softwaresystems nicht gesichert, da eine Zusammenballung von Marktmacht, z. B. in Form von Hardware oder Rechenleistung, nicht auszuschließen ist.
- Die Blockchain (Distributed Ledger) als Softwaresystem kann Fehler (bugs), Inkompatibilitäten oder andere Einfallstore besitzen, durch welche sie missbraucht oder gestört werden kann.
- Die Gefahr von Cyberkriminalität besteht.
- Die sichere Verwahrung von „Kryptoguthaben" ist eine große Herausforderung.
- Die Anerkennung von Kryptowährungen als Zahlungsmittel ist in der realen Welt noch sehr beschränkt. Kryptowährungen müssen meist in gängige Währungen „umgetauscht" werden. („Den Gegenwert für Dein Geld bekommst Du erst, wenn Du es ausgibst" – *Thomas Jefferson*)
- Damit hängt der „Kurswert" der Kryptowährungen doch an traditionellen Währungen und ist durch das relativ beschränkte „Handelsvolumen" manipulierbar.
- Aufgrund der neuen Formen, Währungen zu kreieren und zu handeln, besteht noch keinerlei Rechtssicherheit: Was ist legal? Welche Ansprüche gibt es im Zweifel? Überdies ist nicht klar, inwieweit die Staaten dieses „andere" Geld, die Kryptowährungen, tolerieren, regulieren oder irgendwann z. B. versuchen, es zu verbieten.
- Kryptowährungen bzw. digitale Währungen müssen derzeit ganz klar noch als äußerst spekulativ, unerprobt und damit riskant bezeichnet werden[91].
- Insbesondere die Unsicherheiten in Anwendung und zukünftiger Regelung durch die Staaten sind nicht vorhersehbar.
- Die Blockchain- bzw. Distributed-Ledger-Technologie hat das realistische Potenzial, das klassische Bankensystem nachhaltig zu verändern.

[91] Unter diesen Gesichtspunkten wird hier auf die einfach geniale Siebeneck-Prüfung verzichtet, denn der Autor möchte nicht dazu beitragen, dass euphorische Goldsucher die Verkäufer von Schippen und Gummistiefeln noch reicher machen.

Konkrete Handlungsempfehlungen

- Wenn Sie **„Spielgeld"** zur Verfügung haben und im guten Wortsinne „Computerfreak" sind, kann eine Geldanlage in digitale Währungen hinsichtlich sehr überschaubarer Beträge (z. B. 1-2 % Ihrer Reserven) bedenkenswert sein. Dabei bitte auch an das Finanzamt denken.
- Ansonsten ist die **Geldanlage** in digitale Währungen für Sie wohl (noch) nicht geeignet. Trotzdem hat sich die Auseinandersetzung mit *Bitcoins* & Co. gelohnt, da sie die Fragilität unserer staatlichen Währungen deutlich sichtbar macht.
- Wenn also *Bitcoins* & Co. nichts für Sie sind, dann denken Sie alternativ nochmals über das Ur-Geld nach. Was war das doch gleich? (Auflösung am Seitenende[92])

Quellennachweis und weiterführende Literatur

Bech, M./ Garratt, R.: Kryptowährungen von Zentralbanken, in: BIZ-Quartalsbericht, September 2017

Bjerg, O.: Designing New Money – The Policy Trilemma of Central Bank Digital Currency, in: Copenhagen Business School CBS Working Paper, Juni 2017

Committee on Payments and Market Infrastructures: Digital currencies. CPMI report, BIS Bank for International Settlements, November 2015 https://www.bis.org/cpmi/publ/d137.htm

Committee on Payments and Market Infrastructures: Central bank digital currencies. CPMI report, BIS Bank for International Settlements, März 2018 https://www.bis.org/cpmi/publ/d174.htm

Schär, F./Berentsen, A.: Bitcoin, Blockchain und Kryptoassets: Eine umfassende Einführung, Norderstedt 2017

Sixt, E.: Bitcoins und andere dezentrale Transaktionssysteme, Blockchains als Basis einer Kryptoökonomie, Wiesbaden 2017

Aktuelle Entwicklungen zu digitalen Währungen beleuchte ich im Hartmut Walz Finanzblog:
www.schließlich-ist-es-Ihr-Geld.de/Finanzblog

[92] Gold

10 Dinge, die die Welt nicht braucht

Exotische Sachanlagen, die wahrscheinlich andere reich machen

Was Sie in diesem Kapitel erfahren:

- Warum es sehr wahrscheinlich ist, dass Anleger auf der Flucht vor einem Risiko geradezu in ein anderes, neues Risiko laufen.
- Wie Sie die Nullzinspolitik möglicherweise in exotische und illiquide Anlageklassen treibt.
- Warum Anlageklassen, die noch nie vorteilhaft waren, auch augenblicklich nicht vorteilhaft werden.
- Wie wichtig der Unterschied von „Wert" und „realisierbarem Wert" für Sie ist.
- Welche Anlageklassen Sie konsequent ignorieren sollten ...
- ... es sei denn, dass Sie von der „emotionalen Rendite" überzeugt sind.

Vincent Black Shadow, Horex Imperator, Brough Superior SS100 Alpine, Indian 750cc Sport Scout ... – na, schlägt Ihr Herz schon höher? Nicht? Dann gehören Sie wohl nicht zu den Motorradsammlern.
Nun, dann vielleicht ein anderes Objekt der Begierde: Mitte 2016 konnte man in der Anlegerzeitschrift „€uro am Sonntag" folgenden Kurzbeitrag lesen:

„Einen ungewöhnlichen Investmenttipp hat die Fondsgesellschaft GAM parat: Sie empfiehlt den Kauf luxuriöser Handtaschen. Derzeit verzeichneten **Designerhandtaschen** größere Wertzuwächse als Barmittel, Anleihen und sogar Aktien. „Anleger übersehen in Bullenmärkten häufig materielle Vermögenswerte wie Immobilien, Wein, Kunst und Luxusgüter", sagt Portfoliomanagerin Scilla Huang Sun. „Aber wenn die traditionellen Wertpapiermärkte auf der Stelle treten, verbessert sich der Reiz dieser physischen Güter. Seltene Handtaschen würden bei Auktionen mit enormen Aufschlägen auf die ursprünglichen Kaufpreise veräußert. Huang Sun verweist auf den so genannten *Rare Handbag Index*, der zwischen 2004 und 2016 in US-Dollar gerechnet um durchschnittlich 7,8 % pro Jahr zugelegt habe."[93]

[93] €uro am Sonntag vom 11.06.2016, S. 50, Ressort: Invest.

In der Tat gibt es einen solchen Index. An seiner Vertrauenswürdigkeit, Belastbarkeit, der Marktbreite – kurzum an allem, was für eine tatsächliche Geldanlage relevant und wichtig ist, muss jedoch ernsthaft gezweifelt werden.

Eine kritische Analyse des empfohlenen Investments anhand der sieben einfach genialen Beurteilungskriterien ergab das nachfolgende – recht ernüchternde – Ergebnis.

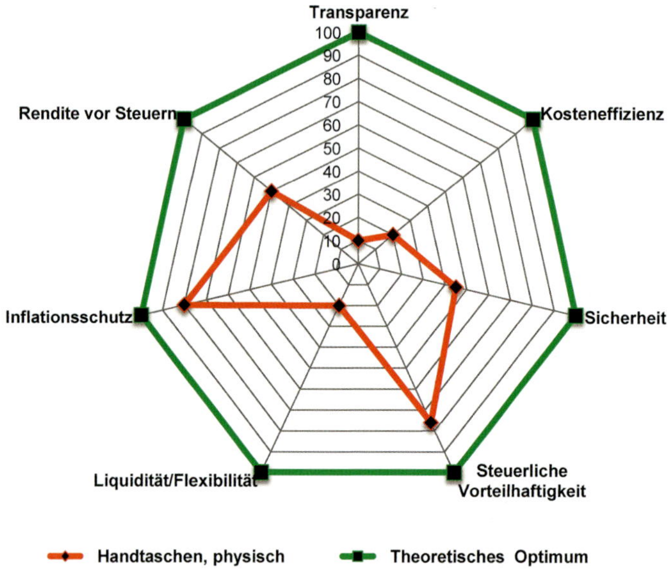

Abb.: Handtaschen-Investments in der einfach genialen Siebeneck-Prüfung

Eine Investition in Handtaschen (natürlich in edle, teure, wertige, am besten historische … Markenhandtaschen) ist eine Investition in Sachanlagen. Das ist schon einmal einigermaßen inflationssicher; nicht so inflationssicher wie Gold oder Immobilien, aber wohl doch einigermaßen. Dass Handtaschen zu einer Reserve- oder Ersatzwährung werden, ist jedoch kaum anzunehmen, hier wäre Gold also deutlich überlegen. Etwaige Investitionsgewinne dürften als privates Veräußerungsgeschäft gelten und damit nach einjähriger Haltedauer steuerfrei zu vereinnahmen sein. (Keine Sorge: Während der **einjährigen Haltedauer** muss man die Taschen nicht durchgängig am Griff festhalten ...)

Das war es aber auch schon mit den Vorteilen. Trotz *Rare Handbag Index* ist der Markt höchst intransparent und unsicher. Der Kauf von Handtaschen ist für den Endverbraucher nicht kostengünstig, auch müssen Handtaschen gepflegt werden. Der Verkauf ist ebenfalls mit Kosten verbunden und mit größter Wahrscheinlichkeit mühsam. Gerade in einer Krise oder Währungsreform wird die Liquidierbarkeit ein

Problem sein. Aber auch in „ganz normalen“ Marktphasen ist es mehr als fraglich, ob die Indexpreise auch nur annähernd zu realisieren sind.

Im Ergebnis kann von einer Anlage in wertvolle Handtaschen unter rationalen Gesichtspunkten nur abgeraten werden. Es sei denn, Sie finden Handtaschen einfach schön und fühlen sich in der Umgebung von Handtaschen wohl, gesund, faltenfrei und rundum glücklich (ich kenne solche Menschen ...). Dann ist Ihnen natürlich zu einem Investment in Handtaschen zu raten. Dagobert Duck hat der tägliche Sprung in sein Goldbad ja auch jung gehalten.

Die „emotionale Rendite“ überdeckt finanzielle Verluste

Nur sind das dann eben keine rationalen Argumente mehr. Die Freude am Sammeln, die Verzücktheit beim Betrachten, das **Glücksgefühl** beim Besitz bestimmter Objekte nennt man auch **„emotionale Rendite“**, und diese ist eine zu respektierende Realität. Und ein Wert an sich. Wenn auch nur ein ideeller.

Dinge, die ein Weiser am Anfang tut, tut der Narr am Ende

Ironisch gemeinte Erfolgsstrategie:

Schritt 1: Sich mit einem Nischenprodukt eindecken – der Autor empfiehlt z. B. getrocknete Leguane, Quittengelee, Feuergouachen, historische Radarfallen oder holländische Tulpenzwiebeln.

Schritt 2: Den passenden Index (er-)finden und publizieren.

Schritt 3: Alle Freunde und Bekannte auf diese ***großartige Investmentchance*** hinweisen (dabei Social Media nutzen und „Likes“ sammeln).

Schritt 4: Selbst VERKAUFEN, wenn die Euphorie am größten ist!!!

Leider ist anschließend **Schritt 5** erforderlich: Neue Freunde und Bekannte suchen.

Sie haben sicher schon verstanden: Den offiziellen Wert des MSCI World Index oder der ALLIANZ Aktie oder einer Feinunze Gold können Sie jederzeit eindeutig recherchieren, die Märkte für exotische Sachwerte sind jedoch **inhomogen, intransparent, spekulativ** und unterliegen oft **irrationalen Trends**, die mitunter gar von einigen Beteiligten „gemacht“ im Sinne von manipuliert oder gestaltet werden. Über diese Defizite sollte auch ein nur pseudo-transparenter Index mit fragwürdiger Herkunft nicht hinwegtäuschen.
Das gilt neben dem **Rare Handbag Index** sicher auch für den **Barbie Index**, den **Dead Rock Stars Autograph Index** oder den **Space Memorabilia Index**. Allein die

epidemische Vermehrung derartiger exotischer Indizes, über die allen Ernstes in den Medien berichtet wird, alarmiert den erfahrenen Ökonomen. Die schnelle Erfolgsregel lautet: Finger weg!

Wenn´s Spaß macht. – Skurrile Möchtegern-Indizes
Weblink: https://www.justcollecting.com/indexes/rare-handbag-index

---

Nachfolgend finden Sie eine lange, alphabetisch angeordnete Liste von exotischen Sachanlagen, die um Ihre Anlageliquidität mit den oben bereits bewerteten Handtaschen konkurrieren und für die – mehr oder weniger – stets die gleichen Nachteile gelten, nämlich vor allem **Illiquidität, hohe Kosten für Anschaffung, Pflege und Verkauf sowie Intransparenz des Marktes.** Es kann schon sein, dass einzelne Anleger in Einzelfällen damit gute Ergebnisse erzielen. In der Summe werden jedoch Händler, Dienstleister und andere Dritte am meisten daran verdienen – und die exotischen Anlagegegenstände wieder aus der Mode kommen, wenn der Staub sich über sie gelegt hat.
Setzen Sie bitte jeweils einfach noch die Worte ***selten*** bzw. ***Edel-*** oder ***alt/antik/ historisch*** davor …

- Ansichtskarten
- Armbanduhren
- Boote und Yachten
- Briefmarken
- Computer
- Diamanten, Brillanten oder Edelsteine
- Edelbrände und Brandwein
- Emaille-Schilder
- Fahrräder
- Feuerzeuge
- Flakons
- Gemälde
- Jahrgangschampagner
- Korkenzieher
- Landmaschinen
- Militaria und Orden
- Modelleisenbahnen
- Möbel
- Münzen
- Musikinstrumente
- Nonvaleurs, historische Wertpapiere
- Oldtimer
- Perlen
- Portwein
- Porzellan
- Porzellanpuppen
- Puppenstuben
- Rennpferde
- Schmuck
- Schreibgeräte
- Schreibmaschinen
- Schuhe
- Spielzeug
- Stiche
- Tafelsilber
- Teppiche, insbesondere Orientteppiche
- Überraschungseierfiguren
- Youngtimer, junge alte Autos
- Weine
- Whiskey, Brandy, Cognac, Rum
- Wissenschaftliche Instrumente
- Uhren, insbesondere Fliegeruhren und Taschenuhren
- Zigarren
- Zigarettenbilder-Klebealben
- Zinnfiguren

„Ein Diamant ist ein Stückchen Kohle, aus dem unter Druck etwas geworden ist.“ *(Fita Benkhoff)*

Die am wenigsten exotische unter all diesen Anlageklassen, nämlich Diamanten und Brillanten, soll hier zumindest kurz angesprochen werden. Brillanten sind lediglich Diamanten mit einer ganz besonderen Schliffform, also kann man sich auf Diamanten konzentrieren.

Die herausragende Eigenschaft von Diamanten ist die **enorme Wertdichte**. Ein lupenreiner Einkaräter mit Brillantschliff kann schon zwischen 10 und 25 Tausend Euro kosten. Mit Preisen, Stand 2016 hochgerechnet, entspricht 1 Mio. Euro weniger als 20 Gramm Diamanten, was selbst in einer eng anliegenden Jeans nicht negativ auffällt. Der gleiche Wert in Gold ließe Sie bei aktuellen Preisen unter knapp 30 Kilo Gewicht und etwas gebückt gehen, und in Silber umgerechnet würde Sie die 2,1 Tonnenmasse sicher erschlagen. Preisfrage: Sind Diamanten und Brillanten damit die wertintensivsten Güter dieser Erde? (Antwort am Seitenende[94])

Abgesehen von der hohen Wertdichte der Diamanten fällt die Bewertung jedoch ebenfalls kritisch aus. Während es bei Gold lediglich wenige „Sorten“ (Weißgold, Rotgold und Gelbgold) gibt und die Frage nach der Reinheit ebenfalls schnell geklärt ist, zerfällt der Diamantenmarkt in extrem kleinteilige Unterkategorien – also Marktsegmente, die für den Laien völlig unübersichtlich sind. Aus vielen fein abgestuften Ausprägungsgraden der vier wertbestimmenden Cs (Cut, Colour, Clearness, Carat – also Schliff, Farbe, Klarheit und Gewicht) bilden sich schnell über 400 Teilmärkte. Und wenn seriöse Händler über 200.000 verschiedene Diamanten im Angebot haben und feststellen, dass zwei Diamanten selbst bei Übereinstimmung in allen vier Cs höchst unterschiedlichen Wert haben können, dann bekommt der Ökonom kalte Füße. Die Transaktionskosten bei An- und Verkauf betragen jeweils mindestens 15 %. Die Mehrwertsteuer kommt hinzu. Werden Diamanten in einem Schmuckstück gefasst, so ist dies stark wertmindernd – weshalb sie der Anleger ungefasst in Blistertüten aufbewahrt (wie unerotisch!).

Immerhin sind Diamanten sehr beständig, solange sie nicht sehr hohen Temperaturen ausgesetzt werden, denn bei über 850 Grad verbrennen sie.

Wenn's Spaß macht. – *Peter Cornelius* „Ein Diamant verbrennt"
Weblink: https://www.youtube.com/watch?v=x5MhwIK2iYc

---

[94] Antwort: Nein, es sind Kryptowährungen bzw. digitale Währungen, denn hier könnte man auf einem Micro-USB-Stick noch erheblich höhere Werte konzentrieren. Hoffentlich geht der USB-Stick nicht kaputt!

Außerdem sollte man nicht vergessen, dass seit mehreren Jahrzehnten Diamanten unter hohem Druck und hoher Temperatur auch künstlich erzeugt werden – so entstehen ca. 40 Tonnen Kunstdiamanten = Zirkonias jährlich.

An den meisten anderen Sammelgegenständen nagt jedoch auch dann unerbittlich der Zahn der Zeit, wenn man sie keinen hohen Temperaturen aussetzt. Der Kampf gegen die Alterung ist hart und kostenintensiv – und wird über kurz oder lang doch verloren. Wollen Sie wirklich live miterleben, wie Ihr teurer Wein doch „umkippt", Ihre teure Automatik-Fliegeruhr trotz Uhrenbeweger wegen Materialermüdung stehenbleibt oder das Kleid Ihrer wertvollen Puppe von einer respektlosen *Tineola bisselliella*[95] pulverisiert wird???

Selbst wenn die wertvollen Konsumgüter und Luxusartikel die Zeit unbeschadet überstehen: Die Rendite Ihrer Anlageobjekte lässt sich stets erst beim tatsächlichen Verkauf ermitteln. Und sind Porzellanpüppchen, Oldtimer oder antike Möbel tatsächlich das, was man im Krisenfall gut und leicht zu Geld machen kann?

„Man investiere nur in etwas, das man auch versteht" (***Warren Buffett***)

Hinzu kommt: Wenn Sie kein eigenes Fachwissen über die Objekte haben, sind Sie ein Spielball oder sogar Opfer des intransparenten Marktes und möglicherweise Objekt von Manipulationen. Oder Sie benötigen wiederum einen Fachmann – der sicher nicht kostenfrei für Sie tätig wird.

Kurzum: Wenn Ihnen das Sammeln wirklich innere Freude bereitet, nur zu! Auch der Autor hat eine Sammlung. Wohlgemerkt eine Sammlung, kein Sammel-Portfolio, d. h., er gibt sich keiner Illusion darüber hin, dass seine über Jahrzehnte zusammengetragenen wunderschönen Muscheln einmal zu Muschelgeld würden ☺.

Hart, aber wahr

Akzeptieren Sie, dass das sozialwissenschaftliche Phänomen der „Besitzliebe" (= Endowment-Effekt) auch auf Sie zutrifft. Niemand wird Ihrem liebevoll gepflegten Oldtimer und Ihren so erfolgreich gezüchteten Rosen die gleiche emotionale Rendite zuerkennen, die Sie selbst fühlen.

Für Männer: Das gilt auch für mühevoll persönlich zusammengebaute Modellflugzeuge und -schiffe.

Für Frauen: Das gilt auch für monatlich poliertes Tafelsilber, das Sie Ihren Kindern als Aussteuer für die Enkelkinder überlassen wollen.

[95] Kleidermotte.

Zentrale Ergebnisse

- Exotische Sachanlagen sind illiquide, haben hohe Kosten bei Anschaffung, Pflege sowie Verkauf und leiden an der Intransparenz des jeweiligen Marktes.
- Gerade in einer Krise oder Währungsreform wird die Liquidierbarkeit ein Problem sein.
- Die Rendite von Sachanlagen ergibt sich erst, wenn man die Anlageobjekte tatsächlich verkauft hat.
- Die „emotionale Rendite" überdeckt finanzielle Verluste – sie ist ein ideeller Wert an sich, den man schätzen und genießen kann. Es ist jedoch sinnvoll, zwischen „Bauch und Hirn" zu unterscheiden, d. h. auch zwischen emotionalem Sammeltrieb und rationaler Geldanlage.
- Alle Sachwerte, die einerseits keine laufenden Erträge bringen (Gegenbeispiel: vermietete Immobilie) und andererseits dem „Zahn der Zeit" unterliegen, werden – von Glücksfällen und günstigen Ausnahmen abgesehen – keinen Ertrag bringen.

Konkrete Handlungsempfehlungen

- Es ist rein gar nichts dagegen einzuwenden, wenn Sie Spaß am Sammeln und Freude am Besitzen schöner Dinge haben.
- Konsumgüter, Luxusartikel und Kunst jedoch aus Gründen der Geldanlage und Altersvorsorge zu halten, ist grundsätzlich nicht zu empfehlen.
- Ergo: Trennen Sie (emotionale) Sammelleidenschaft und (rationale) Geldanlage.

Quellennachweis und weiterführende Literatur

Ashenfelter, O./Graddy, K.: Auctions and the price of art, in: Journal of Economic Literature (2003), Jahrgang 41, Heft 3, S. 763–787

Dimson, E./Rousseau, P. L./Spaenjers, C.: The price of wine, in: Journal of Financial Economics (2015), Jahrgang 118, Heft 2, S. 431–449

Renneboog, L./Spaenjers, C.: Hard assets: The returns on rare diamonds and gems, in: Finance Research Letters (2012), Jahrgang 9, Heft 4, S. 220–230

Small, K./Smith, J./Small, E. E.: An Examination of Diamonds as an Alternative Asset Class: Do They Have What It Takes to Make a Portfolio Sparkle?, in: The Journal of Wealth Management (2012), Jahrgang 15, Heft 3, S. 67–74

Wings, H./Kleine, J.: Sachwerte: Anlagemöglichkeiten, Investitionsmotive und Einstellungen von Privatanlegern (Studienreihe des Steinbeis Research Center for Financial Services), Stuttgart 2013

Epilog

"The lessons are learnt ...

... no more counting dollars.

We'll be counting stars."

(Die Lehren sind angenommen … nun kein Dollarzählen mehr. Wir zählen Sterne. *OneRepublic* im Song „*Counting Stars*")

Nachdem Sie dieses Buch gelesen haben, gehören Sie mit Sicherheit zu dem in Gelddingen **am besten informierten einen Prozent der Deutschen**.

Entscheidend ist es nun, Ihr Wissen auch umzusetzen und nötigenfalls auch ein paar unangenehme Entscheidungen zu treffen (z. B. in Hinblick auf „Altlasten").

Denn schließlich ist es ja Ihr Geld!

Sehr positiv für Sie sind neben einem klaren Blick auf die aktuellen Rahmenbedingungen sicher die verschiedenen Metaregeln und Anregungen. Hier haben Sie erfahren, dass Sie sich im Durchschnitt keineswegs mehr oder intensiver um Ihr Geld kümmern müssen, sondern gemäß „In der Ruhe liegt die Kraft", „Weniger ist mehr" und „Hin und her – Taschen leer" einfach smarter, durchdachter und cleverer über Ihr Geld entscheiden können.

Sparen Sie Transaktionskosten, machen Sie nicht die Anbieter von ineffizienten Produkten durch Bezahlen überhöhter und versteckter Kosten reich und gewinnen Sie mehr Zeit für die wirklich wichtigen Dinge im Leben.

Denn: Schließlich ist es ja Ihr Leben!

In diesem Sinne
Herzlich
Ihr
Hartmut Walz

Danksagung

Herzlichen Dank an

Manuele Lieberich, Dipl. Grafik-Designerin (FH), einmal mehr – und immer wieder – für die kreative und liebevolle Gestaltung der Freaky Fly.

Elvira Plitt, Programmleiterin, und **Anne Rathgeber**, Produktmanagerin, für die abermals rundum harmonische und professionelle Zusammenarbeit. Ich schätze die vertrauensvolle Beratung und Betreuung durch den Haufe-Verlag sehr – ein einfach geniales Team.

Gabriele Vogt, M. A. Literatur- und Sprachwissenschaftlerin, für die wiederum so akribische und geduldige Lektorierung der Kapitel. Es hat mich sehr gefreut, dass Frau Vogt wieder „meine" Lektorin war.

Stefan Weber, EXCEL-Experte, Bank-Kaufmann, für seine wertvollen Hinweise, Unterstützungen und fachliche „Nachhilfe". Eigentlich müsste er Stefan Excel Weber heißen.

Thomas Berninger, Transparento GmbH aus Mannheim, der bereits zur ersten Auflage des Buches mit Hintergrundberechnungen und wichtigen Informationen beigetragen hat.

Folgende Finanzexperten, Sachverständige und Fachleute, die mich mit ihrem Sachverstand, Modellrechnungen und wertvollen Hintergrundinformationen unterstützt haben:

Christian Andreas (Spezialmakler für Bausparen und Wohn Riester, Rastatt),

Dr. Nikolaus Braun und **Stefan Heringer** (Neunundvierzig GmbH, München),

Volker Britt, Heiko Reddmann, Thomas Schaefers und **Benjamin Reinhard** (HonorarKonzept GmbH, Göttingen),

Klaus Heinzmann und **Thiemo Faulhaber** (FHB Versicherungsmakler GbR, Östringen),

Volker Hildebrand (Vermögenswerkstatt, Lampertheim),

Gabriel Hopmeier (Gabriel Hopmeier e. K., Freiburg),

Davor Horvat, **Steffen Grebe**, **Nicole Kopp** (Honorarfinanz AG, Karlsruhe),

Thorsten Huber (Aquitus Finanzmanagement, Karlsruhe),

Alexander & Silke Ihl (i-plus-a GmbH, Dieburg),

Christoph R. Kanzler, Lukas Schneider und **Ludwig Gatti** (Dimensional Fund Advisors, London/Berlin),

Matthias Krapp (ABATUS VermögensManagement GmbH & Co. KG, Dinklage),

Guido Ludwig und **Stefan Laux** (Ludwig & Laux GmbH & Co. KG, Merzig),

Markus Marquardt (MARQUARDT & KOLLEGEN GmbH & CO KG, Valley),

Monika Müller (FCM Finanz Coaching, Wiesbaden),

Hartmut Petersmann (Petersmann Institut für den unabhängigen Finanzberater GmbH, Bensheim),

Stefan Pflugmacher (Stefan Pflugmacher und Petra Pflugmacher GbR, Starnberg),

Dr. Michael Ritzau (Südbadische Honorarberatung, Inzlingen),

Jürgen Schäflein (Schäflein & Partner GmbH, Würzburg),

Lothar Schmidt (Finanzcoaching, Landau/Pfalz),

David Schmidt-Hofner (Fairr.de GmbH, Berlin),

Ralf Teicher (Teicher & Team, Bergisch Gladbach),

Alexander Weikel (Honorarberatung & Finanzbetreuung, Bensheim).

Meinen hellwachen und interessierten Studierenden (oftmals mit praktischer Erfahrung in der Finanzdienstleistungsbranche), von denen ich nicht nur stets ein differenziertes Feedback zu den einschlägigen Vorlesungen erhalte, sondern auch viele wertvolle Hinweise auf aktuelle Literaturstellen und Links sowie Produkt- und Scheininnovationen. Ihre kritische Begleitung „erdet" meine Arbeit.

Kontaktdaten:
Hartmut Walz
Geldentscheidungen@hartmutwalz.de
www.schließlich-ist-es-Ihr-Geld.de

Auf der **Internetseite** finden Sie diverse **Arbeitshilfen**, auf die ich im Buch verwiesen habe und die ich Ihnen gerne für Ihre private Anwendung zur Verfügung stelle.

Glossar der wichtigsten Fachbegriffe

Abzinsung = Diskontierung	Finanzmathematischer Vorgang, um den ökonomischen Wert einer Zahlung von einem späteren auf einen früheren Zeitpunkt zu beziehen.
Aufzinsung	Finanzmathematischer Vorgang, um den ökonomischen Wert einer Zahlung von einem früheren auf einen späteren Zeitpunkt zu beziehen.
Agency-Kosten	Kosten, die durch Eigeninteresse von Dritten entstehen, deren Dienste Sie zur Umsetzung Ihrer Anlagestrategien in Anspruch nehmen.
Aktive Anlagestrategie, aktiv gemanagter Fonds	Versuchen durch (a) Einzelauswahl (= Stock Picking) oder (b) Kauf- und Verkauf über die Zeitachse (= Market Timing) einen Anlageerfolg zu erzielen, der über dem Erfolg des Gesamtmarktes oder eines Indizes liegt.
Alpha-Kosten	Vertriebskosten, Vermittlungskosten, Kosten, die mit der Anschaffung einer Anlage verbunden sind.
Anlageklasse	Gleichartige Gruppe von Gegenständen, in denen Geld letztendlich angelegt ist. Die wichtigsten Beispiele: Aktien, Anleihen, Immobilien, Gold, Cash.
Anlageklassen-Fonds (auch: Assetklassen-Fonds)	Passiver oder regelgebundener Investmentfonds, der sich auf einen Index bezieht, der von der Investmentgesellschaft selbst definiert wurde (und nicht einem externen Indexanbieter). Assetklassen-Fonds können bei günstigen Kosten und guter Transparenz eine gleichwertige Alternative zu börsennotierten ETFs darstellen.
Anlagevehikel (Investmentvehikel)	Instrument, welches i. d. R. von einem Finanzdienstleister geschaffen wurde, um Anlagegelder in eine ansonsten nicht oder nicht so bequem erreichbare Anlageklasse zu bringen. Bsp.: Der Anleger erwirbt einen Fondsanteil (= Vehikel), sein Geld wandert letztendlich in Aktien oder Immobilien (= Anlageklasse).
Anleihe	Verzinsliches Wertpapier mit Gläubigercharakter, d. h., der Anleger hat schuldrechtliche Ansprüche auf Verzinsung und Rückzahlung, ist jedoch kein Eigentümer.

Beitragsfreistellung	Aussetzung der Zahlungen in eine Lebens- oder Rentenversicherung, umgangssprachlich auch als Beitragsferien bezeichnet.
Beitragsrendite	Rendite auf die vom Versicherten geleisteten monatlichen oder jährlichen Beiträge.
Beta-Kosten	Kosten, die Versicherungsgesellschaften zur Abdeckung ihres Verwaltungsaufwands in Rechnung stellen.
Break-Even-Zins (BEZ)	Zinssatz, den ein Anleger erreichen muss, um den Einfluss negativer Größen auszugleichen. Diese negativen Größen könnten sein: (1) Inflation, (2) Steuern und (3) Kosten der Kapitalanlage. Je höher der BEZ, desto schlechter für den Anleger. In aktuellen Berechnungen hat der Autor Break-Even-Zinsen für am Markt angebotene, unvorteilhafte Anlagevehikel von bis zu 10 % errechnet. Hier wäre es für den Anleger günstiger, sein Geld zinslos anzulegen, da er dann nur einen Verlust in Höhe der Inflationsrate erleidet.
Cost-Averaging-Effekt	Bezeichnet den rein mathematisch begründeten Effekt, dass regelmäßige Anlagen in konstanter Höhe von Preisschwankungen des Anlagegegenstandes profitieren, da bei niedrigem Preis relativ mehr Stück/Menge erworben werden als bei hohem Preis.
Durchschnittskosteneffekt	(→ Cost-Averaging-Effekt)
Diversifikation	Senkung des Gesamtrisikos mehrerer Anlagen durch Nutzung der Tatsache, dass sich Verluste bei einer Anlage zum Teil durch Gewinne einer anderen kompensieren lassen.
$Diversifikation^2$ = Diversifikation im Quadrat	Gleichzeitige Anwendung von klassischer Diversifikation und dem → Durchschnittskosteneffekt = Cost-Averaging-Effekt.
Duration = durchschnittliche Kapitalbindungsdauer	Zeitraum, den das Geld über die gesamte Zahlungsreihe eines Anlagegegenstandes im Durchschnitt gebunden ist. Grundsatz: Je länger, desto höher das Zinsänderungsrisiko.
ETF	Exchange Traded Funds = Börsengehandelter Investmentfonds; kostengünstiges Anlagevehikel für Private.

ETF-Sparplan	Anlagevehikel, der eine wiederkehrende (meist monatliche) Anlage von Kleinbeträgen (z. B. 50 Euro) in ETFs ermöglicht. Sinnvolles Instrument zur Nutzung des Diversifikation^2-Effektes.
FinTech	Zusammensetzung aus **Fin**ancial Services & **Tech**nology. Bezeichnet Unternehmen (seltener Produkte und Prozesse), die i. d. R. durch Nutzung der Digitalisierung und Automatisierung neuartige Problemlösungen in der Finanzdienstleistungsbranche schaffen. Hierbei gelingt durch Aufbrechen und (radikale) Umstrukturierung der traditionellen Wertschöpfungskette oftmals eine Effizienzsteigerung bzw. Kostensenkung („low-cost, high-performance"-Systeme). Benachbarte Begriffe sind PayTech (Zahlungsverkehrsdienstleistungen), InsurTech (Versicherungsdienste) und WealthTech (Vermögensverwaltung). Auch Crowd Finance bzw. Crowd-Investing-Plattformen sind den FinTechs zuzurechnen.
Fiat-Geld	Bezeichnung ist abgeleitet von einem Satz aus dem Alten Testament: Fiat Lux = Es werde Licht. Fiat-Geld ist Geld, welches Zentralbanken aus dem Nichts schaffen, z. B. um durch Ankauf von Anleihen die Zinsen am Kapitalmarkt zu senken. Der Ausdruck weist auf die unbegrenzte Manipulierbarkeit der Geldmenge durch die Zentralbanken hin.
Finanzdienstleister	Bank, Versicherungsgesellschaft, Bausparkasse, Kapitalanlagegesellschaft, Strukturvertrieb etc.
Finanzielle Repression	Situation, in der die Zinsen aufgrund obrigkeitsstaatlicher Interventionen unter der Inflationsrate gehalten werden.
Fondspolice	Lebens- oder Rentenversicherung, bei der im Gegensatz zu klassischen kapitalbildenden Versicherungsverträgen der Sparanteil nicht vom Versicherer selbst verwaltet, sondern in Investmentfondsprodukten angelegt wird.
FPV = Finanzprodukteverkäufer	Sammelbezeichnung für unterschiedlichste Erscheinungsformen von Finanzvertrieblern wie z. B. Bankberatern, Versicherungs- und Bausparkassenvertretern, Finanzdienstleistungsmaklern und Mitarbeitern von Strukturvertrieben.
Gamma-Kosten	Kosten für die Verwaltung des gebildeten Kapitals (= Kapitalanlagekosten), insbesondere im Rahmen von Fondsgebundenen Lebensversicherungen.

Garantiezins/ Garantieverzinsung	Vom Gesetzgeber abgesicherter Mindestrechnungszins, den Versicherte auf den Sparanteil ihrer Beiträge gutgeschrieben erhalten. Ist in den letzten Jahren kontinuierlich gesunken und wurde 2017 auf 0,9 % p. a. gesenkt.
Geldillusion	Anlagepsychologisches Phänomen, das besagt, dass Private sich von absoluten Zinsen oder Vermögensentwicklungen blenden lassen, ohne den Kaufkraftverlust des Geldes einzubeziehen.
Gesamtverzinsung	Komplette Verzinsung, die ein Versicherter auf den von ihm geleisteten Sparanteil erhält. Die Gesamtverzinsung steht erst nachträglich fest, da sie unsichere Komponenten (= Überschussanteile) enthält.
Honorarberater	Berater, der vom Kunden und nicht dem Finanzdienstleister bezahlt wird und daher nicht den typischen Fehlanreizen anderer Vertriebsformen (Provisionsmaximierung, Volumenmaximierung etc.) ausgesetzt ist.
Hugging/Index Hugging	Negatives Verhalten aktiver Manager von Investmentfonds, die sich bei ihrer Mittelanlage eng an einen Wertpapierindex anlehnen, obwohl sie vom Kunden gerade dafür bezahlt werden, dass sie den Index (erheblich) übertreffen sollten.
IDD	Versicherungsvertriebsrichtlinie der Europäischen Union (Insurance Distribution Directive) zum Schutz für Kunden von Versicherungs- und Versicherungs*anlage*produkten (zu denen auch fondsgebundene LV zählen). Deren Umsetzung in Deutschland ist Anfang 2018 erfolgt. So soll der Vermittler vor Abschluss des Versicherungsvertrages dem Kunden z. B. mitteilen, wie er vergütet wird.
Inflation	Anstieg von Preisen über viele/alle Branchen/Güter hinweg, wodurch es zum Verfall der Kaufkraft kommt.
Inflationsrate	Preissteigerungsrate zur Messung der Inflation, die an unterschiedlichen Indizes berechnet werden kann. Bekannteste Erscheinungsform: Verbraucherpreisindex der privaten deutschen Haushalte, errechnet vom Statistischen Bundesamt.
Informationsblatt	Vom Gesetzgeber für bestimmte Anlagevehikel erzwungene werbefreie Mindestinformation, die zentrale Informationen für eine rationale Investitionsentscheidung enthält.

Investmentvehikel	Anlagevehikel
Investmentzertifikat = Anlagezertifikat	Von Banken strukturiertes Anlagevehikel, mit dessen Hilfe der private Anleger unterschiedlichste Anlageideen verfolgen kann. Von Ausnahmen abgesehen eher vorsichtig zu bewerten. Emittentenrisiko = Gefahr der Zahlungsunfähigkeit des Emittenten liegt beim Anleger, oftmals hohe und versteckte Kosten. Design von Zertifikaten begünstigt häufig zu positive Einschätzung von Chancen und Unterschätzung von Kosten durch den Privaten. Soweit möglich, lieber auf ETFs ausweichen, dort auch kein Emittentenrisiko.
ISIN = International Security Identification Number	Zwölfstelliges Identifikationsmerkmal mit dem länderübergreifend alle börsengehandelten Wertpapiere eindeutig zugeordnet werden sollen. Umsetzung ist noch nicht weltweit abgeschlossen, jedoch schon weit fortgeschritten. Die ISIN ist somit der „große Bruder" der deutschen → WKN (= Wertpapier-Kennnummer).
Kapitalwiedergewinnungsfaktor	Finanzmathematische Kennziffer, mit der sich unter Annahme eines gegebenen Zinssatzes eine faire Rente über eine gewünschte Laufzeit errechnen lässt.
Kappa-Kosten	Begriff aus der Versicherungswirtschaft, entspricht „Stückkosten", also Kosten, die für jeden Vertrag – unabhängig von dessen Höhe – anfallen. Bei jedem Versicherungsvertrag sind wiederkehrend bestimmte Prozesse zu leisten. Die damit verbundenen Kosten werden pauschal als z. B. monatliche oder jährliche Kosten pro Vertrag belastet.
Kapitalabschlagsteuer, korrekt: Abgeltungsteuer auf vereinnahmte Kapitaleinkünfte (abgekürzt als: KESt, KapESt, KapErtSt oder auch KapSt)	Aktuell in der Bundesrepublik Deutschland gültige Besteuerungsform für Kapitaleinkünfte. Wichtigste Merkmale: Die KESt ist eine Abgeltungsteuer (d. h., die Steuerpflicht ist damit definitiv erfüllt) auf vereinnahmte Kapitaleinkünfte (§ 20 EStG), z. B. Zinsen, Dividenden, Kursgewinne, Erträge aus Fonds usw. Die seit dem 1.1.2009 gültige KESt sieht einen einheitlichen Steuersatz für alle Arten von Kapitaleinkünften von 25 % zzgl. Solidaritätszuschlag und Kirchensteuer vor. Dies wird auch Total Performance Tax genannt. Bis zur Höhe des geltenden Sparerpauschbetrages bleiben Kapitaleinkünfte steuerfrei. Die zu zahlende Steuer wird vom Finanzinstitut/Versicherer automatisch an das Finanzamt abgeführt. Wenn der persönliche Steuersatz unter 25 % liegt, kann in der Steuererklärung eine „Günstigerprüfung" beantragt werden.

Klumpenrisiko	Konzentration/Ballung von Anlagerisiken, entweder durch Investition in ein großes Asset (z. B. Immobilie) oder Kumulieren identischer Einzelrisiken (z. B. Erwerb vieler Aktien der gleichen Gesellschaft).
LeO = Leicht erreichbares Opfer	Bei Finanzdienstleistungsvertrieben übliche Bezeichnung für private Kunden, die entweder eine hohe Sparfähigkeit (monatliche Überschüsse) oder anlagefähiges Geldvermögen besitzen und gleichzeitig schlecht informiert sowie gutgläubig sind. Unter dem Ziel des Provisionsstrebens ist ein LeO somit ein idealer Kunde. **Seien Sie kein LeO!:** www.schließlich-ist-es-Ihr-Geld.de
Kurs-Gewinn-Verhältnis (kurz: KGV)	Relation zwischen Preis einer Aktie und Gewinn pro Aktie. Vordergründig: Je höher das Verhältnis, desto teurer die Aktie. Kennziffer ist aufgrund von Bewertungsspielräumen heikel, bietet jedoch – zusammen mit anderen Kennziffern – zumindest einen ersten Anhaltspunkt. Ist das vom Markt erwartete Gewinnwachstum groß, erklärt dies auch ein hohes KGV.
Laufende Kosten	Ongoing Charges = OGC Gesetzlich definierte Kennzahl zur Information über wichtige wiederkehrende Kosten bestimmter Anlageprodukte wie z. B. Investmentfonds, setzt die Gesamtkosten eines Fonds in das Verhältnis zum Fondsvolumen, diese Gesamtkosten beinhalten die direkten auf Fondsebene anfallenden Kosten sowie bei Dachfonds auch die laufenden Kosten der enthaltenen Zielfonds. Kennzahl Laufende Kosten (OGC = Ongoing Charges) wurde durch die EU-Richtlinie UCITS IV eingeführt und löst die veraltete Kennzahl TER ab (TER = Total Expense Ratio = Gesamtkostenquote). Jedoch ist leider auch die Kennzahl Laufende Kosten nicht vollständig, da nicht alle Kostenarten (z. B. performanceabhängige Gebühren, Transaktionskosten auf Fondsebene) einbezogen werden müssen.

Leverage	Verschuldungshebel, Verschuldungsgrad. Leverage hat immer etwas mit Schulden zu tun – egal ob auf Ebene des privaten Anlegers (Kauf von Aktien auf Kredit), der einzelnen Unternehmung (kreditfinanziertes Wachstum) oder ganzer Volkswirtschaften. Die Interpretation von Leverage muss sehr differenziert erfolgen. Leverage kann – unter günstigen Umständen und verantwortungsvoll eingesetzt – die Rendite steigern. Grundsätzlich senkt jedoch Leverage die finanzielle Stabilität von Privaten, Unternehmen und ganzen Staaten. Angesichts der aktuellen Krisen im Finanzsystem wird daher ein globales Deleveraging = Abbau von Schulden gefordert.
Market Impact	Bezeichnet die aus Sicht des Handelnden stets ungünstige Auswirkung von Aktivitäten auf die Marktpreise von Anlagen, z. B. Aktien. Käufe wirken tendenziell preistreibend, Verkäufe preissenkend. Die Wirkung des Market Impact ist bei Aktivitäten von Privatanlegern gering, jedoch bei Institutionellen relevant.
Market Timing	Versuch von Investoren, Anlagen zu kaufen, wenn diese billig sind, und zu verkaufen, wenn diese teuer sind.
MiFID	Finanzmarktrichtlinie der Europäischen Union (Markets in Financial Instruments Directive) zum Schutz für Anleger von Finanzinstrumenten, wie Aktien, Obligationen, Derivaten und verschiedenen strukturierten Produkten. Die Umsetzung der MiFID II in Deutschland erfolgte durch das Zweite Finanzmarktnovellierungsgesetz (2. FiMaNoG) 2017/2018 und führte u. a. zu umfangreichen Änderungen im Wertpapierhandelsgesetz (WpHG).
Netto-Police, Nettotarif	Versicherungsvertrag, in dessen Kalkulation keine Vertriebskosten enthalten sind. Dadurch wird der Vertrag preiswerter und vor allem transparenter. Den ersparten Vertriebskosten sind ggf. Kosten für einen Honorarberater gegenüberzustellen. Gleichwohl sind insgesamt in vielen Bereichen Netto-Produkte die erste Wahl.
Niedrigzinsphase, Nullzinsphase	Aktuelle geldpolitische Situation, in der für Rentenpapiere nur geringe oder sogar negative Zinsen berechnet werden. Die Situation ist historisch beispiellos und darf als ernstes Krisensignal in Hinblick auf unser Finanzsystem gelten.

Nominalbesteuerung (= Besteuerung inflationärer Scheingewinne)	Die Besteuerung richtet sich auf die erhaltene Verzinsung ohne Anrechnung des Kaufkraftschwunds durch Inflation. Somit wird dem Anleger auch Steuer auf den Teil der Verzinsung berechnet, dem kein realer Kaufkraftzuwachs entspricht. Exakt dies ist die Scheingewinnbesteuerung, denn in Höhe des Inflationsschadens erzielt der Anleger ja keinen Vermögenszuwachs.
nominelle Größen (Erträge, Verzinsung etc.)	Zahlen ohne Berücksichtigung von Inflation/Kaufkraftschwund.
Obligation	Erscheinungsform von Rentenpapieren wie auch Anleihe oder Schuldverschreibung.
Performancegebühren	Kosten, die ein Finanzdienstleister (meist ein Fondsmanagement) in Rechnung stellt, wenn ein gemanagtes Anlageprodukt entweder gute absolute Erträge erzielt hat oder sich besser entwickelte als der Markt. Performancegebühren sind kritisch zu bewerten, da sie den Fehlanreiz einer Risikoerhöhung auslösen. Denn: Bei schlechter Performance erhält der Anleger kein Geld zurück ...
Quantitative Easing = QE	Eingriff der Zentralbanken in den Markt der Rentenpapiere. Durch großvolumigen Aufkauf von Rentenpapieren erhöhen Zentralbanken deren Kurs, was zwangsläufig mit sinkenden Marktrenditen einhergeht. QE ist somit ein zentrales Instrument der aktuellen Nullzinspolitik.
realer Zinssatz	Zinssatz, bei dem der Kaufkraftverlust durch Inflation bereits berücksichtigt wurde (→ Nominalzinssatz).
Rebalancing	Umschichtung eines Anlageportfolios in der Weise, dass die ursprüngliche Ziel-Struktur wieder hergestellt wird (da sich die Ist-Struktur hiervon durch unterschiedliche Entwicklung verschiedener Anlageklassen wegentwickelt).
Reduction in Yield (= RiY)	Kennziffer, die bei versicherungsgebundenen Altersvorsorgeprodukten aufzeigen soll, welche Minderung der Anlagerendite durch Kosten des Versicherers zu erwarten ist. Während der grundsätzliche Ansatz positiv ist, gibt es massive Kritik der Verbraucherschützer, dass die Kennziffer unzureichend definiert sei, sodass die Versicherer die in die Kenngröße eingehenden Kosten reduzieren und gleichzeitig nicht erfasste Komponenten erhöhen. Im Ergebnis ist der Kennziffer RiY daher nur eine begrenzte Aussagekraft zu attestieren.

Rentenbarwertfaktor	Finanzmathematischer Faktor, der unter der Annahme eines beliebig wählbaren Zinssatzes aus einer Rentenzahlung den fairen Gegenwartswert ermittelt.
RoboAdvisor	Zusammensetzung aus **Robo**ter & **Advisor**ing = Beratung. Elektronisch gesteuerte und automatisierte Finanzberatung (meist Anlageberatung) auf Basis einer Software und Erfahrungsdatenbank sowie Algorithmen ohne persönlichen Berater oder Vermittler für den Endkunden. Zielgruppe für RoboAdvisors sind Menschen, die wenig Anlagevolumen besitzen und kostenbewusst, jedoch gleichzeitig gut gebildet und technikaffin sind.
Scheininnovation	Kurzum: Alter Wein in neuen Schläuchen – simple Umbenennung von Produkten bei minimaler/irrelevanter Veränderung ihrer Konstruktionsweise oder Funktionen. Ein Beispiel: Nach der Pleite von Lehman Brothers waren Anlagezertifikate in Deutschland nur schwer verkäuflich. Durch Umbenennung als ETN (Exchange Traded Notes) und die damit provozierte Verwechslung mit ETFs (Exchange Traded Fonds) konnten Zertifikate teilweise „wiederbelebt" werden, obwohl sie im Gegenteil zu ETFs nach wie vor das Emittentenrisiko besitzen.
Schiefe Wette	Vertrag oder Anlage, bei der Chancen und Risiken zwischen den Parteien ungleich verteilt sind oder bei denen mit sehr hoher Wahrscheinlichkeit kleine Gewinne und mit kleiner Wahrscheinlichkeit große Verluste auftreten.
Schuldverschreibung	Erscheinungsform einer → Anleihe.
Strukturierte Anlage (versus originäre)	Bei strukturierten Anlagen wird gegenüber der originären Anlage in die gegebene Verteilung von Chancen und Risiken bewusst steuernd eingegriffen. Beispiel: Nimmt bei einer originären Anleihe ein Schuldner Fremdmittel auf, so tragen alle Geldgeber das gleiche Risiko und erhalten den gleichen Zinssatz. Durch Strukturierung kann der Schuldner nun bevorzugte oder benachteiligte Rückzahlungsvereinbarungen schaffen, die mit unterschiedlichen Renditen einhergehen. Positiv interpretiert ist dies ein Instrument der Marktsegmentierung, d. h., risikoscheue und risikohungrige Anleger können differenziert bedient werden. Negativ interpretiert führt Strukturierung meist zu einer Verschlechterung der Anleger insgesamt, da der Schuldner durchschnittlich nach der Strukturierung weniger Zinsen zahlt als vorher.

Style Drift	Bezeichnet die Gefahr aktiver Investmentfonds, dass aufgrund unterschiedlichem Erfolg verschiedener Anlagen oder Anlageklassen nach ein paar Jahren nicht mehr der Investmentstil besteht, der ursprünglich versprochen war. Beispielsweise könnte das Gewicht sehr riskanter Anlagen, die sich aber gut entwickelt haben unerwünscht stark gestiegen sein. Ein Style Drift kann durch → Rebalancing vermieden werden.
TER, Total Expense Ratio, Gesamtkostenquote (veraltet)	siehe Laufende Kosten
Tracking-Error (besser Tracking-Differenz)	Renditelücke zwischen der Wertentwicklung eines Indexes und eines Index-Sparproduktes (z. B. → ETF), der den gleichen Index abzubilden versucht. Die Tracking-Differenz erklärt sich aus der Tatsache, dass ein Index keinerlei Transaktionskosten hat, das Anlagevehikel, welches den Index nachbildet, aber sehr wohl ...
Transaktionskosten	Kosten, die beim Abschluss von Anlagegeschäften sowie Handel mit Anlagegegenständen anfallen, wie z. B. Gebühren, Steuern, Provisionen etc.
Value-Ansatz/ Value Investing	Anlagephilosophie, bei der systematisch versucht wird, Anlagegegenstände zu finden, deren aktueller Preis unter ihrem Wert liegt. These: „Kaufe einen Dollar, aber bezahle nur 50 Cent dafür. Theoretischer Ansatz ist unbestritten, Anwendbarkeit für den Privaten jedoch mehr als heikel. Gegenphilosophie ist das passive Investieren, also die Orientierung am Markt.
Volatilität	Schwankungsintensität eines Anlagegegenstandes, gemessen z. B. als Standardabweichung oder Varianz seiner Kurse/Preise.
Wertdichte	Verhältnis von Wert einer physischen Anlage zu Gewicht/Volumen. Je höher die Wertdichte, desto leichter lässt sich der Wert transportieren, lagern, verstecken. Eine extrem hohe Wertdichte haben z. B. Diamanten.
WKN = Wertpapier-Kennnummer	Eindeutiges Identifikationsmerkmal zur Unterscheidung aller Aktien, Anleihen, Zertifikate und börsennotierter Fondsanteile. Existiert nur für deutsche Anlagen. Internationale Variante: → ISIN.

Zinsfalle	Beschreibt das Dilemma einer Nullzinssituation, d. h., dass der Anleger mit Anleihen oder Rentenwerten kaum Rendite erwirtschaften kann: Entweder die Zinsen bleiben dicht bei Null, dann bekommt er keine Rendite. Oder sie steigen, dann bekommt der Anleger zwar Zinseinkünfte, erleidet jedoch gleichzeitig Kursverluste auf seine Anleihebestände.

Literaturverzeichnis

Andreas, C.: Interview in AssCompact 04/2017, Seite 70 f.

Anne T.: Die Gier war grenzenlos: Eine deutsche Börsenhändlerin packt aus, Berlin 2010

Ashenfelter, O./Graddy, K.: Auctions and the price of art, in: Journal of Economic Literature (2003), Jahrgang 41, Heft 3, S. 763–787

Balchunas, E.: The Institutional ETF Toolbox: How Institutions Can Understand and Utilize the Fast-Growing World of ETFs (Bloomberg Press), Hoboken, New Jersey 2016

Balodis, H./Hühne, D.: Die Vorsorgelüge. Wie Politik und private Rentenversicherungen uns in die Altersarmut treiben, Berlin 2013

Balodis, H./Hühne, D.: Garantiert beschissen!: Der ganz legale Betrug mit den Lebensversicherungen, Frankfurt a. M. 2015

Bauer, C./Wübker, G.: Power Pricing für Banken: Wege aus der Ertragskrise, Frankfurt a. M., 3. Auflage 2015

Baur, K. et all: Bankentricks ... und was Sie dagegen tun können, Berlin 2009

Bech, M./ Garratt, R.: Kryptowährungen von Zentralbanken, in: BIZ-Quartalsbericht, September 2017

Beenken, M. et al: Nettotarifangebot deutscher Versicherungsunternehmen im Privatkundengeschäft, Mitteilung 1/2011 des Instituts für Versicherungswissenschaft an der Universität zu Köln

Beenken, M./Wende, S.: Nettotarifangebot deutscher Versicherungsunternehmen, Mitteilung 1/2016 des Instituts für Versicherungswissenschaft an der Universität zu Köln

Bernstein, W. J.: Die intelligente Asset Allocation. Wie man profitable und abgesicherte Portfolios erstellt, München, 3. Auflage 2013

Bhattacharya, U. et all: The Dark Side of ETFs and Index Funds (2013) http://www.uts.edu.au/sites/default/files/FDG_Seminar_140917.pdf

Bjerg, O.: Designing New Money – The Policy Trilemma of Central Bank Digital Currency, in: Copenhagen Business School CBS Working Paper, Juni 2017

Böschen, M.: Nudge-Investing, in Manager Magazin 7/2016, S. 113.117

Böschen, M./Gottschalck, A.: Kassenschlager, in Manager Magazin 2/2015, S. 90–94

Bogle, J. C.: Keine Investment-Zauberformel. Börsengewinne mit gesundem Menschenverstand, Kulmbach 2008

Braun Alexander, M.: So geht Gold: Die unvergängliche Währung: Chancen, Risiken und Hintergründe, München 2016

Brückner, M.: Achtung! Bargeldverbot!, Auf dem Weg zum gläsernen Kontosklaven, Rottenburg, 2. Auflage 2016

Canto, V. A.: Understanding Asset Allocation. An Intuitive Approach to Maximizing Your Portfolio, Upper Saddle River, N. J. 2006

Carossa, C.: Passive Investing. The Emperor Exposed? In: Journal of Financial Planing, Oct. 2005, S. 54–62

Committee on Payments and Market Infrastructures: Digital currencies. CPMI report, BIS Bank for International Settlements, November 2015, https://www.bis.org/cpmi/publ/d137.htm

Committee on Payments and Market Infrastructures: Central bankdigital currencies. CPMI report, BIS Bank for International Settlements, März 2018

de Botton, A.: Die Nachrichten: Eine Gebrauchsanweisung, Frankfurt a. M. 2015, bei Infoflut, Fisch in der Zeitung

Dimson, E./Marsh, P./Staunton, M.: Triumph of the Optimists: 101 Years of Global Investment Returns, Princeton, N. J. 2002

Dimson, E./Rousseau, P. L./Spaenjers, C.: The price of wine, in: Journal of Financial Economics (2015), Jahrgang 118, Heft 2, S. 431–449

Duarte, J./Longstaff, F. A./Yu F.: Risk and Return in Fixed Income Arbitrage: Nickels in Front of a Steamroller?, University of California 2005, in http://escholarship.org/uc/item/6zx6m7fp#page-1

Eisele, D./Jamin, G.: Die private Wohnimmobilie als Kapitalanlage. Eine investitionstheoretische Betrachtung unter Berücksichtigung von Steuern, in: WiSt Wirtschaftswissenschaftliches Studium, 46. Jg. 2017, Heft 9 S. 61 ff. sowie Heft 10, S. 53 ff.

Enger, S.: Alt, arm und abgezockt. Der Crash der privaten Altersvorsorge und wie Sie sich darauf vorbereiten können, Berlin 2018

Ertinger, S.: Lückenhafte Beratung, in: Fondsprofessionell, Heft 01/2016, S. 228–230

Friedrich, M./Weik, M.: Der Crash ist die Lösung. Warum der finale Kollaps kommt und wie Sie Ihr Vermögen retten, Köln 2015

Gawande, A.: Checklist-Strategie: Wie Sie die Dinge in den Griff bekommen, München 2013

Goetz, L./Motamedi, A.: The Art of Alternative Investing. Der Weg zu langfristig unkorrelierten Renditen, Milton Keynes 2015

Goldie, D. C./Murray, G. S.: Die wichtigsten Antworten für Anleger, München 2011

Goldman, A.: Lindy's Law, New Republic; 6/13/64, Vol. 150 Issue 24, p34

Götte, R.: Das 1x1 der Zinsen, Anleihen & Co., Stuttgart 2013

Götz, U.: Geldanlage und Investmentvermögen: Ausbildungsliteratur, Karlsruhe, 2. Auflage 2014

Graham, B.: Intelligent Investieren: Der Bestseller über die richtige Anlagestrategie, München, 7. Auflage 2014

Grill, W.: Bank- und Sparkassenkaufleute, Bankwirtschaft und Recht in Frage und Antwort, Heidelberg, 10. Auflage 2013

Haas, K.-G./ Krisch, R./ Siepe, W./ Steeger, F.: Unser Bauherren-Handbuch, Berlin, 3. Auflage 2016

Hagen, J./Jochims, D./Schmitt, T.: Vorsicht Vermittler! Die fiesen Tricks von Finanzberatern und Versicherungsvertretern, München 2014

Hammer, T.: Geldanlage: Einfache Strategien für Ihre Finanzplanung in WISO, Verbraucherzentrale NRW (Hrsg.), Düsseldorf 2017

Häring, N.: Die Abschaffung des Bargelds und die Folgen: Der Weg in die totale Kontrolle, Köln 2016

Hinterberger, M.: Wie das Heim zu Geld wird, in: €uro am Sonntag, Heft 39/2017, S. 80 f.

Hölting, M.: Immobilienfinanzierung: Die beste Strategie fürs Kaufen und Bauen, München, 9. Auflage 2016

Icha, A.: Die Nettopolice. Chancen und Herausforderungen für Versicherungsunternehmen, Versicherungsvermittler und Versicherungsnehmer, Karlsruhe 2014

Jacob, M.: Asset Management: Anlageinstrumente, Marktteilnehmer und Prozesse, Wiesbaden 2012

Kahneman, D./Tversky, A.: Prospect Theory: An Analysis of Decisions under Risk, Econometrica, Volume 47. No. 2. New York N.Y. März 1979

Keßler, U./Lutzmann, P./Krisp, P.: Die Masche mit den Sternchen: Bankangebote unter der Lupe, Mülheim 2008

Koller, C./Seidel, M.: Geld war gestern. Wie Bitcoin, Regionalgeld, Zeitbanken und Sharing Economy unser Leben verändern werden, München 2014

Kommer, G.: Die Buy-and-Hold-Bibel. Was Anleger für langfristigen Erfolg wissen müssen, Frankfurt a. M. 2009

Kommer, G.: Herleitung und Umsetzung eines Passiven Investment-Ansatzes für Privatanleger in Deutschland. Langfristig anlegen auf wissenschaftlicher Basis, Frankfurt a. M. 2012

Kommer, G.: Kaufen oder Mieten? Wie Sie für sich die richtige Entscheidung treffen, Frankfurt a. M., 2. Auflage 2016

Kommer, G.: Souverän investieren mit Indexfonds und ETFs: Wie Privatanleger das Spiel gegen die Finanzbranche gewinnen, Frankfurt a. M., 5. Auflage 2018

Kostolany, A.: Die Kunst, über Geld nachzudenken, Berlin 2015

Lange, C.: Honorarberatung in der Altersvorsorge: Wie ein alternativer Beratungsansatz zum Erfolg führt, Hamburg 2013

Lips, F.: Die Gold-Verschwörung: Ein Blick hinter die Kulissen der Macht von einem Privatbankier aus der Schweiz, Rottenburg a. N. 2013

Looman, V.: Licht im Dunkel des Bausparens, in: F.A.Z. Frankfurter Allgemeine Zeitung vom 31.05.2016, S. 25.

Maeda, J.: Simplicity: Die zehn Gesetze der Einfachheit, Heidelberg 2012

Mandelbrot, B. B.: The Fractal Geometry of Nature, New York, 2. Auflage 1983

Mandelbrot, B. B./Hudson, R. L.: Fraktale und Finanzen. Märkte zwischen Risiko, Rendite und Ruin, München, 3. Auflage 2009

Marquardt, M.: Seelenfrieden für Ihr Vermögen. Eine Geschichte, die Ihnen Ihr Banker nie erzählen würde, Berlin 2014

Martens, A.: Turnier der Fondssparvarianten, in: Fondsprofessionell, Heft 04/2015, S. 300–302

Martens, A.: Nicht nur für Spießer, in: Fondsprofessionell, Heft 3 / 2015, S. 172–176

Menzel, T./Rodenwaldt, J.: Asset Allocation: So gestalten Sie Ihr Portfolio sicher und profitabel - in jeder Lebenslage, Frankfurt a. M. 2012

Möhring, H.-J.: Gebühren fürs Nichtstun, in: CAPITAL INVEST 06/2016, Seite 148–149

Oehler, A.: Die Verbraucherwirklichkeit: Mehr als 50 Mrd. Euro Schäden jährlich bei Altersvorsorge und Verbraucherfinanzen. Befunde, Handlungsempfehlungen und Lösungsmöglichkeiten, Gutachten im Auftrag der Bundestagsfraktion Bündnis 90/Die Grünen, Berlin/Bamberg, Dezember 2012

Ortmann, M.: Kostenvergleich von Altersvorsorgeprodukten (Versicherungswissenschaftliche Studien), Baden-Baden 2010

Ortmann, M.: Mit den Taschenspielertricks muss Schluss sein, in: Fondsprofessionell, Heft 01/ 2012, S. 284–286

Pfeifer, C.: Kapitalanlagebetrug: Gefahren für Anbieter und Vermittler in: AssCompact (06/2016), Seite 110 f.

Pohl, D.: Der schwere Weg zu Nettotarifen, in: portfolio international, 20.06.2016

Reinhart, C./Rogoff, K.: Dieses Mal ist alles anders. Acht Jahrhunderte Finanzkrisen, München, 5. Auflage 2011

Renneboog, L./Spaenjers, C.: Hard assets: The returns on rare diamonds and gems, in: Finance Research Letters (2012)., Jahrgang 9, Heft 4, S. 220–230

Rickards, J.: Gold: Wie Sie sich vor Inflation, Zentralbanken und finanzieller Repression schützen, München 2016

Ritter, M.: Run-off in der Lebensversicherung, Karlsruhe 2014

Ritzau, M.: Die große Fondslüge. Falsch beraten von Finanztest, Sparkassen, Banken & Co, Marburg 2016

Ritzau, M.: Für Spitzenfonds braucht man keine Spitzenmanager, in: Fondsprofessionell, Heft 01/2017, S. 220–222

Rodrik, D.: Economics Rules: The Rights and Wrongs of the Dismal Science, New York 2016

Rogers, J.: Rohstoffe - Der attraktivste Markt der Welt: Wie jeder von Öl, Kaffee und Co. profitieren kann, München, 8. Auflage 2016

Sauren, E.: Die Zinsfalle: Die neue Bedrohung für konservative Anleger - Gefahren für das Portfolio erkennen und vermeiden, München 2015

Schär, F./Berentsen, A.: Bitcoin, Blockchain und Kryptoassets: Eine umfassende Einführung, Norderstedt 2017

Scherff, D.: Der Charme der eigenen Immobilie, in F.A.S. Frankfurter Allgemeine Sonntagszeitung vom 16.04.2017, S. 29 mit Bezug auf die Berechnungen von *Eisele* und *Jamin*

Schroeder, M. R.: Fractals, Chaos, Power Laws. Minutes from an Infinite Paradise, Mineola, NY, 2009

Seiler, A.: Financial Management, Zürich, 4. Auflage 2007

Seubert,U./Müller,S./Weber, M.: Die Risiken begrenzen, in: Die Bank. Dezember 2011, S. 12–16

Sharpe, W. F.: Investors and Markets. Portfolio Choices, Asset Prices, and Investment Advice, Princeton 2011

Siegel, J. J.: Aktien für die Ewigkeit: Das Standardwerk für die richtige Portfoliostrategie und eine kontinuierliche Rendite, München 2016

Sixt, E.: Bitcoins und andere dezentrale Transaktionssysteme, Blockchains als Basis einer Kryptoökonomie, Wiesbaden 2017

Small, K./Smith, J./Small, E. E.: An Examination of Diamonds as an Alternative Asset Class: Do They Have What It Takes to Make a Portfolio Sparkle?, in: The Journal of Wealth Management (2012), Jahrgang 15, Heft 3, S. 67–74

Statistisches Bundesamt: Verbraucherpreisindizes für Deutschland, Lange Reihen ab 1948

Stelter, D.: Eiszeit in der Weltwirtschaft – Die sinnvollsten Strategien zur Rettung unserer Vermögen, Frankfurt a. M. 2016

Stiftung Warentest: Finanztest Heft 01/2018

Stotz, O.: Garantiekosten in der Altersvorsorge 2017, Update der Garantiekostenstudie. Professur für Asset Management, Frankfurt School of Finance & Management, Download: http://www.frankfurt-school.de/home/newsroom/news/2017/april/garantiekostenindex-neu-stotz.html

Swensen, D. F.: Erfolgreich investieren, Strategien für Privatanleger, Hamburg, 3. Auflage 2007

Taleb, N. N.: Antifragilität: Anleitung für eine Welt, die wir nicht verstehen, München 2014

Taleb, N. N.: Skin in the game. Hidden Asymmetries in Daily Life, London 2018

Teicher, R.: Honorarberatung aus Sicht von Kunden, Beratern und Produktgebern, Karlsruhe 2017

Tonn, S.: 1x Rente bitte! Die große Portion!, München, 2. Auflage 2018

Troschke, A.: Strategien der Diversifikation vor Markowitz (Finanzierung, Kapitalmarkt und Banken), Köln 2011

Walz, H.: Einfach genial entscheiden, Freiburg, 2. Auflage 2015

Walz, H./Gramlich, D.: Investitions- und Finanzplanung. Eine Einführung in finanzwirtschaftliche Entscheidungen unter Sicherheit, Frankfurt a. M., 8. Auflage 2011

Walz, H./Weber, T.: Der Zinsstrukturkurveneffekt, in: WISt, Heft 3, 1989, Seite 133–137

Watzlawick, P.: Anleitung zum Unglücklichsein, München 2009

Weber, M.: Die Darwin-Strategie, in: manager magazin Sonderbeilage Portfolio, Heft 12/2015, S. 34

Weibel, B.: Simplicity – Die Kunst, die Komplexität zu reduzieren, Zürich 2014

Weitmayr, H.: 100 Jahre Nullzins, in: Institutional Money, Heft 03/2017, S. 142–150

Weyer, J.: Management komplexer Systeme: Konzepte für die Bewältigung von Intransparenz, Unsicherheit und Chaos, München 2009

Wings, H./Kleine, J.: Sachwerte: Anlagemöglichkeiten, Investitionsmotive und Einstellungen von Privatanlegern (Studienreihe des Steinbeis Research Center for Financial Services), Stuttgart 2013

Winterlich, J.: ErfolgReich mit Immobilien-Investments. Die Kunst, wie Privatinvestoren mit Wohnimmobilien Geld verdienen, Freiburg 2016

Wirth-Rechtsanwälte, Berlin: https://wirth-rae.de/idd-insurance-distribution-directive.htm

Zeyer, R.: Bank, Banker, Bankrott: Storys aus der Welt der Abzocker, Zürich 2009

Stichwortverzeichnis

A

B

C

D

E

F

G

H

I

J

K

N

O

P

T

U

V

W

Y

Z

Wer Sie als Autor überzeugt, wird Sie als Redner begeistern.

Impulsvorträge, Streitgespräche, Interviews

Sie können **Prof. Dr. Hartmut Walz** zu einer Veranstaltung einladen. Er hält erkenntnisreiche **Impulsvorträge**, beteiligt sich an **Streitgesprächen**, ist ein eloquenter **Interviewpartner** – und beweist, dass auch beim Reden über Geld und Finanzen herzlich gelacht werden darf.

Die Themen rund um Geld und Finanzen, immer mit Augenzwinkern:

- Effizientes Anlegen und Vorsorgen in der **Nullzinswelt** – **konkrete Handlungsempfehlungen** für den Weg aus der Zinsfalle
- **So vertreten Sie Ihre Interessen in schwierigen Anlagezeiten** – Honorarberatung, Netto-Policen, FinTechs und der autonome Selbstentscheider
- **Metaregeln der langfristigen Geldanlage** – so wird Ihre Vorsorge strategisch und robust
- **Das einfach geniale Siebeneck** – das Anlageuniversum verstehen und nutzen
- **Teure Fehler** – Analyse von finanziellen Fehlentscheidungen (***bevor*** Sie diese machen)
- **Die typischen Verkaufstricks und Psychofallen von Finanzdienstleistungsvertrieben** – erkennen, lachen und nie wieder reintappen

Das ultimative Anti-LeO-Training
Seien Sie kein LeO!

Prof. Dr. Hartmut Walz bietet **Anti-LeO-Trainings** für unterschiedliche Zielgruppen an, z. B. für

- Freiberufler und Ärzte
- Lehrer und sonstige Multiplikatoren
- Azubis und Studierende
- Belegschaften im Rahmen betrieblicher Bildungsmaßnahmen und
- natürlich auch für FPVs, die zukünftig ihre Brötchen anständig verdienen wollen.

Mit allen Zielgruppen hat Prof. Dr. Hartmut Walz bereits viel Erfahrung in unterschiedlichen Formaten (Tages-/ Halbtagesseminar, Workshop usw.). Sprechen Sie Ihn einfach an.